Das gesetzliche Vertragsrecht und die Durchführung von Verträgen im Bereich der neuen Medien

Europäische Hochschulschriften

Publications Universitaires Européennes
European University Studies

Reihe II
Rechtswissenschaft

Série II Series II
Droit
Law

Bd./Vol. 4252

PETER LANG
Frankfurt am Main · Berlin · Bern · Bruxelles · New York · Oxford · Wien

Thomas Philipp Ihrig

Das gesetzliche Vertragsrecht und die Durchführung von Verträgen im Bereich der neuen Medien

Dargestellt an einer Variante eines Internet-Portalvertrages

PETER LANG
Europäischer Verlag der Wissenschaften

Bibliografische Information Der Deutschen Bibliothek
Die Deutsche Bibliothek verzeichnet diese Publikation in der Deutschen Nationalbibliografie; detaillierte bibliografische Daten sind im Internet über <http://dnb.ddb.de> abrufbar.

Zugl.: Regensburg, Univ., Diss., 2005

D 355
ISSN 0531-7312
ISBN 3-631-54058-2

www.peterlang.de

Vorwort

Die vorliegende Arbeit wurde im Wintersemester 2004/2005 von der Juristischen Fakultät der Universität Regensburg als Dissertation angenommen. Sie wurde im Februar 2004 abgeschlossen, bis Mai 2005 erschienene Rechtsprechung und Literatur wurden jedoch in den Fußnoten weitgehend berücksichtigt.

Mein besonderer Dank gilt Herrn Professor Dr. Jörg Fritzsche für die Betreuung der Dissertation und die Erstkorrektur. Ganz besonders möchte ich ihm für das Verständnis danken, das er für die Schwierigkeiten der Erstellung einer Dissertation neben einer Berufstätigkeit hatte. Auch danke ich Herrn Professor Dr. Dr. h. c. Dieter Schwab für die rasche Erstellung des Zweitgutachtens.

Weiterer Dank gebührt meinen Ausbildungsnotaren, Herrn Dr. Hans Michael Malzer und Herrn Dr. Eckhard Wälzholz, die mir durch ihr freundliches Entgegenkommen die Fertigstellung der Dissertation neben der Berufstätigkeit ermöglichten.

Vor allem schulde ich aber meiner Familie Dank für ihre Unterstützung und ihren Rückhalt. So danke ich meinen Eltern insbesondere dafür, dass sie mir diese Ausbildung auch in finanzieller Hinsicht ermöglichten, und meiner Ehefrau Dr. Andrea Rinsdorf dafür, dass sie mir während der Erstellung der Dissertation und während des Studiums und des Referendariats stets zur Seite gestanden und mir mit Mut und Kraft und so manchem Rat geholfen hat. Ohne sie stünde ich nicht dort, wo ich jetzt stehe.

Inhaltsverzeichnis

Erster Teil: Grundlage und Umfang der Untersuchung

I. Die Grundlage der Untersuchung

Im letzten Jahrzehnt des vergangenen Jahrhunderts ist neben die klassischen Medien das Internet als neues Medium getreten,[1] und wurde rasch Gegenstand wirtschaftlicher Interessen[2]. Der Handel im und über das Internet und die dafür geprägten Begriffe der "New Economy" und des "E-Commerce" standen bald synonym für Wirtschaftswachstum und Fortschritt. Wenngleich den anfänglichen Höhenflügen auch zahllose Bruchlandungen folgten,[3] so hat sich doch mittlerweile ein konsolidierter Internet-Markt gebildet,[4] der Zuwachsraten verzeichnen kann[5].

So verwundert das Interesse der Rechtswissenschaft an diesem Gebiet und die Fülle der von ihr geschaffenen Literatur über die Problematiken des "Internet-Rechts" nicht.[6] Das Hauptaugenmerk richtet sich dabei jedoch auf die Felder der zivil- und strafrechtlichen Haftung sowie des Domain-, Urheber- und Markenrechtes.[7] Hingegen findet das allgemeine Vertragsrecht wenig Beachtung. Zwar gibt es erfreulicherweise immer mehr Darstellungen zu einzelnen vertraglichen Erscheinungen, so dass die Akteure im Internet nicht mehr nur auf eigene Vertragsgestaltungen angewiesen sind[8]. Auch über das Zustandekommen von Verträgen im Internet gibt es Untersuchungen.[9] Aber diese Darstellungen enthalten keine allgemeinen Aussagen darüber, ob das bestehende gesetzliche Vertragsrecht und die hergebrachte Vertragsrechtsdogmatik insgesamt zur sachgerechten Erfassung von "Internet-Verträgen", vor allem auch ihrer Durchführung, ausreichen oder ob für das neue Medium in diesem Bereich neues Recht, d. h. neue gesetzliche Regelungen nötig sind.

---

[1] Vgl. zur Geschichte des Internet z. B. Arndt/Köhler, I 2 (S. 2); Fischer, in: Brumme/Weis (Hrsg.), 25 (25 f.); Stadler, Rn. 1; Kröger/Kuner, 1 ff; Laga, JurPC Web-Dok. 25/1998, Abs. 3 bis 6, http://www.jurpc.de/aufsatz/19980025.htm (zuletzt aufgerufen am 02.12.2002).

[2] Siehe zu möglichen Geschäftsmodellen im Internethandel Wirtz, 87 ff; Schneider, in: Ahlert/Becker/Kenning/Schütte (Hrsg.), 117 ff.

[3] Siehe zu den rechtlichen Folgen dieses Gründerkraches Hoeren, NJW 2002, 37.

[4] Vgl. Jung, Der Spiegel 44/2002, 92 ff.

[5] Der Spiegel 17/2003, 119.

[6] Vgl. etwa die Übersichten bei Schuster/Müller/Drewes, MMR 2002 Beilage 3.

[7] Siehe dazu jeweils nur die Inhaltsverzeichnisse bei Hoffmann, NJW 2001, Beilage zu Heft 14, 3 f.; Brumme/Weis, 7 ff; Arndt/Köhler, Seiten VII ff; Hoeren, Seiten III ff.

[8] Vgl. dazu etwa noch die Aussagen von Alpert, CR 2001, 604 (611) und Spindler, in: Providerverträge, Seite VI.

[9] Siehe etwa Süßenberger.

Im Ergebnis ist Letzteres zu verneinen. Das bestehende gesetzliche Vertragsrecht, wie es sich hauptsächlich aus dem BGB ergibt, und die über Jahre hinweg entwickelte Dogmatik sind völlig ausreichend, auch die Fragen moderner Verträge[10], insbesondere bei Leistungsstörungen, in angemessener und sachgerechter Form zu klären. Der Nachweis dieser Behauptung anhand eines Beispielvertrages soll durch die vorliegende Arbeit erbracht werden.

II. Der Gegenstand der Untersuchung

Der Nachweis, dass das gesetzliche Vertragsrecht und die Vertragsrechtsdogmatik ausreichen, sog. "Internet-Verträge" oder "Verträge des E-Commerce" und deren Durchführung angemessen zu erfassen, soll anhand eines Beispielsvertrages geführt werden. Dieser Vertrag ist bisher in Rechtsprechung und Literatur noch nicht Gegenstand von Erörterungen gewesen.[11] Gerade deswegen eignet er sich gut für die gegenwärtige Untersuchung, da zu ihm noch keine festgefügten Ansichten bestehen.

Es handelt sich bei diesem Vertrag um eine Vereinbarung der Kooperation zweier Internet-Akteure, der aufgrund seines Gegenstandes als Angebotseinbindungsvertrag (AEV) bezeichnet werden soll[12]. Im Rahmen dieses Vertrages vereinbart nämlich der Betreiber eines sog. Internet-Portals[13], d. h. einer Internet-Seite (im Folgenden auch Web-Seite genannt) mit verschiedenen Angeboten, die den Seitenbesuchern/Nutzern entgeltlich oder unentgeltlich zur Verfügung gestellt werden, mit einer Fremdfirma, die Portalseite für die Nutzer dadurch interessanter und attraktiver zu machen, dass er neben der Bereithaltung eigener An-

---

[10] Zu den modernen Vertragstypen allgemein siehe Martinek, Band 1, Kapitel I.

[11] Siehe die nur andeutenden Bemerkungen bei Schuppert, in: Spindler, Providerverträge, Teil II, Rn. 64, Teil VII, Rn. 15 und bei Terlau, in: Moritz/Dreier, C., Rn. 314.

[12] In Anlehnung an den in Rechtsprechung und Literatur bereits vielfältig erörterten (siehe die Nachweise bei Weyland, 23 ff) Automatenaufstellungsvertrag (AAV), bei dem ähnlich dem AEV der Eigentümer eines Automaten, z. B. einer Musicbox, mit einem anderen Gewerbetreibenden, etwa einem Gastwirt, vereinbart, in dessen Gewerberäumen den Automaten aufzustellen und zu betreiben. Beide haben von dieser Kooperation Vorteile, der Automateneigentümer, indem er Kunden für sein Automatenangebot aus den Besuchern des Gewerberaumes erhält, und der andere Gewerbetreibende, indem er durch den Automaten eine Belebung seines Geschäftes bzw. vom Automateneigentümer ein Entgelt für die Gestattung der Aufstellung erhält. Zum AAV im Speziellen und zu Automatenverträgen im Allgemeinen grundlegend von Olshausen/Schmidt.

[13] Zu Portalen allgemein siehe Mercer, 165 ff; Amor, 307 ff. Siehe z. B. die Portalseiten http://www.t-online.de (zuletzt aufgerufen am 11.04.2005); http://www.web.de (zuletzt aufgerufen am 11.04.2005).

gebote auf der Portalseite auch Angebote der Fremdfirma auf dieser einbindet.[14] Der Grund für diese Vereinbarung liegt darin, dass Erfolg einer Portalseite maßgeblich davon abhängt, ob auf ihr abwechslungsreiche und bunte Inhalte angeboten werden. Diese locken nämlich Seitenbesucher an oder binden sie. Das ist wiederum für die Geschäftstransaktionen des Portalbetreibers und seine Einnahmen aus Werbung (etwa in Form von Bannerwerbung) von Bedeutung. Häufig ist er selber nicht in der Lage, ein ausreichend breites Angebotsspektrum vorzuhalten, oder hierfür wären unwirtschaftlich hohe Aufwendungen nötig. Die Kooperation mit der Fremdfirma im Wege der Integration von deren Angeboten in seine Portalseite ermöglicht jedoch vielfältige Inhalte in wirtschaftlich vertretbarer Weise.[15] Der Fremdfirma hingegen eröffnet sie den Zugang zu einem größeren Publikum, dem sie ihre Angebote unterbreiten kann, als sie dies jemals über eine eigene Internet-Seite erreichen könnte.

Durch den AEV verpflichtet sich die Fremdfirma, für ihre Angebote eine eigene Web-Seite einzurichten, die sie in Stil und Ästhetik dem Aussehen der Portalseite (deren sog. Look and Feel[16]) anpaßt. Diese Angebotsseite wird dann so in die Portalseite eingebunden, dass sie den Nutzern der Portalseite als Teil der Portalseite erscheint.

Technisch[17] möglich gemacht wird dies durch die Programmiersprache für Internet-Seiten, die sog. HyperTextMarkupLanguage (HTML) und die Tatsache, dass man, um eine Web-Seite im Internet aufrufen zu können, deren "Adresse", die sog. URL (Uniform Resource Locator)[18], wissen und eingeben muß. Mittels des HTML-Codes läßt sich aber ein Befehl programmieren, der einem das Merken und Eingeben der "Adresse" erspart. Diesen Befehl bezeichnet man als "Hyperlink" oder schlicht "Link". Bei der Gestaltung einer Web-Seite wird er dazu genutzt, die Verbindung zu anderen Web-Seiten schnell und problemlos zu ermöglichen, indem auf der Web-Seite eine optische Hervorhebung geschaffen wird, die, wenn sie mit dem Mauszeiger angesteuert und dann angeklickt wird, den Hyperlink-Befehl aktiviert. Die Zielseite wird nun in der Regel unter Verlassen der Ausgangsseite aufgerufen und erscheint auf dem Computerbildschirm

---

[14] Vgl. Büchner, in: Lehmann, L., Rn. 89.
[15] Vgl. Amor, 310; Mercer, 166; Koop/Jäckel/Heinold, 17 f.
[16] Siehe Jessen/Müller, in: Moritz/Dreier, B., Rn. 355.
[17] Zur Technik des Internet ausführlich siehe die Darstellungen bei Fischer, in: Brumme/Weis, 25 bis 44; vgl. auch die kompakte Darstellung bei Gercke, Diss. 2000, 4 ff, sowie die Glossare in Heyms/Prieß, 231 ff, und von Moritz/Hermann, in: Moritz/Dreier, 1059 ff; umfangreiche Begriffserklärungen in englischer Sprache finden sich mit weiteren Verweisen unter http://whatis.techtarget.com (zuletzt aufgerufen am 11.04.2005).
[18] Z. B. http://www.uni-regensburg.de.

des Nutzers.[19] In der Konstellation des AEV wird dabei aber als Besonderheit die Möglichkeit genutzt, dass die Ausgangsseite weiterhin auf dem Bildschirm angezeigt bleibt und die Zielseite lediglich in einem dafür vorgesehenen Teil der Bildschirmoberfläche der Ausgangsseite angezeigt wird, also im Rahmen der Ausgangsseite erscheint. Deshalb wird diese Form der Hyperlink-Technik nach dem englischen Wort für Rahmen (frame) als Framing oder Framing-Technik bezeichnet.[20] Der Nutzer erkennt hierbei nicht aus der graphischen Darstellung auf seinem Computerbildschirm, dass er sich nicht auf der Ausgangsseite allein befindet. Dies wird vom Portalbetreiber auch gerade so bezweckt, um die Portalseite als eine einheitliche Internet-Seite erscheinen zu lassen. In der Regel wird die Fremdfirma jedoch bei ihren Angeboten auf ihre Anbietereigenschaft hinweisen. Spätestens jedenfalls, wenn ein Nutzer die angebotenen Leistungen der Fremdfirma in Anspruch nehmen und entgeltliche Verträge über sie abschließen will, wird klargestellt, dass der Vertrag zwischen dem Nutzer und der Fremdfirma zustande kommt. Auch Abrechnung und Inkasso kostenpflichtiger Dienste erfolgen in ihrem Namen und in ihrer rechtlichen Verantwortung.[21]

Üblicherweise erhält der Portalbetreiber für die Einbindung der Angebotsseite eine Gegenleistung von der Fremdfirma, entweder in Form einer Beteiligung an deren Umsatz oder Gewinn oder eines Festbetrags.[22] Es ist aber auch möglich, dass er gar nichts erhält und nur darauf hofft, aufgrund größerer Frequentierung seiner Portalseite mehr eigene Waren und Dienstleistungen gegen Entgelt an die Nutzer zu bringen oder für Werbekunden interessanter zu werden und so höhere Werbeeinnahmen machen zu können.[23] In zeitlicher Hinsicht ist die Kooperation begrenzt möglich, etwa bei Saisonangeboten wie Nürnberger Lebkuchen in der Vorweihnachtszeit, oder unbegrenzt.

III. Der Gang der Untersuchung

Da das Gesetzesrecht von bestimmten Vertragstypen ausgeht, ist für die Untersuchung vorrangig zu klären, ob und wie sich der AEV in dieses System der

[19] Siehe dazu Koch, MMR 1999, 704 (705); Stadler, Rn. 4.

[20] Plaß, WRP 2000, 599 (599); Leistner/Bettinger, Beilage CR 12/1999, 1 (6); Wiebe, WRP 1999, 734 (735).

[21] Vgl. hierzu auch § 2 Abs. 7 des Muster-Portalvertrages (einfacher Portalvertrag), Weitnauer-Ritter, F 6 (S. 370).

[22] Vgl. hierzu die Alternativen in § 4 des Muster-Portalvertrages (einfacher Portalvertrag), Weitnauer-Ritter, F 6 (S. 370), sowie in § 4 des Muster-Portalvertrages (qualifizierter Portalvertrag), Weitnauer-Ritter, F 7 (S. 386).

[23] Siehe dazu Büchner, in: Lehmann, L., Rn. 89.

Vertragstypen einordnen läßt. Denn erst wenn klar ist, wo er im bestehenden Vertragsrecht zu verordnen ist, kann der Frage nachgegangen werden, ob dieses Vertragsrecht und die zu ihm entstandene Vertragsrechtsdogmatik ausreichen, den AEV sachgerecht zu erfassen und zu regeln. Das gilt sowohl für die Pflichten der Vertragsparteien, die sich aus der zwischen ihnen getroffenen Vereinbarung für sie ergeben, als auch für Störungen bei der Erfüllung dieser Pflichten sowie für den Abschluß und die Beendigung des Vertrages.[24]

Diese Untersuchung beginnt daher im nun anschließenden Zweiten Teil mit der Qualifikation des AEV, also der Bestimmung seiner Rechtsnatur im Rahmen der gesetzlichen Vertragstypen, (A.) und widmet sich danach seiner Durchführung (B.). Dabei sind nach Feststellung des auf den AEV anwendbaren Gesetzesrechts (B.I.) zuerst, soweit dies nicht bereits im Rahmen der Vertragstypisierung geschehen ist, die Pflichten der Vertragsparteien zu ermitteln (B.II.). Dann folgt eine nähere Betrachtung der Durchführung dieser Pflichten, also hauptsächlich der Voraussetzungen und Folgen von Störungen bei der Pflichterfüllung, (B.III., IV.). Abschließend sind, wie vorstehend erwähnt, der Abschluß und die Beendigung des AEV und die damit einhergehenden Fragen zu beleuchten (B.V.). Stets wird das Augenmerk darauf zu richten sein, ob die gefundenen Ergebnisse der Situation des AEV und dem Willen sowie den verfolgten Zielen von Portalbetreiber und Fremdfirma gerecht werden. Das ist nämlich zur Beantwortung der eingangs gestellten Frage notwendig, ob das bestehende Vertragsrecht und seine Dogmatik auch für Internet-Verträge ausreichend sind oder ob das neue Medium Internet auch ein neues Recht braucht (Dritter Teil).

---

[24] Vgl. Bulst, in: Kaminski/Henßler/Kolaschnik/Papathoma-Baetge, 3. Kapitel, C, Rn. 6; Martinek, Band 1, § 2 II 2 (S. 22 f.); Medicus, Grundwissen BürgR, Rn. 73 f.; Larenz, BT 1, § 38 (S. 3 f.); Larenz/Canaris, BT 2, § 36 I 2 (S. 43).

Zweiter Teil: Untersuchung

A. Die Qualifikation des Angebotseinbindungsvertrages

Die Qualifikation eines Vertrages, also seine Einordnung in das System der Vertragstypen ist von entscheidender Bedeutung bei der Beantwortung der Frage, ob mit dem bestehenden Vertragsrecht die Eigentümlichkeiten und Besonderheiten des entsprechenden Vertrages erfaßt und auch auftretende Abwicklungsprobleme angemessen gelöst werden können. Denn von dieser Einordnung hängt nach der Systematik des Gesetzes ab, welche Normen im Einzelfall einschlägig sind. Diese sind etwa für einen Kaufvertrag anders als für einen Leihvertrag.

Aus diesem Grund ist vor einer Betrachtung der Durchführung des AEV dessen Einordnung vorzunehmen. Anderenfalls bliebe unklar, wie und welches Gesetzesrecht auf ihn angewandt werden könnte und daher für die Beantwortung der eingangs gestellten Frage maßgeblich ist.

Dabei wird im Folgenden so vorgegangen, dass nach einer kurzen Erläuterung der Einordnungsmethode, die im Rahmen dieser Arbeit Anwendung finden soll, (I.) die Bestandteile des AEV herausgearbeitet werden, die man für eine Typisierung benötigt (II.). Im Anschluß daran wird der AEV mit ähnlichen, bereits in Rechtsprechung und Literatur erörterten Vertragsgestaltungen verglichen (III.), um bei der schließlich vorgenommenen Qualifikation (IV.) auf bereits vorhandene Erkenntnisse zurückgreifen zu können.

I. Die Methode der vertragstypologischen Einordnung - Die Qualifikation eines Vertrages

Eine Qualifikation, also eine Bestimmung der Rechtsnatur eines Vertrages kann nur dann vorgenommen werden, wenn zuvor geklärt ist, welche Kategorien von Verträgen es gibt (1.) und nach welcher Methode ein bestimmter Vertrag in diese Kategorien einzuordnen ist (2.).

1. Die Vertragsformen[25]

Herkömmlich werden die Verträge in typische, atypische und gemischte Verträge eingeteilt[26], wobei zum Teil die gemischten Verträge zu den atypischen Verträgen gerechnet werden[27].[28] Da im Übrigen aber keine begriffliche Klarheit besteht[29], soll im Folgenden eine Systematisierung gegeben werden, um für die vorliegende Untersuchung die notwendige Klarheit zu schaffen.[30]

a) Typische oder typisierte Verträge

Als typische oder typisierte Verträge sollen im Folgenden nur diejenigen Verträge bezeichnet werden, die vom Gesetzgeber benannt und geregelt worden sind.[31] Solche finden sich hauptsächlich in den Vorschriften des BGB, z. B. den Regelungen über den Kauf- (§§ 433 bis 479 BGB), den Miet- (§§ 535 bis 580 a

---

[25] Ausführlich zu den verschiedenen Vertragsformen siehe Palandt-Heinrichs, Überbl. v. § 311, Rn. 11 ff; Erman (10. Auflage)-Battes, Einl. § 305, Rn. 14 ff; Oetker/Maultzsch, § 16 A (S. 713 ff); Gernhuber, Schuldverhältnis, § 7 IV, V (S. 152 ff).

[26] Vgl. Erman (10. Auflage)-Battes, Einl. § 305, Rn. 14 ff; Staudinger-Löwisch (2001), § 305, Rn. 22, 25; MünchKomm-Emmerich (2a), § 311, Rn. 39 ff; Fikentscher, Rn. 43 f.; Medicus, Grundwissen BürgR, Rn. 79 ff; Gernhuber, Schuldverhältnis, § 7 IV, V (S. 152 ff).

[27] Vgl. etwa Martinek, Band 1, § 2 II 1 (S. 20); Fikentscher, Rn. 44; wohl auch Soergel-Wolf, § 305, Rn. 25.

[28] Die häufig genannte Kategorie der "verkehrstypischen Verträge" (vgl. Martinek, Band 1, § 1 II (S. 3 f.)) oder "typischen Verträge kraft Gewohnheitsrecht" (Erman-J. Kindl, Vor. § 305, Rn. 10; Soergel-Wolf, § 305, Rn. 25; Gernhuber, Schuldverhältnis, § 7 IV 5 (S. 156)) werden teilweise den typischen Verträgen, so Palandt-Heinrichs, Überbl. v. § 311, Rn. 12, 14; Staudinger-Löwisch (2001); § 305, Rn. 26; Erman (10. Auflage)-Battes, Einl. § 305, Rn. 14, teilweise den atypischen Verträgen, so Martinek, Band 1, § 2 II 2 (S. 21), zugeordnet. Ihre Besonderheit liegt darin, dass sie zwar nicht gesetzlich geregelt sind, aber durch Rechtsprechung und Wissenschaft derart intensiv erörtert worden sind, dass für sie mittlerweile ebenso feste Regelungsstrukturen bestehen wie für typische Verträge, vgl. Staudinger-Löwisch (2001), § 305, Rn. 26; Jauernig-Stadler, § 311, Rn. 25. Beispiele sind etwa das Leasing oder das Factoring, MünchKomm-Emmerich (2a), § 311, Rn. 40; Oetker/Maultzsch, § 16 A I (S. 715).

[29] Vgl. etwa die Ausführungen zum "gesetzlich nicht geregelten (Schuld-)Vertrag" und seinen Abgrenzungen bei Stoffels, 11 ff.

[30] Dabei können aus Platzgründen Vergröberungen entstehen und einzelne dogmatische Feinheiten verloren gehen. Das ist aber hinzunehmen, da die Systematisierung hier nicht zum Selbstzweck erfolgt, sondern dazu dient, die Behandlung eines unbekannten Vertrages rechtlich durchleuchten zu können, vgl. Eick, 9.

[31] Vgl. Gernhuber, Schuldverhältnis, § 7 IV 1 (S. 152); Bamberger/Roth-Gehrlein, § 311, Rn. 17. Aus dieser Definition ergibt sich, dass die sog. verkehrstypischen Verträge nicht als typische Verträge zu qualifizieren sind, da ihnen eine gesetzliche Regelung gerade fehlt.

BGB), den Dienst- (§§ 611 bis 630 BGB) oder den Werkvertrag (§§ 631 bis 651 BGB). Aber auch im HGB sind mehrere Vertragstypen oder Unterformen der BGB-Vertragstypen enthalten, vornehmlich die sog. Handelsgeschäfte wie der Handelskauf (§§ 373 bis 382 HGB), das Kommissions- (§§ 383 bis 406 HGB), das Fracht- (§§ 407 bis 452 d HGB), das Speditions- (§§ 453 bis 466 HGB) und das Lagergeschäft (§§ 467 bis 475 h HGB). Daneben gibt es noch in verschiedenen Einzelgesetzen Vorschriften, die bestimmte Verträge regeln, etwa den Versicherungsvertrag im VVG[32].

b) Atypische oder typenfremde Verträge

Als atypische oder typenfremde Verträge sollen hier, entsprechend der vorgehenden Definition der typischen oder typisierten Verträge, alle diejenigen Verträge verstanden werden, die aufgrund ihrer individuellen Gestaltung nicht einem einzigen gesetzlichen Vertragstyp zugeordnet werden können. Das kann sich entweder aus deren völlig andersartigen Ausgestaltung ergeben oder daraus, dass sie sich aus Elementen verschiedener gesetzlicher Vertragstypen zusammensetzen und daher keine eindeutige Zuordnung zulassen.[33]

c) Gemischte oder typengemischte Verträge

Diejenigen atypischen Verträge, die sich aus Elementen verschiedener typisierter Verträge zusammensetzen, sollen im Rahmen dieser Untersuchung eine eigene Kategorie bilden.[34] Dies findet seine Berechtigung darin, dass diese ge-

[32] Gesetz über den Versicherungsvertrag vom 30. Mai 1908 (RGBl. S. 263).

[33] Die Möglichkeit, solche vom Gesetz abweichenden Verträge zu gestalten, gibt die Vertragsfreiheit. Sie gestattet als Haupterscheinungsform der Privatautonomie jedem, seine Lebensverhältnisse durch Verträge eigenverantwortlich zu gestalten, Palandt-Heinrichs, Einf. v. § 145, Rn. 7; Überbl. v. § 311, Rn. 11; Staudinger-Löwisch (2001), § 305, Rn. 1 m. w. N.; Fikentscher, Rn. 84. Als Bestandteil des Rechtes auf freie Entfaltung der Persönlichkeit ist sie verfassungsrechtlich durch Art 2 Abs. 1 GG geschützt, BVerfG Beschl. v. 12.11.1958 - 2 BvL 4, 26, 40/56, 1, 7/57, BVerfGE 8, 274 (328); Beschl. v. 16.05.1961 - 2 BvF 1/60, BVerfGE 12, 341 (347). Begrenzt wird sie daher nur durch die Schranken der verfassungsmäßigen Ordnung, BVerfG Beschl. v. 12.11.1958 - 2 BvL 4, 26, 40/56, 1, 7/57, BVerfGE 8, 274 (328), die einfachgesetzlich z. B. in den §§ 134, 138 BGB niedergelegt sind. Siehe zu diesen Schrankennormen MünchKomm-Emmerich (2a), § 311, Rn. 6 ff; Paulus/Zenker, JuS 2001, 1 ff; allgemein zur Schranke der verfassungsmäßigen Ordnung BVerfG Beschl. v. 16.05.1961 - 2 BvF 1/60, BVerfGE 12, 341 (347). Siehe zur Vertragsfreiheit allgemein auch Medicus, AS, Rn. 63 ff; vgl. hierzu auch Gernhuber, Schuldverhältnis, § 7 IV 2 (S. 153).

[34] So auch Eick, 9 f.; Bamberger/Roth-Gehrlein, § 311, Rn. 21.

mischten oder typengemischten Verträge[35] ihrem Inhalt nach nicht völlig neu und unbekannt sind.[36] Vielmehr sind die einzelnen Elemente als Teile gesetzlicher Vertragstypen bekannt und lassen daher einen Rückgriff auf die zu den typisierten Verträgen bestehenden Erkenntnisse zu.[37]

2. Die Einordnungsmethode[38]

Die Einordnung eines Vertrages in das soeben dargestellte Schema basiert auf seinem jeweiligen Inhalt[39], also den in ihm durch Vereinbarung der Vertragsparteien begründeten Rechten und Pflichten. Allerdings dürfen auch sein Sinn und Zweck, seine wirtschaftliche Bedeutung und die Interessenlage der Vertragsparteien nicht gänzlich unberücksichtigt bleiben.[40] Ohne Bedeutung ist hingegen die Bezeichnung, mit der die Vertragsparteien einem Vertrag benennen.[41]

Daraus folgt, dass zuerst die den Vertragsinhalt bildenden Rechte und Pflichten der Vertragsparteien herausgearbeitet werden müssen. Hierbei reicht eine Beschränkung auf die Pflichten, da die Rechte das Gegenstück der Pflichten bei der jeweils anderen Vertragspartei bilden. Anschließend sind diese Pflichten da-

---

[35] Mit den gemischten Verträgen nicht zu verwechseln sind die sog. "zusammengesetzten Verträge". Bei diesen sind jeweils mehrere rechtlich selbständige Einzelverträge zu einem einheitlichen Gesamtvertrag zusammengefaßt und sollen nur in ihrem rechtlichen Bestand voneinander abhängig sein, BGH Urt. v. 06.12.1979 - VII ZR 313/78, BGHZ 76, 43 (49); vgl. auch BGH Urt. v. 30.04.1976 - V ZR 129/74, DNotZ 1976, 683 (638 f.). A. A. Martinek, Band 1, § 2 II 1 (S. 20), der den Begriff zusammengesetzte Verträge ohne weitere Erläuterung als Synonym für sog. Typenkombinationsverträge, eine Unterart der gemischten Verträge, verwendet.

[36] Ausführlich zum gemischten Vertrag siehe Oetker/Maultzsch, § 16 A III (S. 717 ff).

[37] Die in der Literatur häufig vorgenommene weitere Unterteilung der gemischten Verträge nach ihrer genauen inhaltlichen Ausgestaltung (vgl. Eick, 25 ff; Oetker/Maultzsch, § 16 A III (S. 717 ff); Palandt-Heinrichs, Überbl. v. § 311, Rn. 19 ff) etwa in einseitige, zweiseitige oder gleichwertige Typenkumulation und Typenverschmelzung (so z. B. Soergel-Wolf, § 305, Rn. 28 ff und mit anderen Bezeichnungen Gernhuber, Schuldverhältnis, § 7 V 3 a (S. 160 f.)) dient nur der Strukturierung der Vielfalt möglicher Gestaltungen. In der Sache bringt dies aber für die Untersuchung des AEV nichts. Siehe zur Kritik einer weiteren Untergliederung hinsichtlich ihres praktischen Wertes auch Eick, 34 ff.

[38] Vgl. Martinek, Band 1, § 2 II 2 (S. 21 f.).

[39] RG Urt. v. 17.10.1919 - VII 102/19, RGZ 97, 18 (21); BGH Urt. v. 05.04.1978 - VIII ZR 42/77, BGHZ 71, 189 (191); Urt. v. 08.11.1979 - VII ZR 337/78, BGHZ 75, 299 (301 f.).

[40] BGH Urt. v. 25.10.1968 - V ZR 80/65, WM 1969, 96 (97); Urt. v. 16.04.1973 - VII ZR 155/72, BGHZ 60, 362 (364); Urt. v. 05.04.1979 - VII ZR 308/77, BGHZ 74, 204 (207).

[41] RG Urt. v. 17.10.1919 - VII 102/19, RGZ 97, 18 (21); Urt. v. 21.11.1930 - VII 49/30, RGZ 130, 275 (280).

nach zu untersuchen, ob sie einen typisierten, einen gemischten oder einen sonstigen atypischen Vertrag ergeben. Dies erfolgt in drei Schritten. Im ersten Schritt sind sie im Wege einer Einzelbetrachtung, soweit möglich, typisierten Verträgen zuzuordnen. Ist dies bei allen Pflichten der Fall, ist zu schauen, ob es sich dabei jeweils um denselben typisierten Vertrag handelt. Sollte dies so sein, entfallen die folgenden Schritte. Anderenfalls sind die vertraglichen Pflichten jeder Vertragspartei im zweiten Schritt im Wege einer Gesamtbetrachtung als Einheit zum Gegenstand der Untersuchung, ob ein typisierter Vertrag vorliegt, zu machen. Der nun folgende dritte Schritt ist nur nötig, wenn auch die Gesamtbetrachtung zu keinem Vorliegen eines typischen Vertrages kommt. Dann nämlich stellt sich die Frage, ob es sich um einen gemischttypischen oder einen sonstigen atypischen Vertrag handelt.

3. Ergebnis zu I. Die Methode der vertragstypologischen Einordnung - Die Qualifikation eines Vertrages

1. Für die vorliegende Untersuchung sollen drei Kategorien von Verträgen unterschieden werden: Solche, die das Gesetz ausdrücklich benennt, die sog. typischen oder typisierten Verträge, und solche, bei denen die von den Vertragsparteien vereinbarten Pflichten zwar typisierten Verträgen zugeordnet werden können, aber nicht einem einzigen, die sog. gemischten oder gemischttypischen Verträge, sowie schließlich die gänzlich frei gestalteten atypischen Verträge.

2. Die Einordnung eines Vertrages in diese Kategorien erfolgt nach seinem jeweiligen Inhalt. Dabei werden die vertraglichen Pflichten erst im Wege einer Einzelbetrachtung und dann gegebenenfalls noch im Wege einer Gesamtbetrachtung danach untersucht, ob sie den Anforderungen eines typisierten Vertrages entsprechen. Sollte dies nicht der Fall sein, ist zu prüfen, ob ein typengemischter oder ein sonst atypischer Vertrag vorliegt.

II. Die Voraussetzungen der Einordnung des Angebotseinbindungsvertrages - die vertragstypenbestimmenden Pflichten der Vertragsparteien

Die Einordnung des AEV in das aufgezeigte System der Vertragsarten erfolgt nach seinem Inhalt, also den Pflichten, die Portalbetreiber und Fremdfirma miteinander vereinbart haben. Da aber jeder Vertrag aus einem weitreichenden Bündel von Pflichten besteht, stellt sich die Frage, ob alle oder nur einzelne dieser Pflichten den Vertragstyp bestimmen. Dieser Frage wird daher im Folgenden zuerst nachgegangen (1.). Wenn dann feststeht, welche Pflichten eines Vertrages allgemein vertragstypenbestimmend sind, ist nach einem kurzen, wiederholenden Blick auf die Konstellation des AEV und die mit ihm verfolgten Interessen der Vertragsparteien (2.) die Ermittlung der vertragstypenbestimmenden Pflichten des AEV vorzunehmen (3.).

1. Die vertragstypenbestimmenden Pflichten

Das Gesetz sieht hinsichtlich der typisierten Verträge Anforderungen an Vertragspflichten vor, die dem jeweiligen Schuldverhältnis einen bestimmten, nämlich seinen typischen Charakter verleihen.[42] Ein Vertrag, dessen Pflichten diesen Anforderungen entsprechen, ist damit ein gesetzlich typisierter Vertrag. Und diese, den gesetzlichen Vorgaben entsprechenden Vertragspflichten, die für die Einordnung eines Vertrages in das System der Vertragstypen entscheidend sind, sind somit die vertragstypenbestimmenden Pflichten. Sie zeigen an, ob ein Vertrag gesetzlich bezeichnet ist oder ob es sich um einen gemischten Vertrag oder einen gänzlich atypischen handelt. Diese vertragstypisierenden Pflichten ergeben sich, wie auch weitgehend in den amtlichen Überschriften klargestellt wird[43], aus den gesetzlichen Grundnormen der einzelnen typisierten Verträge, etwa § 433 BGB für den Kaufvertrag, § 611 BGB für den Dienstvertrag oder § 631 BGB für den Werkvertrag.[44]

Aus diesen gesetzlichen Grundnormen lassen sich nun diejenigen Faktoren ableiten, die eine beliebige Vertragspflicht aufweisen muß, um für die Qualifikation und Typisierung des jeweiligen Vertrages maßgeblich, also vertragstypenbestimmend zu sein.

Zum einen muß es sich um eine Leistungspflicht handeln, da nach dem Gesetz die vertragstypisierenden Pflichten stets Leistungspflichten sind[45]. Leistung definiert sich nämlich nach § 241 Abs. 1 Satz 1 BGB als dasjenige, was der Gläubiger kraft eines Schuldverhältnisses vom Schuldner fordern darf, und die Grundnormen der typisierten Verträge setzen ein solches Forderungsrecht fest. So bestimmt beispielsweise § 433 BGB, die Grundnorm des Kaufvertrages, dass der Verkäufer die Kaufsache dem Käufer übergeben und übereignen muß, § 433 Abs. 1 Satz 1 BGB, während der Käufer im Gegenzug dem Verkäufer den

[42] Siehe MünchKomm-Kramer (2a), § 241, Rn. 16; Staudinger-Schmidt, Einl. zu §§ 241 ff, Rn. 316; Larenz, AT, § 2 I (S. 8, 11).
[43] Vgl. MünchKomm-Kramer (2a), § 241, Rn. 16; als Ausnahme unter den klassischen Austauschverträgen siehe lediglich den Mietvertrag "Inhalt und Hauptpflichten des Mietvertrags".
[44] So bereits bisher Staudinger-Schmidt, Einl. zu §§ 241 ff, Rn. 316.
[45] Vgl. Larenz, AT, § 2 I (S. 6 und 8).

Kaufpreis zu zahlen hat, § 433 Abs. 2 BGB. Der Käufer kann somit Übergabe und Übereignung fordern, der Verkäufer den Kaufpreis. Weiter stellen die genannten Vorschriften der einzelnen Vertragstypen klar, dass diese Leistungspflichten stets den Gegenstand betreffen, um dessen Austausch oder allgemein dessentwegen die Vertragsparteien den Vertrag überhaupt geschlossen haben. So spricht der genannte § 433 Abs. 1 Satz 1 BGB von der "Sache" und § 535 Abs. 1 Satz 1 BGB spricht von der "Mietsache" und § 631 Abs. 1 BGB vom "versprochenen Werk" als Gegenstand des jeweiligen Vertrages.

Damit steht fest, das vertragstypenbestimmende Pflichten solche Pflichten aus einem Vertrag sind, die sich unmittelbar auf den Vertragsgegenstand beziehen und eine Verpflichtung zu seiner Leistung begründen. Man kann sie daher als unmittelbar vertragsgegenstandsbezogene Leistungspflichten bezeichnen.[46] Da sie gleichzeitig die Grundpflichten eines Vertrages darstellen, zumal sie unmittelbar seine essentialia negotii betreffen, sollen sie im Folgenden auch als Hauptpflichten oder, aufgrund ihres Charakters als Leistungspflichten, als Hauptleistungspflichten des Vertrages bezeichnet werden.[47] Diese Wortwahl trifft auch das Gesetz, das in der amtlichen Überschrift zur mietvertraglichen Grundnorm des § 535 BGB von "Inhalt und Hauptpflichten des Mietvertrags" spricht.

2. Der Inhalt des AEV und die ihm zugrundeliegenden Interessen der Vertragsparteien

Bereits im Ersten Teil wurden Inhalt und Hintergrund des AEV erläutert. An dieser Stelle sollen nun die für die Feststellung der vertragstypenbestimmenden Pflichten notwendigen Punkte noch einmal in Erinnerung gebracht werden.

Im AEV vereinbaren Portalbetreiber und Fremdfirma, dass die Fremdfirma für eine bestimmte Dauer eine Web-Seite im Design der Portalseite errichtet, auf der sie ihre Angebote zeigt, während der Portalbetreiber diese Angebotsseite

---

46 Gernhuber spricht hier von selbständigen Leistungspflichten, Gernhuber, Schuldverhältnis, § 2 III 4 d (S. 19).

47 Vgl. Staudinger-Schmidt, Einl. zu §§ 241 ff, Rn. 316; Bamberger/Roth-Grüneberg, § 241, Rn. 13; Esser/Schmidt, § 6 III 1 (S. 107); Brox/Walker, AS, § 2, Rn. 6; Oechsler, Rn. 15; vgl. auch RG Urt. v. 05.03.1921 - I 123/20, RGZ 101, 429 (431): "[Hauptleistung] ist es dann, wenn ihr nach dem Willen der Beteiligten, wie er bei dem Vertragsschlusse seinen Ausdruck gefunden hat oder sich aus den Umständen ergibt, eine wesentliche Bedeutung beigelegt wurde, wenn sie also etwas ist, worauf es der einen oder anderen Partei in hohem Grade ankam, was sie unter allen Umständen erlangen wollte, was deshalb für sie nicht eine Nebensache war, auf die sie keinen großen Wert legte.".

mittels Hyperlink und Framing-Technik in seine Portalseite einbindet. Üblicherweise erhält er dafür von der Fremdfirma eine Vergütung. Dies geschieht entweder in Abhängigkeit von Umsatz oder Gewinn der Fremdfirma oder als Festpreis.

Zweck dieser Kooperation ist auf Seiten des Portalbetreibers, die Attraktivität seiner Portalseite für Nutzer zu steigern, um diese so dauerhaft binden oder neu anziehen zu können. Damit verbindet er die Hoffnung, eigene Waren und Dienstleistungen besser zu veräußern und höhere Einnahmen aus Werbung, insbesondere Bannerwerbung, zu erzielen. Die Fremdfirma hingegen möchte durch ihren Auftritt auf der Portalseite an deren Kundenkreis partizipieren und dadurch mehr ihrer Angebote absetzen, als sie es allein über die eigene Internet-Seite könnte.

3. Die Bestimmung der vertragstypenbestimmenden Pflichten der Vertragsparteien beim AEV (die sog. Hauptpflichten)

a) Die Hauptpflichten des Portalbetreibers

Der Portalbetreiber muß also die Angebotsseite der Fremdfirma während der vereinbarten Zeit in seine Portalseite mittels Hyperlink und Framing-Technik einbinden, so dass es der Fremdfirma möglich ist, ihre Waren oder Dienstleistungen dem Portalseitenpublikum anzubieten. Diese Einbindung ist der Vertragsgegenstand, um dessentwillen die Fremdfirma den AEV geschlossen hat. Dabei muß der Portalbetreiber jedoch nur die Voraussetzungen für die Einbindung der Angebotsseite schaffen. Da er auf ihre Existenz keinen Einfluß hat, ihm also eine tatsächliche Einbindung ohne entsprechende Mithilfe der Fremdfirma nicht möglich ist, muß er diese auch nicht erbringen.

Der Portalbetreiber ist somit verpflichtet, ein HTML-Programm im Rahmen des Portalseitenprogramms zu erstellen, das eine entsprechende Einbindung der Angebotsseite während der vereinbarten Zeit ermöglicht.

Diese Pflicht zur Schaffung der Einbindung der Angebotsseite in die Portalseite mittels Hyperlink und Framing-Technik für die vereinbarte Zeit könnte man nun in weitere Einzelpflichten unterteilen, etwa eine Pflicht zur einmaligen Schaffung der Einbindung in Form der Programmierung des entsprechenden HTML-Codes für die Portalseite und einer weiteren Pflicht zur Aufrechterhaltung dieser Einbindung während der vereinbarten Zeit unter Einschluß des Verbotes, die Portalseite in dieser Zeit zu löschen. Dies entspricht aber nicht dem Willen der Vertragsparteien und ist daher nicht sachgerecht. Gegenstand des

Vertrages, wegen dem die Fremdfirma den AEV mit dem Portalbetreiber eingegangen ist, ist nämlich nur die Einbindung für die Dauer der vereinbarten Zeit. Es interessiert sie hingegen nicht, wie der Portalbetreiber diese Einbindung vornimmt. Die Ausführung bleibt ihm damit selber überlassen. Ein bestimmtes Vorgehen hierbei ist nicht der Grund für den Vertragsschluß der Fremdfirma gewesen, sondern nur das Ergebnis der Ausführung. Ob der Portalbetreiber also eine entsprechende Programmierung nur einmal vornimmt und dann nicht mehr löscht oder ob er täglich ein neues Einbindungsprogramm erstellt, ist der Fremdfirma egal, solange die Einbindung während der vereinbarten Zeit als Ergebnis der Ausführungshandlungen des Portalbetreibers besteht. Auch hat sie kein eigenständiges Interesse am Bestehen der Portalseite, sondern nur im Zusammenhang mit der Einbindung, die ohne Portalseite aber gerade nicht möglich ist. Es handelt sich hierbei also nicht um Einzelpflichten, sondern um Aspekte der Einbindungspflicht des Portalbetreibers.

Anders verhält es sich mit einer Pflicht des Portalbetreibers, den Charakter der Portalseite nicht stark zu ändern. Zweifellos trifft den Portalbetreiber in gewissem Umfang eine solche Pflicht, da das Ziel der Fremdfirma, ihre Waren und Dienstleistungen über die Portalseite einem breiteren Publikum zugänglich zu machen, durch eine Änderung des Portalseitencharakters beeinträchtigt werden kann. So etwa, wenn ein Portal für Spielsachen, in dem die Fremdfirma Sandkastenbagger anbietet, zu einem Jagdsportportal geändert wird. Da aber die Einbindungspflicht selber keine Anforderungen an den Charakter der Portalseite stellt, ist die Nichtänderungspflicht eigenständig und kein Teilaspekt der Einbindungspflicht. Im Allgemeinen wird die Fremdfirma den AEV nämlich nicht wegen eines bestimmten Charakters der Portalseite abschließen, sondern wegen der Einbindung in die Portalseite. Das gilt insbesondere deswegen, weil Portale i. d. R. ein breit gestreutes Angebot für ihre Nutzer bereithalten wollen. Der Portalseitencharakter ist also nicht Vertragsgegenstand, eine Pflicht zu seiner Nichtänderung also auch keine unmittelbar vertragsgegenstandsbezogene Pflicht. Im Einzelfall mag dies zwar anders und der Portalcharakter für den Vertragsschluß ausschlaggebend sein, allgemein ist dies jedoch nicht anzunehmen.

Als Ergebnis ist daher festzustellen, dass den Portalbetreiber als unmittelbar vertragsgegenstandsbezogen die Pflicht zur Schaffung der Einbindung der Angebotsseite in die Portalseite mittels Hyperlink und Framing-Technik für die vereinbarte Zeit trifft. Hierbei handelt es sich auch um eine Leistungspflicht i. S. d. § 241 Abs. 1 BGB, da die Fremdfirma diese Einbindung vom Portalbetreiber einfordern kann, und damit um die Hauptpflicht des Portalbetreibers als vertragstypenbestimmende Pflicht.

b) Die Hauptpflichten der Fremdfirma

Die Fremdfirma ihrerseits muß während der vereinbarten Zeit eine Angebotsseite in Stil und Ästhetik der Portalseite einbindungsfähig bereitstellen, auf der sie ein bestimmtes, im Vertrag näher umschriebenes Angebot zeigt. Der Portalbetreiber möchte nämlich durch die Einbindung dieser Internetseite in die Portalseite deren Attraktivität für Nutzer steigern. Um eine solche Attraktivitätssteigerung der Portalseite erwarten zu lassen, muß das Angebot der Fremdfirma daher selber attraktiv sein. Üblicherweise ist die Fremdfirma dem Portalbetreiber daneben auch zu Entrichtung einer Vergütung verpflichtet.

Da der Portalbetreiber den AEV mit der Fremdfirma wegen dieser drei Punkte, nämlich der Schaffung einer Angebotsseite in Stil und Ästhetik der Portalseite für die Dauer der vereinbarten Zeit, der Schaffung und Aufrechterhaltung eines attraktiven Angebotes auf dieser Angebotsseite während der vereinbarten Zeit und der Vergütungszahlung schließt, sind sie die Vertragsgegenstände, die für die Bezeichnung einer vertraglichen Pflicht der Fremdfirma als Hauptpflicht notwendig sind.

Zwar hat die bloße Angebotsseite ohne Angebote darauf für den Portalbetreiber wenig Wert und ohne Angebotsseite kann kein noch so attraktives Angebot bereitgehalten werden, aber dennoch handelt es sich um zwei von einander zu unterscheidende Vertragsgegenstände. Denn beides ist für den Portalbetreiber jeweils gleich wichtig. So entscheidet die Gestaltung der Angebotsseite darüber, ob sie für Nutzer der Portalseite als ein Teil dieser Web-Seite oder als Fremdkörper in ihr erscheint, und auf diese einheitliche Darstellung kommt es dem Portalbetreiber gerade an. Entsprechendes gilt für die Aufwertung der Portalseite durch die Angebote. Eine andere Bewertung als die Annahme zweier Vertragsgegenstände wird der Gleichwertigkeit beider Vertragsziele nicht gerecht.[48] Die Vergütungszahlung schließlich hat inhaltlich so wenig Bezug zu diesen beiden Vertragsgegenständen, dass sie als eigenständiger daneben zu zählen ist.

Auch handelt es sich bei der Schaffung einer Angebotsseite in Stil und Ästhetik der Portalseite für die vereinbarte Zeit nur um einen Vertragsgegenstand und nicht um mehrere, wie etwa die Erstellung der Web-Seite und daneben deren Aufrechterhaltung während der vereinbarten Zeit. Der Portalbetreiber verfolgt

---

[48] Vgl. für den ähnlichen Fall eines Linking-Vertrages (zum Begriff s. u. III.7.) Jessen/Müller, in: Moritz/Dreier, B., Rn. 346; diese gehen von einem einheitlichen Vertragsgegenstand und damit einer einheitlichen Pflicht aus, wenn sie die Pflicht des Betreibers einer verlinkten Seite in dem Fall, dass es den Vertragsparteien nicht um die Inhalte der verlinkten Web-Seite im Zeitpunkt der Errichtung der Verlinkung, geht, sondern um die Thematik auf dieser Web-Seite während der Dauer einer bestehenden Verlinkung, in dem ständigen Verfügbarhalten dieser Web-Seite sehen.

nämlich lediglich das Ziel, während der vereinbarten Zeit eine einbindungsfähige Angebotsseite vorzufinden. Wie und in welchen einzelnen Schritten die Fremdfirma diese Verpflichtung erfüllt, bleibt hingegen ihr selber überlassen und interessiert den Portalbetreiber nicht, solange das Ergebnis stimmt.

Dasselbe gilt hinsichtlich der Schaffung und Aufrechterhaltung eines attraktiven Angebots auf der Angebotsseite während der vereinbarten Zeit. Zwar liegt der Gedanke nahe, die Schaffung und die Aufrechterhaltung zu unterscheiden und letztere entsprechend den von der Fremdfirma dabei vorzunehmenden Handlungen noch weiter in die Kontrolle des Angebotes und dessen Änderung im Einzelfall zu unterteilen[49]. Aber auch hier geht es dem Portalbetreiber letztlich nur darum, dass während der ganzen vereinbarten Zeit ein attraktives Angebot auf der Angebotsseite besteht, mit dem er durch Einbindung der Angebotsseite seine Portalseite aufwerten kann. Wie die Fremdfirma dies im Einzelnen bewerkstelligt, ob sie ein einmal geschaffenes attraktives Angebot täglich aktualisieren muß oder nicht und wie sie dies dann tut, ist für ihn unerheblich. Auch ist die Aufrechterhaltung eines attraktiven Angebotes während der vereinbarten Zeit als allgemeine Wartung des einmal geschaffenen attraktiven Angebotes zu bewerten.[50] So verlangt etwa das Angebot aktueller Top Ten-Hits als Handy-Klingeltöne schon von sich aus eine permanente Kontrolle und Anpassung mit der Folge, dass die Schaffung eines solchen Angebotes auf der Angebotsseite ihre Aufrechterhaltung bereits beinhaltet. Die Schaffung und Aufrechterhaltung eines attraktiven Angebots auf der Angebotsseite während der vereinbarten Zeit stellt nur einen einheitlichen Vertragsgegenstand dar.

Solche Fragen entstehen bei der Entrichtung der vereinbarten Vergütung gar nicht. Der Inhalt der die Fremdfirma treffenden Pflicht ergibt sich aus der konkreten Vereinbarung der Vertragsparteien oder im Wege der Auslegung des Ver-

---

[49] Vgl. dazu den ähnlichen Fall bei der Instandhaltung von Maschinen, die zwar die Inspektion, vergleichbar hier der Kontrolle des Angebotes, und die Wartung und Instandsetzung, vergleichbar hier der Änderung des Angebotes, enthält, wo nach h. M. aber nur der möglichst störungsfreie Betrieb der Maschinen geschuldet wird, was hier dem Bestehen eines (möglichst) attraktiven Angebots vergleichbar ist, OLG Stuttgart Urt. v. 10.12.1977 - 2 U 90/76, BB 1977, 118 (119); OLG Karlsruhe, Urt. v. 28.02.1985 - 9 U 102/83, CR 1987, 232 (233); OLG Düsseldorf, Urt. v. 14.01.1987 - 19 U 48/86, NJW-RR 1988, 441 (441); OLG München, Urt. v. 22.11.1988 - 25 U 5810/86, CR 1989, 283 (284); Staudinger-Peters (2003), Vorbem. zu §§ 631 ff, Rn. 33; Löwe, CR 1987, 219 (220); a. A. Wohlgemuth, 65; Heymann, CR 1991, 525 (527); wohl auch Kühnel, BB 1985, 1227 (1231), der zwischen den einzelnen Bestandteilen Inspektion, Wartung und Instandsetzung differenziert.

[50] Vgl. Weyland, 63 ff, für den Automatenaufstellungsvertrag und die Pflicht des Aufstellers zu Wartung, Instandhaltung und Reparatur bzw. Austausch defekter Automaten, regelmäßiger Auswechselung z. B. von Schallplatten in einer Musicbox sowie Bestückung von Warenautomaten.

trages. Da die Vergütung üblicherweise in Geld besteht,[51] kann auch von einer Geldvergütung gesprochen werden. Ihre Fälligkeit wird sich nach dem Umfang der vereinbarten Zeit richten, da bei Vereinbarung einer umsatz- oder gewinnorientierte Vergütung diese erst mit Ablauf der vereinbarten Zeit ermittelt werden kann.

Es bleibt also festzuhalten, dass die Fremdfirma drei vertragsgegenstandbezogene Pflichten treffen, nämlich die Pflichten zur Schaffung einer Angebotsseite in Stil und Ästhetik der Portalseite für die Dauer der vereinbarten Zeit, zur Schaffung und Aufrechterhaltung eines attraktiven Angebotes auf der Angebotsseite während der vereinbarten Zeit und zur Zahlung der vereinbarten Geldvergütung. Da der Portalbetreiber die Erfüllung dieser Pflichten aufgrund des AEV von der Fremdfirma verlangen kann, handelt es sich um Leistungspflichten gemäß § 241 Abs. 1 BGB. Sie stellen also die Hauptpflichten der Fremdfirma i. S. von vertragtypenbestimmenden Pflichten dar.

4. Ergebnis zu II. Die Voraussetzungen der Einordnung des Angebotseinbindungsvertrages - die vertragstypenbestimmenden Pflichten der Vertragsparteien

1. Die Einordnung eines Vertrages in das System der typisierten, gemischten oder atypischen Verträge richtet sich nach den vertragstypenbestimmenden Pflichten der Vertragsparteien. Diese werden in den Grundnormen der im Gesetz bezeichneten Verträge, etwa in § 433 BGB für den Kauf-, in § 535 BGB für den Miet- oder in § 611 BGB für den Dienstvertrag definiert. Charakteristisch für sie ist, dass sie unmittelbar auf den Vertragsgegenstand bezogen und Leistungspflichten sind. Wegen ihrer Bedeutung können sie auch als Hauptpflichten oder Hauptleistungspflichten bezeichnet werden.

2. Die vertragstypenbestimmenden Pflichten eines Vertrages sind daher stets solche Pflichten, die sich unmittelbar auf den Vertragsgegenstand beziehen und eine Verpflichtung zu einer Leistung begründen.

3. Die einzige Hauptpflicht des Portalbetreibers aus dem AEV besteht darin, für die vereinbarte Zeit die Einbindung der Angebotsseite in die Portalseite mittels Hyperlink und Framing-Technik zu schaffen. Dabei muß er jedoch nur die Vor-

---

[51] Vgl. dazu etwa § 5 des Muster-Plattform-Vertrages, Kanzlei Härting, http://www.vertragstexte.de/index2.html (zuletzt aufgerufen am 11.04.2005); § 4 des Muster-Community-Vertrages, Kanzlei Härting, http://www.vertragstexte.de/index2.html (zuletzt aufgerufen am 11.04.2005); § 4 des Muster-Deep-Link-Vertrages, Kanzlei Härting, http://www.vertragstexte.de/index2.html (zuletzt aufgerufen am 11.04.2005).

aussetzungen für eine Einbindung schaffen, da er auf das tatsächliche Bestehen der Angebotsseite keinen Einfluß hat.

Die Fremdfirma treffen hingegen drei Hauptpflichten. Sie muß zum einen eine Angebotsseite in Stil und Ästhetik der Portalseite für die vereinbarte Zeit schaffen, damit die Einbindung nicht mit einem Bruch im Design der Portalseite einhergeht. Zum zweiten muß sie auf der Angebotsseite ein attraktives Angebot schaffen und während der vereinbarten Zeit aufrechterhalten. Daneben trifft sie als dritte Hauptpflicht die Pflicht zur Entrichtung einer Geldvergütung an den Portalbetreiber.

III. Vergleich mit ähnlichen Vertragsgestaltungen

1. Vorbemerkung

Bisher hat sich die Rechtsprechung, soweit ersichtlich, noch nicht mit der Konstellation des AEV und seiner Rechtsnatur befaßt und auch die Literatur hat sich noch nicht explizit mit diesen Fragen auseinandergesetzt[52]. Es gibt jedoch eine Vielzahl von Fallgestaltungen bei Verträgen über Erscheinungen des Internet, die in ihren vertraglichen Hauptpflichten dem AEV sehr ähnlich sind und die in Rechtsprechung und Literatur bereits Gegenstand vielfältiger Erörterungen waren. Die Ergebnisse dieser Erörterungen können bei der folgenden Einordnung des AEV in das System der Vertragsarten (IV.) möglicherweise hilfreich sein. Um sich diese Ergebnisse zunutze machen zu können, ist der AEV zuvor mit diesen Verträgen zu vergleichen.[53] Der Vergleich ist aber auch deswegen von Bedeutung, weil dadurch klar wird, dass die Ergebnisse der vorliegenden Untersuchung nicht allein auf den AEV Anwendung finden, sondern auch auf die zu vergleichenden ähnlichen Vertragsgestaltungen übertragbar sind.

---

[52] Vgl. den dem AEV sehr ähnlichen qualifizierten Portalvertrag bei Weitnauer-Ritter, F 7 (S. 383 ff), der sich vom AEV jedoch dadurch unterscheidet, dass keine gestalterische Anpassung der Angebotsseite an die Portalseite erfolgt, vgl. die Präambel des Muster-Portalvertrages (qualifizierter Portalvertrag), Weitnauer-Ritter, F 7 (S. 383), so dass er der Gruppe der Portalpräsenzverträge bzw. der Verträge über virtuelle Marktplätze zuzuordnen ist; siehe dazu unten III.3.; siehe auch die Andeutungen bei Amor, 310.

[53] Ob dies tatsächlich der Fall sein wird, muß sich aber erst noch zeigen, zumal die Erörterungen häufig systematische Begründungen für die jeweilige Einordnung der ähnlichen Verträge vermissen lassen. Vgl. beispielhaft die Formulierungen bei Jessen/Müller, in: Moritz/Dreier, B. Rn. 342 "wird in der Regel Kaufrecht in Betracht kommen", Rn. 346 "kommen wiederum Dienst- bzw. Werkvertragsrecht in Betracht", Rn. 426 "liegt die Annahme eines Werkvertrages nahe", "könnte daher auch ein Miet- oder Pachtvertrag vorliegen".

Das bedeutet wiederum, dass das Ziel dieser Untersuchung, zu zeigen, dass das bestehende Vertragsrecht und die zu ihm entwickelte Dogmatik dazu geeignet sind, auch die vertragsrechtlichen Erscheinungen in den neuen Medien sachgerecht zu erfassen und entstehende Probleme angemessen zu lösen.

2. Verträge über Content-Lieferung[54]

Content bezeichnet im Bereich des Internet-Rechts jede Form von Inhalten, die im Internet zugänglich gemacht werden können.[55] Content-Lieferung kann man daher als jegliche Zugangseröffnung zu Content, also Inhalten, über das Internet durch den Content-Inhaber zugunsten eines anderen, der im Internet präsent ist, verstehen.[56] Die möglichen Gestaltungen von Verträgen über die Lieferung solcher Inhalte sind demgemäß vielfältig.[57] Möglich sind etwa einzelne Nachrichten, die per E-Mail versandt werden, aber auch die Eröffnung des Zugangs zu Datenbanken[58] oder des Zugangs zu einer Web-Seite mit besonderen Inhalten[59].

Insoweit kann man auch den AEV als einen Vertrag über Content-Lieferung verstehen, da auch hier in weiterem Sinne Inhalte an jemanden geliefert werden. Indem sich nämlich die Fremdfirma zur Schaffung einer Angebotsseite mit attraktiven Angeboten und deren Bereithalten für den Portalbetreiber zur Einbindung in seine Portalseite mittels Hyperlink und Framing-Technik verpflichtet, stellt sie ihm die so gestaltete Angebotsseite gewissermaßen als über das Internet zugänglichen Inhalt zur Verfügung.

Jedoch hilft dies bei der vertragstypologischen Einordnung des AEV nicht weiter, da es wegen der Vielgestaltigkeit der Content-Lieferungsverträge keine einheitliche vertragstypologische Einordnung dieser Verträge gibt. Diese hängt

[54] Muster für Verträge über Content-Lieferung finden sich bei Kanzlei Härting, http://www.vertragstexte.de/index2/html (zuletzt aufgerufen am 11.04.2005) als Content-Vertrag und als sog. Content-Bezugsvertrag und bei Weitnauer, B (S. 73 ff).

[55] Vgl. Schuppert, in: Spindler, Providerverträge, Teil VII, Rn. 1; Jessen/Müller, in: Moritz/Dreier, B., Rn. 332; Stadler, Rn. 9.

[56] Vgl. Lührig, in: Hamann/Weidert, Kapitel 6, I 2 c (S. 153).

[57] Jessen, in: Lehmann, Rechtsgeschäfte, 127; Jessen/Müller, in: Moritz/Dreier, B., Rn. 332; Gottschalk, in: Kröger/Gimmy, Kapitel 7, B. I. (S. 246).

[58] Jessen/Müller, in: Moritz/Dreier, B., Rn. 332; Gottschalk, in: Kröger/Gimmy, Kapitel 7, B. I. (S. 246 f.); Härting, CR 2001, 37 (42).

[59] Schuppert, in: Spindler, Providerverträge, Teil VII, Rn. 6 f.; Jessen/Müller, in: Moritz/Dreier, B., Rn. 332.

vielmehr von deren jeweiligen konkreten Ausgestaltung ab.[60] Man kann sie aber in einzelne Fallgruppen aufteilen, die weitgehend anerkannt sind. Zwar vermögen auch diese nicht, alle möglichen Gestaltungen von Content-Lieferungen abschließend zu erfassen, und sie werden in ihrer Zuordnung zur Content-Lieferung auch nicht immer einheitlich behandelt[61]. Aber sie decken den überwiegenden Teil der Vertragsgestaltungen im Bereich der Inhaltslieferungen ab und erlauben somit einen sinnvollen Vergleich dieser Erscheinungsform mit dem AEV.

a) Content-Lieferungsvertrag i. e. S., sog. Content-Einkauf

Unter einem Content-Lieferungsvertrag i. e. S. soll hier diejenige Erscheinung der Content-Lieferungsverträge verstanden werden, bei der die Hauptpflicht des Inhaltslieferanten darin besteht, dem Belieferten Inhalte dergestalt zur Verfügung zu stellen, dass dieser sie in seine Web-Seite einstellen und auch selber weiter aufbereiten kann[62]. Da er hierfür in der Regel ein Entgelt bezahlt, kann man von einem Content-Einkauf sprechen.[63] Keine Rolle spielt dabei, ob die Content-Lieferung nur einmal oder regelmäßig für eine bestimmte Dauer erfolgt.[64]

Ein Beispiel ist etwa die Lieferung eines Nachrichtenpaketes an einen Portalbetreiber, der sich aus diesem Paket die für ihn interessanten Nachrichten aussucht und auf seiner Portalseite Nutzern zugänglich macht.

Dieser Content-Einkauf hat nur entfernt Ähnlichkeit mit dem AEV. So stellen die Angebotsseite und die auf ihr stehenden attraktiven Angebote der Fremdfirma zwar Inhalte dar, die die Fremdfirma als ihre vertragliche Hauptpflicht dergestalt schaffen muß, dass der Portalbetreiber mittels Hyperlink und Framing-Technik auf sie zugreifen und sie in die Portalseite einbinden kann.

Jedoch besteht der Unterschied darin, dass die Fremdfirma weiterhin Herrin über die Angebotsseite und die attraktiven Angebote bleibt und der Portalbetrei-

---

[60] Vgl. Schuppert, in: Spindler, Providerverträge, Teil VII, Rn 2 ff; Jessen, in: Lehmann, Rechtsgeschäfte, 127; Jessen/Müller, in: Moritz/Dreier, B., Rn. 342 ff.

[61] Uneinheitlich etwa die Zuordnung des Linking-Vertrages, der mal als Form der Content-Lieferung, vgl. Jessen/Müller, in: Moritz/Dreier, B., Rn. 332; Jessen, in: Lehmann, Rechtsgeschäfte, 127, und mal als eigenständige Vertragsform, vgl. Jessen/Müller, in: Moritz/Dreier, B., Rn. 422 ff; Büchner, in: Lehmann, L., Rn. 83; Schuppert, in: Spindler, Providerverträge, Teil X; Müller, in: Schuster, Kapitel 17, Rn. 162, angesehen wird.

[62] Jessen/Müller, in: Moritz/Dreier, B., Rn. 332, 338; Koch, 8.

[63] Vgl. Schuppert, in: Spindler, Providerverträge, Teil VII, Rn. 33.

[64] Vgl. Härting, CR 2001, 37 (42).

ber selber keine eigenständige Aufbereitung vornehmen darf. Vielmehr wird die Gestaltung von Angebotsseite und Angeboten und der Einbindung bereits in den Vertragsverhandlungen konkret zwischen Portalbetreiber und Fremdfirma abgesprochen. Die Fremdfirma liefert auch nicht lediglich Inhalte an den Portalbetreiber, der dann über eine Nutzung und damit auch ein Bereitstellen im Rahmen der Portalseite frei entscheiden kann, sondern sie besitzt einen vertraglichen Anspruch gegen den Portalbetreiber auf Einbindung der Angebotsseite und damit auf Bereitstellen.

b) Vertrag über die Zurverfügungstellung einzelner Web-Seiten oder ganzer Online-Areas

Eine weitere Möglichkeit, jemandem im Internet Inhalte zur Verfügung zu stellen, besteht darin, eine Web-Seite oder ein sog. Online-Area, d. h. einen Bereich im Rahmen einer Web-Seite, der bestimmten Zwecken vorbehalten ist, zu erstellen und dem Erwerber die Einbindung in dessen Internetseite zu ermöglichen.[65] Dabei kann es sich beispielsweise um Wetterkarten oder Bereiche für Online-Banking und Auktionen handeln, mit deren Hilfe ein Portalbetreiber die Attraktivität seiner Portalseite steigern will.[66] Zur Einbindung kann der Content-Erwerber selbstverständlich auch die Framing-Technik nutzen.[67] Oft besteht eine Verpflichtung des Content-Lieferanten, die Web-Seiten oder das Online-Area dem Design der Seiten des Erwerbers anzupassen, damit sie sich dort ergänzend einfügen lassen.[68]

Diese Fallgestaltung ähnelt der des AEV. Auch dort besteht für eine Vertragspartei, nämlich die Fremdfirma, die Hauptpflicht, eine Angebotsseite mit attraktiven Inhalten nach den Designvorgaben der anderen Vertragspartei, des Portalbetreibers, zu erstellen und bereit zu halten, damit dieser sie in seine Portalseite zwecks Attraktivitätssteigerung mittels Hyperlink und Framing-Technik einbinden kann.

Jedoch besteht wie beim Content-Einkauf der Unterschied, dass die Fremdfirma beim AEV weiterhin Herrin über die Angebotsseite und die attraktiven Angebote bleibt und sie nicht lediglich dem Portalbetreiber zur Verfügung stellt, so dass dieser dann über eine Nutzung frei entscheiden könnte. Vielmehr besitzt

---

[65] Schuppert, in: Spindler, Providerverträge, Teil II, Rn. 61, Teil VII, Rn. 7, 15; Jessen, in: Lehmann, Rechtsgeschäfte, 128; Jessen/Müller, in: Moritz/Dreier, B., Rn. 333, 338.
[66] Schuppert, in: Spindler, Providerverträge, Teil II, Rn. 61.
[67] Jessen/Müller, in: Moritz/Dreier, B., Rn. 333.
[68] Schuppert, in: Spindler, Providerverträge, Teil VII, Rn. 19.

sie einen Anspruch gegen den Portalbetreiber auf Einbindung der Angebotsseite in dessen Portalseite.

Überdies ist die Motivationslage der Vertragsparteien unterschiedlich. Bei der vorgenannten Content-Lieferung in Form der Zurverfügungstellung einer Web-Seite oder eines Online-Areas kommt nämlich dem Aspekt der gegenseitigen Kooperation ein weit geringeres Gewicht zu als beim AEV. So erhält der Content-Lieferant etwa für seine Lieferungen üblicherweise eine Gegenleistung vom Belieferten und hat mit dieser sein wirtschaftliches Vertragsziel erreicht, da es ihm nur um den "Verkauf" der Web-Seite oder des Online-Areas geht. Anders hingegen beim AEV, wo nicht der Portalbetreiber an die Fremdfirma eine Vergütung entrichtet, sondern umgekehrt die Fremdfirma für die Einbindung ein Entgelt bezahlt. Sie verfolgt mit dem AEV nämlich das Ziel, mit der Portalseite ein Forum zu erhalten, über das sie ihre Angebote einem breiteren Publikum eröffnen und so mehr Kunden für ihre eigenen Angebote gewinnen kann, als sie es über die eigene Internetseite könnte.

c) Vertrag über die Zugangseröffnung zu Datenbanken oder Web-Seiten[69]

Eine weitere anerkannte Fallgruppe der Content-Lieferung ist die Zugangseröffnung zu Datenbanken oder Web-Seiten.[70] Der Inhaber einer Datenbank oder einer bestimmten Web-Seite ermöglicht es einem anderen Internetnutzer, Datenbank oder Web-Seite zu nutzen. Dazu wird ihm insbesondere gestattet, seine Web-Seite mit der Datenbank oder der anderen Web-Seite mittels Hyperlink zu verbinden, um so auf die dortigen Inhalte Zugriff zu erhalten. Der Schwerpunkt liegt hierbei allerdings nicht in der Erlaubnis der Verlinkung, sondern im Bereithalten der Inhalte der Datenbank oder der Web-Seite für den Content-Erwerber.[71] Er will nämlich nicht nur einfach einen Hyperlink setzen dürfen, sondern gerade auf einen bestimmten Content zugreifen können. Für den Content-Lieferanten hingegen ist allein die Leistung der geschuldeten Vergütung für die Zurverfügungstellung der Inhalte von Interesse. Ob die Inhalte tatsächlich abgerufen werden oder nicht, interessiert ihn hingegen nicht.[72]

---

[69] Ein Muster für einen Datenbank-Online-Lizenzvertrag findet sich bei Weitnauer-Cichon/Burmeister, B 8 (S. 166 ff).

[70] Schuppert, in: Spindler, Providerverträge, Teil VII, Rn. 7; Jessen, in: Lehmann, Rechtsgeschäfte, 128; Gottschalk, in: Kröger/Gimmy, Kapitel 7, B. I. (S. 246 f.).

[71] Müller, in: Schuster, Kapitel 17., Rn. 18; Jessen/Müller, in: Moritz/Dreier, B., Rn. 346.

[72] Vgl. Schuppert, in: Spindler, Providerverträge, Teil VII, Rn. 38.

Eine Parallelität dieser Gestaltung zum AEV besteht darin, dass auch die Fremdfirma die Hauptpflicht besitzt, mit der Angebotsseite und den auf ihr enthaltenen attraktiven Angeboten für den Portalbetreiber eine Web-Seite bereitzuhalten und für ihn auf dieser bestimmte Inhalte zur Verlinkung zugänglich zu machen.

Jedoch besitzt die Fremdfirma, anders als dies bei der hier beschriebenen Art der Content-Lieferung der Fall ist, wo es dem Content-Lieferanten grundsätzlich nicht auf die Abrufung der bereitgehaltenen Inhalte ankommt, ein eigenes Interesse am Bestehen der Hyperlinkverbindung von der Portalseite auf ihre Angebotsseite, da ihr mit dem AEV angestrebtes wirtschaftliches Ziel, die Gewinnung von Kunden über die Portalseite, nur so erreichbar ist. Überdies hat der Portalbetreiber nicht nur das Recht zur Verlinkung auf die Angebotsseite, sondern darüber hinaus die Pflicht.

d) Zwischenergebnis zu 2. Verträge über Content-Lieferung

Der AEV kann zwar als Content-Lieferungsvertrag im weiteren Sinne angesehen werden, da bei ihm in weiterem Sinne an jemanden Inhalte geliefert werden, jedoch bestehen deutliche Unterschiede zu den anerkannten Fallgruppen der Verträge über eine Content-Lieferung. Denn beim Content-Lieferungsvertrag i. e. S., dem sog. Content-Einkauf, beim Vertrag über die Zurverfügungstellung einzelner Web-Seiten oder ganzer Online-Areas und beim Vertrag über die Zugangseröffnung zu Datenbanken oder Web-Seiten kommt es den Vertragsparteien nicht so sehr auf eine Kooperation an wie beim AEV. Dort tun sich Portalbetreiber und Fremdfirma zusammen, um erst durch die Verbindung ihrer beiderseitigen Möglichkeiten wirtschaftliche Vorteile zu erringen, wie etwa durch Gewinnung der Portalseitenbesucher als Kunden für die Angebote der Fremdfirma. Hier jedoch ist der Content-Erwerber nur am Content selber interessiert, ohne aber, wie beim AEV bzgl. der Einbindung der Angebotsseite in die Portalseite, zu einer tatsächlichen Nutzung verpflichtet zu sein. Und auch dem Content-Lieferanten kommt es in der Hauptsache nur auf die vereinbarte Vergütung an. Höchstens als Nebeneffekt ist für ihn die Werbung durch die tatsächliche Nutzung von Bedeutung.[73]

---

[73] Vgl. Schuppert, in: Spindler, Providerverträge, Teil VII, Rn. 36.

3. Plattformverträge, Portalpräsenzverträge, Verträge über elektronische Marktplätze[74]

Fallgestaltungen, bei denen auf einer Web-Seite mehrere Unternehmen dergestalt präsent sind, dass ihnen entweder ein kleinerer Auftritt ermöglicht wird oder Hyperlinks von dieser Web-Seite auf die einzelnen Internetseiten der jeweiligen Unternehmen führen, werden unter den Bezeichnungen Plattformverträge, Portalpräsenzverträge oder Verträge über elektronische Marktplätze geführt.[75] Ihre Ausführung geschieht in der Regel dadurch, dass ein Web-Seitenbetreiber auf seiner Web-Seite, der sog. Plattform, Portalseite oder des elektronischen Marktplatzes, einen Bereich einrichtet, in dem auf das anbietende Unternehmen hingewiesen wird und von dem aus ein Hyperlink unter Verlassen der Betreiberseite zur jeweiligen Anbieterseite führt.[76]

Der diesen Verträgen zugrundeliegende Sachverhalt gleich insoweit dem des AEV, als in beiden Fällen einen Web-Seitenbetreiber, beim AEV den Portalseitenbetreiber, die vertragliche Hauptpflicht trifft, auf die Seite eines Kooperationsunternehmens, hier der Fremdfirma, im Rahmen seiner Web-Seite hinzuwei-

---

[74] Ein Muster für einen Plattform-Vertrag findet sich bei Kanzlei Härting, http://www.vertrags texte.de/index2.html (zuletzt aufgerufen am 11.04.2005), ist dort jedoch in der Übersicht den Content-Verträgen zugeordnet, http://www.vertragstexte.de/uebersicht.html (zuletzt aufgerufen am 11.04.2005); ein Muster für einen Portalpräsenzvertrag bzw. einen Vertrag über einen elektronischen Marktplatz findet sich bei Weitnauer-Ritter, F 6, F 7 (S. 368 ff).

[75] Härting, CR 2001, 37 (43); Ende/Klein, 4. Kapitel, II. 1. d cc (S. 67); Büchner, in: Lehmann, L, Rn. 60, vgl. auch Rn. 88 ff.; vgl. Jessen/Müller, in: Moritz/Dreier, B., Rn. 422; Terlau, in: Moritz/Dreier, C., Rn. 314; unklar Alpert, CR 2001, 604 (604 f.). Zu beachten ist, dass die Begrifflichkeiten in diesem Bereich noch nicht endgültig festgelegt sind. So wird etwa danach differenziert, ob sich die Web-Seite des Plattform-, Portal- oder Marktplatzbetreibers auf einen Themenbereich, d. h. in der Regel auf eine Branche, beschränkt hat oder verschiedene Themenbereiche, also ein Branchenmix, enthalten ist, vgl. § 2 Abs. 5 Punkt 3 des Muster-Plattform-Vertrages, Kanzlei Härting, http://www.vertragstexte.de/index2.html (zuletzt aufgerufen am 11.04.2005): "Der Anbieter wird lediglich Unternehmen in seine Plattform aufnehmen, die [] aus der Region ___ stammen, [] in der ___-Branche tätig sind, []." Im ersteren Fall wird etwa von Plattform oder Portalpräsenz gesprochen, so Büchner, in: Lehmann, L, Rn. 90, im letzteren Fall von elektronischem Marktplatz, so Büchner, in: Lehmann, L, Rn. 60; Heyms/Prieß, Rn. 115. Die sehr große Nähe dieser Verträge hinsichtlich ihres Inhalts rechtfertigt es jedoch, sie im Rahmen des Vergleichs mit dem AEV zusammenzufassen.

[76] So im Fall des AG Ulm, Urt. v. 29.10.1999 - 2 C 1038/99, CR 2000, 469 (470) und http:// www.netlaw.de/urteile/agu_01.htm (zuletzt aufgerufen am 12.04.2005); vgl. auch § 2 Abs. 1 des Muster-Plattform-Vertrages, Kanzlei Härting, http://www.vertragstexte.de/index2.html (zuletzt aufgerufen am 11.04.2005): "Der Anbieter verpflichtet sich, die Internet-Plattform gemäß § 1 Abs. 1 dieses Vertrages über einen Hyperlink mit folgender Internetseite des Partners (Zielseite) zu verknüpfen: http://____.__/____."

sen und dann von seiner Seite auf die des Kooperationsunternehmens zu verlinken.

Im Unterschied zu den hier dargestellten Verträgen geht die Pflicht des Portalbetreibers im Rahmen des AEV jedoch darüber hinaus. Es reicht nicht lediglich ein Hinweis und ein einfacher Hyperlink. Vielmehr muß er eine Hyperlinkverbindung unter Verwendung der Framing-Technik dergestalt schaffen, dass die Angebotsseite der Fremdfirma in die Portalseite eingebunden wird. Anders als etwa bei einem elektronischen Marktplatz, wo die Nutzer die Eigenständigkeit des jeweiligen Unternehmens gerade auch an der äußeren Gestaltung erkennen können sollen, ist die Fremdfirma im Gegenzug dazu verpflichtet, ihre Angebotsseite in Stil und Ästhetik der Portalseite zu gestalten, damit sie als Teil der Portalseite erscheint.[77]

4. Affiliate-Verträge oder Partnerprogramme, Verträge über Bannerwerbung[78]

Aufgrund eines Affiliate-Vertrages oder Partnerprogramms[79] verpflichtet sich eine Vertragspartei dazu, auf ihrer Internetseite einen Hinweis auf das Angebot der anderen Vertragspartei auf deren Internetseite einzurichten. Dafür werden ihr Inhaltsmodule, üblicherweise Buttons oder bestimmte Texte, angeboten. Diese integriert sie als Hinweise in ihre Web-Seite und führt in der Regel von ihnen aus Nutzer über eine Hyperlink-Verbindung auf die Web-Seite der anderen Vertragspartei.[80] Als Gegenleistung findet häufig eine Beteiligung am Umsatz, der aufgrund des Hinweises gemacht wird, statt.[81]

---

[77] Anders gerade der qualifizierte Portalvertrag bei Weitnauer-Ritter, F 7 (S. 383 ff); vgl. etwa die Präambel des Muster-Portalvertrages (qualifizierter Portalvertrag), Weitnauer-Ritter, F 7 (S. 383).

[78] Muster für einen Werbebanner-Vertrag finden sich bei Kanzlei Härting, http://www.vertragstexte.de/index2.html (zuletzt aufgerufen am 11.04.2005), bei Weitnauer-Missling, E 1 (S. 265 ff) und bei Kath/Riechert, Rn. 1237; Muster für einen Button-Vertrag finden sich bei Kanzlei Härting, http://www.vertragstexte.de/index2.html (zuletzt aufgerufen am 11.04.2005) und bei Weitnauer-Missling, E 3 (S. 281 ff).

[79] Für eine Austauschbarkeit dieser Begriffe Heyms/Prieß, Rn. 131.

[80] Heyms/Prieß, Rn. 123; Oelschläger, in: Kaminski/Henßler/Kolaschnik/Papathoma-Baetge, 3. Kapitel, D, Rn. 7; vgl. zum Inhalt von Partnerverträgen auch jeweils unter dem Stichwort "Teilnahmebedingungen" bei http://www.amazon.de/exec/obidos/tg/stores/static/-/associates/associates/028-0405754-8696548 (zuletzt aufgerufen am 12.04.2005) und unter der Stichwortfolge "Partner/Mehr Information/Teilnahmebedingungen" bei http://www.zanox.de/ (zuletzt aufgerufen am 12.04.2005).

[81] Heyms/Prieß, Rn. 123.

Dieser Konstellation ähneln die Verträge über Bannerwerbung, weshalb sie auch in diesem Zusammenhang genannt werden. Bei ihnen verpflichtet sich eine Vertragspartei, auf ihrer Internetseite eine Graphik oder einen Text der jeweils anderen Vertragspartei (Banner) zu plazieren, von wo aus eine Hyperlinkverbindung zu deren Web-Seite führt.[82] Im Unterschied zu den Affiliate-Verträgen oder Partnerprogrammen wird aber üblicherweise keine umsatzabhängige Vergütung geschuldet. Die Vergütung bei den Verträgen über Bannerwerbung orientiert sich demgegenüber an der Zahl der Besucher der Banner-Seite oder an der Menge der Nutzer, die über das Banner auf die Web-Seite der anderen, werbenden Vertragspartei gelangen.[83]

Die Abgrenzung dieser Verträge zu den vorgenannten Fallgestaltungen der Plattformverträge, Portalpräsenzverträge und der Verträge über elektronische Marktplätze erfolgt danach, was den zentralen Zweck der Hinweisseite darstellt. Ist dies der Hinweis auf die Web-Seiten der jeweiligen Vertragspartner, liegt einer der soeben genannten Verträge vor. Erfolgen die Hinweise aber nur vereinzelt und am Rande, also gelegentlich einer Internetseite, deren Hauptinhalt ein anderer ist, so handelt es sich, je nach individueller Ausgestaltung, um einen Affiliate-Vertrag bzw. ein Partnerprogramm oder einen Vertrag über Bannerwerbung.

Der AEV hat mit diesen Vertragsformen gemeinsam, dass jeweils eine Vertragspartei, beim AEV der Portalbetreiber, in der Hauptsache dazu verpflichtet ist, auf ihrer Web-Seite einen Hinweis auf die andere Vertragspartei, hier die Fremdfirma, und ihre Angebote zu machen und auf deren Internetseite zu verlinken. Diese hat dafür als Gegenleistung eine Vergütung zu zahlen.

Der Unterschied zum AEV besteht jedoch zum einen bereits in der genauen Ausgestaltung dieser Hinweis- und Verlinkungspflicht. Beim Affiliate-Vertrag oder Partnerprogramm sowie beim Vertrag über Bannerwerbung geht es nur um einen Hinweis auf das Angebot der anderen Vertragspartei durch Integration eines Buttons bzw. eines Banners in die eigene Web-Seite und einer Hyperlinkverbindung von dort aus zur jeweiligen Web-Seite der anderen Vertragspartei. Hingegen darf der Portalbetreiber beim AEV nicht nur einen Hinweis und einen einfachen Hyperlink schaffen, sondern er muß die Angebotsseite der Fremdfirma mittels Hyperlink und Framing-Technik in seine Portalseite integrieren. Aber auch die Verpflichtung der Fremdfirma ist weitergehender als dies beim Hin-

---

[82] Schuppert, in: Spindler, Providerverträge, Teil IX, Rn. 1; Büchner, in: Lehmann, L, Rn. 74 i. V. m. Rn. 83; Cichon, Rn. 539; vgl. Müller, in: Schuster, Kapitel 17, Rn. 96 i. V. m. Rn. 104.

[83] Schuppert, in: Spindler, Providerverträge, Teil IX, Rn. 41 i. V. m. Rn. 18 f.; Jessen/Müller, in: Moritz/Dreier, B, Rn. 468 i. V. m. Rn. 439; Müller, in: Schuster, Kapitel 17, Rn. 113.

weis-Button oder dem Werbebanner der Fall ist. Während diese nämlich gerade durch ihre äußere Gestaltung auf ein eigenständiges Unternehmen hinweisen sollen, muß die Fremdfirma ihre Angebotsseite in Stil und Ästhetik der Portalseite anpassen, um für Nutzer als Teil von dieser zu erscheinen. Die Verbindung zwischen den Vertragsparteien ist daher beim AEV viel enger als bei einem Partnerprogramm oder der Bannerwerbung.

Überdies erfolgen Hinweis und Verlinkung im Rahmen der Portalseite nicht nur vereinzelt und am Rande, wie es bei Affiliate-Verträgen und Bannerwerbung gerade in Abgrenzung zu Plattformverträgen, Portalpräsenzverträgen und Verträgen über elektronische Marktplätze nötig ist. Diese sind vielmehr als Bestandteil des wirtschaftlichen Konzeptes der Portalseite Teil von deren zentralem Zweck. Durch die Hinweise und Verlinkungen auf Angebote anderer Unternehmen strebt der Portalbetreiber nämlich die Steigerung der Attraktivität der Portalseite für Nutzer an, die wiederum für einen gesteigerten Absatz von Waren und Dienstleistungen des Portalbetreibers bei den Nutzern und höhere Werbeeinnahmen sorgen soll.

5. Web-Design-Verträge bzw. Verträge über die Erstellung von Web-Seiten[84]

Bei den Web-Design-Verträgen oder Verträgen über die Erstellung von Web-Seiten verpflichtet sich eine Vertragspartei, für die andere entweder eine Web-Seite nur zu gestalten oder sie gleich komplett zu erstellen.[85]

Dies gleicht dem AEV insoweit, als auch die Fremdfirma die Hauptpflicht hat, eine Web-Seite zu erstellen und zu gestalten, indem sie die Angebotsseite in Stil und Ästhetik der Portalseite für die vereinbarte Zeit schaffen muß.

Jedoch besteht der Unterschied zum AEV darin, dass bei diesem die Fremdfirma die Angebotsseite für sich und nicht für die andere Vertragspartei, den Portalbetreiber, erstellt. Sie bleibt nämlich eine Web-Seite der Fremdfirma, die von dieser durch das auf ihr bereitgestellte attraktive Angebot während der vereinbarten Zeit genutzt wird. Der Portalbetreiber hat lediglich durch die Einbindung in seine Portalseite mittels Hyperlink und Framing-Technik Zugriff auf sie.

---

[84] Muster für einen Web-Design-Vertrag finden sich bei Kanzlei Härting, http://www.vertrags texte.de/index2.html (zuletzt aufgerufen am 11.04.2005), bei Weitnauer-Cichon, C 1 (S. 175 ff) und bei Kath/Riechert, Rn. 1230 f.

[85] Schmidt, in: Spindler, Providerverträge, Teil VIII, Rn. 1; Gottschalk, in: Kröger/Gimmy, Kapitel 7, C. I. (S. 255); Cichon, Rn. 415; Strömer, 32; Börner/Rath/Sengspiel/Strunk/Zöllkau, 60; Deckers, CR 2002, 900 (900).

Ihren Inhalt und ihre Gestaltung kann er hingegen anders als etwa bei der Portalseite als seiner eigenen Internetseite technisch nicht beeinflussen.

6. Verträge über Web-Seiten-Wartung[86]

Durch einen Vertrag über Web-Seiten-Wartung verpflichtet sich jemand, die Web-Seite der anderen Vertragspartei stets funktionstüchtig zu halten und die auf ihr enthaltenen Inhalte regelmäßig zu aktualisieren.[87]

Wie bei den zuvor beschriebenen Web-Design- und Web-Seiten-Erstellungsverträgen besteht hier eine Ähnlichkeit mit den Hauptpflichten der Fremdfirma im Rahmen des AEV. Denn auch sie ist aufgrund ihrer Verpflichtungen zur Schaffung einer Angebotsseite in Stil und Ästhetik der Portalseite für die vereinbarte Zeit und zur Schaffung und Aufrechterhaltung eines attraktiven Angebotes auf der Angebotsseite während der vereinbarten Zeit verpflichtet, eine Web-Seite für einen bestimmten Zeitraum funktionstüchtig zu halten und auf dieser Web-Seite fortlaufende Inhaltsaktualisierungen vorzunehmen.

Allerdings besteht ebenso wie bei den vorgenannten Verträgen der Unterschied zum AEV darin, dass die Fremdfirma bei diesem nicht an einer fremden Web-Seite und fremden Inhalten handelt, sondern ihre eigene Web-Seite funktionstüchtig hält und die eigenen Inhalte auf dieser eigenen Seite aktualisiert.

7. Linking-Verträge[88]

Linking-Verträge sind Verträge über die Verwendung von Hyperlinks.[89] Dabei geht es einerseits um die Zulässigkeit der Verlinkung auf eine andere Web-

---

[86] Ein Muster für einen Web-Site-Wartungsvertrag findet sich bei Kanzlei Härting, http://www.vertragstexte.de/index2.html (zuletzt aufgerufen am 11.04.2005); ein Muster für einen Web-Site-Betreuungsvertrag findet sich bei Weitnauer-Cichon, C 2 (S. 192 ff); ein Muster für einen Website-Pflegevertrag findet sich bei Kath/Riechert, Rn. 1232.

[87] Cichon, Rn. 473; Härting, CR 2001, 37 (40); Jessen/Müller, in: Moritz/Dreier, B, Rn. 613.

[88] Ein Muster für einen Deep-Link-Vertrag findet sich bei Kanzlei Härting, http://www.vertragstexte.de/index2.html (zuletzt aufgerufen am 11.04.2005); ein Muster für einen Linking-Vertrag findet sich bei Weitnauer-Burmeister, C 3 (S. 206 ff); Beispiele für einzelne Klauseln finden sich bei Ernst, in: Ernst/Vassilaki/Wiebe, Rn. 209 ff.

[89] Schuppert, in: Spindler, Providerverträge, Teil X, Rn. 1; vgl. Jessen/Müller, in: Moritz/Dreier, B., Rn. 346.

Seite[90], insbesondere im Falle eines sog. Deep-Links, also eines Hyperlinks, der nicht auf die Eingangsseite einer fremden Internetseite[91], sondern auf eine tieferliegende Seite verweist[92], und die Erlaubnis zur Verwendung der auf der verlinkten Web-Seite enthaltenen Inhalte[93]. Andererseits geht es aber auch darum, dass der Betreiber der verlinkten Web-Seite sich verpflichtet, den Linklegenden über Veränderungen des Inhalts auf seiner Internetseite zu informieren, damit dieser seiner Verantwortung für die Inhalte auf der verlinkten Seite genügen kann[94].

Soweit es um die Verwendung der Inhalte der verlinkten Seite geht, ist die Konstellation dieselbe wie bei der Content-Lieferung in Form der Zugangseröffnung zu einer Web-Seite.[95] Insoweit sei hier auf die obigen Ausführungen verwiesen.[96]

Wie bei den Linking-Verträgen ist beim AEV ein Hyperlink Gegenstand einer Hauptpflicht, nämlich der Pflicht des Portalbetreibers zur Schaffung der Einbindung der Angebotsseite in die Portalseite mittels Hyperlink und Framing-Technik für die vereinbarte Zeit.

Allerdings geht es nicht um die Frage der Zulässigkeit der Verlinkung oder um die Mitteilung der Änderung der Inhalte auf der verlinkten Web-Seite, sondern um die Pflicht des Portalbetreibers, den Hyperlink von der Portalseite auf die Angebotsseite zu legen. Es ist also anders als bei einem Linking-Vertrag nicht der Verlinkende, der Rechte bzgl. der Verlinkung erhält, sondern derjenige, auf dessen Internetseite verlinkt wird, nämlich die Fremdfirma, die ein Recht erhält, das sie gegenüber dem Portalbetreiber als Verlinkendem einfordern kann.

---

[90] Schuppert, in: Spindler, Providerverträge, Teil X, Rn. 3; Jessen/Müller, in: Moritz/Dreier, B., Rn. 433; Heyms/Prieß, Rn. 130; Ernst, ITRB 2002, 68 (68); Ernst/Wiebe, MMR Beilage 8/2001, 20 (24); vgl. Koch, 27.

[91] In diesem Fall spricht man von einem Surface-Link, siehe Plaß, WRP 200, 599 (600).

[92] Plaß, WRP 2000, 599 (600); Kochinke/Tröndle, CR 1999, 190 (191).

[93] Jessen/Müller, in: Moritz/Dreier, B, Rn. 433; Jessen, in: Lehmann, Rechtsgeschäfte, 127; vgl. § 1 Abs. 1 des Muster-Linking-Vertrages, Weitnauer-Burmeister, C 3 (S. 206).

[94] Schuppert, in: Spindler, Providerverträge, Teil X, Rn. 10; Büchner, in: Lehmann, L, Rn. 84; vgl. Müller, in: Schuster, Kapitel 17, Rn. 166; Heyms/Prieß, Rn. 130.

[95] S. o. c); vgl. auch Jessen/Müller, in: Moritz/Dreier, B., Rn. 433; Jessen, in: Lehmann, Rechtsgeschäfte, 127; § 1 Abs. 1 des Muster-Deep-Link-Vertrages, Kanzlei Härting, http://www.vertragstexte.de/index2.html (zuletzt aufgerufen am 11.04.2005).

[96] S. o. c).

8. Ergebnis zu III. Vergleich mit ähnlichen Vertragsgestaltungen

1. Im Bereich des Internet und E-Commerce gibt es mehrere vertragliche Fallgestaltungen, die dem AEV in ihren Hauptpflichten sehr ähnlich sind und in Rechtsprechung und Literatur bereits Gegenstand von Erörterungen waren. Die Erkenntnisse aus diesen Erörterungen können bei der Qualifikation des AEV hilfreich sein.

2. Durch den direkten Vergleich mit den genannten ähnlichen Verträgen konnten die Gemeinsamkeiten und Unterschiede zum AEV deutlich herausgearbeitet werden. Im Rahmen der nun folgenden vertragstypologischen Einordnung des AEV sind diese Gemeinsamkeiten und Unterschiede bei der Heranziehung der zu diesen Verträgen bestehenden Erkenntnissen stets im Auge zu behalten.

IV. Die Einordnung bzw. die Typisierung des Angebotseinbindungsvertrages

1. Vorbemerkung

Im Anschluß an den Vergleich des AEV mit ähnlichen Vertragsgestaltungen im Bereich des E-Commerce, die in Rechtsprechung und Literatur bereits Gegenstand von Erörterungen geworden sind, erfolgt nun die Einordnung des AEV in das System der Vertragstypen und Vertragsarten.

Hierfür sind die Hauptpflichten von Portalbetreiber und Fremdfirma maßgeblich. Sie sind daher auf ihre Zugehörigkeit zu einem gesetzlich typisierten Vertrag zu untersuchen. Diese Untersuchung erfolgt in bis zu drei Schritten[97]: Im ersten Schritt sind sie einzeln je für sich zu betrachten, ob sie jeweils typisierten Verträgen zugeordnet werden können und es sich dabei stets um denselben Vertrag handelt oder nicht (2.). Sollten die Hauptpflichten des AEV nicht einem einzigen typisierten Vertrag zuordbar sein, so sind die vertraglichen Pflichten jeder Vertragspartei in einem zweiten Schritt im Wege einer Gesamtbetrachtung als Einheit zum Gegenstand der Untersuchung, ob ein typisierter Vertrag vorliegt, zu machen (3.). Für den Fall, dass auch dieses Mal das Ergebnis kein Vorliegen eines typisierten Vertrages erbringt, folgt der dritte Schritt. In diesem ist die Frage zu beantworten, ob es sich um einen gemischttypischen oder einen sonstigen atypischen Vertrag handelt (4.).

---

[97] Vgl. o. I.2.

2. Die Einordnung über eine Einzelbetrachtung der Hauptpflichten

Die Einordnung des AEV in das System der Vertragsarten über eine Einzelbetrachtung der Hauptpflichten erfolgt so, dass zunächst jede einzelne Hauptpflicht danach untersucht wird, ob sie im Gesetz den Anforderungen einer Hauptpflicht eines typisierten Vertrages entspricht (lit. a., lit. b.). Dazu muß zuerst der Inhalt dieser Pflichten einer genauen Analyse unterzogen werden, um ihre spezifischen Merkmale zu erkennen, die für die Frage, ob eine gesetzlich typisierte Hauptpflicht vorliegt, entscheidend sind (lit. a.aa, lit. b.aa.1., lit. b.bb.1.). Sodann werden die Erkenntnisse von Rechtsprechung und Literatur zu den ähnlichen Verträgen, mit denen der AEV bereits verglichen wurde, herangezogen und daraufhin untersucht, ob sie bei der Qualifikation der Hauptpflichten nutzbar gemacht werden können (lit. a.bb, lit. b.aa.2., lit. b.bb.2.). Schließlich erfolgt die eigentliche Typisierung (lit. a.cc, lit. b.aa.3., lit. b.bb.3.).

a) Die Pflicht des Portalbetreibers zur Schaffung der Einbindung der Angebotsseite in die Portalseite mittels Hyperlink und Framing-Technik für die vereinbarte Zeit

aa) Der Inhalt dieser Pflicht und ihre spezifischen Merkmale

Der Inhalt der Pflicht des Portalbetreibers zur Schaffung der Einbindung der Angebotsseite in die Portalseite mittels Hyperlink und Framing-Technik für die vereinbarte Zeit besteht darin, dass der Portalbetreiber die Voraussetzungen dafür schaffen muß, dass eine Angebotsseite der Fremdfirma im Falle ihres tatsächlichen Bestehens für die Dauer der vereinbarten Zeit in der vorgegebenen Form in die Portalseite eingebunden werden kann.

Bei dieser Hauptpflicht könnte es sich um eine Dauerschuld handeln, da der Portalbetreiber verpflichtet ist, seine vertragliche Leistung für eine vertraglich bestimmte oder unbestimmte Dauer zu erbringen, nämlich für die vereinbarte Zeit.

Ein Dauerschuldverhältnis und damit auch eine Dauerschuld liegen nach heute h. M. vor, wenn der Umfang der geschuldeten Hauptleistung im Gesamtumfang durch die vereinbarte Dauer der Leistungserbringung bestimmt wird.[98] Da-

---

[98] MünchKomm-Kramer (2a), Einl. vor § 241, Rn. 96; Esser/Schmidt, AT 1, § 15 II 4 (S. 256); Larenz, AS, § 2 VI (S. 29 f.); vgl. auch Klaas, AnwBl. 1986, 213 (213); Medicus, AS, Rn. 11; Haarmann, 119; Oetker, 135; a. A. Martinek, Band 2, § 14 IV 2 (S. 67); Palandt-Heinrichs, § 314, Rn. 2, die beide auf das Kriterium der dauernden Pflichtenanspannung abstellen,

bei können sowohl ein dauerndes Verhalten oder in bestimmten Zeitabständen wiederkehrende einzelne Leistungen Inhalt des Rechtsverhältnisses sein.[99] Die zeitliche Erstreckung der Leistungserbringung reicht allerdings allein zur Bezeichnung als Dauerschuld nicht aus, da z. B. auch die Errichtung eines Gebäudes oder eine Lieferung in Raten einen längeren Zeitraum in Anspruch nehmen können[100]. Der Unterschied zur Dauerschuld besteht bei diesen Beispielen aber gerade darin, dass die Quantität der zu erbringenden Hauptleistung, also ihr Gesamtumfang durch andere Faktoren als nur die zeitliche Komponente der Leistungserbringung bestimmt wird.[101] Entscheidend ist somit, dass der Umfang der geschuldeten Leistung von vorneherein ohne das Zeitmoment nicht bestimmt werden kann.

Die Einbindungspflicht des Portalbetreibers wird hauptsächlich durch den Zeitfaktor im hier dargestellten Sinne bestimmt. Zwar ist nach Ablauf der vereinbarten Zeit kein nach Zahlen meßbares Leistungsergebnis vorhanden, anders als dies etwa bei einem Bierlieferungsvertrag über mehrere Jahre, einem allgemein anerkannten Dauerschuldverhältnis,[102] in Liter möglich ist. Jedoch ist auch bzgl. der Gebrauchsüberlassung beim Mietvertrag kein in Zahlen meßbares Leistungsergebnis nach Ablauf der Mietzeit vorhanden. Außerdem ist die Anzahl der Liter ohne das Zeitmoment, d. h. den Zeitraum, in dem Bier geliefert werden muß, nicht von Anfang an bestimmbar. Dort wie hier ist der Leistungsumfang ausschließlich durch den Zeitfaktor bestimmbar (Gebrauchsüberlassung für eine bestimmte Zeit und Aufrechterhaltung der Hyperlinkverbindung für eine bestimmte Zeit). Die Einbindungspflicht des Portalbetreibers ist also eine Dauerschuld.

Daran anschließend stellt sich die Frage, ob sie auch eine absolute Fixschuld darstellt. Eine absolute Fixschuld liegt dann vor, wenn der Zeitpunkt der Leistungserbringung so wesentlich ist, dass bei dessen Verfehlung eine spätere Leistungserbringung nicht mehr als Erfüllung der vereinbarten Leistung angesehen

---

wobei sich Palandt-Heinrichs, a.a.O., auf Esser/Schmidt beruft und dabei nicht erkennt, dass diese das in den Vorauflagen vertretene Kriterium in der jüngsten Auflage ihres Werkes ausdrücklich unter Angabe ihrer früheren Ansicht ablehnen. Überdies ist die dauernde Pflichtenanspannung eher als Folge einer auf eine bestimmte Dauer erstreckte Leistungserbringung anzusehen und nicht als ein eigenständiges und geeignetes Abgrenzungsmerkmal.

[99] Larenz, AS, § 2 VI (S. 29); Haarmann, 118 f.

[100] Unklar Klaas, AnwBl. 1986, 213 (213 f.), der einerseits auch Ratenlieferungsverträge zu den "Dauerschuldverhältnissen ohne konkrete Regelung im BGB" zählt, andererseits diese bei der weiteren Behandlung aktueller Probleme der Dauerschuldverhältnisse ausdrücklich ausklammert.

[101] Vgl. Esser/Schmidt, AT 1, § 15 II 4 (S. 257); Oetker, 118; Michalski, JA 1979, 401 (401).

[102] Larenz, AS, § 2 VI (S. 29); Fikentscher, Rn. 36; Medicus, AS, Rn. 12.

werden kann.[103] Das wird bei Dauerschulden häufig angenommen.[104] Entscheidend ist aber auch für sie, ob eine festbestimmte Leistungszeit im vorgenannten Sinne besteht.[105]

Diese ist im Falle der Einbindungspflicht des Portalbetreibers der Fall. Die im AEV für die Einbindung der Angebotsseite in die Portalseite vereinbarte Zeit ist die vereinbarte Leistungszeit und die Erfüllung der Dauerschuld des Portalbetreibers kann nur während des Ablaufes dieser vereinbarten Zeit erfolgen. Die Leistung des Portalbetreibers, die Einbindung der Angebotsseite in die Portalseite, muß nämlich mit den Gegenleistungen der Fremdfirma, der Schaffung einer Angebotsseite und der Schaffung und Aufrechterhaltung eines attraktiven Angebotes auf dieser Angebotsseite, zusammentreffen. Daher haben beide Vertragsparteien die vereinbarte Zeit als Leistungszeit festgesetzt. Beide Seiten müssen ihre Leistungen in diesem Zeitraum erbringen. Anderenfalls können die Leistungen die von den Vertragsparteien erwünschten Effekte, etwa die Attraktivitätssteigerung der Portalseite und den Erhalt einen größeren potentiellen Kundenkreises,[106] nicht erreichen, da dies nur durch das Zusammenspiel der einzelnen Leistungen und daher auch nur während der für ihre Erbringung vereinbarten Zeit möglich ist. Erbringt der Portalbetreiber seine Leistung also auch nur teilweise nicht in der vereinbarten Zeit, sondern z. B. danach, trifft seine Leistungserbringung nach Ablauf der vereinbarten Zeit nicht mit den Gegenleistungen der Fremdfirma zusammen und hat deshalb für diese insoweit keinen Sinn mehr. Als Erfüllung kann die verspätete Leistung damit nicht mehr angesehen werden. Somit ist die Pflicht des Portalbetreibers zur Schaffung der Einbindung der Angebotsseite in die Portalseite mittels Hyperlink und Framing-Technik für die vereinbarte Zeit eine absolute Fixschuld.

---

[103] BGH, Urt. v. 30.11.1972 - VII ZR 239/71, BGHZ 60, 14 (16); Palandt-Heinrichs, § 271, Rn. 16; MünchKomm-Ernst (2a), § 275, Rn. 46; Brox/Walker, AS, § 22, Rn. 6; Gernhuber, Erfüllung, § 4 III 2 (S. 82); Huber, Leistungsstörungen I, § 6 II (S. 157).

[104] BGH, Urt. v. 14.11.1990 - VIII ZR 13/90, MDR 1991, 524 (524); Palandt-Heinrichs, § 271, Rn. 16; Bamberger/Roth-Grüneberg, § 275, Rn. 21; Oetker, 334; vgl. Wiese, FS für Nipperdey, 837 (842); Oetker, 333 f.; im Ergebnis so schon BGH, Urt. v. 11.07.1953 - II ZR 126/52, BGHZ 10, 187 (189).

[105] Erman (10. Auflage)-Battes, Vor. § 275, Rn. 14; Gernhuber, Erfüllung, § 4 III 3 b (S. 83).

[106] S. o. Erster Teil. III.

bb) Die Erkenntnisse von Rechtsprechung und Literatur zu den mit dem AEV und der Einbindungspflicht des Portalbetreibers ähnlichen Vertragsgestaltungen im Internet

Es wurde bereits festgestellt, dass die Pflicht des Portalbetreibers zur Schaffung der Einbindung der Angebotsseite in die Portalseite mittels Hyperlink und Framing-Technik für die vereinbarte Zeit Ähnlichkeiten mit den Hauptpflichten der Plattform-, Portalpräsenz- und elektronischen Marktplatz-Verträge sowie der Affiliate-Verträge bzw. Partnerprogramme und Bannerwerbungsverträge hat.[107] Wie bei diesen Verträgen trifft nämlich auch den Portalbetreiber die Hauptpflicht, im Rahmen seiner Web-Seite auf die Seite bzw. auf die Angebote der Fremdfirma hinzuweisen und dann auf die Angebotsseite von der Portalseite aus zu verlinken. Nun soll die Einordnung dieser Verträge in Rechtsprechung und Literatur betrachtet werden, da diese wegen der Ähnlichkeit ihrer Hauptpflichten mit der Pflicht des Portalbetreibers bei deren Qualifikation hilfreich herangezogen werden können.

Jedoch werden diese Verträge höchst unterschiedlich qualifiziert. So werden Plattform-, Portalpräsenz- und elektronische Marktplatz-Verträge als Dienstvertrag[108], Handelsvertreter-, Vertragshändlerverhältnis[109] und als Kommission[110] typisiert und teilweise auch dem Pachtrecht unterstellt[111].

Die Zuordnung zum Dienstvertragsrecht erfolgt dann, wenn im Dauerschuldcharakter der Verlinkung der Schwerpunkt des Vertrages gesehen wird. Begründet wird dies damit, dass die Verpflichtung der einen Vertragspartei zur Schaltung und Aufrechterhaltung eines Hyperlinks auf die Web-Seite der anderen Vertragspartei den Schwerpunkt nicht in der bloßen Herstellung eines Hyperlinks habe, sondern in der Aufrechterhaltung der Verknüpfung zweier Web-Seiten für eine bestimmte Dauer.[112] Zwar bestünde mit der Erstellung eines Buttons als Hinweis auf die Angebote des Vertragspartners ein werkvertraglicher Einschlag, da die jeweilige Erstellung eine individuelle Auftragsarbeit sei. Aber zentraler Punkt der Verpflichtung sei die dauerhafte Bereitstellung eines Hyper-

---

[107] S. o. III.3. und 4.

[108] AG Ulm, Urt. v. 29.10.1999 - 2 C 1038/99, CR 2000, 469 (471); Härting, CR 2001, 37 (43); Hoeren, EWiR 2000, 273 (274).

[109] Büchner, in: Lehmann, L., Rn. 55, 93 und Rn. 56; Terlau, in: Moritz/Dreier, C., Rn. 314 i. V. m. 316.

[110] Büchner, in: Lehmann, L., Rn. 57.

[111] Büchner, in: Lehmann, L., Rn. 61 i.V.m. 60.

[112] Härting, CR 2001, 37 (43).

links. Damit läge ein Dauerschuldverhältnis vor, weshalb also insgesamt ein dienstvertraglicher Charakter gegeben sei.[113]

Die Charakterisierung als Handelsvertreter-, Eigenhändler oder Kommissionsvertrag wird aus dem mittelbaren Vertrieb der Angebote des Vertragspartners des Plattform-, Portal- oder Shop-Betreibers heraus begründet. So sei letzterer Handelsvertreter, wenn er sich darauf beschränke, von seiner Web-Seite aus fremde Angebote mittels Hyperlinkverbindung zu vermitteln. Dann sei er nämlich aufgrund eines Vertrages mit gewisser Nachhaltigkeit damit betraut, für einen anderen Unternehmer Geschäfte zu vermitteln.[114] Als Vertrags- oder Eigenhändler sei er jedoch dann anzusehen, wenn er dem Kunden gegenüber im eigenen Namen und auf eigene Rechnung auftrete.[115] Handele er schließlich nur in eigenem Namen, aber auf fremde Rechnung, liege Kommission vor.[116] Diese letzten beiden Typisierungen scheiden hier jedoch offensichtlich aus, da die Fremdfirma in eigenem Namen und auf eigene Rechnung ihre Angebote an Kunden veräußern will und der Portalbetreiber dies nicht für sie vornehmen soll.

Schließlich werden Verträge über elektronische Marktplätze auch dem Pachtrecht zugeordnet. Dieses passe nämlich hinsichtlich Kündigung und Leistungsstörungen am ehesten auf den Sachverhalt und man spreche ja auch vom "Verpachten" eines virtuellen Shops.[117]

Keineswegs eindeutiger geht es bei der Qualifikation der Affiliate-Verträge, Partnerprogramme und Bannerwerbungsverträge zu. Teilweise werden sie denselben Vertragstypen zugeordnet wie die vorgenannten Vertragsgestaltungen.[118] Darüber hinaus aber auch dem Werkvertragsrecht[119], dem Mietrecht[120] und dem Gesellschaftsrecht[121].

Für die Typisierung als Dienstvertrag wird wiederum angeführt, dass Schwerpunkt der Pflicht des jeweiligen Web-Seiten-Betreibers eine Tätigkeit sei, näm-

---

[113] AG Ulm, Urt. v. 29.10.1999 - 2 C 1038/99, CR 2000, 469 (470 f.); so auch Hoeren, EWiR 2000, 273 (274).

[114] Büchner, in: Lehmann, L., Rn. 55.

[115] Büchner, in: Lehmann, L., Rn. 56; Terlau, in: Moritz/Dreier, C., Rn. 314 i.V.m. 316.

[116] Büchner, in: Lehmann, L., Rn. 57.

[117] Büchner, in: Lehmann, L., Rn. 61 i.V.m. 60.

[118] Vgl. Härting, CR 2001, 37 (42); Büchner, in: Lehmann, L., Rn. 55 ff.

[119] Müller, in: Schuster, Kapitel 17, Rn. 101; Jessen/Müller, in: Moritz/Dreier, B., Rn. 426; Büchner, in: Lehmann, L., Rn. 75; Koch, 39; Schuppert, in: Spindler, Providerverträge, Teil IX, Rn. 3; Cichon, Rn. 538; Heyms/Prieß, Rn. 129; so im Ergebnis unter Verweis auf die Rechtsfolgen bei Leistungsstörungen wohl auch Ernst, Rn. 648.

[120] Müller, in: Schuster, Kapitel 17, Rn. 101; Jessen/Müller, in: Moritz/Dreier, B., Rn. 426.

[121] Heyms/Prieß, Rn. 121.

lich die Aufrechterhaltung der Verknüpfung zweier Web-Seiten durch einen funktionstüchtigen Hyperlink für die Dauer der vertraglichen Laufzeit.[122]

Auch für die Einordnung als Handelsvertreter-, Vertragshändler- oder Kommissionsvertrag wird dieselbe Argumentation angeführt wie bereits dargestellt.[123] Hinsichtlich der Vergleichbarkeit mit der Einbindungspflicht des Portalbetreibers gilt hier ebenfalls, dass Vertragshändler- und Kommissionsvertrag ausscheiden, da die Fremdfirma im eigenen Namen und für eigene Rechnung ihre Angebote vertreibt und dies nicht der Portalbetreiber für sie übernimmt.

Die Zuordnung zum Werkvertragsrecht wird damit begründet, dass der Web-Seiten-Betreiber ein Werbebanner oder einen entsprechenden Hinweis erstelle und in seine Web-Seite integriere.[124] Auch bestehe kein Unterschied zum klassischen Anzeigenvertrag, der Werkvertrag sei[125], da etwa der Bannerwerbungsvertrag auch auf den konkreten Erfolg der Werbeschaltung ausgerichtet sei[126].

Von einigen Stimmen in der Literatur wird eine miet- oder pachtvertragliche Komponente der genannten Verträge darin gesehen, dass, entsprechend dem Sachverhalt beim Miet- oder Pachtvertrag, der werbenden Vertragspartei für die Bereithaltung ihres Werbebanners während der vertraglich vereinbarten Laufzeit eine Fläche auf der Web-Seite der anderen Vertragspartei zur Verfügung gestellt werden muß[127].

Für die Affiliate-Verträge und Partnerprogramme wird schließlich noch ein Gesellschaftsvertrag angedacht.[128] Denn sie seien längerfristig angelegt und die Vertragsparteien müßten zueinander sowie die Web-Seite und deren Inhalt zum Produktangebot des Werbetreibenden passen.[129] In diesem Falle wäre aber die Einbindungspflicht nicht mehr als selbständige Pflicht zu betrachten, sondern nur als eine Facette der allgemeinen Zweckförderungspflicht im Rahmen des Gesellschaftsvertrages nach § 705 BGB.[130]

Aus dem soeben Dargestellten folgt, dass eine Übernahme der Ergebnisse zu diesen ähnlichen Vertragsgestaltungen auf die Hauptpflicht des Portalbetreibers

---

[122] Härting, CR 2001, 37 (42).

[123] Siehe Büchner, in: Lehmann, L., Rn. 55 bis 57.

[124] Müller, in: Schuster, Kapitel 17, Rn. 101; Koch, 39; Cichon, Rn. 539.

[125] Jessen/Müller, in: Moritz/Dreier, B., Rn. 426; Büchner, in: Lehmann, L., Rn. 75.

[126] Schuppert, in: Spindler, Providerverträge, Teil IX, Rn. 3; Cichon, Rn. 538; Heyms/Prieß, Rn. 129.

[127] Müller, in: Schuster, Kapitel 17, Rn. 101; im Ergebnis ablehnend, da es um die Veröffentlichung der Anzeige, also den Hyperlink, und nicht um Beanspruchung von Raum geht, Jessen/Müller, in: Moritz/Dreier, B., Rn. 426.

[128] Heyms/Prieß, Rn. 121.

[129] Heyms/Prieß, Rn. 121.

[130] Zur Einordnung des AEV als Gesellschaftsvertrag s. u. 3. bei der Einordnung über eine Gesamtbetrachtung der Hauptpflichten.

zur Schaffung der Einbindung der Angebotsseite in die Portalseite mittels Hyperlink und Framing-Technik für die vereinbarte Zeit nicht möglich ist. Es besteht nämlich insoweit keine Einheitlichkeit der vertragstypologischen Zuordnung. Vielmehr zeigt sich, dass die Typisierung der Einbindungspflicht nur so erfolgen kann, dass jeder für die Zuordnung in Betracht kommende gesetzlich typisierte Vertrag einer genauen Untersuchung unterworfen wird, die den dem AEV und der Hauptpflicht des Portalbetreibers zugrundeliegenden Sachverhalt und deren konkrete Konstellation nicht aus den Augen verliert.

cc) Die Typisierung der Hauptpflicht des Portalbetreibers

Die Typisierung der Hauptpflicht des Portalbetreibers kann, wie soeben gesehen, nicht auf Erkenntnisse aus dem Vergleich des AEV mit ähnlichen Internet-Verträgen zurückgreifen. Insoweit hat sich lediglich gezeigt, dass eine Vielzahl von Vertragstypen in Betracht kommt. Deren Hauptpflichten müssen nun jeweils mit der Einbindungspflicht des Portalbetreibers abgeglichen werden, um feststellen zu können, wohin diese einzuordnen ist. Insbesondere sind dabei diejenigen Vertragstypen einzubeziehen, die von Rechtsprechung und Literatur bei den ähnlichen Verträgen herangezogen wurden.

(1) Die Hauptpflichten des Mietvertrags nach § 535 BGB

Bei den Verträgen, deren Hauptpflichten der Pflicht des Portalbetreibers zur Schaffung der Einbindung der Angebotsseite in die Portalseite für die vereinbarte Zeit ähnlich sind, wird zum Teil eine Zuordnung zum Mietvertragsrecht der §§ 535 ff BGB vorgenommen. Daher ist möglicherweise auch die Einbindungspflicht als mietvertragliche Hauptpflicht zu charakterisieren. Wann eine mietvertragliche Hauptpflicht vorliegt, bestimmt § 535 BGB. Dabei gibt es zwei Ansatzpunkte. Einmal den, dass der Portalbetreiber Vermieter ist, also seine Portalseite oder einen Teil davon an die Fremdfirma vermietet, und einmal den, dass er selber Mieter ist und die Angebotsseite bzw. die Angebote auf dieser von der Fremdfirma zum Gebrauch überlassen erhält. Im ersten Fall muß die Einbindungspflicht den Vorgaben des § 535 Abs. 1 BGB entsprechen, da darin die Vermieterpflichten geregelt sind, im letzteren Fall den Vorgaben des § 535 Abs. 2 BGB.

Nach § 535 Abs. 1 BGB ist der Vermieter verpflichtet, dem Mieter während der Mietzeit den Gebrauch der Mietsache zu gewähren, sie ihm in einem zum vertragsgemäßen Gebrauch geeigneten Zustand zu überlassen und sie während der Mietzeit in diesem Zustand zu erhalten. Für den Ansatzpunkt, dass der

Portalbetreiber Vermieter ist, bedeutet dies, dass er aufgrund der Einbindungspflicht der Fremdfirma den Gebrauch einer Mietssache für die Dauer der Mietzeit, hier also für die Dauer der vereinbarten Zeit, gewähren, sie ihr in einem gebrauchsgeeigneten Zustand überlassen und während der vereinbarten Zeit in diesem Zustand erhalten muß. Dies könnte man darin sehen, dass der Fremdfirma einen "Platz" auf der Portalseite als Mietsache eingeräumt wird, auf dem sie während der gesamten vereinbarten Zeit ihre Angebotsseite mit den Angeboten präsentieren kann.

Beim zweiten Ansatzpunkt, dass der Portalbetreiber Mieter ist, muß die Einbindungsleistung des Portalbetreibers eine Mietzahlung sein. Nach § 535 Abs. 2 BGB ist der Mieter nämlich zur Zahlung der vereinbarten Miete verpflichtet. Die Einbindungsleistung als "Miete" wäre dann die Gegenleistung des Portalbetreibers für eine Gebrauchsgewährung der Fremdfirma hinsichtlich ihrer Angebotsseite und der darauf bereitgehaltenen Angebote, die der Portalbetreiber in seine Portalseite einbinden darf.

Allerdings scheitert eine Einordnung als mietvertragliche Hauptpflicht unter jedem Ansatzpunkt daran, dass keine Mietsache i. S. d. § 535 BGB als Vertragsgegenstand vorliegt. Eine Sache kann nämlich nach § 90 BGB nur ein körperlicher, also ein im Raum abgrenzbarer[131], faßbarer und beherrschbarer Gegenstand[132] sein. Der "Platz" auf der Portalseite oder die Angebotsseite und die auf dieser bereitgehaltenen Angebote der Fremdfirma bestehen nur aus Daten. Daten wiederum sind virtuell und ihrer Natur nach nicht im Raum abgrenzbar.[133] Zwar wird auch vertreten, dass eine Mietsache nicht stets eine Sache im engen Sinne des § 90 BGB sein muß, sondern z. B. auch Sachgesamtheiten erfaßt werden.[134] Das läßt daran denken, auch "virtuelle" Sachen unter den Begriff der Mietsache zu fassen.[135] Dem widerspricht jedoch der eindeutige Gesetzeswortlaut Miet"sache" und die Definition des Sachbegriffes in § 90 BGB. Es läge also in diesem Fall eine analoge Anwendung der Mietvertragsregeln vor. Eine analoge Anwendung kommt jedoch nur dann in Betracht, wenn die Einbindungspflicht des Portalbetreibers nicht schon einer anderen typisierten vertraglichen Hauptpflicht direkt zugeordnet werden könnte. Denn nur, wo eine Regelungs-

---

[131] Jauernig-Jauernig, Vor. § 90, Rn. 4; Palandt-Heinrichs, § 90, Rn. 1.

[132] Erman-L. Michalski, Vor. § 90, Rn. 3; Bamberger/Roth-Fritzsche, § 90, Rn. 5 ff; Baur/Stürner, § 3 I 1 (S. 10).

[133] Bamberger/Roth-Fritzsche, § 90, Rn. 25 f.; siehe auch LG Konstanz, Urt. v. 10.05.1996 - 1 S 292/95, NJW 1996, 2662.

[134] Erman-P. Jendrek, § 535, Rn. 25; MünchKomm-Schilling, § 535, Rn 68.

[135] Vgl. Fikentscher, § 74 I 3 (S. 487), der jeden Gegenstand außer Forderungen und sonstigen Rechten als geeignete Mietsache ansieht. Dabei bleibt er jedoch eine Begründung schuldig und verweist nur auf die Sachgesamtheiten.

lücke besteht, also keine gesetzliche Vorschrift direkt zur Anwendung kommt, ist Platz für eine analoge Anwendung.[136]

(2) Die Hauptpflichten des Pachtvertrages nach § 581 BGB

Die erwähnten Verträge, deren Hauptpflichten der hier zu qualifizierenden Pflicht des Portalbetreibers zur Schaffung der Einbindung der Angebotsseite in die Portalseite für die vereinbarte Zeit ähneln, werden teilweise dem Pachtrecht der §§ 581 ff BGB zugeordnet. Ob dies auch hier die zutreffende Einordnung ist, ist nach den Anforderungen des § 581 Abs. 1 BGB, der die pachtvertraglichen Hauptpflichten festschreibt, zu bemessen. Wie bei der Frage des Mietvertragscharakters der Einbindungspflicht gibt es zwei mögliche Ansatzpunkte. So kann der Portalbetreiber Verpächter oder Pächter sein. Im ersten Fall sind die Vorgaben des § 581 Abs. 1 Satz 1 BGB entscheidend, im letzteren Fall die Vorgaben des § 581 Abs. 1 Satz 2 BGB.

Nach § 581 Abs. 1 Satz 1 BGB ist der Verpächter verpflichtet, dem Pächter während der Pachtzeit den Gebrauch des verpachteten Gegenstandes und den Genuß der Früchte, soweit sie nach den Regeln einer ordnungsgemäßen Wirtschaft als Ertrag anzusehen sind, zu gewähren. Durch die Wahl des Begriffs "Gegenstand" statt des Begriffs "Sache" in § 535 Abs. 1 Satz 1 BGB macht das Gesetz klar, dass nicht nur Sachen als körperliche Gegenstände i. S. d. § 90 BGB Vertragsgegenstand sein können. Damit scheidet anders als bei der Frage nach dem Mietrechtscharakter der Einbindungspflicht die Portalseite als Web-Seite nicht bereits wegen ihrer fehlenden Sachqualität als Pachtgegenstand aus. Allerdings wird der Kreis möglicher Pachtgegenstände durch die Beziehung auf die Gewährung des Fruchtgenusses wieder darauf eingegrenzt, dass der Gegenstand in der Lage sein muß, "Früchte" i. S. d. § 99 BGB haben zu können.[137] Es

---

[136] Überdies fehlt es für eine analoge Anwendung des Mietrechts an der weiteren Voraussetzung der Planwidrigkeit der Regelungslücke; zur Planwidrigkeit der Lücke allgemein siehe Börsch, JA 2000, 117 ff. Dem Gesetzgeber des BGB war nämlich das Problem "nichtkörperlicher Gegenstände", die keine Rechte sind, bekannt. Das Phänomen des elektrischen Stromes etwa war Ende des 19. Jahrhunderts bereits hinlänglich untersucht. Dennoch erfolgte keine eigenständige Regelung dieses Falles im BGB. Vielmehr spricht die Definition des § 90 BGB für eine bewußte Beschränkung des Sachbegriffes und damit auch des Umfangs der Anwendbarkeit des Mietrechts. Spätestens jedoch mit Einführung des § 126 a BGB und des § 312 e BGB hat der Gesetzgeber gezeigt, dass er die Problematik der neuen Medien erkannt hat, aber nicht gewillt war, den Sachbegriff der wachsenden Bedeutung elektronsicher Datenverarbeitung und des Internet anzupassen.

[137] BGH, Urt. v. 04.09.1986 - VIII ZR 160/85, WM 1986, 1359 (1360); MünchKomm-Harke, § 581, Rn. 2; Staudinger-Sonnenschein, § 581, Rn. 7; Palandt-Weidenkaff, § 581, Rn. 3;

muß sich also entweder um eine Sache, § 99 Abs. 1 BGB, ein Recht, § 99 Abs. 2 und 3 BGB, oder, wie allgemein anerkannt ist, um ein Unternehmen[138] handeln.

Da im Rahmen des AEV keine Sachen Gegenstand der Vereinbarung von Portalbetreiber und Fremdfirma sind, bedeutet dies für die Einbindungspflicht, dass den Portalbetreiber die Verpflichtung treffen muß, der Fremdfirma durch die Einbindung der Angebotsseite in die Portalseite den Gebrauch eines Rechtes oder eines Unternehmens zu gewähren. Als Recht bzw. als Unternehmen und damit als Pachtgegenstand kommen dabei einerseits der "Platz", den die Fremdfirma auf der Portalseite für ihre Angebotsseite erhält, und andererseits der Gewerbebetrieb der Fremdfirma im Rahmen der Portalseite in Betracht.[139] Der "Platz" für die Angebotsseite auf der Portalseite scheidet jedoch als Pachtgegenstand aus, da er weder ein Recht darstellt noch ein Unternehmen ist, sondern es sich bei ihm um Daten handelt. Außerdem fehlt es an der Fruchtziehung. Denn aus dem "Platz" selbst kommen keine Früchte, die überlassen werden können, sondern es werden der Fremdfirma nur eigene Geschäfte ermöglicht. Für die Gebrauchgewährung hinsichtlich eines Unternehmens spricht hingegen, dass der Portalbetreiber der Fremdfirma erlaubt, mittels ihrer Angebotsseite über die Portalseite Kunden anzuwerben und mit diesen Verträge bzgl. der Angebote auf der Angebotsseite zu schließen. Entscheidend kommt es dabei aber darauf an, dass der Gewerbebetrieb der Fremdfirma ursprünglich ein Gewerbebetrieb des Portalbetreibers war. Denn nur dann besteht für den Portalbetreiber die Möglichkeit der Gebrauchsgewährung. Sofern es von Anfang an ein Unternehmen der Fremdfirma war, ist dies nicht der Fall.

In ähnlichen Situationen, jedoch ohne die Problematik der Virtualität des Internet, hat das Reichsgericht Pachtverträge bzw. pachtvertragliche Hauptpflichten angenommen.[140] In dem einem Fall[141] ging es darum, dass einer Vertragspar-

---

Brox/Walker, BS, § 14, Rn. 1; Esser/Weyers, BT 1, § 23 I 2 (S. 194); a. A. Cebulla, 30 f., der in § 99 BGB nur eine Definitionsnorm des Begriffs Früchte sieht, der aber nicht zwingend ein Zusammenhang mit dem Gegenstandsbegriff des § 581 BGB entnommen werden kann; seiner Ansicht nach kommen als Pachtgegenstand in Betracht Sachen, Rechte und alles andere, sofern es grundsätzlich gebrauchs- oder ausübungsfähig ist und aus diesem Gebrauch bzw. dieser Ausübung Erträge fließen können, sog. "besondere Gegenstände eines Pachtvertrages", Cebulla, 86.

[138] Staudinger-Sonnenschein, § 581, Rn. 7; Larenz, BT 1, § 49 I (S. 278); Esser/Weyers, BT 1, § 23 I 2 (S. 194).

[139] Vgl. zur möglichen Pachtgegenstandsqualität eines Gewerbebetriebes RG, Urt. v. 18.09. 1919 - III ZR 131/19, RGZ 97, 166 (166 f.); Urt. v. 11.07.1924 - III ZR 610/23, RGZ 108, 369 (371).

[140] RG, Urt. v. 18.09.1919 - III ZR 131/19, RGZ 97, 166; Urt. v. 11.07.1924 - III ZR 610/23, RGZ 108, 369.

tei der Betrieb der Garderoben in einer Sportstätte während des Sportbetriebs und anderer Veranstaltungen in den dafür vorgesehenen und ausgestatteten Räumlichkeiten überlassen worden war. Während anderer Zeiten durfte diese Vertragspartei die Räumlichkeiten jedoch nicht betreten. Das Reichsgericht kam zu dem Ergebnis, dass ein Pachtvertrag mit dem Pachtgegenstand Gewerbebetrieb vorliege. Der Garderobenbetrieb sei nämlich als Nebenbetrieb zum Hauptbetrieb der Sportstätte Gegenstand des Vertrages gewesen. Dieser Nebenbetrieb bringe die Früchte in Form der Garderobengebühr und einem daraus erwachsenden Reingewinn und nicht etwa die Räumlichkeiten und das Inventar, das nur während der Garderobenöffnungszeiten und nur zum Zwecke des Garderobenbetriebs überlassen worden sei.[142] Im anderen Fall[143] ging es in einem Streit zwischen der Deutschen Reichsbahn und deren Vertragspartner um die Rechtsnatur eines Vertrages hinsichtlich des Betriebes einer Wechselstube im Münchener Hauptbahnhof. Das Reichsgericht entschied, dass ein gemischter Vertrag mit Pachtvertragselement vorliege. Denn nach dem Sachverhalt hielt es die Reichsbahn für geboten, im Bahnhofsgebäude eine Wechselstube zu betreiben. Sie gestattete der anderen Vertragspartei den Betrieb und stellte dazu Räumlichkeiten im Bahnhofsgebäude mit Ausstattung gemäß Bahnhofshausinventar zur Verfügung. Weiter schrieb sie die Öffnungszeiten vor. Der Vertragspartner verpflichtete sich zur Führung des Geschäfts. Damit hätte die Reichsbahn die Ausübung eines Geschäftsbetriebes gestattet, so dass der Vertrag in diesem Punkt auf Gestattung der Ausübung eines Rechtes gerichtet gewesen wäre. Insoweit bestünde also eine pachtvertragliche Pflicht der Reichsbahn neben dem mietvertraglichen Element der Raum- und Inventarüberlassung.[144]

Die Parallelen zur Situation des AEV treten in beiden Fällen deutlich hervor. Die Überlassung der Räumlichkeiten und des vorhandenen Inventars ähnelt der Einbindung in die Frames der Portalseite und die Anpassung der Angebotsseite der Fremdfirma an das Design der Portalseite. Denn so befindet sich die Angebotsseite im Bereich der Portalseite und für ihre Gestaltung wird gewissermaßen das "Inventar" der Portalseite übernommen. Wie im zweiten Fall des Reichsgerichts ist die Fremdfirma auch zur Geschäftsführung, d. h. zu Unterhaltung der Angebotsseite verpflichtet. Ein Unterschied besteht jedoch zum einen darin, dass der Gewerbebetrieb der Fremdfirma nicht nur ein Nebenbetrieb des Portalbetriebes wie der Garderobenbetrieb im Rahmen einer Sportstätte ist. Er kann nämlich auch unabhängig vom Portalbetrieb existieren, da die Fremdfirma auch den Direktvertrieb ihrer Angebote ohne den Umweg über die Einbindung der

---

[141] RG, Urt. v. 18.09.1919 - III ZR 131/19, RGZ 97, 166 ff.
[142] RG, Urt, v, 18.09.1919 - III ZR 131/19, RGZ 97, 166 (170).
[143] RG, Urt. v. 11.07.1924 - III ZR 610/23, RGZ 108, 369.
[144] RG, Urt. v. 11.07.1924 - III ZR 610/23, RGZ 108, 369 (371).

Angebotsseite in die Portalseite betreiben könnte. Auch liegt keine Gestattung des Geschäftsbetriebes durch den Portalbetreiber wie im Wechselstubenfall vor. Denn dort wurde der einen Vertragspartei von der Reichsbahn der gesamte Betrieb einer Wechselstube in den ausgewiesenen Räumlichkeiten des Bahnhofsgebäudes zur Ausübung überlassen. Im Falle der Einbindung der Angebotsseite in die Portalseite findet hingegen nur ein Teil des Geschäftsbetriebes der Fremdfirma im Rahmen der Portalseite statt, nämlich die Präsentation ihrer Angebote und die Anbahnung etwaiger Verträge mit Kunden über diese Angebote. Mehr will der Portalbetreiber auch nicht, denn er beabsichtigt mit dem AEV nur, die Attraktivität seiner Portalseite zu erhöhen, indem er Kooperationspartnern erlaubt (und diese natürlich auch dazu verpflichtet), ihre Waren, Dienstleistungen und sonstigen Angebote im Rahmen der Portalseite zu zeigen und mit Kunden in Verbindung treten zu können. Nicht hingegen möchte er ein Outsourcing eines eigenen Geschäftsbetriebes ganz oder teilweise an die Fremdfirma. Anders als im Rahmen der Urteile des Reichsgerichts wird also beim AEV durch die Einbindung der Angebotsseite in die Portalseite kein Unternehmen bzw. Gewerbebetrieb betroffen.

Insgesamt besteht damit unter dem Ansatzpunkt, dass der Portalbetreiber Verpächter ist, kein Gegenstand i. S. d. § 581 Abs. 1 Satz 1 BGB, den der Portalbetreiber zum Gebrauch an die Fremdfirma überlassen könnte.

Damit bleibt zu prüfen, ob die Einbindungspflicht des Portalbetreibers unter dem zweiten Ansatzpunkt, dass die Fremdfirma Verpächterin ist, als pachtvertragliche Hauptpflicht qualifiziert werden kann. Dazu muß sie den Anforderungen des § 581 Abs. 1 Satz 2 BGB entsprechen. Nach dieser Vorschrift ist der Pächter zur Entrichtung der vereinbarten Pacht verpflichtet. Sofern man darin lediglich die Bestimmung sieht, die Gegenleistung für die Gebrauchsgewährung des Pachtgegenstandes und das Recht zum Fruchtgenuß zu erbringen, wäre dies grundsätzlich möglich. Es würde aber voraussetzen, dass die Angebotsseite der Fremdfirma oder die auf ihr enthaltenen Inhalte Pachtgegenstand wären, dessen Gebrauch dem Portalbetreiber gewährt wird.

Insoweit scheidet die Angebotsseite aus. Bei ihr handelt es sich weder um eine Sache, noch um ein Recht oder ein Unternehmen, sondern nur um Daten. Ihr fehlt also die notwendige Qualität für einen Pachtgegenstand. Die Inhalte, also die Angebote auf der Angebotsseite können grundsätzlich einen Pachtgegenstand darstellen. Jedoch werden sie dem Portalbetreiber nicht zum Gebrauch überlassen, sondern verbleiben vollständig im Herrschaftsbereich der Fremdfirma. Diese entscheidet nämlich im Rahmen der vertraglich vereinbarten Art der Angebote, welche Angebote eingestellt werden und ob sie eingestellt bleiben oder was sonst mit ihnen geschieht. Der Portalbetreiber hat diesbezüglich nach Vertragsabschluß und damit nach Festlegung der Art der Angebote keine Einflußmöglichkeiten mehr. Damit fehlt es aber für eine Gegenleistung in Form einer Pacht nach § 581 Abs. 1 Satz 2 BGB an einer Leistung des Verpächters Fremdfirma.

Eine Einordnung der Pflicht des Portalbetreibers zur Schaffung der Einbindung der Angebotsseite in die Portalseite mittels Hyperlink und Framing-Technik für die vereinbarte Zeit als Hauptpflicht des Pachtvertrages nach §§ 581 ff BGB ist daher nicht möglich.

(3) Die Hauptpflichten des Leihvertrages nach § 598 BGB

Auf die dargestellten ähnlichen Verträge wird eine Anwendung des Leihvertragsrechts nach §§ 598 ff BGB hinsichtlich der mit der Einbindungspflicht des Portalbetreibers ähnlichen Hauptpflicht nicht vorgenommen. Entsprechendes gilt für den AEV. Eine Qualifikation der Einbindungspflicht als leihvertragliche Hauptpflicht kommt nämlich mangels geeignetem Leihvertragsgegenstands nicht in Betracht. Nach § 598 BGB muß der Verleiher dem Entleiher den Gebrauch einer Sache gestatten. Wie aber schon im Rahmen der Untersuchung der Einordnung als Mietvertragspflicht festgestellt wurde, sind alle potentiellen Gebrauchsgestattungsgegenstände im Verhältnis zwischen Portalbetreiber und Fremdfirma keine Sachen i. S. der Definition des § 90 BGB.[145]

(4) Die Hauptpflichten aus einem Vertrag über mittelbaren Vertrieb

Betrachtet man den AEV unter dem Aspekt des mittelbaren Vertriebes, so könnte die Pflicht zur Schaffung der Einbindung der Angebotsseite in die Portalseite für die vereinbarte Zeit mittels Hyperlink und Framing-Technik auch Hauptpflicht eines Vertrages sein, der dem mittelbaren Vertrieb zuzurechnen ist. Dabei kann es sich um einen Vertragshändler-, einen Handelsvertreter-, einen Handelsmakler- oder einen einfachen Maklervertrag handeln. Eine solche Zuordnung wird im Rahmen der dargestellten ähnlichen Verträge vielfach angenommen.

(a) Die Hauptpflichten des Vertragshändlervertrages

Die Frage, ob die Pflicht des Portalbetreibers zur Schaffung der Einbindung der Angebotsseite in die Portalseite mittels Hyperlink und Framing-Technik für

---

[145] S. o. (1).

die vereinbarte Zeit eine Hauptpflicht eines Vertragshändlervertrages ist, könnte hier offen bleiben. Der Vertragshändlervertrag ist nämlich kein gesetzestypischer Vertrag, so dass nach ihm erst zu fragen ist, wenn feststeht, dass der AEV allgemein ein atypischer Vertrag ist. Jedoch liegt eine Vertragshändlerbeziehung ohnehin nicht vor. Vertragshändler oder Eigenhändler[146] ist nämlich nur ein Kaufmann, dessen Unternehmen in die Verkaufsorganisation des Herstellers der Verkaufsobjekte eingegliedert ist und der sich diesem gegenüber verpflichtet hat, Waren im eigenen Namen und für eigene Rechnung zu verkaufen.[147] Im Verhältnis von Portalbetreiber und Fremdfirma liegt keine derartige Beziehung vor. Weder ist einer von ihnen in die Verkaufsorganisation des anderen eingebunden, noch veräußert er dessen Waren im eigenem Namen und für eigene Rechnung. Vielmehr weist der Portalbetreiber durch die Einbindung der Angebotsseite in die Portalseite lediglich auf die Angebote der Fremdfirma hin, die diese gegenüber den Kunden in ihrem Namen und für ihre Rechnung vertreibt.

(b) Die Hauptpflichten des Handelsvertretervertrages nach § 84 HGB

Die Einbindungspflicht des Portalbetreibers könnte hingegen Hauptpflicht eines Handelsvertretervertrages nach §§ 84 ff HGB sein. Ein Handelsvertreter ist nach § 84 Abs. 1 Satz 1 HGB jemand, der als selbständiger Gewerbetreibender ständig damit betraut ist, für einen anderen Unternehmer Geschäfte zu vermitteln oder in dessen Namen abzuschließen. Während die letzte Variante hier offensichtlich nicht in Betracht kommt, da die Fremdfirma die Verträge über ihre Angebote mit den Kunden selber im eigenen Namen abschließt, ist die Variante der Vermittlungspflicht naheliegend. Die Kunden der Fremdfirma werden nämlich über die Portalseite und damit durch die vom Portalbetreiber zu schaffende Einbindung auf die Angebote der Fremdfirma aufmerksam gemacht werden.

Jedoch muß der Portalbetreiber zu einer Vermittlung i. S. d. § 84 Abs. 1 Satz 1 HGB auf einen Nutzer der Portalseite so einwirken, dass dadurch der Abschluß eines Vertrages mit der Fremdfirma über ihre Angebote gefördert wird.[148]

---

[146] BGH, Urt. v. 11.12.1958 - II ZR 73/57, BGHZ 29, 83 (85); BH-Hopt, Überbl. v. § 373, Rn. 35; MünchKomm HGB-von Hoyningen-Huene, Vor. § 84, Rn. 15; Brox, HR, Rn. 203; vgl. BGH, Urt. v. 16.02.1961 - VII ZR 239/59, BGHZ 34, 282 (285).

[147] BGH Urt. v. 21.10.1970 - VIII ZR 255/68, BGHZ 54, 338 (340 f.); Urt. v. 16.02.1961 - VII ZR 239/59, BGHZ 34, 282 (284 f.); BH-Hopt, Überbl. v. § 373, Rn. 35; Brox, HR, Rn. 203; Schmidt, HR, § 28 II 2 a (S. 758 f.); Ulmer, 207; vgl. BGH, Urt. v. 11.12.1958 - II ZR 73/57, BGHZ 29, 83 (87).

[148] BGH Urt. v. 19.05.1982 - I ZR 68/80, NJW 1983, 42; Schlegelberger-Schröder, § 84, Rn. 17; BH-Hopt, § 84, Rn. 22; Canaris, Handelsrecht, § 17, Rn. 11.

Ein Einwirken setzt dabei voraus, dass der Portalbetreiber durch seine Tätigkeit für den Entschluß des Nutzers mitursächlich geworden ist.[149] Eine Mitursächlichkeit könnte man hier darin sehen, dass der Portalbetreiber im Zuge der Erfüllung seiner Einbindungspflicht auf der Portalseite einen Hinweis auf die Angebotsseite anbringt und mittels Erstellung einer Hyperlinkverbindung dem Nutzer die Angebotsseite leicht zugänglich macht. So ist er nämlich für dessen Entschluß zum Abschluß eines Vertrages mit der Fremdfirma über deren Angebote kausal, da der Nutzer ohne Hyperlink und Hinweis das Angebot der Fremdfirma wohl nicht bemerkt hätte. Allerdings reichen der Hinweis und die Erstellung der Hyperlinkverbindung nicht für eine Mitursächlichkeit i. S. d. Einwirkens als Voraussetzung für eine Vermittlungstätigkeit des Portalbetreibers gemäß § 84 Abs. 1 Satz 1 HGB aus. Dazu ist mehr nötig als ein bloßes Werben für ein Produkt und der Weckung von Kaufanreizen im allgemeinen.[150] Vielmehr muß der Handelsvertreter mit der potentiellen Vertragspartei in Verbindung treten und mit ihm über das Geschäft verhandeln. Das ergibt sich aus der Begründung des Regierungsentwurfes zum Gesetz zur Änderung des Handelsgesetzbuches von 1953[151], dessen § 84 unverändert Gesetz wurde[152].[153] Das bedeutet aber weiter, dass das Geschäft bereits konkret ins Auge gefaßt sein muß und bereits den Gegenstand der Vermittlungsbemühungen bildet.[154] Da jedoch weder der Nutzer, der mit der Fremdfirma in Kontakt tritt, noch das Geschäft, d. h. welches Angebot der Fremdfirma Gegenstand eines Vertrages werden soll, im Zeitpunkt der Verlinkung und der Schaffung des Hinweises bekannt sind, ist dies hier nicht der Fall. Auch tritt der Portalbetreiber nicht mit einem Nutzer in Kontakt und verhandelt mit ihm über ein konkretes Geschäft. Er schafft nämlich nur die Möglichkeit für irgendeinen Nutzer, sich einen Überblick über das Angebot der Fremdfirma zu verschaffen und mit ihr in Kontakt zu kommen. Daran ändert sich während der gesamten vereinbarten Zeit nichts. Der Portalbetreiber handelt in Erfüllung der Einbindungspflicht nie mit Blick auf einen konkreten Nutzer und ein konkretes Geschäft zwischen diesem Nutzer und der Fremdfirma. Er

---

[149] BGH Urt. v. 01.12.1983 - I ZR 181/81, NJW 1984, 1695 (1696); Urt. v. 08.02.1980 - I ZR 78/78, NJW 1980, 1793; OLG Köln, Urt. .v. 04.11.1970 - 2 U 35/70, BB 1971, 103 (103); BAG Urt. v. 22.01.1971 - 3 AZR 42/70, BB 1971, 492.

[150] Schlegelberger-Schröder, § 84, Rn. 16a; GK HGB-Brüggemann, § 84 (Stand: 01.04.1983), Rn. 23; Canaris, Handelsrecht, § 17, Rn. 11; Brox, HR, Rn. 200; Schmidt, HR, § 27 I 2 c (S. 722); offengelassen BGH Urt. v. 01.12.1983 - I ZR 181/81, NJW 1984, 2695 (2695).

[151] Entwurf eines Gesetzes zur Änderung des Handelsgesetzbuches (Recht der Handelsvertreter), BT-Drucksache 1/3856.

[152] Gesetz zur Änderung des Handelsgesetzbuches (Recht der Handelsvertreter) vom 6. August 1953 (BGBl. I 1953, S. 771 ff), Seite 771.

[153] BT-Drucksache 1/3856, Seite 15.

[154] GK HGB-Brüggemann, § 84 (Stand: 01.04.1983), Rn. 23.

weckt lediglich Anreize zum Vertragsschluß i. S. einer werbenden Tätigkeit. Vermitteln gemäß § 84 Abs. 1 Satz 1 HGB tut er jedoch nicht.

(c) Die Hauptpflichten des Handelsmaklervertrages nach § 93 HGB

Die Pflicht des Portalbetreibers zur Schaffung der Einbindung der Angebotsseite in die Portalseite mittels Hyperlink und Framing-Technik für die vereinbarte Zeit ist auch keine Hauptpflicht eines Handelsmaklervertrages nach § 93 Abs. 1 HGB. Ein Handelsmakler und damit eine Hauptpflicht eines Handelsmaklervertrages setzt nämlich voraus, dass eine Vertragspartei gewerbsmäßig für die andere Vertragspartei, ohne von dieser aufgrund eines Vertragsverhältnis ständig damit betraut zu sein, die Vermittlung von Verträgen über die Anschaffung und die Veräußerung von Gegenständen des Handelsverkehrs übernimmt. Dies tun aber weder Portalbetreiber noch Fremdfirma. Als Veräußerer ihrer Angebote kommt nämlich nur die Fremdfirma selber in Betracht, die damit aber keine entsprechenden Verträge für den Portalbetreiber vermittelt. Dieser wiederum vermittelt, wie soeben festgestellt wurde, keine Verträge mit der Fremdfirma. Aber selbst bei Annahme einer Vermittlungstätigkeit des Portalbetreiber könnte er kein Handelsmakler sein, da er als "ständig mit der Vermittlung betraut" anzusehen wäre. Für diese reicht nämlich bereits eine gewisse Zeit der Vermittlungstätigkeit aus[155] und die Einbindung der Angebotsseite in die Portalseite als mögliche Vermittlungstätigkeit des Portalbetreibers wird für eine gewisse Zeit, nämlich die vereinbarte Zeit, geschuldet.

(d) Die Hauptpflichten des Maklervertrages nach § 652 BGB

Schließlich ist die Pflicht zur Schaffung der Einbindung der Angebotsseite in die Portalseite für die vereinbarte Zeit mittels Hyperlink und Framing-Technik auch nicht als Hauptpflicht eines Maklervertrages nach § 652 BGB zu qualifizieren. Der gesetzestypische Maklervertrag enthält nämlich nur die Pflicht zur Zahlung des Maklerlohnes im Falle des Nachweises oder der Vermittlung von Vertragsmöglichkeiten. Der Makler selber ist aber nicht zu einem Tätigwerden verpflichtet.[156] Zwar könnte man die Einbindungspflicht als Lohnzahlungspflicht verstehen, wenn man im Lohn jede Gegenleistung für die Tätigkeit des Maklers hinsichtlich des Nachweises oder der Vermittlung von Verträgen sieht.

---

[155] BGH, Urt. v. 01.04.1992 - IV ZR 154/91, NJW 1992, 2818 (2819); BH-Hopt, § 93, Rn. 14 i. V. m. § 84, Rn. 42.

[156] Vgl. Palandt-Sprau, § 652, Rn. 13; Fikentscher, Rn. 949; Brox/Walker, BS, § 29, Rn. 65.

Aber dann fehlt es im Rahmen des AEV an einer solchen Maklertätigkeit der Fremdfirma gegenüber dem Portalbetreiber. Denn die Fremdfirma erstellt lediglich die Angebotsseite mit den darauf befindlichen attraktiven Angeboten. Dadurch weist sie weder eine Vertragsmöglichkeit zwischen Dritten und dem Portalbetreiber nach noch vermittelt sie eine solche. Und der Portalbetreiber ist erst recht kein Makler, das er zum Tätigwerden in Form der Einbindung der Angebotsseite in die Portalseite verpflichtet ist.

In Betracht kommt wegen dieser Verpflichtung zwar ein Maklerdienstvertrag oder ein Maklerwerkvertrag. Beide sind aber keine Maklerverträge gemäß § 652 BGB. Der Maklerdienstvertrag ist ein Dienstvertrag nach §§ 611 ff BGB, bei dem die geschuldete Dienstleistung in der Tätigkeit eines Maklers besteht,[157] und der Maklerwerkvertrag ist ein Werkvertrag nach §§ 631 ff BGB, bei dem das geschuldete Werk im Erfolg der Maklertätigkeit besteht[158].

(e) Ergebnis zu (4) Die Hauptpflichten aus einem Vertrag über mittelbaren Vertrieb

Die Einbindungspflicht des Portalbetreibers ist im Ergebnis nicht als Hauptpflicht eines gesetzlich typisierten Vertrages über mittelbaren Vertrieb zu qualifizieren. Auch wenn dies bei den mit dem AEV ähnlichen Verträgen häufig geschieht, kommt es doch für die Typisierung einer vertraglichen Hauptpflicht entscheidend auf deren konkrete Ausgestaltung an. Und gegenüber den ähnlichen Verträgen liegen Besonderheiten vor, die beim AEV dieselbe Zuordnung wie bei ihnen unmöglich machen.

(5) Die Hauptpflichten des Dienstvertrages nach § 611 BGB

Vereinzelt werden die oben dargestellten ähnlichen Internet-Verträge dem Dienstvertragsrecht nach §§ 611 ff BGB zugeordnet. Dies wird damit begründet, dass der Schwerpunkt der Verpflichtung der einen Vertragspartei in der Aufrechterhaltung der Verknüpfung zweier Web-Seiten für eine bestimmte Dauer liege[159] und damit die dauerhafte Bereitstellung eines Hyperlinks sei[160]. Für die

[157] BGH, Urt. v. 22.07.1999 - III ZR 304/98, NJW-RR 1999, 1499 (1500); vgl. Palandt-Sprau, Einf. v. § 652, Rn. 6, § 652, Rn. 78; Erman-O. Werner, Vor. § 652, Rn. 19; Esser/Weyers, § 36 II 2 (S. 323 f.); Larenz, BT 1, § 54 (S. 396); Brox/Walker, BS, § 29, Rn. 68.

[158] BGH, Urt. v. 21.10.1987 - IV a ZR 103/86, NJW 1988, 967 (968); vgl. Palandt-Sprau, Einf. v. § 652, Rn. 7, § 652, Rn. 78; Erman-O. Werner, Vor. § 652, Rn. 19; Esser/Weyers, § 36 II 2 (S. 323 f.); Larenz, BT 1, § 54 (S. 396).

[159] Härting, CR 2001, 37 (43).

Einbindungspflicht, die zur dauerhaften Verbindung von Portalseite und Angebotsseite führt, bedeutet dies, dass sie möglicherweise als dienstvertragliche Hauptpflicht zu qualifizieren ist.

Problematisch an dieser Typisierung ist aber, dass sie das Vorliegen eines Dauerschuldverhältnisses mit dem Vorliegen eines Dienstvertrags gleichsetzt. Deutlich sichtbar wird dies in einer Entscheidung des Amtsgerichts Ulm[161], in der es um einen elektronischen Marktplatz ging. Dabei wurde auf der Web-Seite des Marktplatzbetreibers ein Button eingerichtet, von dem aus eine Hyperlinkverbindung zur Web-Seite der anderen Vertragspartei führte. Das Gericht kam zum Ergebnis, dass die Einrichtung des Buttons zwar eine Werkvertragspflicht sei, aber der Schwerpunkt des Vertrages im dauerhaften Bereitstellen des Hyperlinks und nicht in der einmaligen Ausrichtung des Buttons bestehe.[162] Das sich so ergebende Dauerschuldverhältnis habe dienstvertraglichen Charakter.[163] Daran ändere auch nichts, dass die Vertragsparteien ein bestimmtes Ergebnis der Leistungen des Marktplatzbetreibers erwarteten und der Vertrag Werkvertragselemente enthalte.[164] Allein die Tatsache des Dauerschuldcharakters genügte somit zur Einordnung als Dienstvertrag bzw. zur Charakterisierung der Pflicht zur Schaffung der Hyperlinkverbindung für die Dauer des Vertrages als dienstvertragliche Pflicht. Dabei hat das Gericht jedoch übersehen, dass es neben dem Dienstvertrag noch andere Dauerschuldverhältnisse gibt. Auch ist nicht so ohne Weiteres klar, dass ein Werkvertrag kein Dauerschuldverhältnis sein kann.[165] Eine Typisierung der Einbindungspflicht des Portalbetreibers als dienstvertragliche Hauptpflicht darf daher nicht allein anhand des Dauerschuldelementes geschehen. Entscheidend sind die Anforderungen, die § 611 BGB an die dienstvertraglichen Hauptpflichten stellt.

Nach § 611 Abs. 1 BGB ist Hauptpflicht der einen Vertragspartei des Dienstvertrages die Leistung der versprochenen Dienste und Hauptpflicht der anderen Vertragspartei die Gewährung der vereinbarten Vergütung. Dienstleistung bedeutet dabei ein reines Tätigwerden ohne Rücksicht auf das Ergebnis.[166] Der Portalbetreiber könnte entweder Dienstverpflichteter oder Dienstberechtigter sein.

---

[160] AG Ulm, Urt. v. 29.10.1999 - 2 C 1038/99, CR 2000, 469 (470 f.).
[161] AG Ulm, Urt. v. 29.10.1999 - 2 C 1038/99, CR 2000, 469.
[162] AG Ulm, Urt. v. 29.10.1999 - 2 C 1038/99, CR 2000, 469 (470).
[163] AG Ulm, Urt. v. 29.10.1999 - 2 C 1038/99, CR 2000, 469 (471).
[164] AG Ulm, Urt. v. 29.10.1999 - 2 C 1038/99, CR 2000, 469 (471).
[165] Zur Frage, ob ein Werkvertrag ein Dauerschuldverhältnis sein kann, siehe unten (6).
[166] BGH, Urt. v. 16.07.2002 - X ZR 27/01, NJW 2002, 3323 (3324); Erman-S. Edenfeld, § 611, Rn. 1; Palandt-Sprau, Einf. v. § 631, Rn. 8; Brox/Walker, BS, § 19, Rn. 9; Fikentscher, Rn. 867; Larenz, BT 1, § 52 I (S. 309); Oetker/Maultzsch, § 7 B I (S. 395 f.).

Sofern er Dienstverpflichteter ist, muß die Pflicht zur Schaffung der Einbindung der Angebotsseite in die Portalseite mittels Hyperlink und Framing-Technik für die vereinbarte Zeit eine Pflicht zur Dienstleistung, also zur Erbringung einer reinen Tätigkeit sein. Dem steht aber entgegen, dass die Einbindung während der gesamten vereinbarten Zeit bestehen muß. Es kommt also nicht nur auf ein Tätigwerden im Sinne einer Einbindung der Angebotsseite durch den Portalbetreiber an, sondern auf das Ergebnis einer solchen Tätigkeit, das Bestehen der Hyperlinkverbindung für die vereinbarte Zeit. Dass dennoch, wie bereits festgestellt wurde,[167] eine Dauerschuld vorliegt, steht dem nicht entgegen. Denn Voraussetzung für das Vorliegen einer Dauerschuld ist nicht das Bestehen einer Tätigkeit, sondern die Tatsache, dass die Leistung ohne das Zeitmoment nicht quantitativ bestimmt werden kann.

Aus demselben Grund kann der Portalbetreiber aber auch nicht Dienstberechtigter sein, selbst wenn man seine Leistung als Vergütung für eine Dienstleistung der Fremdfirma ansehen würde. Denn diese erbringt wie der Portalbetreiber keine Dienstleistung. Ihre Schaffung einer Angebotsseite für die vereinbarte Zeit mit einem attraktiven Angebot ist nämlich wie die Schaffung der Einbindung der Angebotsseite in die Portalseite keine Tätigkeit, sondern das Ergebnis einer Tätigkeit. Entscheidend ist, dass die Angebotsseite in der vereinbarten Form mit einem attraktiven Angebot während der gesamten vereinbarten Zeit existiert und im Internet abrufbar ist. Anderenfalls ist die Leistung der Fremdfirma für den Portalbetreiber nicht sinnvoll und entspricht nicht dem mit dem AEV verfolgten Zweck. Denn die Einbindung in die Portalseite zur Attraktivitätssteigerung kann nur bei ständiger Abrufbarkeit vernünftig erfolgen. Es kommt also wie bei der Einbindungspflicht nicht auf die bloße Tätigkeit in Form der Schaffung der Angebotsseite in Stil und Ästhetik der Portalseite und der Schaffung und Aufrechterhaltung eines attraktiven Angebotes auf der Angebotsseite durch die Fremdfirma an, sondern auf das Ergebnis dieser Tätigkeit, nämlich das Bestehen einer im Internet aufrufbaren Angebotsseite in Stil und Ästhetik der Portalseite mit einem darauf befindlichen attraktiven Angebot während der vereinbarten Zeit.

(6) Die Hauptpflichten des Werkvertrages nach § 631 BGB

Zum Teil werden die mit dem AEV ähnlichen Verträge als Werkverträge nach §§ 631 ff BGB angesehen. Für eine entsprechende Typisierung der Pflicht des Portalbetreibers zur Schaffung der Einbindung der Angebotsseite in die Portalseite für die vereinbarte Zeit als werkvertragliche Hauptpflicht muß sie den

[167] S. o. aa).

Anforderungen des § 631 Abs. 1 BGB entsprechen. In Betracht kommen dafür zwei Ansatzpunkte. So kann der Portalbetreiber Werkunternehmer oder Bestellers sein.

Geht man davon aus, dass er Werkunternehmer ist, ist er nach § 631 Abs. 1 BGB zur Herstellung des versprochenen Werkes verpflichtet. Dies bedeutet unter Berücksichtigung des § 631 Abs. 2 BGB die Pflicht zur Herstellung eines Erfolges und damit zur Herstellung des Ergebnisses einer Tätigkeit.[168] Betrifft also die Hauptpflicht eines Vertrages einen fest umrissenen Leistungsgegenstand und nicht eine allgemeine, laufende Tätigkeit, ist sie werkvertraglicher Natur.[169] Ein solcher fest umrissener Leistungsgegenstand liegt bzgl. der Einbindungspflicht vor. Er besteht im Vorliegen einer funktionierenden Einbindung für die vereinbarte Zeit. Dieses ist nämlich das Ergebnis der Tätigkeit des Portalbetreibers. Denn wie soeben im Rahmen des Qualifikationsversuches als Dienstvertragspflicht festgestellt wurde, muß der Portalbetreiber die Einbindung der Angebotsseite in die Portalseite mittels Hyperlink und Framing-Technik für die vereinbarte Zeit schaffen. Es geht somit nicht um ein bloßes Tätigwerden hinsichtlich der Erstellung der Hyperlinkverbindung von der Portalseite auf die Angebotsseite, sondern um die Herstellung eines Erfolges, also grundsätzlich eines Werkes gemäß § 631 Abs. 1 BGB.

Ein Problem könnte aber die Tatsache darstellen, dass die Einbindungspflicht eine Dauerschuld ist. Es ist nämlich umstritten, ob ein Werkvertrag auch in Form eines Dauerschuldverhältnisses möglich ist, also eine seiner Hauptpflichten eine Dauerschuld sein kann.

Eine Ansicht lehnt dies ab.[170] Zur Begründung führt sie an, der beim Werkvertrag herbeizuführende Erfolg bestehe in einem singulären Leistungserfolg und somit sei nur eine einmalige punktuelle Leistung zu erbringen.[171] Mit Erreichen dieses Leistungserfolges sei der Vertrag dann beendet.[172] Der Umfang der Hauptleistung, die zu diesem Erfolg führe, bestimme sich also anhand zeitunabhängiger Merkmale und sei nicht von einer Zeitdauer abhängig, was dem Wesen

---

[168] Palandt-Sprau, Einf. v. § 631, Rn. 1, 8; Brox/Walker, BS, § 22, Rn. 3; Oetker/Maultzsch, § 8 B (S. 442); vgl. MünchKomm-Busche, § 631, Rn. 14; Fikentscher, Rn. 867; Larenz, BT 1, § 53 I (S. 342).

[169] Siehe BGH Urt. v. 01.02.2000 - X ZR 198/97, NJW 2000, 1107 (1107).

[170] Löwe, CR 1987, 219 (220); Wohlgemuth, 62 f.; Oetker, 156; vgl. auch BGH, Urt. v. 08.04. 1997 - X ZR 62/95, NJW-RR 1997, 942 f., wo die Qualifizierung eines Wartungsvertrages auf unbestimmte Zeit als Dienstverhältnis wohl nur deswegen erfolgte, um dem Berechtigten zu ermöglichen, sich über die Kündigung nach §§ 621, 622 BGB vom Vertrag zu lösen.

[171] Oetker, 156; Wohlgemuth, 62; vgl. Löwe, CR 1987, 219 (220).

[172] Oetker, 156; Wohlgemuth, 62.

der Dauerschuld widerspreche.[173] Im übrigen würden die Regelungen des Werkvertrages, insbesondere die Bestimmungen zur Abnahme nach § 640 BGB und zur Kündigung nach § 649 BGB, nicht auf ein Dauerschuldverhältnis passen.[174] Dem steht eine starke Meinung gegenüber[175], die auch Werkverträge als Dauerschuldverhältnisse zulassen will. Dafür wird allgemein angeführt, dass ohnehin die verschiedensten Schuldinhalte Gegenstand von Dauerschuldverhältnissen sein könnten.[176] Auch könne die Aufrechterhaltung eines bestimmten Zustandes für eine bestimmte Zeit als Erfolg i. S. d. § 631 Abs. 1 BGB möglich sein.[177] Der Werkvertragserfolg sei somit mit dem Charakter einer Dauerschuld vereinbar. Das Argument der unpassenden Regelungen der §§ 631 ff BGB greife ebenfalls nicht. Denn falls die Regelungen des Werkvertragsrechts auf einen Dauerschuldverhältnis-Werkvertrag nicht paßten, könnten angemessene Regelungen über eine analoge Anwendung von Vorschriften für Verträge, die dem Dauerschuldverhältnis-Werkvertrag am ähnlichsten wären und den Dauerschuldverhältnis-Charakter berücksichtigen würden, etwa die §§ 611 ff BGB, gefunden werden.[178]

Der zweiten Ansicht ist zuzustimmen. Zwar ist der ersten Meinung zuzugeben, dass die Regelungen des Werkvertrages wohl nicht ein Dauerschuldverhältnis, sondern einen einmaligen Austauschvertrag im Blick haben. Dies zeigen beispielsweise § 640 BGB und § 649 BGB. Allerdings verkennt dies, dass sich der Vertragstyp nach § 631 BGB bestimmt, wie die amtliche Überschrift klarstellt, und nicht nach den §§ 640, 649 BGB. Diese betreffen Fragen der Durchführung eines Werkvertrages, also der Rechtsfolgen seines Vorliegens. Die Typisierung eines bestehenden Vertrages von der Rechtsfolgenseite durchzuführen ist aber nicht zulässig. Die Rechtsfolgen gehören zur Betrachtung der

---

[173] Oetker, 156; Wohlgemuth, 63.

[174] Löwe, CR 1987, 219 (220).

[175] OLG Hamburg, Urt. v. 22.06.1972 - 6 U 40/72, MDR 1972, 866; OLG Düsseldorf, Urt. v. 14.01.1987 - 19 U 48/86, NJW-RR 1988, 441 f.; Staudinger-Peters (2003), Vorbem. zu §§ 631 ff, Rn. 33; Palandt-Heinrichs, § 314, Rn. 2; Bamberger/Roth-Voit, § 649, Rn. 27 f.; Larenz, BT 2, § 53 IIIb (S. 369); Fischer, Wartungsverträge, Teil 1, 3 b dd (S. 37); Gernhuber, Schuldverhältnis, § 16 I 3 c (S. 382); Weyers, AcP 182 (1982), 59 (67 f.); Jessen/Müller, in: Moritz/Dreier, B., Rn. 425 f.; Esser/Schmidt, AT1, § 15 II 4 (S. 256).

[176] Gernhuber, Schuldverhältnis, § 16 I 3 a (S. 381).

[177] Vgl. zu den Wartungsverträgen, wo die Aufrechterhaltung der Funktionsfähigkeit des zu wartenden Gerätes für den vereinbarten Zeitraum als Erfolg eines Werkvertrages angesehen wird, OLG Düsseldorf, Urt. v. 14.01.1987 - 19 U 48/86, NJW-RR 1988, 441 (441); Staudinger-Peters (2003), Vorbem. zu §§ 631 ff, Rn. 33; Weyers, AcP 182 (1982), 59 (68).

[178] OLG Hamburg, Urt. v. 22.06.1972 - 6 U 40/72, MDR 1972, 866 (866); Fischer, Wartungsverträge, Teil 1, 3 b dd (S. 37); Weyers, AcP 182 (1982), 59 (69), der die analoge Anwendung von Mietvertragsrecht in bestimmten Konstellationen für angemessen hält.

Durchführung eines bereits typisierten Vertrages oder ins Vorfeld des Vertragsabschlusses, nämlich zur Vertragsgestaltung. Denn diese sucht anhand der Rechtsfolgen verschiedener Vertragstypen den passenden aus, mit dem sie die Ziele der zukünftigen Vertragsparteien bestmöglich erreicht. Entscheidend ist somit nur § 631 BGB.[179] Dieser enthält aber keine Aussage dazu, dass ein Erfolg nicht auch durch den Faktor Zeit bestimmt sein kann. So spricht § 631 Abs. 2 BGB nur von einem "anderen durch Arbeit oder Dienstleistung herbeizuführenden Erfolg".

Eine Schwierigkeit ergibt sich noch hinsichtlich der Varianten des AEV, bei denen eine Vergütung der Fremdfirma an den Portalbetreiber ausdrücklich ausgeschlossen ist. Vielfach wird nämlich angenommen, dass nach § 631 Abs. 1 BGB ein Werkvertrag und damit eine werkvertragliche Hauptpflicht nur vorliegen können, wenn eine Vergütungspflicht der anderen Vertragspartei besteht.[180] Besonders wegen der Abgrenzung zum unentgeltlichen Auftrag nach § 662 BGB sei eine Vergütungspflicht nötig.[181] Allerdings scheinen die Formulierungen des § 631 Abs. 1 BGB und des § 632 Abs. 1 BGB davon auszugehen, dass es auch Werkverträge ohne Vergütungspflicht geben kann. Sonst müßte § 631 Abs. 1 BGB nicht von der "vereinbarten Vergütung" und § 632 Abs. 1 BGB nicht von einer "den Umständen nach nur gegen eine Vergütung zu erwarten[den]" Werkleistung sprechen. Nach diesen Vorschriften erscheint die Vereinbarung einer Vergütung nicht als notwendig und eine Werkleistung nicht immer gegen Vergütung zu erwarten.[182]

---

[179] Dass die Rechtsfolgeregelungen im Werkvertragsrecht einer Qualifikation als Dauerschuldverhältnis nicht entgegenstehen können, zeigt überdies ein Vergleich mit dem Dienstvertragsrecht nach §§ 611 ff BGB, das von dem üblichen Dienstvertrag als einem Dauerschuldverhältnis ausgeht. Denn es gibt auch Dienstverträge, die anerkanntermaßen keine Dauerschuldverhältnisse sind. So ist z. B. der Behandlungsvertrag mit einem Arzt ein Dienstvertrag nach § 611 BGB, BGH, Urt. v. 18.03.1980 - VI ZR 247/78, BGHZ 76, 259 (261); Palandt-Putzo, Einf. v. § 611, Rn. 18; Brox/Walker, BS, § 27, Rn. 1; Larenz, BT 1, § 52 I (S. 310 f.). Er ist aber nicht notwendig ein Dauerschuldverhältnis, wenn er z. B. nur anläßlich eines Praxisbesuches im Wege einer einmaligen Beratung durchgeführt wird. Dann wird die Leistung des Arztes nämlich nicht durch die Dauer des Aufenthaltes im Sprechzimmer bestimmt, vgl. BGH. Urt. v. 01.02.1989 - IVa ZR 354/87, NJW 1989, 1479 (1479).

[180] MünchKomm-Busche, § 631, Rn. 20; Brox/Walker, BS, § 22, Rn. 5; Larenz, BT 1, § 53 I (S. 343); Oetker/Maultzsch, § 8 G I 1 a (S. 494); a. A. Fikentscher, Rn. 88.

[181] MünchKomm-Busche, § 631, Rn. 20; Erman-S. Edenfeld, § 611, Rn. 18; Bamberger/Roth-Voit, § 631, Rn. 72; Fischer, Unentgeltlichkeit, 94; a. A. Erman-H. Ehmann, Vor. § 662, Rn. 18 i. V. m. 8, der das Merkmal der Unentgeltlichkeit für die Abgrenzung von Auftrag und Werkvertrag für ungeeignet hält.

[182] Vgl. Erman-H. Ehmann, Vor. § 662, Rn. 18; so zum Dienstvertrag Weyland, 64 f.

Eine genauere Betrachtung zeigt aber, dass dieses Verständnis zu kurz greift. "Vereinbarte Vergütung" in § 631 Abs. 1 BGB meint nämlich nur, dass es sich bei der Vergütung um eine Leistung handelt, zu deren Austausch sich die eine Vertragspartei gegen Leistung des Werkes verpflichten muß, damit überhaupt ein Werkvertrag vorliegt. Dies ergibt sich aus dem Zweck des § 631 Abs. 1 BGB, die vertragstypischen Pflichten des Werkvertrages zu definieren, wie die amtliche Überschrift zeigt, und aus dem Zusammenhang mit dem ebenfalls genannten "versprochenen Werk". Danach liegt ein Werkvertrag nur vor, wenn sowohl Vergütungspflicht als auch Werkherstellungspflicht bestehen. Anderenfalls müßte nämlich die Annahme, ein Werkvertrag sei ohne Vergütungsverpflichtung möglich, konsequenterweise auch zur Annahme führen, er sei ohne Werkleistung möglich. Denn wenn die Formulierung "vereinbarte Vergütung" bedeutet, dass eine Vergütung nicht immer vereinbart werden muß, dann muß die Formulierung "versprochenes Werk" bedeuten, dass auch ein Werk nicht immer versprochen werden muß. Was bleibt aber vom Werkvertrag, wenn ein Werk nicht hergestellt werden muß? In diesem Falle einer Vergütung in Geld ohne Werkleistung wäre der Werkvertrag gar nicht mehr als eigenständiger Vertragstyp erkennbar und eine Unterscheidung von einer Geldschenkung kaum möglich. Dasselbe gilt für den Wortlaut des § 632 Abs. 1 BGB. Auch dieser stellt bei genauer Betrachtung kein Argument dafür dar, dass ein Werkvertrag auch ohne Vergütungsvereinbarung existieren kann. § 632 Abs. 1 BGB regelt nämlich die Fiktion eines Werkvertrages durch Fiktion einer Vergütung, wenn eine solche den Umständen nach zu erwarten ist[183]. Sie spricht damit sogar für die Notwendigkeit einer Vergütungsvereinbarung. Wäre dies nämlich anders, bedürfte es bei einem Fehlen keiner Fiktion einer Vergütung, die dann zum Vorliegen eines Werkvertrages führt.

Der Werkvertrag ist also vom Gesetz als ein gegenseitiger bzw. zweiseitig verpflichtender Vertrag ausgestaltet,[184] da sich zwei Leistungspflichten gleichberechtigt gegenüberstehen. Demgemäß bedeutet Vergütung i. S. d. §§ 631, 632 BGB nichts anderes als Gegenleistung für die Herstellung des Erfolges durch den Werkunternehmer.[185] Auf die Höhe oder Art der Vergütung kommt es dabei

---

[183] Palandt-Sprau, § 632, Rn. 1, 9; Erman-H. C. Schwenker, § 632, Rn. 1; MünchKomm-Busche, § 632, Rn. 2.

[184] Palandt-Sprau, Einf. v. § 631, Rn. 1; Soergel-Teichmann, § 631, Rn. 21; Brox/Walker, BS, § 22, Rn. 1; Oetker/Maultzsch, § 8 B (S. 441 f.).

[185] Vgl. BGH, Urt. v. 14.04.1983 - VII ZR 198/82, NJW 1983, 1782 (1782); Fikentscher, Rn. 885; Brox/Walker, BS, § 22, Rn. 1; Oetker/Maultzsch, § 8 G I 1 a (S. 494); Fischer, Unentgeltlichkeit, 95.

nicht an,[186] solange überhaupt irgendeine Gegenleistung der Werkleistung des Portalbetreibers gegenübersteht.

Eine solche Vergütung als Gegenleistung besteht aber auch bei den Varianten des AEV, in denen eine Geldvergütung der Fremdfirma ausdrücklich ausgeschlossen ist. Denn dann steht der Einbindung des Portalbetreibers die Schaffung der Angebotsseite in Stil und Ästhetik der Portalseite für die vereinbarte Zeit und die Schaffung und Aufrechterhaltung eines attraktiven Angebotes auf der Angebotsseite während der vereinbarten Zeit durch die Fremdfirma gegenüber. Da der mit dem AEV bezweckte Vorteil für beide Vertragsparteien nur durch ihr Zusammenwirken, d. h. ihre beiderseitige Pflichterfüllung erreicht werden kann[187] und somit die Leistung der einen Vertragspartei ohne die der anderen Seite sinnlos ist, stehen ihre jeweiligen Leistungen im Verhältnis von Leistung und Gegenleistung zueinander.

Damit ist die Pflicht des Portalbetreibers zur Schaffung der Einbindung der Angebotsseite in die Portalseite mittels Hyperlink und Framing-Technik für die vereinbarte Zeit als eine werkvertragliche Hauptpflicht nach § 631 Abs. 1 BGB zu qualifizieren.

(7) Zwischenergebnis zu cc) Typisierung der Hauptpflicht des Portalbetreibers

Die Einbindungspflicht des Portalbetreibers ist als werkvertragliche Hauptpflicht des Werkunternehmers nach § 631 Abs. 1 BGB einzuordnen. Die Schaffung der Einbindung der Angebotsseite der Fremdfirma in die Portalseite mittels Hyperlink und Framing-Technik für die vereinbarte Zeit ist nämlich als Erfolg gemäß § 631 Abs. 2 BGB ein herzustellendes Werk. Dieses besteht im Vorliegen einer funktionierenden Einbindung für die vereinbarte Zeit als Ergebnis der Tätigkeit des Portalbetreibers, die auf die Erstellung der Hyperlinkverbindung von der Portalseite auf die Angebotsseite der Fremdfirma gerichtet ist.

---

[186] Vgl. BGH, Urt. v. 21.02.1974 - VII ZR 52/72, WM 1974, 391 (391); MünchKomm-Busche, § 631, Rn. 87; Jauernig-Mansel, § 631, Rn. 20; Bamberger/Roth-Voit, § 631, Rn. 72; Fischer, Unentgeltlichkeit, 95; Brox/Walker, BS, § 25, Rn. 2.

[187] S. o. Erster Teil.III.

dd) Ergebnis zu a) Die Pflicht des Portalbetreibers zur Schaffung der Einbindung der Angebotseite in die Portalseite mittels Hyperlink und Framing-Technik für die vereinbarte Zeit

1. Die Hauptpflicht des Portalbetreibers aus dem AEV ist eine Dauerschuld und als absolute Fixschuld zu qualifizieren.

2. Vertragstypologisch ist sie als Hauptpflicht aus einem Werkvertrag nach §§ 631 ff BGB, nämlich als die Pflicht des Werkunternehmers zur Herstellung des vereinbarten Werkes gemäß § 631 Abs. 1 BGB, einzuordnen.

b) Die Hauptpflichten der Fremdfirma

aa) Die Pflicht zur Schaffung einer Angebotsseite in Stil und Ästhetik der Portalseite für die vereinbarte Zeit

(1) Der Inhalt dieser Pflicht und ihre spezifischen Merkmale

Die Pflicht der Fremdfirma zur Schaffung einer Angebotsseite in Stil und Ästhetik der Portalseite für die vereinbarte Zeit hat zum Inhalt, während der vereinbarten Zeit eine Angebotsseite im Design der Portalseite des Portalbetreibers für diesen einbindungsfähig bereit zu stellen.

Bei dieser Hauptpflicht handelt es sich wie bei der Pflicht des Portalbetreibers zur Schaffung der Einbindung der Angebotsseite in die Portalseite mittels Hyperlink und Framing-Technik für die vereinbarte Zeit um eine Dauerschuld.[188] Der Leistungsumfang dieser Pflicht ist nämlich maßgeblich durch den Zeitfaktor bestimmt. Denn da die Fremdfirma verpflichtet ist, ihre vertragliche Leistung für die Dauer der vereinbarten Zeit zu erbringen, ist die Größe ihrer Leistungspflicht von der Länge der Zeitdauer abhängig.

Die Frage, ob die Pflicht der Fremdfirma als Dauerschuld auch eine absolute Fixschuld darstellt, ist zu bejahen.[189] Denn für sie ist, wie für die Einbindungspflicht des Portalbetreibers, die Leistungszeit so wesentlich, dass deren auch nur teilweise Verfehlung dazu führt, dass eine Leistungserbringung, die nicht in der vereinbarten Zeit erfolgt nicht mehr als Erfüllung angesehen werden kann. Die Erfüllung kann nämlich sinnvoll nur während der vereinbarten Zeit erfolgen.

---

[188] Zu den Voraussetzungen einer Dauerschuld s. o. a)aa).
[189] Zu den Voraussetzungen einer absoluten Fixschuld s. o. a)aa).

Anderenfalls würde die Erfüllung der Pflicht zur Schaffung der Angebotsseite mit der Erfüllung der Einbindungspflicht des Portalbetreibers nicht zusammentreffen, so dass das mit dem AEV bezweckte Ziel des Portalbetreibers, die Attraktivitätssteigerung der Portalseite, nicht erreichbar wäre. Erbringt die Fremdfirma ihre Leistung auch nur teilweise nicht in der vereinbarten Zeit, sondern danach, dann liegt eine andere Leistung als die vereinbarte vor und die verspätete Leistungserbringung kann nicht mehr als Erfüllung angesehen werden.

(2) Die Erkenntnisse von Rechtsprechung und Literatur zu den mit dem AEV und dieser Pflicht der Fremdfirma ähnlichen Vertragsgestaltungen im Internet

Oben wurde festgestellt, dass die Pflicht der Fremdfirma zur Schaffung einer Angebotsseite in Stil und Ästhetik der Portalseite für die vereinbarte Zeit Ähnlichkeiten mit den Hauptpflichten der Content-Lieferungsverträge in Form der Verträge über die Zurverfügungstellung einzelner Web-Seiten oder ganzer Online-Areas und der Verträge über die Zugangseröffnung zu Datenbanken und Web-Seiten sowie der Web-Design- bzw. Web-Seiten-Erstellungsverträge und Web-Seiten-Wartungsverträge hat.[190] Wie bei diesen Verträgen trifft auch die Fremdfirma die Hauptpflicht, eine Web-Seite nach den Vorgaben der anderen Vertragspartei zu erstellen, im Internet zur Verlinkung bereit zu halten und während einer vereinbarten Zeit funktionstüchtig zu erhalten. Die Erkenntnisse zur vertragstypologischen Einordnung dieser ähnlichen Verträge können bei der Qualifikation der Pflicht der Fremdfirma hilfreiche Anhaltspunkte geben.

Die Typisierung dieser Verträge in Rechtsprechung und Literatur erfolgt jedoch uneinheitlich. Für denselben Vertrag werden sogar verschiedene Vertragstypen für einschlägig gehalten.

Die Verträge über die Zurverfügungstellung einzelner Web-Seiten oder ganzer Online-Areas werden je nach konkreter Ausgestaltung dem Werk- oder Dienstvertragsrecht, aber auch dem Miet- bzw. Pachtrecht zugeordnet.[191] Wenig aussagekräftig ist aber die Begründung für die Zuordnung zu den genannten Vertragstypen. Ein Werkvertrag soll vorliegen, weil das Online-Area nach seiner Erstellung als Ergebnis dieser Erstellung in die Verantwortung der anderen Vertragspartei gestellt werde. Nur ausnahmsweise und bei besonderen, jedoch

---

[190] S. o. III.2.b) und c), III.5., III.6.

[191] Schuppert, in: Spindler, Providerverträge, Teil II, Rn. 61 f.; Jessen/Müller, in: Moritz/Dreier, B., Rn. 345.

nicht näher genannten Umständen läge ein Dienstvertrag vor.[192] Sofern der Ersteller auch den laufenden Betrieb des Online-Areas übernommen habe, komme hinsichtlich der laufenden Wartung der Inhalte Miet- oder Pachtrecht in Betracht.[193]

Denselben Vertragstypen werden die Verträge über die Zugangseröffnung zu Datenbanken und Web-Seiten zugeordnet.[194] Die Zuordnung zum Miet- bzw. Pachtvertrag wird einerseits mit der Verpflichtung zur Bereithaltung der Web-Seite in einem, den Zugang zu ihr ermöglichenden Zustand begründet[195] und andererseits damit, dass der Leistungsgegenstand, die Datenbank, dem Nutzer als Inhalt in der Weise zur Verfügung gestellt werden müsse, dass dieser ohne weiteres in der Lage sei, den vertragsgemäßen Gebrauch auszuüben, somit also eine Gebrauchsüberlassung vorliege[196]. Daneben erfolgt bei Unentgeltlichkeit eine Zuordnung zum Leihvertrag.[197] Die Charakterisierung als Werkvertrag wird dann vorgenommen, wenn es den Vertragsparteien nur um die Thematik der vertragsgegenständlichen Web-Seite gehe und nicht um den genauen Inhalt im Zeitpunkt der Verlinkung. In diesem Falle sei nämlich die Bearbeitung der Web-Seite als abnahmefähiger Erfolg geschuldet und auch das ständige Verfügbarhalten der Web-Seite stelle einen Erfolg dar.[198] Dagegen wird bei Vorliegen der vorgenannten Umstände für eine Einordnung als Dienstvertrag angeführt, dass lediglich die Aktualisierung geschuldet sei, die eine Tätigkeit und keinen Erfolg darstelle.[199] Das Vertragsverhältnis zeichne sich auch durch eine dauerhafte Beziehung aus und sei daher ein Dauerschuldverhältnis. Somit passe Dienstvertragsrecht besser als das Werkvertragsrecht, besonders da die Verpflichtung zur generellen Bereithaltung von Inhalten und nicht nur zur Bereithaltung eines bestimmten Inhalts bestünde.[200]

Werkverträge sind nach allgemeiner Ansicht die Web-Design- bzw. Web-Seiten-Erstellungsverträge. Das wird damit begründet, dass mit der Erstellung

---

[192] Schuppert, in: Spindler, Providerverträge, Teil II, Rn. 61.
[193] Schuppert, in: Spindler, Providerverträge, Teil II, Rn. 62.
[194] Schuppert, in: Spindler, Providerverträge, Teil II, Rn. 59, Teil VII, Rn. 6 f.; Müller, in: Schuster, Kapitel 17, Rn. 14 ff; Jessen/Müller, in: Moritz/Dreier, B., Rn. 342, 346; Mehrings, NJW 1993, 3102 (3105).
[195] Mehrings, NJW 1993, 3102 (3105).
[196] Schuppert, in: Spindler, Providerverträge, Teil II, Rn. 59.
[197] Schuppert, in: Spindler, Providerverträge, Teil II, Rn. 60.
[198] Jessen/Müller, in: Moritz/Dreier, B., Rn. 346.
[199] Jessen/Müller, in: Moritz/Dreier, B., Rn. 346.
[200] Müller, in: Schuster, Kapitel 17, Rn. 14.

einer Web-Seite für eine Internet-Präsentation ein Erfolg i. S. d. Werkvertragsrecht geschuldet sei.[201]

Die Web-Seiten-Wartungsverträge werden wiederum unterschiedlich beurteilt. Zum einen als Werk-[202] und zum anderen als Dienstverträge[203]. Für den Werkvertrag wird angeführt, dass im Falle der geschuldeten laufenden Aktualisierung des Inhalts einer Web-Seite zwischen der Erstellung der Web-Seite und den einzelnen Aktualisierungsschritten qualitativ kein Unterschied bestehe. Eine Ungleichbehandlung sei nicht gerechtfertigt. Insbesondere stellten auch die einzelnen Aktualisierungsschritte einen Erfolg dar.[204] Auf der anderen Seite werden die Web-Seiten-Wartungsverträge als Dienstverträge typisiert, da die Leistung der wartenden Vertragspartei in der laufenden Gewährleistung der Funktionstüchtigkeit einer Web-Seite oder in der dauernden Aktualisierung und Betreuung des Internet-Auftrittes liege und somit tätigkeits- und nicht erfolgsbezogen sei. Ein bestimmtes Arbeitsergebnis werde nämlich nicht geschuldet, sondern das ständige Sorgetragen für die Web-Seite stehe im Vordergrund.[205] Der Vertrag trage also Züge eines Dauerschuldverhältnisses und auf dieses passe Dienstvertragsrecht am besten.[206]

(3) Die Typisierung dieser Hauptpflicht der Fremdfirma

(a) Die Hauptpflichten des Mietvertrages nach § 535 BGB

Wie soeben gesehen, wird bei den ähnlichen Internet-Verträgen, deren Hauptpflichten der Pflicht der Fremdfirma zur Schaffung einer Angebotsseite in Stil und Ästhetik der Portalseite für die vereinbarte Zeit ähneln, teilweise eine Zuordnung zum Mietvertrag nach §§ 535 ff BGB vorgenommen. Voraussetzung für eine solche Qualifikation der Pflicht der Fremdfirma wäre aber das Vorlie-

---

[201] Schmidt, in: Spindler, Providerverträge, Teil VIII, Rn. 4; Büchner, in: Lehmann, Rechtsgeschäfte, 157; Gottschalk, in: Kröger/Gimmy, Kapitel 7, C I.; Jessen/Müller, in: Moritz/Dreier, B, Rn. 612; Müller, in: Schuster, Kapitel 17, Rn. 133; Roth, in: Loewenheim/Koch, 2.3.1.2. (S. 109); Cichon, Rn. 422; Koch, Internet-Recht, 38; Börner/Rath/Senpiel/Strunk/Zöllkau, 60; Härting, CR 2001, 37 (40); Deckers, CR 2002, 900 (900 f.); Weitnauer-Cichon, C 1 Anmerkung 2 (S. 184).

[202] Härting, CR 2001, 37 (40).

[203] Härting, CR 2001, 37 (40); Weitnauer-Cichon, C 2 Anmerkung 2 (S. 199); wohl auch Jessen/Müller, in: Moritz/Dreier, B, Rn. 613.

[204] Härting, CR 2001, 37 (40).

[205] Cichon, Rn. 477 ff; Härting, CR 2001, 37 (40).

[206] Cichon, Rn. 477.

gen einer Sache i. S. d. § 90 BGB, wie bei der Untersuchung der Einbindungspflicht des Portalbetreibers festgestellt wurde[207]. Sämtliche Vertragsgegenstände des AEV sind jedoch, abgesehen von der Geldvergütung, Daten. Weder die von der Fremdfirma zu schaffende Angebotsseite und die auf ihr enthaltenen Inhalte noch die Portalseite sind Sachen i. S. körperlicher Gegenstände gemäß der Definition des § 90 BGB.[208] Eine Einordnung als mietvertragliche Hauptpflicht scheidet daher aus.

(b) Die Hauptpflichten des Pachtvertrages nach § 581 BGB

Bei den dargestellten ähnlichen Internet-Verträgen wird neben dem Mietrecht genauso häufig eine Zuordnung zum Pachtrecht nach §§ 581 ff BGB vorgenommen. Nach § 581 Abs. 1 BGB besteht die Hauptpflicht der einen Vertragspartei des Pachtvertrages, des Verpächters, darin, der anderen Vertragspartei, dem Pächter, den Gebrauch eines Gegenstandes und den Fruchtgenuß zu gewähren, während der Pächter verpflichtet ist, als Gegenleistung dafür die vereinbarte Pacht zu entrichten. Pachtgegenstand können alle "Gegenstände" sein, die in der Lage sind, Früchte i. S. d. § 99 BGB haben zu können, also Sachen, § 99 Abs. 1 BGB, Rechte, § 99 Abs. 1 und 2 BGB, und Unternehmen.[209] Da aber keine Sache Vertragsobjekt des AEV ist,[210] kommen hier nur ein Recht oder ein Unternehmen in Betracht. Allerdings wurde im Rahmen der Untersuchung der Einbindungspflicht des Portalbetreibers zu der Frage der Gebrauchsgewährung bereits festgestellt, dass weder die Fremdfirma dem Portalbetreiber noch dieser ihr den Gebrauch eines Rechts oder eines Unternehmens gewähren.[211] Daher kann die Pflicht zur Schaffung einer Angebotsseite in Stil und Ästhetik der vereinbarten Zeit keine Hauptpflicht eines Pachtvertrages nach §§ 581 ff BGB sein.

(c) Die Hauptpflichten des Leihvertrags nach § 598 BGB

Hinsichtlich der zum AEV ähnlichen Verträge wird zum Teil das Vorliegen eines Leihvertrags nach §§ 598 ff BGB angenommen, wenn die geschuldeten Leistungen unentgeltlich erfolgen. Diese Zuordnung erscheint jedoch im Bereich von Internet-Verträgen fraglich und kann hinsichtlich der Pflicht der

---

[207] S. o. a)cc)(1).
[208] Vgl. o. a)cc)(1).
[209] Vgl. zum Ganzen o. a)cc)(2).
[210] S. o. a)cc)(1), (a).
[211] S. o. a)cc)(2).

Fremdfirma zur Schaffung der Angebotsseite nicht vorgenommen werden. Als Gegenstand des Leihvertrags müßte nämlich eine Sache i. S. d. § 90 BGB Gegenstand des gesamten Vertrages sein. Das ist aber, wie bereits mehrfach festgestellt wurde, nicht der Fall.[212]

(d) Die Hauptpflichten des Dienstvertrages nach § 611 BGB

Eine Qualifikation als dienstvertragliche Hauptpflicht nach § 611 BGB, wie sie Rechtsprechung und Literatur teilweise bei den ähnlichen Internet-Verträgen für die Hauptpflichten vornehmen, die der hier zu untersuchenden Pflicht der Fremdfirma ähneln, setzt nach § 611 Abs. 1 BGB voraus, dass die Fremdfirma entweder in Erfüllung ihrer Pflicht zur Schaffung der Angebotsseite eine Dienstleistung erbringt oder ihre Leistung aufgrund dieser Pflicht die für die Erbringung einer Dienstleistung des Portalbetreibers vereinbarte Vergütung darstellt. Beides ist jedoch nicht der Fall. Bereits bei der Untersuchung der Einbindungspflicht des Portalbetreibers wurde festgestellt, dass der Portalbetreiber keine Dienstleistung erbringt, für die die Fremdfirma eine Vergütung leisten könnte, und diese selber auch keine Dienstleistung erbringt.[213] Entscheidend ist nämlich nicht die reine Tätigkeit der Schaffung der Angebotsseite in Stil und Ästhetik der Portalseite für die vereinbarte Zeit, sondern das Ergebnis dieser Tätigkeit, das Bestehen der einbindungsfähigen Angebotsseite während der gesamten vereinbarten Zeit.[214] Denn nur dann kann der Portalbetreiber als Vertragspartner das mit dem AEV bezweckte Ziel erreichen, durch die Einbindung der Angebotsseite die Attraktivität seiner Portalseite während der gesamten vereinbarten Zeit zu steigern.

(e) Die Hauptpflichten des Werkvertrages nach § 631 BGB

Neben der Zuordnung zum Dienstvertrag nach §§ 611 ff BGB wird bei den dargestellten ähnlichen Verträgen genauso häufig eine Zuordnung zum Werkvertrag nach §§ 631 ff BGB vorgenommen. Für eine entsprechende Charakterisierung der Pflicht der Fremdfirma zur Schaffung der Angebotsseite in Stil und Ästhetik der Portalseite für die vereinbarte Zeit spricht, dass die Fremdfirma einen Erfolg schuldet, nämlich das Bestehen einer im Internet aufrufbaren Angebotsseite während der vereinbarten Zeit. Denn die Verpflichtung zur Schaffung

---

[212] S. o. (a).
[213] S. o. a)aa)(5).
[214] S. o. a)aa)(5).

eines Erfolges und damit zur Herstellung eines Werkes ist Hauptpflicht des Werkvertrages nach § 631 Abs. 1 BGB.

Einer solchen Qualifizierung steht der Charakter dieser Pflicht als Dauerschuld nicht entgegen. Im Rahmen der Untersuchung der Pflicht des Portalbetreibers zur Schaffung der Einbindung der Angebotsseite in die Portalseite mittels Hyperlink und Framing-Technik für die vereinbarte Zeit wurde bereits festgestellt, dass auch Werkverträge Dauerschuldverhältnisse sein können. Denn es ist möglich, dass auch der herzustellende Erfolg i. S. d. § 631 Abs. 2 BGB in seinem Umfang als geschuldete Leistung nur unter Zuhilfenahme des Zeitfaktors bestimmt werden kann.[215]

Zu einer anderen Bewertung führt auch nicht die Tatsache, dass der Portalbetreiber nicht ausdrücklich zur Leistung einer "Vergütung" verpflichtet ist. Die Vergütungspflicht nach § 631 Abs. 1 BGB meint nämlich nur die Gegenleistungspflicht im Rahmen des Werkvertrages als gegenseitigem Vertrag.[216] Mit der Schaffung der Einbindung der Angebotsseite in die Portalseite mittels Hyperlink und Framing-Technik für die vereinbarte Zeit liegt aber eine entsprechende Gegenleistung des Portalbetreibers vor.[217]

Die Pflicht der Fremdfirma zur Schaffung einer Angebotsseite in Stil und Ästhetik der Portalseite für die vereinbarte Zeit ist somit als werkvertragliche Hauptpflicht nach § 631 BGB zu qualifizieren.

(f) Zwischenergebnis zu (3) Die Typisierung dieser Hauptpflicht der Fremdfirma

Im Ergebnis ist die Pflicht der Fremdfirma zur Schaffung einer Angebotsseite in Stil und Ästhetik der Portalseite für die vereinbarte Zeit ist als werkvertragliche Hauptpflicht des Werkunternehmers nach § 631 Abs. 1 BGB zu typisieren. Die Schaffung der Angebotsseite in Stil und Ästhetik der Portalseite für die vereinbarte Zeit ist nämlich auf die Herstellung eines Werkes als Erfolg i. S. d. § 631 Abs. 2 BGB gerichtet. Dieser Erfolg besteht im Bestehen einer im Internet aufrufbaren Angebotsseite im Design der Portalseite während der gesamten vereinbarten Zeit.

---

[215] S. zum Ganzen o. a)aa)(6).
[216] S. o. a)aa)(6).
[217] Vgl. o. a)aa)(6).

(4) Ergebnis zu aa) Die Pflicht zur Schaffung einer Angebotsseite in Stil und Ästhetik der Portalseite für die vereinbarte Zeit

1. Die Hauptpflicht der Fremdfirma zur Schaffung einer Angebotsseite in Stil und Ästhetik der Portalseite für die vereinbarte Zeit ist eine Dauerschuld und eine absolute Fixschuld.

2. Vertragstypologisch ist sie als Hauptpflicht aus einem Werkvertrag nach §§ 631 ff BGB, nämlich als die Pflicht des Werkunternehmers zur Herstellung des vereinbarten Werkes gemäß § 631 Abs. 1 BGB, einzuordnen.

bb) Die Pflicht zur Schaffung und Aufrechterhaltung eines attraktiven Angebotes auf der Angebotsseite während der vereinbarten Zeit

(1) Der Inhalt dieser Pflicht und ihre spezifischen Merkmale

Der Inhalt der Pflicht der Fremdfirma zur Schaffung und Aufrechterhaltung eines attraktiven Angebotes auf der Angebotsseite während der vereinbarten Zeit besteht darin, während der gesamten vereinbarten Zeit auf der Angebotsseite ein bestimmtes, im AEV näher zu umschreibendes attraktives Angebot vorzuhalten. Anderenfalls ist nämlich in dieser Zeit keine Attraktivitätssteigerung der Portalseite zu erwarten.

Bei dieser Hauptpflicht handelt es sich auch wie bei der anderen Hauptpflicht der Fremdfirma, der Pflicht zur Schaffung einer Angebotsseite in Stil und Ästhetik der Portalseite für die vereinbarte Zeit, um eine Dauerschuld. Für diese ist nämlich nur notwendig, dass sich der Umfang der geschuldeten Leistung nach der Zeit bestimmt. Und da die Fremdfirma verpflichtet ist, ihre vertragliche Leistung während der gesamten vereinbarten Zeit, also für eine vertraglich bestimmte oder auch unbestimmte Dauer zu erbringen, ist der Umfang der geschuldeten Leistung von der Zeit abhängig, während der sie zu erbringen ist. Entscheidender Faktor für die quantitative Bemessung der von der Fremdfirma zu erbringenden Leistung ist damit der Zeitfaktor.[218]

Daneben ist sie ebenso wie die andere Hauptpflicht der Fremdfirma eine absolute Fixschuld. Für sie ist nämlich die Leistungszeit auch so wesentlich, dass eine auch nur teilweise Leistungserbringung nach Ablauf der vereinbarten Zeit hinsichtlich dieses Teiles nicht mehr als Erfüllung angesehen werden kann. Denn, da die Erfüllung der Pflicht zur Schaffung und Aufrechterhaltung eines

---

[218] Vgl. zur anderen Hauptpflicht der Fremdfirma o. aa)(1).

attraktiven Angebotes mit der Erfüllung der Einbindungspflicht des Portalbetreibers zeitlich zusammentreffen muß, um zu der vom Portalbetreiber bezweckten Attraktivitätssteigerung der Portalseite führen zu können, kann eine Erfüllung nur während der vereinbarten Zeit sinnvoll erfolgen.[219]

(2) Die Erkenntnisse von Rechtsprechung und Literatur zu den mit dem AEV und dieser Pflicht der Fremdfirma ähnlichen Vertragsgestaltungen im Internet

Oben wurde festgestellt, dass die Pflicht der Fremdfirma zur Schaffung und Aufrechterhaltung eines attraktiven Angebotes auf der Angebotsseite während der vereinbarten Zeit Ähnlichkeiten mit den Hauptpflichten der Content-Lieferungsverträge in Form der Verträge über die Zugangseröffnung zu Datenbanken und Web-Seiten sowie der Web-Seiten-Wartungsverträge aufweist.[220] Wie bei diesen Verträgen trifft auch die Fremdfirma die Hauptpflicht, für die andere Vertragspartei Inhalte auf einer Web-Seite, nämlich die attraktiven Angebote, bereit zu halten und zugänglich zu machen und diese Angebote während einer vereinbarten Zeit einer fortlaufenden Inhaltsaktualisierung zum Erhalt der Attraktivität der Angebote insgesamt zu unterziehen. Insoweit können hier möglicherweise die Erkenntnisse von Rechtsprechung und Literatur zur Rechtsnatur dieser Vertragsarten bei der Typisierung der Pflicht der Fremdfirma von Nutzen sein.

Allerdings gibt es keine einheitliche Einordnung dieser Verträge. Vielmehr werden unterschiedliche Vertragstypen für einschlägig erachtet. Die Begründungen und Argumente sind hier dieselben, die im Rahmen der Pflicht der Fremdfirma zur Schaffung der Angebotsseite bereits dargestellt wurden.[221] Zum besseren Verständnis sollen sie hier noch einmal wiederholt werden.

Die Verträge über die Zugangseröffnung zu Datenbanken und Web-Seiten etwa werden je nach konkreter Ausgestaltung dem Werk- oder Dienstvertragsrecht, aber auch dem Miet- bzw. Pachtrecht zugeordnet.[222] Die Zuordnung zum Miet- bzw. Pachtvertrag wird einerseits mit der Verpflichtung zur Bereithaltung der Web-Seite in einem den Zugang zu ihr ermöglichenden Zustand[223] und ande-

---

[219] Vgl. zur anderen Hauptpflicht der Fremdfirma o. aa)(1).
[220] S. o. III.2.c) und 5.
[221] S. o. aa)(2).
[222] Schuppert, in: Spindler, Providerverträge, Teil II, Rn. 59, Teil VII, Rn. 6 f.; Müller, in: Schuster, Kapitel 17, Rn. 14 ff; Jessen/Müller, in: Moritz/Dreier, B., Rn. 342, 346; Mehrings, NJW 1993, 3102 (3105).
[223] Mehrings, NJW 1993, 3102 (3105).

rerseits damit begründet, dass eine Gebrauchsüberlassung vorliege. Die Datenbank als Leistungsgegenstand müsse nämlich als Inhalt dem Nutzer in der Weise zur Verfügung gestellt werden, dass er ohne weiteres in der Lage sei, den vertragsgemäßen Gebrauch auszuüben.[224] Daneben wird bei Unentgeltlichkeit auch der Leihvertrag als einschlägig erachtet.[225] Die Charakterisierung als Werkvertrag wird dann vorgenommen, wenn es den Vertragsparteien nur um die Thematik der jeweiligen Web-Seite und nicht ihren Inhalt im Zeitpunkt einer Verlinkung geht. In diesem Fall sei nämlich die Bearbeitung der Web-Seite als abnahmefähiger Erfolg geschuldet und das ständige Verfügbarhalten der Web-Seite stelle einen Erfolg i. S. d. § 631 BGB dar.[226] Auf der anderen Seite wird bei Vorliegen derselben Umstände für eine Einordnung als Dienstvertrag angeführt, dass lediglich die Aktualisierung als Tätigkeit geschuldet sei.[227] Das Vertragsverhältnis zeichne sich außerdem durch eine dauerhafte Beziehung der Vertragsparteien zueinander aus und sei daher ein Dauerschuldverhältnis. Auf ein Dauerschuldverhältnis passe aber das Dienstvertragsrecht besser als das Werkvertragsrecht. Dies gelte hier besonders, da die Verpflichtung zu genereller Bereithaltung von Inhalten und nicht nur zu Bereithaltung eines bestimmten Inhalts bestünde.[228]

Die Web-Seiten-Wartungsverträge werden ebenfalls unterschiedlich charakterisiert. Teilweise soll es sich um Werk-[229] und teilweise um Dienstverträge[230] handeln. Die Typisierung als Werkvertrag wird damit begründet, dass im Falle der geschuldeten laufenden inhaltlichen Aktualisierung einer Web-Seite keine Ungleichbehandlung zwischen der Erstellung der Web-Seite und den einzelnen Aktualisierungsschritten gerechtfertigt sei. Qualitativ bestehe nämlich kein Unterschied, zumal auch die einzelnen Aktualisierungsschritte einen Erfolg darstellten.[231] Hingegen wird für die Einordnung als Dienstvertrag angeführt, die Leistung der wartenden Vertragspartei sei tätigkeits- und nicht erfolgsbezogen. Denn sie erfasse die laufende Gewährleistung der Funktionstüchtigkeit einer Web-Seite oder die dauernde Aktualisierung und Betreuung eines Internet-Auftrittes, so dass nicht ein bestimmtes Arbeitsergebnis, sondern das ständige

---

[224] Schuppert, in: Spindler, Providerverträge, Teil II, Rn. 59.
[225] Schuppert, in: Spindler, Providerverträge, Teil II, Rn. 60.
[226] Jessen/Müller, in: Moritz/Dreier, B., Rn. 346.
[227] Jessen/Müller, in: Moritz/Dreier, B., Rn. 346.
[228] Müller, in: Schuster, Kapitel 17, Rn. 14.
[229] Härting, CR 2001, 37 (40).
[230] Härting, CR 2001, 37 (40); Weitnauer-Cichon, C 2 Anmerkung 2 (S. 199); wohl auch Jessen/Müller, in: Moritz/Dreier, B, Rn. 613.
[231] Härting, CR 2001, 37 (40).

Sorgetragen für die Web-Seite im Vordergrund stehe.[232] Der Vertrag trage daher Züge eines Dauerschuldverhältnisses, auf das Dienstvertragsrecht am besten passe.[233]

(3) Die Typisierung dieser Hauptpflicht der Fremdfirma

(a) Die Hautpflichten des Mietvertrages nach § 535 BGB, des Pachtvertrages nach § 581 BGB und des Leihvertrags nach § 598 BGB

Hinsichtlich der soeben dargestellten Verträge, deren Hauptpflichten der Pflicht der Fremdfirma zur Schaffung und Aufrechterhaltung eines attraktiven Angebotes auf der Angebotsseite während der vereinbarten Zeit ähneln, werden Zuordnungen zum Mietvertrag nach §§ 535 ff BGB, zum Pachtvertrag nach §§ 581 ff BGB und bei Unentgeltlichkeit der Leistung auch zum Leihvertrag nach §§ 598 ff BGB vorgenommen.

Eine Charakterisierung der Pflicht der Fremdfirma als Hauptpflicht eines Mietvertrages nach § 535 BGB oder eines Leihvertrags nach § 598 BGB scheitert jedoch am Fehlen einer Sache i. S. d. § 90 BGB als geeignetem Vertragsobjekt. Denn wie bereits mehrfach festgestellt sind weder die von der Fremdfirma zu schaffende Angebotsseite und die auf ihr enthaltenen Inhalte noch die Portalseite als Vertragsobjekte des AEV Sachen i. S. d. § 90 BGB. Es handelt sich jedesmal nur um virtuelle Objekte, nämlich um Daten, und nicht um körperliche Gegenstände, wie dies die Definition in § 90 BGB verlangt.

Aber auch eine Einordnung als pachtvertragliche Hauptpflicht kann nicht vorgenommen werden, da die Pflicht der Fremdfirma zur Schaffung und Aufrechterhaltung des attraktiven Angebotes nicht den Anforderungen des § 581 Abs. 1 BGB entspricht. Zwar muß nach § 581 Abs. 1 BGB Vertragsobjekt nicht notwendig eine Sache i. S. d. § 90 BGB sein. Es reicht vielmehr ein fruchtbringender Gegenstand, also gemäß § 99 Abs. 1 und 2 BGB eine Sache oder ein Recht oder nach allgemeiner Ansicht auch ein Unternehmen. Dies ergibt sich aus der Verpächterpflicht, der anderen Vertragspartei den Gebrauch eines Gegenstandes und den Fruchtgenuß zu gewähren.[234] Jedoch erfüllt keine der Ver-

[232] Cichon, Rn. 477 ff; Härting, CR 2001, 37 (40).
[233] Cichon, Rn. 477.
[234] S. dazu o. a)aa)(2).

tragsparteien diese Pflicht, wie bei der Untersuchung der Einbindungspflicht des Portalbetreibers bereits festgestellt wurde.[235]

(b) Die Hauptpflichten des Dienstvertrages nach § 611 BGB

Die zum AEV ähnlichen Internet-Verträge, deren Hauptpflichten der Pflicht der Fremdfirma zur Schaffung und Aufrechterhaltung eines attraktiven Angebotes auf der Angebotsseite während der vereinbarten Zeit ähnlich sind, werden teilweise auch als Dienstverträge nach §§ 611 ff BGB charakterisiert. Um eine entsprechende Typisierung der hier zu untersuchenden Pflicht der Fremdfirma vornehmen zu können, muß ihr Gegenstand eine Dienstleistung nach § 611 BGB oder eine Vergütung für die Erbringung einer solchen Dienstleistung durch den Portalbetreiber sein. Beides ist jedoch nicht der Fall. Dies wurde bereits bei der Untersuchung der Einbindungspflicht des Portalbetreibers festgestellt.[236] Denn weder die Leistung des Portalbetreibers noch die aufgrund der Pflicht der Fremdfirma zur Schaffung und Aufrechterhaltung des attraktiven Angebotes zu erbringende Leistung besteht in einer reinen Tätigkeit, ohne dass das Ergebnis dieser Tätigkeit geschuldet wäre, wie dies für eine Dienstleistung i. S. d. § 611 BGB Voraussetzung ist. Vielmehr kommt es auch hier auf das Ergebnis der Tätigkeit der Fremdfirma an, nämlich das Bestehen eines attraktiven Angebotes auf der Angebotsseite während der gesamten vereinbarten Zeit als Ergebnis der Schaffung und insbesondere der Aufrechterhaltung dieses Angebotes während der vereinbarten Zeit.[237] Damit kann die vorliegende Hauptpflicht aber gerade nicht als dienstvertragliche Hauptpflicht nach § 611 Abs. 1 BGB qualifiziert werden.

(c) Die Hauptpflichten des Werkvertrages nach § 631 BGB

Schließlich werden die dargestellten Internet-Verträge, deren Hauptpflichten der hier zu untersuchenden Hauptpflicht der Fremdfirma zur Schaffung und Aufrechterhaltung eines attraktiven Angebotes auf der Angebotsseite während der vereinbarten Zeit ähnlich sind, zum Teil auch als Werkverträge nach §§ 631 ff BGB qualifiziert. Für eine entsprechende Qualifizierung der Pflicht der Fremdfirma muß diese den Anforderungen des § 631 Abs. 1 BGB entsprechen. Danach müßte die Fremdfirma entweder zur Herstellung eines Werkes

[235] S. o. a)aa)(2).
[236] S. o. a)aa)(5).
[237] S. o. a)aa)(6).

i. S. eines Erfolges gemäß § 631 Abs. 2 BGB oder zur Entrichtung einer Vergütung für die Herstellung eines solchen Werkes durch den Portalbetreiber verpflichtet sein. Wie bereits bei der Untersuchung der Rechtsnatur der Einbindungspflicht des Portalbetreibers festgestellt wurde, ist die von der Fremdfirma geschuldete Leistung in Gestalt der Schaffung und Aufrechterhaltung des attraktiven Angebotes während der vereinbarten Zeit ein solcher Erfolg,[238] so dass eine Zuordnung zum Werkvertrag in Betracht kommt.

Der Qualifizierung als Hauptpflicht des Werkunternehmers gemäß § 631 Abs. 1 BGB steht ebenso wie bei der anderen Hauptpflicht der Fremdfirma nicht entgegen, dass eine Dauerschuld vorliegt und der Portalbetreiber nicht ausdrücklich zur Entrichtung einer "Vergütung" i. S. d. § 631 Abs. 1 BGB verpflichtet ist. Beides spricht nämlich nicht gegen die Annahme einer werkvertraglichen Hauptpflicht. Denn wie bereits im Rahmen dieser Untersuchung festgestellt wurde, kann ein Werkvertrag auch ein Dauerschuldverhältnis sein und ist "Vergütung" in § 631 Abs. 1 BGB lediglich der werkvertragliche Begriff für Gegenleistung.[239] Eine Gegenleistung liegt aber mit der Einbindungspflicht des Portalbetreibers vor.

Damit kann die Pflicht der Fremdfirma zur Schaffung und Aufrechterhaltung eines attraktiven Angebotes auf der Angebotsseite während der vereinbarten Zeit als werkvertragliche Hauptpflicht i. S. d. § 631 Abs. 1 BGB qualifiziert werden.[240]

(d) Zwischenergebnis zu (3) Die Typisierung dieser Hauptpflicht der Fremdfirma

Die Pflicht der Fremdfirma zur Schaffung und Aufrechterhaltung eines attraktiven Angebotes auf der Angebotsseite während der vereinbarten Zeit ist als werkvertragliche Hauptpflicht nach § 631 Abs. 1 BGB einzuordnen, denn die

---

[238] S. o. a)aa)(6).

[239] S. o. a)aa)(6).

[240] Vgl. auch die h. M. zur selben rechtlichen Qualifizierung in der ähnlichen Konstellation des Wartungsvertrages, bei dem der Erfolg in der Erhaltung des möglichst störungsfreien Funktionierens des zu wartenden Gegenstandes, in der Regel eine Maschine, z. B. ein Computer, für das jeweilige Wartungsintervall liegt, was mit der Aufrechterhaltung eines attraktiven Angebotes auf der Angebotsseite für die vereinbarte Zeit vergleichbar ist: OLG München, Urt. v. 22.11.1988 - 25 U 5810/86; CR 1989, 283 (283 f.); OLG Düsseldorf, Urt. v. 14.01.1987 - 19 U 48/86, NJW-RR 1988, 441 (441); OLG Stuttgart, Urt. v. 10.12.1976 - 2 U 90/76, BB 1977, 118 (119); Staudinger-Peters (2003), Vorbem. zu §§ 631 ff, Rn. 33; Weyers, AcP 182 (1982), 59 (67 f.); Bartl, CuR 1985, 13 (14 f., 18); Hartmann/Thier, Typologie der Softwarepflegeverträge, CR 1998, 581 (585).

Schaffung und Aufrechterhaltung eines attraktiven Angebotes während der vereinbarten Zeit ist als Erfolg gemäß § 631 Abs. 2 BGB ein herzustellendes Werk. Entscheidend ist nämlich das Bestehen eines attraktiven Angebotes auf der Angebotsseite während der gesamten vereinbarten Zeit.

(4) Ergebnis zu bb) Die Pflicht zur Schaffung und Aufrechterhaltung eines attraktiven Angebotes auf der Angebotsseite während der vereinbarten Zeit

1. Die Hauptpflicht der Fremdfirma zur Schaffung und Aufrechterhaltung eines attraktiven Angebotes auf der Angebotsseite während der vereinbarten Zeit ist eine Dauerschuld und eine absolute Fixschuld.

2. Vertragstypologisch ist sie als Hauptpflicht aus einem Werkvertrag nach §§ 631 ff BGB, nämlich als die Pflicht des Werkunternehmers zur Herstellung des vereinbarten Werkes nach § 631 Abs. 1 BGB, einzuordnen.

cc) Die Pflicht zur Zahlung einer Geldvergütung an den Portalbetreiber

Die Pflicht der Fremdfirma zur Zahlung einer Geldvergütung an den Portalbetreiber kann keinem bestimmten typisierten Vertrag zugeordnet werden. Zwar enthalten viele Vertragstypen eine Bestimmung über eine Gegenleistungspflicht der jeweils anderen Vertragspartei, etwa der Mietvertrag in § 535 Abs. 2 BGB, der Dienstvertrag in § 611 Abs. 1 BGB oder der Werkvertrag in § 631 Abs. 1 BGB. Aber in keinem dieser Fälle wird explizit eine Vergütung in Geld vorgeschrieben. Daher könnte die Geldvergütungspflicht isoliert betrachtet als Gegenleistungspflicht der Fremdfirma zur Einbindungspflicht des Portalbetreibers jedem typisierten Vertrag mit einer Gegenleistungsverpflichtung zugeordnet werden.

Da die zu untersuchende Pflicht zur Zahlung einer Geldvergütung auch keinen Einfluß auf die Qualifizierung der Einbindungspflicht des Portalbetreibers oder der anderen Hauptpflichten der Fremdfirma hat, ist sie für die Typisierung des AEV letztlich nicht maßgeblich.

dd) Ergebnis zu b) Die Hauptpflichten der Fremdfirma

1. Die beiden Hauptpflichten der Fremdfirma, die Pflicht zur Schaffung einer Angebotsseite in Stil und Ästhetik der Portalseite für die vereinbarte Zeit und die Pflicht zur Schaffung und Aufrechterhaltung eines attraktiven Angebotes auf dieser Angebotsseite während der vereinbarten Zeit, sind beide Dauerschulden und absolute Fixschulden.

Vertragstypologisch sind sie als Hauptpflichten eines Werkvertrages nach §§ 631 ff BGB einzuordnen, nämlich als Pflicht des Werkunternehmers zur Herstellung des vereinbarten Werkes gemäß § 631 Abs. 1 BGB.

2. Haben die Vertragsparteien für die Fremdfirma die Pflicht vereinbart, an den Portalbetreiber eine Geldvergütung zu zahlen, ist diese für die Einordnung des AEV in das System der Vertragsarten ohne Bedeutung. Diese Pflicht läßt sich nämlich isoliert keinem typisierten Vertrag zuordnen, da es keine typisierte Pflicht zur Zahlung einer Geldvergütung gibt und eine Pflicht zur Entrichtung einer Vergütung, unter die die Geldvergütungspflicht auch gefaßt werden kann, als Hauptpflicht verschiedener Vertragstypen vorgesehen ist. Auch hat die Geldvergütungspflicht keinen Einfluß auf die Typisierung der übrigen Hauptpflichten von Portalbetreiber und Fremdfirma.

c) Ergebnis zu 2. Die Einordnung über eine Einzelbetrachtung der Hauptpflichten

1. Die Untersuchung der Hauptpflichten der Vertragsparteien ergibt, dass diese bis auf die Verpflichtung zur Zahlung einer Geldvergütung dem Werkvertragsrecht nach den §§ 631 ff BGB zuzuordnen sind. Die Geldvergütungspflicht läßt sich hingegen keinem typisierten Vertrag zuordnen. Sie hat aber auch keinen Einfluß auf die Typisierung des AEV insgesamt.

2. Trotz dieser Einordnung der Hauptpflichten von Portalbetreiber und Fremdfirma als Hauptpflichten eines Werkvertrages kann der AEV nicht als typischer Werkvertrag nach §§ 631 ff BGB qualifiziert werden. Denn für die Frage, ob ein typischer Werkvertrag vorliegt, kommt es auf die Typizität aller vertraglichen Hauptpflichten an.[241] Es muß also die Grundnorm der werkvertraglichen Hauptpflichten, § 631 Abs. 1 BGB, in ihrer Gesamtheit betrachtet werden. Danach müssen sich eine Werkherstellungspflicht und eine Vergütungspflicht als Gegenleistungspflicht gegenüberstehen. Dabei kommt es zwar nicht auf die Art der

---

[241] Vgl. Erman-H. C. Schwenker, § 632, Rn. 3; im Ergebnis ebenso Soergel-Teichmann, § 631, Rn. 22.

Vergütung als Gegenleistung für die Werkherstellung an,[242] da "Vergütung" nur der werkvertragliche Begriff für Gegenleistung ist[243] und das Gesetz auch von Vergütung allgemein und nicht etwa wie in § 433 Abs. 2 BGB nur vom "Preis" spricht[244]. Somit käme theoretisch auch eine Werkherstellungspflicht als Vergütung in Betracht.[245] Aber das Gesetz unterscheidet in § 631 Abs. 1 BGB zwischen Unternehmer und Besteller. Beim AEV schulden beide Vertragsparteien eine Werkherstellung, so dass nicht klar unterschieden werden kann, wer die Werkherstellung als Werkherstellung i. S. d. § 631 Abs. 1 BGB und damit als Unternehmer und wer sie als Vergütung für die Werkherstellung der anderen Vertragspartei nach § 631 Abs. 1 BGB und damit als Besteller schuldet. Um sowohl dem Portalbetreiber als auch der Fremdfirma gerecht zu werden, muß daher ein typischer Werkvertrag nach §§ 631 ff BGB abgelehnt werden.

3. Im Wege der Einzelbetrachtung der Hauptpflichten kann der AEV nicht als einer der gesetzlich typisierten Verträge qualifiziert werden.

3. Die Einordnung über eine Gesamtbetrachtung der Hauptpflichten

Da der AEV im Wege einer Einzelbetrachtung der vertraglichen Hauptpflichten keinem gesetzlich typisierten Vertrag zugeordnet werden konnte, muß nun eine Gesamtbetrachtung der Pflichten von Portalbetreiber und Fremdfirma erfolgen. Denn indem man die Hauptpflichten einer Vertragspartei nicht je für sich, sondern in ihrer Gesamtheit als Teil einer einheitlichen Hauptpflicht betrachtet, kann sich eine Einordnung des AEV als gesetzlich bezeichneter Vertrag ergeben. In Betracht kommt ein Gesellschaftsvertrag nach §§ 705 ff BGB. Dessen einzige Hauptpflicht besteht darin, die Erreichung des vereinbarten gemeinsamen Zweckes in der vertraglich bestimmten Weise zu fördern.

---

[242] Vgl. BGH, Urt. v. 21.02.1974 - VII ZR 52/72, WM 1974, 391 (391); MünchKomm-Busche, § 631, Rn. 87; Jauernig-Mansel, § 631, Rn. 20; Bamberger/Roth-Voit, § 631, Rn. 72; Fischer, Unentgeltlichkeit, 95; Brox/Walker, BS, § 25, Rn. 2.

[243] Vgl. auch o. a)aa)(6).

[244] Soergel-Teichmann, § 631, Rn. 22.

[245] Im Rahmen der Qualifizierung der Hauptpflichten von Portalbetreiber und Fremdfirma brauchte dieser Aspekt noch nicht problematisiert zu werden. Dort kam es lediglich aus Sicht der einzelnen Pflicht auf die Frage an, ob eine bestimmte Art von Vergütung durch die jeweils andere Vertragspartei geschuldet sein müsse oder ob schon irgendeine Gegenleistung ausreichend wäre, um eine werkvertragliche Hauptpflicht anzunehmen. Insoweit reichte aufgrund der Feststellung der Gegenseitigkeit des Werkvertrages das Bestehen einer Gegenleistungspflicht allgemein aus, um eine werkvertragliche Hauptpflicht anzunehmen. Der genaue Inhalt dieser Gegenleistungspflicht war zu diesem Zeitpunkt irrelevant. Vgl. o. a)aa)(6), b)aa)(3)(e), b)bb)(3)(c).

Im Rahmen der mit dem AEV ähnlichen Verträge wird eine Qualifizierung als Gesellschaftsvertrag für die Affiliate-Verträge bzw. Partnerprogramme angedacht.[246] Diese Verträge seien nämlich längerfristig angelegt. Daher müßten die Vertragsparteien zueinander passen und die jeweilige Web-Seite mit ihrem Inhalt müßte zum Produktangebot passen.[247] Außerdem bestünde der Zweck dieser Verträge im gemeinsamen Betreiben von Werbung und der Stärkung der eigenen Marktposition.[248]

a) Die Hauptpflicht des Gesellschaftsvertrages nach § 705 BGB

Da die Vertragsparteien eines Gesellschaftsvertrages nach § 705 BGB nur eine Hauptpflicht trifft, nämlich die Erreichung eines gemeinsamen Zweckes in der vertraglich bestimmten Weise zu fördern, setzt die Qualifizierung des AEV als Gesellschaftsvertrag voraus, dass Portalbetreiber und Fremdfirma diese Pflicht vereinbart haben. Ohne Bedeutung ist hingegen, ob Regelungen zu Geschäftsführertätigkeit, Vertretung, Gewinn- und Verlustbeteiligung,[249] Gesellschaftsvermögen[250], mithin zur Gesellschaftsorganisation überhaupt[251] getroffen worden sind. Diese Aspekte werden zwar von der Rechtsprechung häufig bei der Bestimmung des Vorliegens eines Gesellschaftsvertrages herangezogen.[252] Aber letztlich handelt es sich dabei nur im Indizien, von denen auf das Vorliegen eines Gesellschaftsvertrages geschlossen werden kann[253]. Denn die genannten Punkte stellen Regelungen von Rechtsfolgen für den Fall dar, dass bereits eine Gesellschaft besteht. Und wenn die Vertragsparteien diese Rechtsfolgen regeln, dann wollen sie für gewöhnlich auch eine Gesellschaft gründen. Unbedingt notwendig ist dies aber nicht. So kann etwa eine als Geschäftsführungs- bzw. Vertretungsvereinbarung bezeichnete Regelung auch nur dazu dienen, klarzustellen, wer die Interessen beider Vertragsparteien gegenüber Dritten vertreten soll, ohne dass eine so enge Beziehung wie eine Gesellschaft gewollt ist. Im Rahmen des AEV könnte etwa der Portalbetreiber dazu ermächtigt werden, die Interessen

---

[246] Heyms/Prieß, Rn. 121: "am ehesten den Gesellschaftsverträgen zuzuordnen".
[247] Heyms/Prieß, Rn. 121.
[248] Heyms/Prieß, Rn. 121.
[249] MünchHdb. GesR I-Happ, § 5, Rn. 34.
[250] RG Urt. v. 30.09.1911 - Rep. V 591/10, RGZ 77, 223 (226); Palandt-Sprau, § 705, Rn. 1, 33.
[251] MünchKomm-Ulmer, Vor. § 705, Rn. 8.
[252] Vgl. etwa BGH, Urt. v. 10.10.1994 - II ZR 32/94, BGHZ 127, 176 ff.
[253] Vgl. BGH, Urt. v. 10.10.1994 - II ZR 32/94, BGHZ 127, 176 (178 ff); Erman-H. P. Westermann, Vor. § 705, Rn. 8; Grunewald, BB 2000, 729 (731); Schmidt, GR, § 62 II 1 c bb (S. 1842 f.) für die Abgrenzung der stillen Gesellschaft vom partiarischen Rechtsgeschäft.

von Portalbetreiber und Fremdfirma gegenüber klagenden Wettbewerbern durchzusetzen. In diesem Fall haben die Vertragsparteien lediglich eine falsche Bezeichnung für die getroffene Bestimmung gewählt. Während die Bezeichnung zu einem Gesellschaftsvertrag gehört, liegt materiellrechtlich ein herkömmlicher Austauschvertrag mit einer einseitigen Bevollmächtigung einer Vertragspartei durch die andere vor.

Entscheidend ist also allein, ob die Pflichten von Portalbetreiber und Fremdfirma als Teil einer Zweckförderungspflicht nach § 705 BGB auf einen gemeinsamen Zweck ausgerichtet sind.[254] Dazu muß aber ein gemeinsamer Zweck vereinbart sein, den beide Vertragsparteien mit dem AEV erreichen wollen. Es reicht nicht, dass sie nur zufällig parallel dasselbe Ziel verfolgen.

aa) Das Vorliegen eines gemeinsamen Zweckes

(1) Definition des gemeinsamen Zweckes

Die Definition des gemeinsamen Zweckes gemäß § 705 BGB fällt nicht leicht. Nach h. M. kann zwar inhaltlich fast alles Zweck einer Gesellschaft sein, nämlich jeder erlaubte, dauernde oder vorübergehende, wirtschaftliche oder ideelle Zweck.[255] Wann aber dieser - wie auch immer - geartete Zweck ein gemeinsamer ist, ist damit noch nicht geklärt. Aufgrund der vielen Zwecke und Interessen, die die Vertragsparteien mit dem Vertrag verfolgen, muß ein gemeinsamer Zweck i. S. d. § 705 BGB ein Zweck bzw. ein Interesse sein, dass beide Vertragsparteien verfolgen. Notwendig ist also für das Vorliegen eines gemeinsamen Zweckes, dass auf jeder Vertragsseite wenigstens teilweise gleichgerichtete Interessen bestehen[256]. Dabei muß es sich nicht notwendig um die sog. Endzwecke, also die Motive der Vertragsparteien für den Vertragsschluß, handeln.[257] Entscheidend ist lediglich, dass der gemeinsame Zweck und damit die

---

[254] Vgl. Staudinger-Habermeier, § 705, Rn. 12.

[255] BGH Urt. v. 02.06.1997 - II ZR 81/96, BGHZ 135, 387 (388); MünchKomm-Ulmer, § 705, Rn. 144; RGRK-von Gamm, Vor. § 705, Rn. 1; Ballerstedt, JuS 1963, 253 ff; Hueck/ Windbichler, § 5 Rn. 40; Grunewald, 1. A. Rn. 7.

[256] Vgl. Erman-H. P. Westermann, § 705, Rn. 30; Hueck/Windbichler, § 5 Rn. 30.

[257] BGH, Urt. v. 29.01.1951 - IV ZR 171/50, NJW 1951, 308 (308); Urt. v. 12.10.1959 - II ZR 237/57, BB 1960, 15 (15); Erman-H. P. Westermann, § 705, Rn. 30; MünchKomm-Ulmer, § 705, Rn. 147; Fikentscher, in: FS für Westermann, 87 (95); Ballerstedt, JuS 1963, 253 (254 f.); kritisch zur Untersuchung zwischen Vor- und Endzweck Kellermann, 85 f.

ihm zugrunde liegenden gleichgerichteten Interessen der Vertragsparteien ein Mittel zur Verfolgung der Endzwecke darstellen.[258]

Gleichgerichtete Interessen sind allerdings noch nicht gleichbedeutend mit einem gemeinsamen Zweck nach § 705 BGB. Nach allgemeiner Ansicht in Rechtsprechung und Literatur muß der gemeinsame Zweck einer Gesellschaft nach § 705 BGB mehr sein als nur die gleichgerichteten Interessen aller Vertragsparteien.[259] Es kann nämlich auch der Fall auftreten, dass zwei Parteien eines Vertrages dasselbe Ziel verfolgen, es sich dabei aber nur um zufällig zusammentreffende gleichartige, parallele Interessen handelt.[260] Das ist etwa bei partiarischen Rechtsverhältnissen[261] so. Dort sind zwar alle Vertragsparteien an einem möglichst hohen Gewinn interessiert, wirken aber zu diesem Zweck nicht zusammen.[262] Ihre Interessen am möglichst hohen Gewinn sind lediglich parallele Interessen. Außerdem spricht das Gesetz ausdrücklich von "einem gemeinsamen Zweck" und nicht davon, dass die Vertragsparteien jeweils mit dem Vertrag bestimmte Zwecke verfolgen und diese Zwecke parallel verlaufen.

Es bestehen jedoch vielfältige Kontroversen in der Frage, was notwendig ist, damit gleichgerichtete, parallele Interessen einen von beiden Vertragsparteien angestrebten gemeinsamen Zweck i. S. d. § 705 BGB bilden.[263] In jedem Fall besteht ein nicht nur gradueller, sondern ein qualitativer Unterschied zwischen gleichgerichteten Interessen einerseits und einem gemeinsamen Zweck. Denn die bisher nur gleichgerichteten Interessen müssen zu einem überindividuellen Zweck werden, der der Personenverbindung aus den Vertragsparteien zugehörig

---

[258] Vgl. BGH, Urt. v. 29.01.1951 - IV ZR 171/50, NJW 1951, 308 (308); Urt. v. 12.10.1959 - II ZR 237/57, BB 1960, 15 (15).

[259] Vgl. BGH Urt. v. 28.10.1987 - VIII ZR 383/86, WM 1988, 172 (173); MünchKomm-Ulmer, § 705, Rn. 148; Schmidt, GR, § 4 II 1 b (S. 61); Schulze-Osterloh, 6; Maubach, 93; Böhmer, JZ 1994, 982 (983).

[260] Vgl. BGH Urt. v. 28.10.1987 - VIII ZR 383/86, WM 1988, 172 (173); Urt. v. 10.10.1994 - II ZR 32/94, BGHZ 127, 176 (177 f.); MünchKomm-Ulmer, § 705, Rn. 148; Schulze-Osterloh, 6; Maubach, 93.

[261] Zum partiarischen Rechtsverhältnis allgemein siehe Huffer.

[262] Hueck/Windbichler, § 5 Rn. 5.

[263] Siehe dazu die Übersicht bei Fikentscher, in: FS für Westermann, 87 (89 ff); Böhmer, JZ 1994, 982 (984). Zu Unrecht besteht die verbreitete Ansicht, wonach ein Zweck dann gemeinsam sei, wenn jede Vertragspartei ihn ebensowohl als den eigenen wie als den Zweck der anderen Vertragspartei zu fördern verspricht; so etwa MünchKomm-Ulmer, § 705, Rn. 1422; Erman-H. P. Westermann, § 705, Rn. 31; Ballerstedt, JuS 1963, 253 (255); Weyland, 27; Heße/Enders, 53. Hierbei werden nämlich zwei konstitutive Elemente des § 705 BGB miteinander vermischt, nämlich der gemeinsame Zweck und die Förderungspflicht. Letztere setzt aber das Vorliegen des ersten Merkmals voraus und kann damit zu dessen Definition nichts beitragen, vgl. Böhmer, JZ 1994, 982 (983, 984).

ist und nicht mehr nur jeder Vertragspartei allein.[264] Denn nur dann ist es gerechtfertigt, von einem "gemeinsamen" Zweck zu sprechen. Dieser gemeinsame Zweck geht also weiter als die Zwecke der Vertragsparteien und wird zu einem Zweck der Personenverbindung als Gesellschaft.[265] Aus den noch individualisierten Vertragsparteien, die jede ihre eigenen Ziele verfolgt, entsteht auf diese Weise ein verselbständigtes Kollektiv, dass ein gemeinsames Ziel verfolgt. Das entspricht dem heutigen Verständnis von der Gesellschaft, wonach diese weitgehend eine rechtsfähige Personenvereinigung ist und damit eine über die Verbindung der Beteiligten hinausgehende Rechtspersönlichkeit erhält.[266]

Der gemeinsame Zweck des § 705 BGB ist also der Zweck der Gesellschaft[267] und nicht nur der Zweck der einzelnen Vertragsparteien. Er ist zwar mit den Interessen der Vertragsparteien insoweit identisch, als diese sich ja gerade wegen dieses Zweckes vertraglich miteinander verbunden haben, aber es handelt sich dennoch um ein über deren Individualinteressen hinausgehendes Interesse. Man kann den gemeinsamen Zweck nach § 705 BGB daher auch als einen vergemeinschafteten, überindividuellen Gesellschaftszweck bezeichnen.[268]

(2) Das Vorliegen eines gemeinsamen Zweckes gemäß obiger Definition

(a) Die gleichgerichteten, parallelen Interessen der Vertragsparteien

Der gemeinsame Zweck nach § 705 BGB setzt das Vorliegen wenigstens eines gleichgerichteten, parallelen Interesses von Portalbetreiber und Fremdfirma voraus. Aus sämtlichen Vor- und Endzielen beider Vertragsparteien bezogen auf den AEV sind somit diejenigen zu ermitteln, die die Kriterien der Gleichgerichtetheit und Parallelität erfüllen. Nur sie können eine Grundlage für einen überindividuellen Gesellschaftszweck bilden.

Die Interessen des Portalbetreibers sind vielfältig. Es geht ihm hinsichtlich des AEV zwar hauptsächlich darum, mit der Einbindung der Angebotsseite der Fremdfirma in seine Portalseite die Attraktivität der Portalseite für Nutzer zu steigern. Damit bezweckt er aber weiter, alte Nutzer zu halten und neue zu gewinnen. Er erhofft sich so auch höhere Einnahmen aus Werbung, Vertrieb eige-

---

264 Vgl. MünchKomm-Ulmer, § 705, Rn. 148; Flume, § 3 I (S. 38).

265 Schmidt, GR, § 4 I 2 b (S. 60).

266 Vgl. BGH Urt. v. 29.01.2001 - II ZR 331/00, NJW 2001, 1056 (1056).

267 Vgl. Schmidt, GR, § 4 I 2 b (S. 60), II 1 b (S. 61).

268 Vgl. Staudinger-Habermeier, § 705, Rn. 17.

ner Produkte oder Geldvergütungszahlungen anderer Vertragspartner. Daneben zielt jedoch die Vereinbarung einer Geldvergütung direkt auf den Erhalt des Geldes ab. Insoweit hat der Portalbetreiber dann je nach Art der Geldvergütungsberechnung ein Interesse an einem möglichst hohen Umsatz oder Gewinn der Fremdfirma.

Die Fremdfirma wiederum sucht ein Forum für ihre Angebote, auf dem sie ein breiteres Publikum erreichen kann als auf einer eigenen Web-Seite allein. Sie will also am Nutzerstrom auf der Portalseite partizipieren, um so ihre Angebote abzusetzen und einen möglichst hohen Umsatz oder Gewinn zu erwirtschaften. Es interessiert sie dabei nicht, ob die Attraktivität der Portalseite durch sie gesteigert und so alte Nutzer gehalten oder neue hinzugewonnen werden. Für sie ist diesbezüglich nur der status quo im Zeitpunkt des Vertragsschlusses oder eine in Aussicht genommene zukünftige Entwicklung von Bedeutung. Sofern durch eine Attraktivitätssteigerung die Ziele des Portalbetreibers erfüllt werden und die Besucherzahl der Portalseite gesteigert wird, dürfte dies zwar von der Fremdfirma gerne gesehen werden. Aber darin liegt dennoch kein von ihr mit dem AEV verfolgtes Ziel.

Gleichartige Interessen kommen damit nur bei Vorliegen einer Geldvergütungspflicht der Fremdfirma in Form einer Umsatz- oder Gewinnbeteiligung in Betracht. Denn dann streben beide Parteien dasselbe Ziel an, den möglichst hohen Umsatz bzw. Gewinn der Fremdfirma. Wenn also die Geldvergütung ausdrücklich ausgeschlossen ist,[269] dann liegt mangels gleichartiger, paralleler Interessen der Vertragsparteien kein gemeinsamer Zweck nach § 705 BGB vor. In diesem Fall kann der AEV somit nicht als Gesellschaftsvertrag qualifiziert werden.

(b) Der vergemeinschaftete, überindividuelle Gesellschaftszweck

Der gemeinsame Zweck i. S. d. § 705 BGB ist ein vergemeinschafteter, überindividueller Gesellschaftszweck. Da dieser das Vorliegen gleichartiger, paralleler Interessen der Vertragsparteien voraussetzt, kommt nach dem soeben Festgestellten nur das Interesse von Portalbetreiber und Fremdfirma an einem möglichst hohen Umsatz oder Gewinn auf Seiten der Fremdfirma in Betracht. Dieses muß jedoch, um den ermittelten Anforderungen an den gemeinsamen Zweck zu genügen, mehr sein als nur die zufällig gleichartigen, parallelen Interessen bei-

---

[269] Vgl. zur Notwendigkeit des ausdrücklichen Ausschlusses wegen § 632 Abs. 1 BGB, wenn keine Geldvergütung gewollt ist, o. 2.a)aa)(6).

der Vertragsparteien, nämlich ein vergemeinschafteter, überindividueller Gesellschaftszweck.

Aus Sicht der Fremdfirma ist dies allerdings nicht der Fall. Die Erwirtschaftung eines möglichst hohen Umsatzes oder Gewinns ist für sie nämlich im reinen Eigeninteresse. Für eine überindividuelle Personenvereinigung mit dem Portalbetreiber möchte sie dies gerade nicht. Denn hinsichtlich des AEV geht es ihr lediglich um den Austausch von Leistungen, nämlich der Ermöglichung eines Forums für die Veräußerung ihrer Waren und Dienstleistungen gegen einen Teil des dadurch erwirtschafteten Umsatzes oder Gewinns. Die Einbindung der Angebotsseite der Fremdfirma in die Portalseite erfolgt daher für die Fremdfirma gerade nicht zur Förderung des vergemeinschafteten, überindividuellen Zweckes einer Personenvereinigung mit dem Portalbetreiber in Form der Erwirtschaftung eines möglichst hohen Umsatzes oder Gewinns durch die Fremdfirma.

Ebenso ist der AEV für den Portalbetreiber nur ein Austauschverhältnis, bei dem lediglich parallele Interessen bestehen, und kein Gesellschaftsverhältnis mit einem überindividuellen gemeinsamen Zweck. Das zeigt sich etwa daran, dass die Geldvergütungsvereinbarung nicht im Mittelpunkt steht, sondern die Attraktivitätssteigerung der Portalseite. Die Zahlung einer Geldvergütung durch die Fremdfirma fördert auch nicht als Zwischenziel die Attraktivitätssteigerung als Endziel. Sie hat darauf vielmehr keinerlei Einfluß. Außerdem kann eine Geldvergütungsvereinbarung fehlen oder auf Zahlung eines festen Betrages lauten. Dann liegt aber mangels gleichgerichteter, paralleler Interessen der Vertragsparteien kein gemeinsamer Zweck i. S. d. § 705 BGB vor, obwohl alle übrigen Regelungen identisch zu dem Fall sind, dass eine Umsatz- oder Gewinnbeteiligung vereinbart ist. Das macht deutlich, dass die Höhe von Umsatz und Gewinn der Fremdfirma für den AEV nicht die Bedeutung besitzt, die das Interesse daran zum überindividuellen Zweck der Kooperation von Portalbetreiber und Fremdfirma macht.

Es geht den Vertragsparteien also nur um den Austausch verschiedener Leistungen. Portalbetreiber und Fremdfirma bedienen sich lediglich der Möglichkeiten des jeweils anderen für ihre eigenen Ziele. Sie nutzen die Synergieeffekte ihrer Zusammenarbeit aus, ohne diese über den Stand einer reinen Zusammenarbeit hinaus erheben zu wollen. Mehr als das Erreichen der eigenen Ziele unter Ausnutzung der Vorteile der Kooperation mit dem Vertragspartner streben sie nicht an. Die Situation entspricht damit einem partiarischen Rechtsverhältnis, wenn der Portalbetreiber umsatz- bzw. gewinnbezogen von der Fremdfirma vergütet wird.[270] Ein vergemeinschafteter, überindividueller Gesellschaftszweck als gemeinsamer Zweck i. S. d. § 705 BGB liegt somit nicht vor.

(3) Ergebnis zu aa) Das Vorliegen eines gemeinsamen Zweckes

1. Der gemeinsame Zweck i. S. d. § 705 BGB ist ein vergemeinschafteter, überindividueller Gesellschaftszweck. Grundlage für ihn sind die gleichgerichteten, parallelen Interessen der Vertragsparteien, die diese mit dem Vertrag verfolgen, da nur ein Zweck, den beide Vertragsparteien verfolgen, gemeinsamer Zweck sein kann.

2. Zwischen Portalbetreiber und Fremdfirma bestehen gleichgerichtete Interessen nur bei Vorliegen einer Geldvergütungspflicht der Fremdfirma in Form einer Umsatz- oder Gewinnbeteiligung. Die jeweils gleichgerichteten Interessen besteht dann im Erwirtschaften eines möglichst hohen Umsatzes oder Gewinns der Fremdfirma.

3. Es liegt dennoch kein gemeinsamer Zweck nach § 705 BGB als vergemeinschafteter, überindividueller Gesellschaftszweck vor. Die gleichgerichteten Interessen gehen nämlich nicht über Individualinteressen der Vertragsparteien hinaus. Diesen geht es nur um die Nutzung der durch ihre Zusammenarbeit entstehenden Synergieeffekte.

bb) Ergebnis zu a) Die Hauptpflicht des Gesellschaftsvertrages nach § 705 BGB

1. Die einzige Hauptpflicht des Gesellschaftsvertrages nach § 705 BGB ist die Pflicht, die Erreichung des gemeinsamen Zweckes i. S. d. § 705 BGB in der vertraglich bestimmten Weise zu fördern. Für den AEV bedeutet dies, dass die beschriebenen Hauptpflichten der einzelnen Vertragparteien jeweils zusammengefaßt als Förderpflicht der jeweiligen Vertragspartei nach § 705 BGB betrachtet werden müssen.

2. Portalbetreiber und Fremdfirma vereinbaren aber keine Förderpflichten. Dazu müßten sie einen gemeinsamen Zweck gemäß § 705 BGB vereinbart haben, was nicht der Fall ist. Es bestehen lediglich Individualinteressen der Vertragsparteien.

---

[270] Vgl. BGH Urt. v. 10.10.1994 - II ZR 32/94, BGHZ 127, 176 (177); Erman-H. P. Westermann, Vor. § 705, Rn. 7; Palandt-Sprau, § 705, Rn. 9; Schmidt, GR, § 62 II 1 c bb (S. 1842 f.); Huffer, NJW 1971, 1433 (1434).

b) Ergebnis zu 3. Die Einordnung über eine Gesamtbetrachtung der Hauptpflichten

Die Einzelbetrachtung der Hauptpflichten von Portalbetreiber und Fremdfirma hat nicht zu einer Einordnung des AEV als typischem Vertrag geführt. Auch die Gesamtbetrachtung der jeweiligen Pflichten beider Vertragsparteien führt zu keinem anderen Ergebnis. Der in Betracht kommende Gesellschaftsvertrag nach den §§ 705 ff BGB liegt nämlich nicht vor, da sich keine der Vertragsparteien zur Erfüllung der einzigen Hauptpflicht, der Förderung eines gemeinsamen Zweckes der Gesellschaft in der vertraglich bestimmten Weise, verpflichtet hat.

4. Ergebnis zu IV. Die Einordnung bzw. die Typisierung des Angebotseinbindungsvertrages

1. Bis auf die Pflicht der Fremdfirma zur Zahlung einer vereinbarten Geldvergütung sind sämtliche Hauptpflichten der Vertragsparteien Dauerschulden. Ihr Umfang kann nur unter Zuhilfenahme des Zeitfaktors bestimmt werden. Der AEV ist daher als der Vertrag, der diese Dauerschulden begründet, ein Dauerschuldverhältnis.[271]

2. Die Hauptpflichten mit Ausnahme der Geldvergütungspflicht der Fremdfirma sind für sich gesehen als werkvertragliche Hauptpflichten in Form von Werkherstellungspflichten nach § 631 Abs. 1 BGB zu qualifizieren. Diese Einzelbetrachtung der Pflichten der Vertragsparteien führt aber nicht zu einer Qualifizierung des AEV als Werkvertrag nach den §§ 631 ff BGB. Die Geldvergütungspflicht kann keinem typisierten Vertrag zugeordnet werden, sondern stellt eine mögliche Gegenleistung verschiedener typisierter Verträge dar, so auch eines Werkvertrages nach §§ 631 ff BGB.

3. Aber auch im Wege einer Gesamtbetrachtung der jeweiligen Pflichten von Portalbetreiber und Fremdfirma kann eine Zuordnung zu einem typischen Vertrag, nämlich dem Gesellschaftsvertrag nach den § 705 ff BGB, nicht erfolgen.

4. Der AEV ist also ein atypischer Vertrag[272] in Form des gemischt-typischen oder typengemischten Vertrages. Auf Seiten beider Vertragsparteien befinden

---

[271] Siehe zu dieser Verwendung des Begriffs des Dauerschuldverhältnisses § 108 InsO; Wiese, FS für Nipperdey, 837 (837); Bamberger/Roth-J. Becker, § 308, Rn. 35; vgl. auch Bamberger/Roth-Grüneberg, § 241, Rn. 27; Huber, Leistungsstörungen II, § 46 I 1 (S. 437).

[272] Vgl. zu dieser Einordnung bei "Internet-Verträgen" allgemein Büchner, in: Lehmann, Rechtsgeschäfte, 152.

sich nämlich mehrere Elemente typisierter Verträge bzw. eines typisierten Vertrages, des Werkvertrages nach den §§ 631 ff BGB.

V. Ergebnis zu A. Die Qualifikation des Angebotseinbindungsvertrages

1. Die Qualifikation eines Vertrages erfolgt anhand seiner vertragstypenbestimmenden Pflichten, der sog. Hauptpflichten. Diese müssen sämtlich einem typisierten Vertrag zuordbar sein, damit ein typisierter Vertrag vorliegt. Anderenfalls liegt nur ein atypischer Vertrag vor.

2. Im Bereich des E-Commerce gibt es viele Fallgestaltungen von Verträgen, die dem AEV ähnlich sind und deren Hauptpflichten teilweise denen des AEV gleichen. Diese Verträge weisen aber auch deutliche Unterschiede zum AEV auf. Die zu ihnen bereits erarbeiteten Erkenntnisse von Rechtsprechung und Literatur sind dennoch bei der vertragstypologischen Einordnung des AEV von Nutzen.

3. Eine Zuordnung des AEV zu einem gesetzlich typisierten Vertrag kann weder durch eine Einzelbetrachtung der Hauptpflichten der Vertragsparteien noch durch eine Gesamtbetrachtung dieser Pflichten erfolgen. Vielmehr handelt es sich bei ihm um einen gemischten bzw. typengemischten Vertrag.[273]

---

[273] Unberücksichtigt bleiben kann an dieser Stelle eine möglich Charakterisierung als gesellschaftsähnliches Rechtsverhältnis, wie sie die Rechtsprechung dann vornimmt, wenn ein Vertrag zwar keine Gesellschaft begründet, aber ein Rechtsverhältnis, das in seiner Ausgestaltung einer Gesellschaft sehr nahe kommt. Diese Charakterisierung sagt nämlich nichts darüber aus, wie ein Vertrag in das System der Vertragsarten einzuordnen ist, sondern nur darüber, welches Recht auf ihn Anwendung finden soll (vgl. BGH Urt. v. 15.04.1965 - II ZR 73/62, WM 1965, 795; Urt. v. 28.02.1972 -III ZR 212/70, NJW 1972, 1128 (1129); Urt. v. 12.12.1991 - IX ZR 178/91, ZIP 1992, 191 (194); RGRK-v. Gamm, vor § 705, Rn. 10; Schulze-Osterloh, 2, 60 ff; Raisch, BB 1968, 526 (529)). Dies ist aber eine Frage der Durchführung des AEV. Dasselbe gilt für die Charakterisierung als Gestattungsvertrag, wie dies die h. M. bei den zum AEV ähnlichen Automatenaufstellungsverträgen tut, BGH Urt. v. 22.03.1967 - VIII ZR 10/65, BGHZ 47, 202 (205); Urt. v. 15.03.1978 - VIII ZR 254/76, NJW 1978, 1155 (156); Urt. v. 06.10.1982 - VIII ZR 201/81, NJW 1983, 159 (160); Soergel-Kummer, Vor. § 535, Rn. 384; Graf von Westphalen, in: Graf von Westphalen (Hrsg.), Automatenaufstellungsvertrag (Stand: April 1999), Rn. 1; Larenz/Canaris, BT 2, § 63 IV 2 a (S. 61); Ziebe, 28; Roquette, BlGBW 1965, 195 (196); ders., § 535, Rn. 167. Jedoch ist anders als beim gesellschaftsähnlichen Rechtsverhältnis mit der Charakterisierung als Gestattungsvertrag kein praktischer Wert verbunden, was die Rechtsfolgen betrifft, siehe dazu für den Automatenaufstellungsvertrag Weyland, 49; Soergel-Kummer, Vor. § 535 Rn. 384. Vielmehr werden trotz einheitlicher Charakterisierung für den Automatenaufstellungsvertrag die verschiedensten Ansichten hinsichtlich des auf ihn anzuwendende Gesetzesrechtes vertreten, vgl. Zusammenstellung bei Weyland, 48 f.

4. Der Angebotseinbindungsvertrag (AEV) begründet ein Dauerschuldverhältnis.

B. Die Durchführung des Angebotseinbindungsvertrages

Die Durchführung des AEV richtet sich nach seinem Inhalt und dem auf diesen Inhalt anwendbaren Gesetzesrecht. Seine Qualifizierung als gemischter Vertrag aus Elementen des Werkvertrages hilft hierbei nicht direkt weiter, da es im Gesetz keine ausdrückliche Regelung gibt, wie gemischte Verträge aus Werkvertragselementen zu behandeln sind. Daher muß vorrangig geklärt werden, welches Gesetzesrecht auf gemischte Verträge Anwendung findet (I.).[274] Im Anschluß daran sind dann die neben den Hauptpflichten wichtigsten sonstigen Pflichten der Vertragsparteien zu ermitteln (II.) sowie die Durchführung dieser Pflichten (IV.) und der Hauptpflichten (III.). Sodann soll noch ein kurzer Blick auf Abschluß und Beendigung (V.) des AEV geworfen werden.

I. Das auf die gemischten Verträge anzuwendende Gesetzesrecht

1. Die verschiedenen Theorien und ihre Behandlung

Um die Frage zu beantworten, ob und welches Gesetzesrecht auf gemischte Verträge Anwendung findet, sind verschiedene Theorien entwickelt worden,[275] von denen die Absorptionstheorie, die Kombinationstheorie und die Theorie der analogen Rechtsanwendung die weiteste Verbreitung erlangt haben.[276]

a) Die Absorptionstheorie

Nach der Absorptionstheorie werden die Vertragsbeziehungen der Parteien einem einzigen gesetzlichen Vertragstyp zugeordnet. Entscheidend ist die dominierende Hauptleistung, die dem Vertrag seinen Charakter und sein Gepräge gibt. Das Gesetzesrecht desjenigen Vertragstyps, dem diese Hauptleistung zuzuordnen ist, findet dann auf den gesamten Vertrag Anwendung.[277]

Für diese Theorie spricht ihre Einfachheit. Sie schafft klare Verhältnisse, indem auf einen Vertrag nur das Recht eines gesetzlich typisierten Vertrages An-

---

[274] Siehe zur Behandlung gesetzlich nicht geregelter Verträge ausführlich Stoffels.

[275] Vgl. Martinek, Band 1, § 2 I 3 (S. 22 ff).

[276] Vgl. Palandt-Heinrichs, Überbl. v. § 311, Rn. 24 ff; Staudinger-Löwisch (2001), § 305, Rn. 29 ff; Oetker/Maultzsch, § 16 A III 3 (S. 721 f.); Stoffels, 153 ff.

[277] Vgl. Palandt-Heinrichs, Überbl. v. § 311, Rn. 24; MünchKomm-Emmerich (2a), § 311, Rn. 46; Larenz/Canaris, BT 2, § 63 I 3 a (S. 44); Oetker/Maultzsch, § 16 A III 3 (S. 721); Stoffels, 154; Gernhuber, Schuldverhältnis, § 7 V 4 (S. 162).

wendung findet. Widersprüchliche Regelungen im Recht unterschiedlicher Verträge können hier die von den Vertragsparteien gewollte Einheit des gemischten Vertrages nicht stören.

Jedoch liegt hierin eine zu große Vereinfachung. Die Absorptionstheorie wird der Vielgestaltigkeit des Lebens nicht gerecht.[278] Denn oftmals ist rein praktisch die Ermittlung einer deutlich dominierenden Leistung äußerst schwierig.[279] Im Einzelfall kann sie sogar unmöglich sein, wenn den Vertragsparteien alle Leistungen des Vertrages gleich wichtig sind.[280] Der Gast etwa, der ein Fünf-Sterne-Restaurant besucht, wird gleichermaßen auf die mietrechtliche Leistung der Überlassung des Tisches wie auf die kaufrechtliche Leistung des Erwerbes der Speisen Wert legen. Er will gerade nicht ohne Speisen nur am Tisch sitzen oder die Speisen im Stehen auf der Straße einnehmen. In diesem Falle ist es sachwidrig, nur Kaufrecht oder nur Mietrecht anzuwenden. Wenn aber eine deutliche Dominanz einer Leistung vorliegt, handelt es sich häufig um einen typischen Vertrag mit atypischer Nebenleistung, so dass für die Absorptionstheorie kein Bedarf mehr besteht.[281] Sie ignoriert außerdem den Grundsatz des Synallagmas. Dieser ist ein für das Vertragsrecht des BGB grundlegendes Prinzip, wie die §§ 320 ff BGB zeigen. Danach stehen sich Leistung und Gegenleistung als gleichwertig gegenüber.[282] Schließlich besteht ein Widerspruch der Absorptionstheorie zur Vertragsfreiheit. Letztere erlaubt den Vertragsparteien, nicht nur die Hauptleistung selbst, sondern auch deren Rechtsfolgen frei zu vereinbaren.[283] Diese Möglichkeit wird durch die Anwendung nur des Rechts einer Hauptleistung auf den ganzen Vertrag verhindert.[284] Die Absorptionstheorie unterstellt den gesamten Vertrag gewaltsam unter das Recht eines bestimmten Vertragstypus.[285]

Aus diesen Gründen vermag die Absorptionstheorie die Probleme, die sich für die Rechtsfolgen eines gemischten Vertrages ergeben, nicht angemessen zu lösen. Ihr Vorteil, die Klarheit des anzuwendenden Rechtes, kann demgegenüber nicht überzeugen. Dies gilt besonders, da dies nur ein theoretischer Vorteil ist, der in der Praxis an der Schwierigkeit des Ermittelns der dominierende Hauptpflicht scheitert. Im Rahmen des AEV ist jedenfalls keine dominierende Haupt-

---

278 Staudinger-Löwisch (2001), § 305, Rn. 31.

279 Staudinger-Löwisch (2001), § 305, Rn. 31; Oetker/Maultzsch, § 16 A III 3 (S. 721); Gernhuber, Schuldverhältnis, § 7 V 4 (S. 163).

280 Vgl. Staudinger-Löwisch (2001), § 305, Rn. 31.

281 Martinek, Band 1, § 2 I 3 a (S. 23).

282 Vgl. Eick, 58 f.

283 Eick, 58; Dellios, 193; vgl. Dilcher, NJW 1960, 1040 (1041).

284 Eick, 58.

285 Vgl. Staudinger-Löwisch (2001), § 305, Rn. 31.

pflicht feststellbar. Die Leistungen von Portalbetreiber und Fremdfirma können ihren Wert für Leistungserbringer und -empfänger nur dann entfalten, wenn sie aufeinandertreffen. Die Angebotsseite ist ohne Einbindung und die Einbindung ohne Angebotsseite mit attraktiven Angeboten wertlos.

b) Die Kombinationstheorie

Bei der Kombinationstheorie hingegen wird der Vertrag in die einzelnen Bestandteile zerlegt und jede Leistung nach dem Recht des Vertragstyps behandelt, dem sie zuzuordnen ist.[286] Sofern sich dadurch Gegensätze in den Rechtsfolgen ergeben, sollen diese nach dem mutmaßlichen Parteiwillen ausgeglichen werden.[287]

Diese Theorie hat viele Probleme der Absorptionstheorie gelöst. Sie versagt nicht, wenn eine dominierende Hauptleistung nicht feststellbar ist. Eine untergeordnete Leistung wird auch nicht sachfremdem Recht unterworfen. Die Kombinationstheorie vermeidet die Starrheit der Absorptionstheorie und trägt dem Charakter des gemischten Vertrages durch die Kombination verschiedener Gesetzesbestimmungen Rechnung.[288]

Aber sie verkennt, dass ein Vertrag eine Einheit ist, die nicht beliebig zerteilt und mit jeweils unterschiedlichem Recht behandelt werden kann.[289] So kann es vorkommen, dass eine Leistung den Vertrag tatsächlich so dominiert, dass er zwar noch als gemischter Vertrag anzusehen ist, es aber unpassend wäre, wenn die untergeordneten Leistungen nicht auch dem Recht der Hauptleistung unterworfen würde.[290] Auch können zwingende Rechtsvorschriften, die dem Recht für eine Leistung entstammen, Geltung für den ganzen Vertrag beanspruchen, etwa im Falle von Schutznormen für eine Vertragspartei.[291] Probleme entstehen ebenfalls dann, wenn der Fortbestand des gemischten Vertrages bei Anwendung von Normen einer Leistung, z. B. einer Kündigungsvorschrift, in Frage gestellt wird, dies aber nach dem Recht der anderen Leistung nicht möglich wäre.[292]

---

[286] Vgl. Palandt-Heinrichs, Überbl. v. § 311, Rn. 24; MünchKomm-Emmerich (2a), § 311, Rn. 46; Larenz/Canaris, BT 2, § 63 I 3 a (S. 44); Oetker/Maultzsch, § 16 A III 3 (S. 722); Stoffels, 155 f.; Gernhuber, Schuldverhältnis, § 7 V 4 (S. 162).

[287] Vgl. Stoffels, 156.

[288] Oetker/Maultzsch, § 16 A III 3 (S. 722).

[289] Vgl. Staudinger-Löwisch (2001), § 305, Rn. 32; Larenz/Canaris, BT 2, § 63 I 3 b (S. 44); Martinek, Band 1, § 2 I 3 b (S. 23 f.).

[290] Staudinger-Löwisch (2001), § 305, Rn. 32; dieser Fall dürfte aber höchst selten sein, da wohl eher ein typischer Vertrag mit atypischen Nebenleistungen vorliegen dürfte.

[291] Staudinger-Löwisch (2001), § 305, Rn. 32.

[292] Vgl. Larenz/Canaris, BT 2, § 63 I 3 b (S. 44 f.).

Überhaupt klärt die Kombinationstheorie nicht die Frage, was gelten soll, wenn sich widersprüchliche Regelungen gegenüberstehen.[293] Und gerade das Zusammentreffen sich widersprechender Normen und damit auch das Entstehen nicht schließbarer Lücken wird bei konsequenter Anwendung der Kombinationstheorie der Fall sein.[294] Somit wird auch diese Theorie der Vertragsfreiheit nicht gerecht. Denn die Vertragsparteien wollen ihren Vertrag als Einheit schließen und entsprechend als Einheit behandeln und nicht als eine Zusammensetzung potentieller Einzelverträge. Die Kombinationstheorie übersieht schließlich auch, dass die Regelungen der gesetzlich typisierten Verträge selber eine Sinneinheit bilden. Sie sind aufeinander bezogen und können nicht ohne weiteres geteilt werden und nur auf einzelne vertragliche Leistungen Anwendung finden.[295]

Somit ist auch die Kombinationstheorie in reiner Form nicht geeignet, das Problem des anzuwendenden Gesetzesrechts bei den umfangreichen Variationsmöglichkeiten gemischter Verträge angemessen zu lösen.

c) Die Theorie der analogen Rechtsanwendung

Die Theorie der analogen Rechtsanwendung entspricht in ihren Ergebnissen weitgehend der Kombinationstheorie. Ihr liegt jedoch ein anderer Ansatz zugrunde. Sie geht davon aus, dass gemischte Verträge nicht im Gesetz geregelt sind. Daher können die Vorschriften für gesetzlich typisierte Verträge nicht direkt, sondern nur analog angewendet werden.[296] Auf die einzelne vertragliche Hauptpflicht findet somit das Recht desjenigen gesetzlichen Vertragstyps, dem sie zuzuordnen ist, entsprechende Anwendung.

Diese Theorie vermeidet dadurch die Widersprüche, die bei der Kombinationstheorie zwangsläufig auftreten. Das Wertungselement der Analogie erlaubt es, die Einheitlichkeit der Verträge besser zu wahren, da Normen, die dem entgegenstehen, nicht angewandt werden müssen.

Allerdings führt dies zu einer gesteigerten Rechtsunsicherheit. Grundsätzlich stehen nämlich fast alle gesetzlichen Normen einer analogen Anwendung offen und nicht nur die spezifischen Regelungen der Vertragstypen, deren Elemente Bestandteil des gemischten Vertrages geworden sind.[297] Es können also auch Vorschriften ganz anderer Vertragstypen als sachgerecht zur Schließung der

---

[293] Gernhuber, Schuldverhältnis, § 7 V 4 (S. 63).
[294] Eick, 64.
[295] Stoffels, 156; Eick, 63.
[296] Vgl. Palandt-Heinrichs, Überbl. v. § 311, Rn. 24; Martinek, Band 1, § 2 I 3 c (S. 24); Stoffels, 155 f.; Gernhuber, Schuldverhältnis, § 7 V 4 (S. 162 f.); Eick, 65 ff.
[297] Eick, 68.

Lücke, die die fehlende Regelung gemischter Verträge im Gesetz geschaffen hat, angewandt werden. Welche Normen dann Anwendung finden, wird der mit dem Einzelfall befaßte Richter entscheiden müssen, was eine Bestimmung von vorneherein nicht mit ausreichender Deutlichkeit ermöglicht.[298] Dies berücksichtigt außerdem nicht, dass die Vertragsparteien ihren Vertrag aus Elementen gesetzlich typisierter Verträge zusammengesetzt haben. Dem Parteiwillen dürfte daher die Anwendung des zu diesem typisierten Vertrag gehörenden Rechts näherkommen als die Anwendung irgendeines sonstigen Gesetzesrechtes.[299] Durch die Möglichkeit, dieses anzuwenden, besteht wie bei der Absorptionstheorie eine Beeinträchtigung der Vertragsfreiheit.

d) Ergebnis zu 1. Die verschiedenen Theorien und ihre Behandlung

Die Frage, welches Recht auf gemischte Verträge anzuwenden ist, wird überwiegend durch die Absorptionstheorie, die Kombinationstheorie und die Theorie der analogen Rechtsanwendung beantwortet. Allerdings ist keine dieser drei Theorien in der Lage, die Probleme gemischter Verträge angemessen zu lösen und dabei auch dem Parteiwillen gerecht zu werden. Ihre schematische Anwendung wird der Situation dieser Verträge nicht gerecht.[300] Dafür sind ihre Gestaltungsmöglichkeiten zu vielfältig[301] und die Gesamtheit und Einheit der Verträge gehen aus den Augen verloren.

2. Vorgehen im vorliegenden Fall

Da keine der dargestellten Theorien die Schwierigkeiten der Anwendung von Gesetzesrecht auf die gemischten Verträge lösen kann, soll im Rahmen dieser Untersuchung wie folgt vorgegangen werden:[302] Auszugehen ist entsprechend der Kombinationstheorie von den gesetzlichen Regelungen, die zur Rechtsnatur der einzelnen Vertragspflicht passen. Das gebietet die Tatsache, dass die Vertragsparteien eine Pflicht vereinbart haben, die Teil eines gesetzlich typisierten Vertrages ist. Das für den gesetzlichen Vertragstyp vorgesehene Gesetzesrecht erscheint daher am besten geeignet, die Probleme der Durchführung der einzelnen Pflichten zu lösen. Es dürfte dem Willen der Vertragsparteien, die diese

---

[298] Eick, 68.

[299] Vgl. Eick, 67 f.

[300] Vgl. Oetker/Maultzsch, § 16 A III 3 (S. 722); Larenz/Canaris, BT 2, § 63 I 3 a (S. 44); Martinek, Band 1, § 2 II 3 e (S. 25).

[301] RGRK-Ballhaus, Vor. § 305, Rn. 35.

[302] Vgl. dazu Larenz/Canaris, BT 2, § 63 I 3 b (S. 44).

Vertragspflichten vereinbart haben, mangels abweichender Anzeichen am ehesten entsprechen. Dabei darf aber das Vertragsganze nie aus den Augen verloren werden.[303] Das gilt insbesondere bei Vorschriften, deren Anwendung auf den Vertrag als Ganzes Einfluß haben, etwa ein Rücktritt oder auch die Minderung, da sie neben der Leistung auch die Gegenleistung betrifft. Die Vertragsparteien haben den gemischten Vertrag nämlich als Einheit geschlossen. Diese Einheitlichkeit muß hier daher auch Berücksichtigung bei der Anwendung der Vorschriften für die gesetzlich typisierten Verträge finden. Zeigt sich dann, dass eine bestimmte Norm nicht angemessen ist oder dass Widersprüchlichkeiten zu den Normen des auf eine andere Hauptpflicht Anwendung findenden Gesetzesrechts auftreten, ist im Wege der Auslegung nach dem Parteiwillen, der Interessenlage der Vertragsparteien und dem Gesamtzusammenhang des Vertragswerkes eine Lösung zu suchen. Ggf. sind dann auch Regelungen anderer Vertragstypen analog heranzuziehen. Sollte dies alles nicht möglich sein, greift das allgemeine Schuldrecht ein.

Der Vorteil dieser Vorgehensweise besteht darin, dass sie nahe am Gesetz bleibt und Wertungswidersprüche zu reintypischen Verträgen hinsichtlich der diesen zuzuordnenden Hauptpflichten weitgehend vermeidet.[304] Dadurch ist mehr Rechtssicherheit gewährleistet, da wegen der Rückbindung an das Recht der einzelnen Vertragspflichten für die Vertragsparteien bereits im Voraus absehbar ist, welches Gesetzesrecht im Wesentlichen zur Anwendung kommen wird. Dies wird der Vertragsfreiheit gerecht. Die Vertragsparteien wählen nämlich einerseits durch die Wahl einer bestimmten Leistung auch das deren Charakter entsprechende und ihr damit am ehesten gerecht werdende Gesetzesrecht. Andererseits haben sie aber auch einen einheitlichen Vertrag abgeschlossen, bei dem die Hauptleistungen verschiedenen Vertragstypen zuzuordnen sind und daher das sich widersprechende Gesetzesrecht zu einem der Einheitlichkeit entsprechenden Ausgleich zu bringen ist.

3. Ergebnis zu I. Das auf die gemischten Verträge anzuwendende Gesetzesrecht

Keine der bekannten Theorien zur Behandlung gemischter Verträge kann für sich allein überzeugend die Frage nach dem auf den AEV als gemischtem Vertrag anwendbaren Recht beantworten. Sie dienen nur als Ausgangspunkt bei der Suche nach dem anwendbaren Gesetzesrecht. Daneben sind die Einheitlichkeit

---

[303] Vgl. Staudinger-Löwisch (2001), § 305, Rn. 33.
[304] Vgl. Larenz/Canaris, BT 2, § 63 I 3 b (S. 44).

des Vertrages und die Interessen bzw. der Wille der Vertragsparteien zu berücksichtigen.

Das auf den AEV als typengemischten Vertrag anzuwendende Recht ist ausgehend von der Kombinationstheorie so zu ermitteln, dass grundsätzlich auf jede vertragliche Pflicht das Recht zur Anwendung kommt, das der Rechtsnatur dieser Pflicht entspricht. Dabei darf allerdings der Vertrag als Einheit nicht aus den Augen verloren werden. Zeigt sich die Unangemessenheit einer ermittelten Gesetzesnorm oder bestehen Widersprüche zwischen dem auf die verschiedenen Hauptpflichten anwendbaren Gesetzesrechts, ist eine Lösung im Wege der Auslegung nach dem Parteiwillen, der Interessenlage der Vertragsparteien und dem Gesamtzusammenhang des Vertragswerkes zu suchen. Sollte dies auch unter analoger Anwendung von Regelungen anderer Vertragstypen nicht möglich sein, greift das allgemeine Schuldrecht mit seinen Vorschriften ein.

II. Die sonstigen Pflichten der Vertragsparteien (sog. Nebenpflichten)

1. Allgemeines

Für eine Betrachtung der Durchführung des AEV und damit für eine Beantwortung der eingangs gestellten Frage, ob das bestehende Vertragsrecht geeignet und ausreichend ist, die Probleme von Verträgen im Bereich der neuen Medien sachgerecht zu erfassen und zu lösen, darf der Blick nicht nur auf die vertragstypisierenden Hauptpflichten gerichtet werden. Diese stellen zwar die wichtigsten Pflichten der Vertragsparteien dar, da die Hauptleistungen ausschlaggebend für den Vertragsabschluß gewesen sind. Aber wie jeder Vertrag enthält auch der AEV weitere Pflichten. § 241 Abs. 2 BGB macht dies deutlich. Nach ihm können die Vertragsparteien aus einem Schuldverhältnis auch verpflichtet sein, auf die Rechtsgüter des jeweils anderen Rücksicht zu nehmen.

Störungen im Bereich dieser weiteren Pflichten sind für die Vertragsparteien unter Umständen von ebenso großer Bedeutung wie die Erfüllung der Hauptpflichten. So wird sich die Freude des Bestellers über die perfekt gestrichenen Wände seiner Wohnung in Grenzen halten, wenn der Maler auch gleich noch den Teppichboden mitgestrichen hat, ohne dass er dazu vertraglich verpflichtet war. Hier ist die Hauptleistung ordnungsgemäß erbracht worden. Allerdings wird man in Ermangelung anderweitiger Absprachen erwarten dürfen, dass dies nicht unter Beeinträchtigung sonstiger Rechtsgüter des Bestellers, wie etwa seines Teppichbodens, erfolgt.

Im Folgenden sollen diese weiteren Pflichten von Portalbetreiber und Fremdfirma ermittelt werden. Da sie neben den Hauptpflichten bestehen, werden sie im Rahmen dieser Untersuchung als Nebenpflichten[305] bezeichnet. Ihre Ermittlung hat auf der Grundlage des soeben zum anwendbaren Recht Festgestellten zu erfolgen. Daher ist zuerst das auf die Hauptpflichten anwendbare Recht, das Werkvertragsrecht der §§ 631 ff BGB, danach zu untersuchen, ob es Nebenpflichten begründet (2.). Im Anschluß daran soll im Wege der Auslegung des AEV der Frage nachgegangen werden, ob Portalbetreiber und Fremdfirma weitere Nebenpflichten, auch konkludent, vereinbart haben (3.).

2. Die Nebenpflichten aufgrund der werkvertraglichen Natur der Hauptpflichten der Vertragsparteien

Die Hauptpflichten von Portalbetreiber und Fremdfirma sind werkvertraglichen Charakters. Daher können sich Nebenpflichten der Vertragsparteien aus den gesetzlichen Regelungen des Werkvertragsrechts nach §§ 631 ff BGB ergeben. In Betracht kommen die in § 640 Abs. 1 Satz 1 BGB normierte Abnahmepflicht sowie eine sich aus § 642 Abs. 1 BGB ergebende Mitwirkungspflicht des jeweiligen Bestellers der Werkleistung.

Dabei kann sich die Untersuchung auf die werkvertraglichen Herstellungspflichten von Portalbetreiber und Fremdfirma, die Pflichten zur Schaffung der Einbindung der Angebotsseite in die Portalseite mittels Hyperlink und Framing-Technik für die vereinbarte Zeit, zur Schaffung einer Angebotsseite in Stil und Ästhetik der Portalseite für die vereinbarte Zeit und zur Schaffung und Aufrechterhaltung eines attraktiven Angebotes auf der Angebotsseite während der vereinbarten Zeit, beschränken. Die Geldvergütungspflicht der Fremdfirma läßt sich nämlich weder einem typisierten Vertrag zuordnen[306] noch enthalten die Regelungen des Werkvertragsrechts nach §§ 631 ff BGB, die wegen der Rechtsnatur der übrigen Hauptpflichten noch am ehesten als anwendbar zu betrachten wären, besondere, sich auf die Geldvergütung beziehenden Nebenpflichten.

---

[305] Zu beachten ist, dass bzgl. der vertraglichen Nebenpflichten nicht auf ein anerkanntes und gesichertes dogmatisches System zurückgegriffen werden kann. Bisher hat sich nämlich in Rechtsprechung und Literatur noch keine überwiegend anerkannte inhaltliche Einteilung und Terminologie zu den Nebenpflichten durchgesetzt, Palandt-Heinrichs, § 242, Rn. 27; Münch-Komm-Roth, § 242, Rn. 147; vgl. Larenz, AS, § 2 I (S. 9); siehe auch BGH, Urt. v. 11.07. 1995 - X ZR 123/92, NJW-RR 1995, 1241 (1242).

[306] S. o. A.IV.2.b)cc).

a) Die Abnahmepflicht nach § 640 Abs. 1 Satz 1 BGB

Nach § 640 Abs. 1 Satz 1 BGB ist der Besteller verpflichtet, das vom Werkunternehmer hergestellte Werk, abzunehmen, wenn es vertragsgemäß hergestellt wurde und nach seiner Beschaffenheit eine Abnahme nicht ausgeschlossen ist. Unwesentliche Mängel stehen der Abnahmepflicht nicht entgegen, § 640 Abs. 1 Satz 2 BGB. Die Abnahme definiert sich nach der h. M.[307] in Rechtsprechung[308] und Literatur[309] als die körperliche Hinnahme des Werkes unter Erklärung seiner Billigung als weitgehend vertragsgemäße Leistung.[310]

Problematisch ist hierbei, dass eine körperliche Hinnahme der von Portalbetreiber und Fremdfirma herzustellenden Werken nicht möglich ist.[311] Denn sowohl die Schaffung der Einbindung der Angebotsseite als auch die Schaffung der Angebotsseite und die Schaffung und Aufrechterhaltung des attraktiven Angebots auf ihr für die vereinbarte Zeit sind unkörperliche Werke.

---

307 Die Kritik an der h. M. kann hier nicht dargestellt werden, da sie den Rahmen der Untersuchung sprengen würde. Verwiesen sei dazu auf die Monographien von Schwarz und Springer, die Dissertationen von Christmann und Pietsch sowie auf Oetker/Maultzsch, § 8 G I 1 e cc (2) (b) (S. 504 f.), jeweils m. w. N. Für die h. M. spricht, dass der zweigliedrige Abnahmebegriff den Interessen der Parteien und dem Zweck der Abnahme nach dem Gesetz gerecht wird. Das Element der Hinnahme findet seine Begründung bereits in dem mit der Abnahme verbundenen Gefahrübergang nach § 644 Abs. 1 Satz 1 BGB, der grundsätzlich nur dann gerechtfertigt ist, wenn der Besteller das Werk auch in seinen Verantwortungsbereich bekommt. Die Billigungserklärung dient der Rechtsklarheit, indem der Besteller durch sie deutlich macht, dass er das Werk als vom Werkunternehmer hergestellt ansieht und Mängel infolgedessen nach Gewährleistungsrecht abwickeln will und sich nicht auf den allgemeinen Erfüllungsanspruch mehr berufen will.

308 Ständige Rspr. seit BGH, Urt. v. 18.09.1967 - VII ZR 88/65, BGHZ 48, 257 (262); zuletzt BGH, Urt. v. 27.02.1996 - X ZR 3/94, NJW 1996, 1749 (1749).

309 Staudinger-Peters (2003), § 640, Rn. 3; MünchKomm-Busche, § 640, Rn. 2; Bamberger/Roth-Voit, § 640, Rn. 2; Oetker/Maultzsch, § 8 G I 1 e cc (2) (b) (S. 505); Springer, 111.

310 A. A. etwa Böggering, JuS 1978, 512 (516), der allein auf die Besitzübernahme abstellt; Esser/Weyers, BT 1; § 33 II 1 (S. 281), die für jede Norm eine eigenständige Abnahmedefinition entwickeln wollen; Jakobs, AcP 183 (1983), 145 (158 f.), der die Übergabe für nicht wesentlich hält und daher die Zweigliedrigkeit im Ergebnis ablehnt; Schwarz, 47 ff, der ein einstufiges Verständnis der Abnahme entwickelt, 111 f.; Pietsch, 18 f., der den Abnahmebegriff der h. M. nur zum Ausgangspunkt einer eigenständigen Entwicklung macht.

311 So jedenfalls für unkörperliche Werke, die keine irgendwie geartete Verkörperung erfahren haben Palandt-Sprau, § 640, Rn. 3; MünchKomm-Busche, § 640, Rn. 8, § 646, Rn. 2 f.; RGRK-Glanzmann, § 640, Rn. 13. Als Beispiel eines unkörperlichen Werkes mit Verkörperung nennt Palandt-Sprau, § 640, Rn. 3 die Pläne eines Architekten, die als geistiges Werk in den Planzeichnungen verkörpert sind.

In diesen Fällen ist jedoch sachgerecht, auf die körperliche Hinnahme zu verzichten und die Abnahme auf die Billigungserklärung zu beschränken.[312] Ein Grund, körperliche und unkörperliche Werke unterschiedlich zu behandeln, indem man für körperliche Werke die Abnahme verlangt, für unkörperliche hingegen die Vollendung nach § 646 BGB ausreichen läßt, ist nicht ersichtlich. Denn Zweck und Funktion der Abnahme sind sowohl bei körperlichen als auch bei unkörperlichen Werken sinnvoll und erreichbar. Diese dienen nämlich der Klärung der Frage, ob das vereinbarte Werk überhaupt als hergestellt angesehen werden kann und inwieweit es der vertraglichen Vereinbarung entspricht. Es soll Rechtsklarheit darüber herbeigeführt werden, ob der Besteller Mängel des Werkes noch nach den allgemeinen Regeln, insbesondere unter Berufung auf seinen Erfüllungsanspruch, oder nach Gewährleistungsrecht abwickeln muß[313]. Ohne die Billigungserklärung wäre für den Werkunternehmer nicht klargestellt, ob er sich noch dem Erfüllungsanspruch des Bestellers ausgesetzt sehen muß oder nur dessen Gewährleistungsansprüchen[314]. Es könnte Streit über diese Frage entstehen. Mit der Abnahme hingegen wird das Erfüllungsstadium des Vertragsverhältnisses beendet und dessen Abwicklungsstadium eingeleitet.[315] Dies gilt gleichermaßen für körperliche wie für unkörperliche Werke. Bei beiden können Unsicherheiten hinsichtlich der Herstellung und ihrer Vertragsgemäßheit bestehen.

Allerdings setzt die Abnahmepflicht voraus, dass eine Abnahme nicht nach der Beschaffenheit des Werkes ausgeschlossen ist, § 640 Abs. 1 Satz 1 Halbsatz 2 BGB. Bei unkörperlichen Werken wie den von Portalbetreiber und Fremdfirma zu erbringenden erscheint dies schwer möglich. Anders als eine körperliche Hinnahme, die bei Zerstörung des Werkes unmöglich wird, kann man die Billigung als im wesentlichen vertragsgemäß so gut wie immer erklären und so deutlich machen, dass man das Werk als hergestellt ansieht.[316] Jedoch dürfen hierbei Zweck und Funktion der Abnahme nicht unberücksichtigt bleiben.[317] Für diese gilt nämlich, dass Situationen eintreten können, in denen sie nach der Beschaffenheit des Werkes im Zeitpunkt seiner Herstellung nicht mehr erreichbar sind. Dann ist es gerechtfertigt, die Abnahme des Werkes als nach seiner Beschaffenheit ausgeschlossen zu bezeichnen. So etwa dann, wenn die Abnahme des Werkes keinen Sinn mehr macht, weil es keiner weiteren Klärung der Herstellungsfrage bedarf, da die Herstellung objektiv und unzweifelhaft fest-

---

312 So Soergel-Teichmann, § 640, Rn. 5; Oetker/Maultzsch, § 8 G I 1 e cc (2) (b) (S. 506).

313 Vgl. Jakobs, AcP 183 (1983), 145 (184); Köhler, NJW 1984, 1841 (1844); so im Ergebnis auch Bamberger/Roth-Voit, § 640, Rn. 2; Esser/Weyers, BT 1, § 33 I 1 (S. 283); Pietsch, 204.

314 Vgl. Jakobs, AcP 183 (1983), 145 (184); Köhler, NJW 1984, 1841 (1844).

315 BGH, Urt. v. 19.12.2002 - VII ZR 103/00, NJW 2003, 1450 (1452).

316 Vgl. Jakobs, AcP 183 (1983), 145 (183).

317 Vgl. Jakobs, AcP 183 (1983), 145 (183).

steht.[318] Jede Abnahme in Form einer Billigungserklärung wäre in diesem Falle nur eine Farce, da gerade keine Rechtsunsicherheit über die Frage der Herstellung besteht. Das gilt z. B. bei einer Theatervorführung, wo mit Fallen des letzten Vorhangs objektiv die Herstellung des Werkes abgeschlossen ist.[319] Jedem ist klar, dass der zweite Akt, wenn er gefehlt hat, nicht noch folgen wird. Ebenso ist bei einem Beförderungsvertrag im Moment der Ankunft am Zielort die Herstellung des Werkes, Beförderung vom Ausgangsort zum Zielort, objektiv feststellbar und es bedarf keiner weiteren Erklärung des Bestellers zur Förderung der Rechtssicherheit des Werkunternehmers.[320] Dasselbe gilt in diesen Fällen für Fragen der Vertragsgemäßheit der Herstellung.

Im Ergebnis bedeutet dies für die von Portalbetreiber und Fremdfirma herzustellenden Werke, dass eine Abnahme nach ihrer Beschaffenheit ausgeschlossen ist. Wegen des absoluten Fixschuldcharakters dieser Werkherstellungspflichten kann nämlich nach Ablauf der vereinbarten Zeit, also dem Zeitpunkt, in dem die Werke nach dem AEV hergestellt sein müssen, eine Erfüllung nicht mehr erfolgen. Der jeweilige Besteller ist auf Gewährleistungsrechte beschränkt. Für den Werkunternehmer gibt es also keine Rechtsunsicherheit in der Frage, ob noch Erfüllung oder nur Gewährleistung geschuldet ist. Der Zweck und die Funktion einer Billigungserklärung sind somit nicht mehr erreichbar. Abnahmepflichten nach § 640 Abs. 1 Satz 1 BGB der Vertragsparteien bestehen daher beim AEV nicht.

b) Die Mitwirkungspflicht nach § 642 Abs. 1 BGB

Zum Teil wird in § 642 Abs. 1 BGB eine Verpflichtung des Bestellers zur Mitwirkung bei der Herstellung des Werkes gesehen.[321] Das ist aber nicht rich-

---

[318] Vgl. Pietsch, 204. Abzulehnen ist die Ansicht von RGRK-Glanzmann, § 646, Rn. 2, Erman-H. C. Schwenker, § 640, Rn. 9, Oetker/Maultzsch, § 8 G I 1 e cc (2) (b) (S. 505 f.), Larenz, BT 1, § 53 III a (S. 367), Medicus, BS, Rn. 379, die darauf abstellt, ob eine Billigungserklärung verkehrstypisch sei, da sie übersieht, dass die § 640 Abs. 1 Satz 1 Halbsatz 2 BGB und § 646 BGB als Rechtsnormen abstrakt-generell auszulegen sind und nicht von Fall zu Fall zu einem anderen Ergebnis anhand der Verkehrstypizität kommen dürfen. Vielmehr handelt es sich dabei um eine Frage, ob diese Normen einzelvertraglich abbedungen worden sind. Vgl. Staudinger-Peters (2003), § 646, Rn. 8; Soergel-Teichmann, § 640, Rn. 5.

[319] So im Ergebnis auch Erman-H. C. Schwenke, § 640, Rn. 9; Oetker/Maultzsch, § 8 G I 1 e cc (2) (b) (S. 506).

[320] So im Ergebnis auch Erman-H. C. Schwenke, § 640, Rn. 9; Oetker/Maultzsch, § 8 G I 1 e cc (2) (b) (S. 506).

[321] RGRK-Glanzmann, § 631, Rn. 46, § 642, Rn. 12, der aus Gründen der Vertragstreue stets vom Vorliegen einer echten Pflicht ausgeht.

tig. Vielmehr enthält die Norm hinsichtlich einer erforderlichen Mitwirkungshandlung des Bestellers keine echte Pflicht, sondern nur eine Obliegenheit.[322] Es wird nämlich lediglich eine Verhaltensanforderung in eigener Sache des Bestellers begründet, deren Mißachtung ihm als Gläubiger zum Nachteil gereicht.[323] Die andere Vertragspartei kann ihre Erfüllung nicht verlangen.[324] Das ergibt sich aus dem Wortlaut der Regelung. Diese spricht nämlich nur von möglichen Nachteilen des Bestellers bei Nichtmitwirkung, nicht aber davon, dass er mitwirken muß. So steht nach § 642 Abs. 1 BGB dem Werkunternehmer nur eine Entschädigung zu, wenn der Besteller mit der Handlung in Verzug der Annahme kommt, und § 643 BGB ermöglicht es ihm lediglich, sich bei Nichtvornahme der Mitwirkungshandlung vom Vertrag zu lösen, nicht aber, die Mitwirkungshandlung einzufordern.

Anders ist auch die h. M. in der Literatur nicht zu verstehen, die davon ausgeht, dass die Obliegenheit zu einer echten Pflicht des Bestellers zur Mitwirkung werden kann.[325] Dies gelte vor allem dann, wenn die Auswirkungen unterlassener Mitwirkung größeres Gewicht und andere Qualität als die gesetzlichen Modellvorstellungen haben,[326] etwa bei künstlerischen Darbietungen[327]. Denn hierbei handelt es sich nicht um eine Mitwirkungspflicht aus § 642 Abs. 1 BGB, sondern eine zusätzliche vertragliche (ausdrückliche oder konkludente) Abrede

---

[322] BGH, Urt. v. 13.11.1953 - I ZR 140/52, BGHZ 11, 80 (83); Urt. v. 16.05.1968 - VII ZR 40/66, BGHZ 50, 175 (179); Urt. v. 21.10.1999 - VII ZR 185/98, NJW 2000, 1336 (1338); MünchKomm-Busche, § 642, Rn. 2; Soergel-Teichmann, § 642, Rn. 7; Staudinger-Peters (2003), § 642, Rn. 17; Brox/Walker, BS, § 25, Rn. 14; Larenz, BT 1, § 53 III c (S. 371); Oetker/Maultzsch, § 8 G I 3 (S. 517).

[323] Palandt-Heinrichs, Einl. v. § 241, Rn. 13; MünchKomm-Kramer (2a), Einl. vor § 241, Rn. 50; Erman-H. P. Westermann, Einl. § 241, Rn. 24; Esser/Schmidt, AT 1, § 6 VI 3 (S. 113); Fikentscher, Rn. 32; Brox/Walker, AS, § 2, Rn. 16; Henß, 118; Gernhuber, Schuldverhältnis, § 2 III 1 (S. 16); Wieling, AcP 176 (1976), 334 (346); vgl. BGH, Urt. v. 13.06.1957 - II ZR 35/57, BGHZ 24, 378 (382); Urt. v. 02.11.1994 - IV ZR 201/93, NJW 1995, 401 (402); ablehnend zum Begriff der Obliegenheit Staudinger-Schmidt, Einl. zu §§ 241, Rn. 286: "Man könnte deshalb auf den Begriff der Obliegenheit im System des BGB ohne Verlust verzichten".

[324] Soergel-Teichmann, Vor. § 241, Rn. 7; Erman-H. P. Westermann, Einl. § 241, Rn. 24; Esser/Schmidt, AT 1, § 6 VI 3 (S. 113); Fikentscher, Rn. 32; Brox/Walker, AS, § 2, Rn. 16; Wieling, AcP 176 (1976), 334 (346).

[325] MünchKomm-Busche, § 642, Rn. 3; Soergel-Teichmann, § 642, Rn. 7; Larenz, BT 1, § 53 III c (S. 371 f.; Fikentscher, Rn. 895; Oetker/Maultzsch, § 8 G I 3 (S. 517); Hüffer, 111; Nicklisch, BB 1979, 533 (541); Lachmann, BauR 1990, 409 (411).

[326] MünchKomm-Busche, § 642, Rn. 3; Nicklisch, BB 1979, 533 (534); vgl. Müller-Foell, 85 f.

[327] Müller-Foell, 91; Hüffer, 111; Nicklisch, BB 1979, 533 (541).

aufgrund der Bedeutung des Vertragsgegenstandes[328]. Ein anderes Verständnis widerspräche auch dem Rechtsnormcharakter des § 642 Abs. 1 BGB. Als abstrakt-generelle Regelung ist eine Rechtsnorm allgemein auszulegen. D. h. sie begründet entweder eine Obliegenheit oder eine Pflicht, nicht aber je nach qualitativem Unterschied des zu subsumierenden Lebenssachverhaltes mal eine Obliegenheit, mal eine Schuldnerpflicht.

Eine Mitwirkungspflicht von Portalbetreiber und Fremdfirma als Besteller ergibt sich damit nicht aus den werkvertraglichen Regelungen der §§ 631 ff BGB.

c) Ergebnis zu 2. Die Nebenpflichten aufgrund der werkvertraglichen Natur der Hauptpflichten der Vertragsparteien

Trotz der werkvertraglichen Natur der Hauptpflichten der Vertragsparteien treffen sie keine im Werkvertragsrecht des BGB gesetzlich normierten Nebenpflichten. Bzgl. der Geldvergütungspflicht bestimmen die §§ 631 ff BGB ohnehin keine besonderen Nebenpflichten des Zahlungspflichtigen. Im Übrigen sind Abnahmepflichten nach § 640 Abs. 1 Satz 1 BGB wegen der Beschaffenheit der von Portalbetreiber und Fremdfirma herzustellenden Werke ausgeschlossen und § 642 Abs. 1 BGB normiert keine Mitwirkungsverpflichtung des jeweiligen Bestellers.

3. Die Nebenpflichten aufgrund allgemeiner Auslegung des Angebotseinbindungsvertrages

a) Allgemeines

Aus der werkvertraglichen Natur der Hauptpflichten von Portalbetreiber und Fremdfirma ergeben sich für sie keine Nebenpflichten. Die in den §§ 631 ff BGB für Werkunternehmer und Besteller normierten sonstigen Pflichten bestehen beim AEV wegen seiner spezifischen Ausgestaltung nicht. Portalbetreiber und Fremdfirma haben aber möglicherweise eine Vereinbarung über Nebenpflichten getroffen. Diese muß nicht notwendig ausdrücklich erfolgen. Es reicht eine konkludente Einigung zwischen den Vertragsparteien. Sie kann sich aus

---

[328] So deutlich Staudinger-Peters (2003), § 642, Rn. 17; Oetker/Maultzsch, § 8 G I 3 (S. 516 f.); Nicklisch, BB 1979, 533 (541); a. A. Hüffer, 112, der eine nach Vertragstypen differenzierende Norminterpretation vorschlägt.

dem Sinn und Zweck des AEV, seiner Hauptleistungspflichten und den mit ihm erkennbar verfolgten Interessen ergeben.

So werden Besteller und Werkunternehmer im bereits genannten Beispiel des Wohnungsanstriches[329] konkludent vereinbaren, dass der Maler den Teppichboden in der Wohnung vor einer Beeinträchtigung schützt. Dies kann etwa durch Abdeckung mit einer Plane geschehen. Das Interesse des Bestellers an der Integrität seiner sonstigen Rechtsgüter ist nämlich offensichtlich und für einen objektiven Empfänger auf Seiten des Werkunternehmers auch erkennbar. Nimmt dieser das Angebot auf Streichen der Wohnung an, erklärt er damit zugleich, entsprechende Schutzmaßnahmen vorzunehmen.

Die zwischen Portalbetreiber und Fremdfirma konkludent vereinbarten Nebenpflichten lassen sich durch Auslegung des AEV nach den §§ 133, 157 BGB unter Berücksichtigung von Treu und Glauben (§ 242 BGB) ermitteln. Danach ist maßgebend, was die Vertragsparteien für einen objektiven Empfänger ihrer jeweiligen Erklärungen erkennbar über die Vereinbarung der Hauptpflichten hinaus zum Inhalt des Vertrages machen wollten. Anhaltspunkt hierfür sind ihre Grundinteressen, die sie mit dem AEV verfolgen.[330] Das sind bei Portalbetreiber und Fremdfirma jeweils dieselben. Zum einen das Interesse am Austausch der Hauptleistungen und zum anderen das Interesse, durch den geschäftlichen Kontakt keine Einbußen am Vermögensbestand zu erleiden, also ein Leistungsinteresse und ein Integritätsinteresse.[331]

b) Die Nebenpflichten, die dem Leistungsinteresse zuzuordnen sind - leistungsbezogene Nebenpflichten

Die Nebenpflichten, die dem Leistungsinteresse zuzuordnen sind, sollen im Folgenden auch leistungsbezogene Nebenpflichten genannt werden. Sie lassen sich in zwei Gruppen unterteilen.

Im einen Fall verhält es sich so, dass der Hauptleistungsschuldner zur Befriedigung des Leistungsinteresses des Hauptleistungsgläubigers mehr tun muß, als die schlichte Hauptleistung zu erbringen.[332] Um nämlich eine Befriedigung des Leistungsinteresses herbeizuführen, hat er alles zu tun, was den Leistungserfolg

---

[329] S. o. 1.
[330] Vgl. BGH, Urt. v. 11.07.1995 - X ZR 123/92, NJW-RR 1995, 1241 (1242); MünchKomm-Roth (2a), § 241, Rn. 19, 38 f.; Soergel-Teichmann, § 242, Rn. 133; Jauernig (10. Auflage)-Vollkommer, § 241, Rn. 10; Esser/Schmidt, AT 1, § 5 II 3 (S. 90 f.); vgl. KG, Urt. v. 14.11. 1984 - 24 U 3084/84, NJW 1985, 2137 (2137).
[331] Vgl. Brox/Walker, AS, § 2, Rn. 8, 12.
[332] Esser/Schmidt, AS 1, § 6 III (S. 107).

beim Gläubiger vorbereitet, herbeiführt und sichert, und alles zu unterlassen, was geeignet ist, diesen zu beeinträchtigen, zu gefährden oder gar zu vereiteln.[333] So muß etwa der Maler, um im Beispiel des Wohnungsanstriches zu bleiben, als Hauptleistung nur die Wände streichen. Darüber hinaus hat er den Besteller aber darüber aufzuklären, wie lange die Farbe zum Trocknen braucht, damit dieser den Anstrich nicht durch vorzeitigen Bezug der Räume beeinträchtigt. In der Verpflichtung, mehr als nur die schlichte Hauptleistung zu erbringen, kommt die Treue des Schuldners zum eigenen Hauptleistungsversprechen gegenüber der anderen Vertragspartei zum Ausdruck. Daher soll diese erste Gruppe der leistungsbezogenen Nebenpflichten auch als Leistungstreuepflichten bezeichnet werden.[334] Welchen Inhalt sie im Einzelnen haben, hängt von Inhalt und Rechtsnatur des jeweils vorliegenden Schuldverhältnisses ab.[335]

Die Pflichten der zweiten Gruppe dienen hingegen dem Interesse des jeweiligen Hauptleistungsschuldners, das dieser an der Erbringung der von ihm selber geschuldeten Hauptleistung hat, wenn dieses Interesse nur dadurch hinreichend gestillt werden kann, dass der Hauptleistungsgläubiger die Leistungserbringung unterstützt.[336] In diesem Fall besteht nämlich eine Verpflichtung des Gläubigers zur Mitwirkung. Im vorgenannten Malerbeispiel ist es dem Maler in der Regel egal, ob ihn der Besteller in die Wohnung als den Ort der Leistungserbringung läßt, solange er die vereinbarte Vergütung erhält. Wenn er aber ein aufstrebender Künstler ist und die Wohnung ein öffentliches Gebäude, wird sein Interesse an dem Vertrag nicht nur in der Geldvergütung des Bestellers bestehen, sondern auch darin, dass er sein Werk schaffen kann, damit es einmal dem öffentlichem Publikum zugänglich sein wird. Dann ist die Erbringung der geschuldeten Hauptleistung gerade auch in seinem eigenen Interesse. Da der Hauptleistungsgläubiger in diesem Fall zur Mitwirkung verpflichtet ist, soll diese Gruppe der leistungsbezogenen Nebenpflichten als Mitwirkungspflichten bezeichnet werden.[337]

Eine Gemeinsamkeit beider Gruppen leistungsbezogener Nebenpflichten besteht darin, dass sie, um der Befriedigung eines Leistungsinteresses zu dienen und so den Austausch der vertraglichen Leistungen für beide Vertragsparteien

---

[333] Vgl. dazu BGH, Urt. v. 19.10.1977 - VIII ZR 42/76, NJW 1978, 260 (260); Urt. v. 28.04.1982 - IVa ZR 8/81, NJW 1983, 998 (998); Urt. v. 20.06.1989 - KZR 13/88, WM 1989, 1677 (1679); Palandt-Heinrichs, § 242, Rn. 27; MünchKomm-Roth (2a), § 241, Rn. 67; vgl. Erman (10. Auflage)-Werner, Einl. § 241, Rn. 27; Staudinger-Schmidt, § 242, Rn. 862; vgl. BGH, Urt. v. 26.11.1984 - VIII ZR 214/83, BGHZ 93, 29 (39).

[334] Siehe BGH, Urt. v. 20.06.1989 - KZR 13/88, WM 1989, 1677 (1679).

[335] Vgl. Palandt-Heinrichs, § 242, Rn. 27.

[336] Vgl. BGH, Urt. v. 20.06.1989 - KZR 13/88, WM 1989, 1677 (1679).

[337] Siehe BGH, Urt. v. 20.06.1989 - KZR 13/88, WM 1989, 1677 (1679).

zu einem umfassenden Erfolg zu machen, stets in einem Tun oder Unterlassen bestehen. Denn entweder erfolgt eine positive Handlung zur Unterstützung der Leistung oder ein Unterlassen, um die Leistung nicht zu behindern. Damit sind sie aber nicht nur leistungsunterstützend, sondern enthalten selber eine Leistung i. S. d. § 241 Abs. 1 BGB. Man kann daher auch von Nebenleistungspflichten reden.

Da sehr viele Möglichkeiten denkbar sind, eine Leistungserbringung zu unterstützen oder zu behindern, sind auch die leistungsbezogenen Pflichten sehr vielfältig. Zu denken ist etwa an die bei jedem Vertrag vorkommenden Informationspflichten.[338] Eine abschließende Aufzählung dieser Nebenpflichten von Portalbetreiber und Fremdfirma soll daher im Rahmen dieser Untersuchung nicht erfolgen. Dies ist auch nicht nötig. Entscheidend ist nämlich für die Beantwortung der Frage nach dem Ausreichen des bestehenden Vertragsrechts für Verträge im Bereich der neuen Medien wie den AEV, ob die auftretenden Probleme der Nebenpflichten als solche angemessen gelöst werden. Dazu reicht es aber, solche Nebenpflichten darzustellen, die für den AEV besonders sind und nicht auch bei herkömmlichen Verträgen auftreten.

aa) Die Leistungstreuepflichten

(1) Die Leistungstreuepflichten des Portalbetreibers

Die Leistungstreuepflichten des Portalbetreibers bestimmen sich nach seiner Hauptleistungspflicht und danach, was zur Erreichung des Leistungsinteresses der Fremdfirma neben der schlichten Erbringung der Hauptleistung noch notwendig ist. Das Interesse der Fremdfirma geht darauf aus, als Folge der Einbindung auf der Portalseite ein Forum für ihre Angebote zu erhalten und sie potentiellen Kunden zugänglich machen zu können. Wenn das gegeben ist, ist der Er-

---

338 Vgl. hierzu auch § 2 Abs. 3 des Muster-Deep-Link-Vertrages, Kanzlei Härting, http:// www.vertragstexte.de/index2.html (zuletzt aufgerufen am 11.04.2005): "Sollte der Anbieter Störungen bei der Verlinkung der Website des Partners zu der Zielseite gemäß § 1 Abs. 3 dieses Vertrages feststellen, so wird der Anbieter den Partner von diesen Störungen unverzüglich in Kenntnis setzen", und ders., § 3 Abs. 1 Satz 2 und Abs. 3 des Muster-Plattform-Vertrages, http://www.vertragstexte.de/index2.html (zuletzt aufgerufen am 11.04.2005): "(1) [...] Ist die Website des Partners nicht unter der Anschrift gemäß § 2 Abs. 1 dieses Vertrages abrufbar, hat der Partner den Anbieter unverzüglich zu informieren. [...] (3) Sollte der Partner Störungen bei der Verlinkung der Internet-Plattform des Anbieters zu der Zielseite gemäß § 2 Abs. 1 dieses Vertrages feststellen, so wird der Partner den Anbieter von diesen Störungen unverzüglich in Kenntnis setzen.".

folg der Leistung des Portalbetreibers, den dieser fördern und sichern muß und nicht beeinträchtigen, gefährden oder vereiteln darf, erreicht.

Von den weitreichenden Möglichkeiten der Leistungstreuepflichten seien hier nur drei Verpflichtungen zu Unterlassungen genannt, die spezifisch für Verträge der neuen Medien wie den AEV erscheinen. So hat es der Portalbetreiber, damit das Leistungsinteresse der Fremdfirma befriedigt werden kann, zu unterlassen, den Charakter der Portalseite stark sowie ihr Design in für die Fremdfirma unzumutbarer Weise zu ändern und Wettbewerber der Fremdfirma neben dieser auf der Portalseite Platz einzuräumen.

Die Pflicht, den Charakter der Portalseite nicht stark zu ändern, begründet sich damit, dass eine starke Charakteränderung den Leistungserfolg, die Einbindung zur Schaffung eines Forums für die Angebote der Fremdfirma, beeinträchtigen kann, wenn deswegen andere Nutzer die Portalseite aufsuchen als zu dem Zeitpunkt, als die Fremdfirma den AEV abschloß.[339] Die Fremdfirma, die sich auf ein bestimmtes Publikum eingestellt hat, kann dann möglicherweise nicht mehr dieselben geschäftlichen Transaktionen hinsichtlich ihrer Angebote machen wie vor der Änderung.

Dasselbe gilt für die Pflicht, Stil und Ästhetik der Portalseite nur dann zu ändern, wenn eine Anpassung hinsichtlich der Angebotsseite für die Fremdfirma zumutbar möglich ist. Die Einbindung der Angebotsseite in die Portalseite als Erfolg der Einbindungsleistung des Portalbetreibers kann nämlich ihre volle Wirkung für die Fremdfirma nur dann entfalten, wenn beide Webseiten aufgrund gleicher Gestaltung für Besucher der Portalseite als Einheit erscheinen. Anderenfalls könnten potentielle Kunden irritiert werden und die Angebotsseite meiden, weil sie einen Fremdkörper in der Portalseite darstellt.[340] Ein vollständiges Änderungsverbot des Portalbetreibers kann hingegen nicht angenommen werden. Dadurch würde dieser nämlich entgegen dem Vertragszweck benachteiligt. Zwar spricht für ein umfassendes Änderungsverbot, dass Portalseite und Angebotsseite gestalterisch eine Einheit bilden sollen und die Fremdfirma nur verpflichtet ist, die Angebotsseite in Stil und Ästhetik der Portalseite zu schaffen, nicht aber, sie fortlaufend an jede Designänderung anzupassen. Aber das Ziel des AEV besteht darin, eine Kooperation zwischen Portalbetreiber und

---

[339] Vgl. o. A.II.3.a); siehe auch die ausdrückliche Zulässigkeit der Änderung der Portalseite in § 1 Abs. 4 des Muster-Portalvertrages (einfacher Portalvertrag), Weitnauer-Ritter, F 6 (S. 368), und in § 1 Abs. 5 des Muster-Portalvertrages (qualifizierter Portalvertrag), Weitnauer-Ritter, F 7 (S. 384).

[340] Siehe aber die ausdrückliche Zulässigkeit der Änderung der Portalseite in § 1 Abs. 4 des Muster-Portalvertrages (einfacher Portalvertrag), Weitnauer-Ritter, F 6 (S. 368), und in § 1 Abs. 5 des Muster-Portalvertrages (qualifizierter Portalvertrag), Weitnauer-Ritter, F 7 (S. 384).

Fremdfirma herbeizuführen, nicht aber den Portalbetreiber seiner gestalterischen Handlungsfreiheit hinsichtlich der Portalseite zu berauben. Er muß weiterhin die Möglichkeit besitzen, das Design seiner Portalseite zu ändern. Das gilt insbesondere für Anpassungen an modische Entwicklungen, um nicht selber dadurch Nachteile zu erleiden, dass die Portalseite den Nutzern optisch nicht mehr zusagt und diese sie deswegen meiden. Einen Ausgleich zwischen beiden Vertragsparteien schafft das Element der Zumutbarkeit einer Anpassung für die Fremdfirma. So behält der Portalbetreiber seine gestalterische Freiheit, während gleichzeitig die Fremdfirma vor ständigen Designänderungen geschützt ist.

Als dritte der angesprochenen Leistungstreuepflichten darf der Portalbetreiber keine Wettbewerber der Fremdfirma auf der Portalseite zulassen.[341] Das Auftreten von Konkurrenzunternehmen nach Vertragsschluß führt nämlich zu einer Beeinträchtigung des geschuldeten Leistungserfolges, der Fremdfirma durch die Einbindung ein Forum für ihre Angebote auf der Portalseite zu schaffen. Denn der Fremdfirma werden möglicherweise Besucher als potentielle Kunden entzogen, wenn sie bei anderen Anbietern fündig werden und deshalb kein Interesse an dem Leistungsangebot der Fremdfirma mehr haben.[342]

Diese drei Unterlassungspflichten des Portalbetreibers sind als Dauerschulden zu charakterisieren. Denn die Unterlassung der genannten Tätigkeiten ist für die Dauer der gesamten vereinbarten Zeit geschuldet. Somit ist der Umfang der zu erbringenden Leistungen jeweils durch den Zeitfaktor bestimmt. Da dieser die von den Vertragsparteien für den AEV vereinbarte Zeit ist, sind diese Unterlassungspflichten wie die vereinbarten Hauptpflichten auch absolute Fixschulden. Denn wie bei den Hauptleistungen kann eine Erfüllung der Nebenleistungen nur während der vereinbarten Zeit erfolgen. Zusätzlich gilt, dass Unterlassungspflichten, wenn sie nicht befolgt werden, für die Dauer der Nichtbefolgung nicht

---

[341] Vgl. § 5 des Muster-Portalvertrages (einfacher Portalvertrag), Weitnauer-Ritter, F 6 (S. 371), und § 5 des Muster-Portalvertrages (qualifizierter Portalvertrag), Weitnauer-Ritter, F 7 (S. 386); vgl. auch die Auswahlmöglichkeiten nach § 2 Abs. 5 des Muster-Plattform-Vertrages, Kanzlei Härting, http://www.vertragstexte.de/index2.html (zuletzt aufgerufen am 11. 04.2005): "Andere Partner: [] Jegliche Entscheidung über die Aufnahme anderer Partner in die Internet-Plattform steht im freien Belieben des Anbieters. Ein Konkurrenzschutz gleich welcher Art wird nicht gewährt. [] Der Anbieter ist verpflichtet, keine Unternehmen in die Plattform aufzunehmen, die in einem unmittelbaren Wettbewerbsverhältnis zu dem Partner stehen. Der Partner teilt dem Anbieter die betreffenden Konkurrenzunternehmen mit. [...]".

[342] Vgl. zum Ganzen die Rechtsprechung bei Vermietung von Räumen zur Ausübung eines Gewerbes hinsichtlich der Vermietung an Konkurrenten im selben Gebäude oder auf einem Nachbargrundstück durch den Vermieter: RG, Urt. v. 03.01.1928 - III ZR 152/27, RGZ 119, 353 (355 f.); BGH, Urt. v. 07.12.1977 - VIII ZR 101, 76, BGHZ 70, 79 (80 f.); Urt. v. 24.01.1979 - VIII ZR 56/78, NJW 1979, 1414 (1405); OLG Karlsruhe, Urt. v. 07.04.1989 - 14 U 16/86, NJW-RR 1990, 1234 (1235); MünchKomm-Roth (2a), § 241, Rn. 78.

mehr erfüllt werden können. Das Rad der Zeit läßt sich nämlich nicht mehr zurückdrehen. Sollte also den Unterlassungspflichten zuwider gehandelt werden, scheidet eine Erfüllung für die Vergangenheit aus.[343]

(2) Die Leistungstreuepflichten der Fremdfirma

Die Fremdfirma muß als Hauptleistung eine Angebotsseite in Stil und Ästhetik der Portalseite für die vereinbarte Zeit schaffen und auf dieser ein attraktives Angebot während dieses Zeitraums bereithalten. Der angestrebte Erfolg dieser Leistungen besteht für den Portalbetreiber darin, eine breitere Angebotspalette auf der Portalseite darbieten zu können und so die Portalseite für Nutzer interessanter und attraktiver zu machen. Die Fremdfirma muß alles tun, diesen Leistungserfolg zu fördern und zu sichern, und alles unterlassen, was ihn beeinträchtigen, gefährden oder gar vereiteln könnte. Aus der Vielfalt solcher möglicher Leistungstreuepflichten stechen zwei hervor. So muß die Fremdfirma, wie bereits gesehen,[344] ihre Angebotsseite an eine Designänderung der Portalseite anpassen, wenn dies zumutbar ist. Und entsprechend dem Verbot für den Portalbetreiber, Wettbewerber der Fremdfirma auf der Portalseite zuzulassen, darf die Fremdfirma ihre Angebote nicht bei anderen Portalbetreibern anbieten.

Der Grund für die Anpassungspflicht an eine Designänderung der Portalseite ist die sonst eintretende Gefahr, dass der Erfolg der Leistungen der Fremdfirma, die Attraktivitätssteigerung der Portalseite, in Ermangelung einer einheitlichem Gestaltung nicht eintritt. Die Uneinheitlichkeit kann nämlich Besucher irritieren. Wenn diese die Portalseite deswegen für nicht ausgereift oder vollendet halten und sie deshalb meiden, kann der Leistungserfolg für den Portalbetreiber nicht in vollem Umfang eintreten. Daher sichert diese Leistungstreuepflicht der Fremdfirma als Gegenstück zur bereits dargestellten Pflicht des Portalbetreibers, Stil und Ästhetik der Portalseite nur dann zu ändern, wenn der Fremdfirma eine Anpassung zumutbar ist, die Einheitlichkeit in Stil und Ästhetik von Portal- und Angebotsseite. Es besteht jedoch nur diese eingeschränkte Anpassungspflicht, weil die Fremdfirma bei Vertragsschluß grundsätzlich davon ausgehen durfte, dass eine Designänderung nicht stattfinden wird, wenn sie sich nicht bereits zu diesem Zeitpunkt abzeichnete.

Die zweite hier kurz darzustellende Leistungstreuepflicht der Fremdfirma besteht in dem Verbot, bei einem anderen Portalbetreiber dasselbe Angebot wie auf der Portalseite anzubieten. Dies verhindert, dass der Leistungserfolg des

[343] Siehe MünchKomm-Ernst (2a), § 283, Rn. 14; Soergel-Wiedemann, Vor. § 284, Rn. 14.
[344] S. o. (1).

Portalbetreibers, die Steigerung der Attraktivität der Portalseite, nicht stattfindet, weil die Internetnutzer dieselben Leistungen auch auf anderen Portalen finden können.[345]

Die genannte Anpassungspflicht ist eine Handlungspflicht, während das Wettbewerbsverbot eine Unterlassungspflicht ist. Beide begründen sie Dauerschulden. Denn die Leistung der Handlungspflicht, die Anpassung des Design der Angebotsseite, erfolgt ebenso wie die Schaffung der Angebotsseite in Stil und Ästhetik der Portalseite für die vereinbarte Zeit bzw. für die restliche vereinbarte Zeit. Damit ist ihr Umfang zeitabhängig. Für das Wettbewerbsverbot kann auf die Ausführungen zur entsprechenden Pflicht des Portalbetreibers verwiesen werden. Hier gilt nichts anderes. Wie die erwähnte Hauptpflicht und das Wettbewerbsverbot des Portalbetreibers besitzen die dargestellten Leistungstreuepflichten der Fremdfirma absoluten Fixschuldcharakter.

bb) Die Mitwirkungspflichten

1) Die Mitwirkungspflichten des Portalbetreibers

Erwähnenswert sind hier nur zwei Mitwirkungspflichten des Portalbetreibers gegenüber der Fremdfirma. So muß er der Fremdfirma die Gestaltung der Angebotsseite in Stil und Ästhetik der Portalseite gestatten bzw. dafür sorgen, dass sie Gestaltungselemente Dritter, die der Portalbetreiber nutzen darf, gleichfalls nutzen darf. Sofern es für die Gestaltung der Angebotsseite nötig ist, hat er Daten zu Stil und Ästhetik an die Fremdfirma zu liefern.

Die Gestattungspflicht besteht deshalb, weil die Fremdfirma anderenfalls ihre Pflicht zur Schaffung einer Angebotsseite in Stil und Ästhetik der Portalseite für die vereinbarte Zeit nicht erbringen kann. Grundsätzlich darf die Fremdfirma nämlich das Design der Portalseite nicht nutzen. Täte sie es dennoch, würde sie eine Verletzung des Urheberrechts des Portalbetreiber oder seines "Designzulieferers" begehen. Kann sie aber die Angebotsseite nicht in der Gestaltung der Portalseite einrichten, besteht die Gefahr, dass potentielle Kunden die Angebotsseite nicht aufsuchen, weil sie durch das von der Portalseite abweichende Design irritiert werden. Dann ist das Interesse, dass die Fremdfirma mit der Erbringung ihrer Hauptleistung verfolgt, nämlich über die Portalseite ein breiteres Publikum für ihre Angebote zu erhalten, beeinträchtigt. Sofern der Portalbetreiber selber Inhaber der entsprechenden Rechte ist, ist die auf den Vertragsschluß gerichtete

[345] Vgl. MünchKomm-Roth (2a), § 241, Rn. 77.

Willenserklärung dahin auszulegen, dass sie eine entsprechende Gestattung enthält. Für den Fall aber, dass ein Dritter Inhaber der Rechte ist, müßte der Portalbetreiber der Fremdfirma die Nutzungsrechte besorgen, um den AEV für sie sinnvoll durchführbar zu machen.[346]

Aus denselben Gründen, die für das Bestehen einer Pflicht zur Gestattung der Designnutzung der Portalseite durch den Portalbetreiber bestehen, trifft ihn auch die Pflicht, der Fremdfirma die zur Gestaltung der Angebotsseite in Stil und Ästhetik der Portalseite benötigten Daten, etwa über die Farbzusammensetzungen oder Schriftarten und genaue Schriftgrößen, zu liefern.[347] Anderenfalls kann die Fremdfirma ihre Pflicht zur Schaffung der Angebotsseite in Stil und Ästhetik der Portalseite für die vereinbarte Zeit nicht erfüllen. Das führt dann wiederum dazu, dass ihr Interesse, für ihre Angebote auf der Portalseite ein Forum zu erhalten, nicht im angestrebten Umfang erfüllt wird.

Die beiden dargestellten Nebenpflichten sind Handlungspflichten mit absolutem Fixschuldcharakter. Denn sie können nur in dem Zeitraum erfüllt werden, in dem die Angebotsseite geschaffen werden muß. Nach Ablauf der vereinbarten Zeit kann eine Leistung nicht mehr als Erfüllung angesehen werden, da sie nicht mehr mit der Pflicht zur Schaffung der Angebotsseite zusammentrifft. Dauerschulden sind sie jedoch nicht, da beide geschuldeten Handlungen, die Erklärung der Gestattung und die Lieferung der Daten, in ihrem Umfang nicht vom Zeitfaktor bestimmt werden.

(2) Die Mitwirkungspflichten der Fremdfirma

Auf der Seite der Fremdfirma sind ebenfalls nur zwei Mitwirkungspflichten erwähnenswert. Sie muß dem Portalbetreiber einerseits die Verlinkung von der Portalseite auf die Angebotsseite gestatten und ihm andererseits die Adresse der Angebotsseite, ihre URL[348], mitteilen. Zwar kann der Portalbetreiber seine Hauptleistungspflicht, die Einbindung der Angebotsseite in die Portalseite bzw. der Schaffung der Voraussetzungen dafür, ohne diese Mitwirkung erfüllen. Aber die gewünschte Attraktivitätssteigerung der Portalseite wird er so nicht erreichen, selbst wenn die Fremdfirma ihre Hauptpflichten ordnungsgemäß erfüllt, da mangels tatsächlicher Einbindung entweder die bisherige Attraktivität fortbesteht oder gar verringert wird. In Ermangelung einer tatsächlich eingebundenen Angebotsseite der Fremdfirma enthält die Portalseite nämlich eine Lücke.

[346] Vgl. Esser/Weyers, BT 1, § 33 II 3 (S. 284).
[347] Für eine solche Pflicht des Werbenden im ähnlichen Fall der Bannerwerbung, wenn der Werbeträger für diesen das Banner erstellen soll, Cichon, Rn. 558.
[348] S. o. ERSTER TEIL II.

Hinsichtlich der Gestattungspflicht wird zwar teilweise eine generelle Zulässigkeit der Verlinkung angenommen, aber es bestehen dennoch weitgehende Unsicherheiten rechtlicher wie tatsächlicher Art.[349] So ist umstritten, ob ein Unterlassungsanspruch wegen einer Urheberrechtsverletzung[350], etwa aufgrund erlaubnispflichtiger urheberrechtlicher Nutzung eines Werkes wie der Angebotsseite oder aufgrund Verletzung der Urheberpersönlichkeit der Fremdfirma durch Täuschung über ihre Urheberschaft (durch die unmittelbare Einbeziehung der Inhalte der Fremdfirma in die Portalseite ohne erkennbare Herkunftsangabe),[351] nicht wegen einer stillschweigenden Zustimmung des Inhabers der verlinkten Web-Seite bereits mit deren Eröffnung ausscheidet.[352] Diese Frage kann auch

---

[349] Vgl. Koch, 27; Kochinke/Tröndle, CR 1999, 190 (197); Ernst, ITRB 2002, 68 (68); Schmid, ITRB 2002, 154 (155).

[350] Heyms/Prieß, Rn. 116; Kochinke/Tröndle, CR 1999. 190 (193); Schack, MMR 2001, 9 (13 ff); Dittrich, JurPC Web-Dok. 72/2002, Abs. 5 ff, http://www.jurpc.de/aufsatz/20020072.htm (zuletzt aufgerufen am 02.12.2002); vgl. für Inline-Links und Framing Podehl, MMR 2001, 17 (20); allgemein zum Urheberrecht im Rahmen des Internet Weis, in: Brumme/Weis, 77 bis 123.

[351] Schuppert, in: Spindler, Providerverträge, Teil X, Rn. 4 f; Dustmann, 200 f.; nur für die Möglichkeit der Verletzung des Urheberpersönlichkeitsrechts Worm, 63; Plaß, WRP 2000, 599 (609); Dittrich, JurPC Web-Dok. 72/2002, Abs. 6 bis 8, 12, http://www.jurpc.de/aufsatz/20020072.htm (zuletzt aufgerufen am 02.12.2002); Reinstadler, JurPC Web-Dok. 332/2003, Abs. 53, http://www.jurpc.de/aufsatz/20030332.htm (zuletzt aufgerufen am 13.12.2003); wohl auch Börner/Rath/Sengpiel/Strunk/Zöllkau, 126 f.; a. A Burmeister, 127.

[352] Bejahend allgemein: LG Berlin, Urt. v. 30.01.2001 - 16 O 792/00, JurPC Web-Dok. 185/2001, Abs. 17, http://www. jurpc.de/rechtspr/20010185.htm (zuletzt aufgerufen am 04.12. 2002) - newsclub; grundsätzlich bejahend mit Ausnahmen: OLG Düsseldorf, Urt. v. 29.06. 1999 - 20 U 5/98, JurPC Web-Dok. 42/2000, http://www.jurpc.de/rechtspr/20000042.htm (zuletzt aufgerufen am 04.12.2002) - baumarkt.de; LG München I, Urt. v. 14.11.2002 - 7 O 4002/02, CR 2003, 536 (527) mit ablehnender Anmerkung von Niemann, CR 2003, 528 (529 f.); Heyms/Prieß, Rn. 114; Hoeren, WRP 1997, 993 (995 f.); Plaß, WRP 2000, 599 (603); Sosnitza, CR 2001, 693 (699 f.); Beckmann, MMR 2002, 763 (764); Ernst/Wiebe, MMR-Beilage 8/2001, 20 (21); zweifelnd Arndt/Köhler, VI 6 a (S. 224); ablehnend für verschiedene Hyperlink-Arten: OLG Hamburg, Urt. v. 22.02.2001 - 3 U 247/00, CR 2001, 704 (705) jedenfalls bzgl. Framing; LG Köln, Urt. v. 28.02.2001 - 28 O 692/00, JurPC Web-Dok. 138/2001, Abs. 25, http://www. jurpc.de/rechtspr/20010138.htm (zuletzt aufgerufen am 04.12.2002) - stepstone.de bzgl. Deep-Links; Urt. v. 02.05.2001 - 28 O 191/01, JurPC Web-Dok. 211/2001, Abs. 16, http://www. jurpc.de/rechtspr/20010211.htm (zuletzt aufgerufen am 05.12.2002) bzgl. Framing; Schack, MMR 2001, 9 (14, 17) bzgl. Deep-Links und Framing; Börner/Rath/Sengpiel/Strunk/Zöllkau, 127 bzgl. Framing; Stadler, Rn. 212 bzgl. Framing, Rn. 215 bzgl. Inline-Links; Dittrich, JurPC Web-Dok. 72/2002, Abs. 20 f., http://www.jurpc.de/aufsatz/20020072.htm (zuletzt aufgerufen am 02.12.2002) bzgl. Inline-Links und teilweise Framing; Völker/Lührig, K&R 2000, 20 (26) bzgl. Inline-Links und Framing; Dustmann, 200 f. bzgl.

hinsichtlich anderer Schutzrechte als noch nicht abschließend geklärt bezeichnet werden.[353] Dies gilt beispielsweise bzgl. eines Unterlassungsanspruchs wegen Verstoßes gegen das Verbot unlauteren Wettbewerbs nach §§ 1, 3 UWG[354] oder wegen des Tatbestands der unmittelbaren Leistungsübernahme[355] und der Herkunftstäuschung[356], da die Einbindung der Angebotsseite in die Portalseite ohne deutlichen Hinweis auf die Fremdfirma erfolgt.[357] Ob aufgrund der Paperboy-

---

Inline-Links und Framing; bejahend für Deep-Links OLG Köln, Urt. v. 27.10.2000 - 6 U 7 1/00, CR 2001, 708 (710); mit guten Argumenten auch Stadler, Rn. 205 ff.

353 Vgl. die Nachweise bei Jessen/Müller, in: Moritz/Dreier, B., Rn. 422; siehe auch OLG Braunschweig, Urt. v. 19.07.2001 - 2 U 141/00, MMR 2001, 608 (609) - FTP-Explorer; Ernst, NJW-CoR 1997, 224 (227); Sosnitza, CR 2001, 693 (701); die Frage der Einwilligung offengelassen BGH, Urt. v. 17.07.2003 - I ZR 259/00, JurPC Web-Dok. 274/2003, Abs. 38, http://www.jurpc.de/rechtspr/20030274.htm (zuletzt aufgerufen am 13.12.2003) - paperboy; vgl. zum Ganzen jetzt grundlegend Ott.

354 Schuppert, in: Spindler, Providerverträge, Teil X, Rn. 4; Heyms/Prieß, Rn. 116; Ende/Klein, 11; Kochinke/Tröndle, CR 1999, 190 (193); Völker/Lührig, K&R 2000, 20 (27 ff); Schack, MMR 2001, 9 (16); Dittrich, JurPC Web-Dok. 72/2002, Abs. 22 ff, http://www.jurpc.de/aufsatz/20020072.htm (zuletzt aufgerufen am 02.12.2002); allgemein zum Wettbewerbsrecht im Rahmen des Internet Weis, in: Brumme/Weis, 125 bis 159.

355 Vgl. OLG Celle, Urt. v. 12.05.1999 - 13 U 38/99, WRP 1999, 865 (865); LG Berlin, Urt. v. 30.01.2001 - 16 O 792/00, JurPC Web-Dok. 185/2001, Abs. 22, http://www.jurpc.de/rechtspr/20010185.htm (zuletzt aufgerufen 04.12.2002) - newsclub; Stadler, Rn. 231; Leistner/Bettinger, Beilage CR 12/1999, 29 f.; Völker/Lührig, K&R 2000, 20 (28); Dittrich, JurPC Web-Dok. 72/2002, Abs. 24, http://www.jurpc.de/aufsatz/20020072.htm (zuletzt aufgerufen am 02.12.2002); Laga, JurPC Web-Dok. 72/2002, Abs. 32 und 34, http://www.jurpc.de/aufsatz/19980025.htm (zuletzt aufgerufen am 02.12.2002).

356 Vgl. LG Berlin, Urt. v. 30.01.2001 - 16 O 792/00, JurPC Web-Dok. 185/2001, Abs. 22 i. V. m. 25, http://www.jurpc.de/rechtspr/20010185.htm (zuletzt aufgerufen 04.12.2002) - newsclub; Völker/Lührig, K&R 2000, 20 (28); Leistner, CR 2000, 187 (187); Dittrich, JurPC Web-Dok. 72/2002, Abs. 23, http://www.jurpc.de/aufsatz/20020072.htm (zuletzt aufgerufen am 02.12.2002); Beckmann, MMR 2002, 763 (764); bejahend grundsätzlich für Framing Stadler, Rn. 230; ablehnend, da es dem Nutzer nur um die Informationen und nicht um die Umstände der Informationsbeschaffung gehe, Plaß, WRP 2000, 599 (607).

357 Vgl. zu den beiden letzten Möglichkeiten Schuppert, in: Spindler, Providerverträge, Teil X, Rn. 7; Stadler, Rn. 227 ff; Börner/Rath/Sengpiel/Strunk/Zöllkau, 127; Worm, 113 ff; Ernst, NJW-CoR 1997, 224 (225 f.); Sosnitza, CR 2001, 693 (703 f.). Siehe auch das OLG Düsseldorf, Urt. v. 29.06.1999 - 20 U 5/98, JurPC Web-Dok. 42/2000, http://www.jurpc.de/rechtspr/20000042.htm (zuletzt aufgerufen am 04.12.2002) - baumarkt.de, das einen Wettbewerbsverstoß generell mit der Begründung ablehnt, dass einerseits derjenige, der eine Web-Seite ins Internet stelle, mit Verweisen rechnen müsse und daher damit mit einer Verlinkung jeder Art grundsätzlich einverstanden sei, JurPC Web-Dok. 42/2000, Abs. 39, und dass andererseits die Nutzer nur an den Informationen interessiert seien und nicht auch daran, von wem diese stammten, JurPC Web-Dok. 42/2000, Abs. 42 f., 45, mit kritischer Anmerkung von Leistner, CR 2000, 187 f.; die Wettbewerbswidrigkeit grundsätzlich bejahend für den Fall des Framing Joppich, CR 2003, 504 (509); sowohl eine Urheberrechtsverletzung als auch eine

Entscheidung des BGH[358] in diesem Bereich Rechtssicherheit einkehren wird, bleibt abzuwarten.[359] Bis dies endgültig festgestellt werden kann, ist nicht ausschließbar, dass die Fremdfirma die Einbindung der Angebotsseite in die Portalseite, d. h. die Verlinkung der Angebotsseite von der Portalseite aus, untersagen kann.[360] In diesem Fall liegt dann für den Portalbetreiber die Gefahr der Beeinträchtigung seines Leistungsinteresses vor. Denn mangels entsprechender Gestattung darf er die Einbindung nicht vornehmen, weshalb die geplante Steigerung der Attraktivität seiner Portalseite durch die Angebote der Fremdfirma nicht stattfinden kann. Aber auch hier ist die Gestattung mit der Abgabe der auf den Vertragsschluß gerichteten Willenserklärung der Fremdfirma als konkludent erteilt anzusehen.[361]

In jedem Fall muß die Fremdfirma dem Portalbetreiber die URL der Angebotsseite mitteilen. Denn nur dann hat er die Möglichkeit, die Hyperlinkverbindung zwischen den Web-Seiten der Vertragsparteien herzustellen und so die Angebotsseite in die Portalseite einzubinden. Hieran besitzt der Portalbetreiber ein besonderes Interesse, da er sonst sein Ziel der Attraktivitätssteigerung der Portalseite mit all ihren positiven Folgen nicht erreichen kann.[362] In der Regel wird die Mitteilung der URL der Angebotsseite bereits im Vertrag geschehen, da dies zur genauen Bezeichnung der Pflichten beider Vertragsparteien nötig ist.[363]

Wettbewerbswidrigkeit ablehnend BGH, Urt. v. 17.07.2003 - I ZR 259/00, JurPC Web-Dok. 274/2003, Abs. 31, 40, 44 und 51, http://www.jurpc.de/rechtspr/20030274.htm (zuletzt aufgerufen am 13.12.2003) - paperboy mit zustimmender Anmerkung Stadler, JurPC Web-Dok. 283/2003, Abs. 1-30, http://www.jurpc.de/aufsatz/20030283.htm (zuletzt aufgerufen am 13.12.2003).

[358] BGH, Urt. v. 17.07.2003 - I ZR 259/00, JurPC Web-Dok. 274/2003, Abs. 1-57, http://www.jurpc.de/rechtspr/20030274.htm (zuletzt aufgerufen am 13.12.2003) - paperboy.

[359] Zustimmend etwa Stadler, JurPC Web-Dok. 283/2003, Abs. 1-30, http://www.jurpc.de/aufsatz/20030283.htm (zuletzt aufgerufen am 13.12.2003).

[360] Vgl. Schuppert, in: Spindler, Providerverträge, Teil X, Rn. 4.

[361] Vgl. dazu die ausdrückliche Regelung in § 1 Abs. 2 des Muster-Deep-Link-Vertrages, Kanzlei Härting, http://www.vertragstexte.de/index2.html (zuletzt aufgerufen am 11.04.2005): "Der Anbieter verpflichtet sich, dem Partner Inhalte in der Weise zur Verfügung zu stellen, dass der Partner diese Inhalte auf seiner eigenen Website http://_______.__ über einen Frame (Deep Link) bereithalten kann."

[362] Vgl. für den ähnlichen Fall der Bannerwerbung, wenn der Werbende die URL seiner Web-Seite dem Werbeträger nicht mitteilt, Cichon, Rn. 560 ff.

[363] Vgl. hierzu die Präambel Abs. 2 Satz 2 des Muster-Portalvertrages (einfacher Portalvertrag), Weitnauer-Ritter, F 6 (S. 368); die Präambel Abs. 2 Satz 2 des Muster-Portalvertrages (qualifizierter Portalvertrag), Weitnauer-Ritter, F 7 (S. 383); § 1 Abs. 3 des Muster-Deep-Link-Vertrages, Kanzlei Härting, http://www.vertragstexte.de/index2.html (zuletzt aufgerufen am 11.04.2005): " Die vorbezeichnete Website des Partners wird über einen Hyperlink mit folgender Internetseite des Anbieters (Zielseite) per Deep Link verknüpft: http://_______.__/_____."; § 2 Abs. 1 des Muster-Plattform-Vertrages, Kanzlei Härting, http://www.vertrags

Diese Mitwirkungspflichten der Fremdfirma sind wie die dargestellten Mitwirkungspflichten des Portalbetreibers Handlungspflichten mit absolutem Fixschuldcharakter, aber keine Dauerschulden. Denn sie können ebenfalls nur gleichzeitig mit der Erfüllung der Hauptpflichten erfüllt werden, während der Umfang der geschuldeten Leistung unabhängig vom Zeitfaktor ist.

cc) Ergebnis zu b) Die Nebenpflichten, die dem Leistungsinteresse zuzuordnen sind - leistungsbezogene Nebenpflichten

1. Die leistungsbezogenen Nebenpflichten teilen sich in die Leistungstreuepflichten und die Mitwirkungspflichten auf. Bei den Leistungstreuepflichten hat der Hauptleistungsschuldner neben der Hauptpflicht weitere Pflichten zu erfüllen, um das Interesse des Gläubigers an der Hauptleistung vollständig zu befriedigen. Die Mitwirkungspflichten schaffen für den Gläubiger die Verpflichtung, den Schuldner bei der Erbringung der Hauptleistung zu unterstützen, da der Schuldner selber ein Interesse an seiner Leistungserbringung hat und ihm diese ohne die Mitwirkung nicht möglich ist. In beiden Fällen liegen Leistungspflichten vor, weshalb man auch von Nebenleistungspflichten sprechen kann.

2. Die Nebenleistungspflichten sind äußerst vielfältig. Es gibt unter ihnen Handlungs- und Unterlassungspflichten. Sie sind zum Teil Dauerschulden und besitzen absoluten Fixschuldcharakter.

---

texte.de/index2.html (zuletzt aufgerufen am 11.04.2005): "Der Anbieter verpflichtet sich, die Internet-Plattform gemäß § 1 Abs. 1 dieses Vertrages über einen Hyperlink mit folgender Internetseite des Partners (Zielseite) zu verknüpfen: http://_______._/_____."; § 1 Abs. 7 Satz 1 des Muster-Werbebanner-Vertrages, Kanzlei Härting, http://www.vertragstexte.de/index2.html (zuletzt aufgerufen am 11.04.2005): "Der Werbebanner wird über einen Hyperlink mit folgender Internetseite des Kunden (Zielseite) verknüpft: http://_______._/_____."; § 1 Abs. 6 Satz 1 des Muster-Button-Vertrages, Kanzlei Härting, http://www.vertragstexte.de/index2.html (zuletzt aufgerufen am 11.04.2005): "Der Button wird über einen Hyperlink mit folgender Internetseite des Kunden (Zielseite) verknüpft: http://_______._/_____."."

c) Die Nebenpflichten, die dem Integritätsinteresse zuzuordnen sind - Schutzpflichten

aa) Allgemeines

Die Vertragsparteien müssen sich bei der Durchführung des Schuldverhältnisses so verhalten, dass sie das Integritätsinteresse der jeweils anderen Vertragspartei beachten. Diese soll nämlich nicht an ihrer Person, ihrem Eigentum oder an sonstigen Rechtsgütern, auch am Vermögen, verletzt werden.[364] In der deklaratorischen Vorschrift des § 241 Abs. 2 BGB, wonach ein Schuldverhältnis nach seinem Inhalt jeden Teil zur Rücksicht auf die Rechte, Rechtsgüter und Interessen des anderen Teils verpflichten kann, haben diese auf die Erhaltung des Integritätsinteresses abzielenden Pflichten eine gesetzliche Nennung gefunden.[365] Diese Norm stellt dabei klar, dass beide Vertragsparteien unabhängig von ihrer Gläubiger- oder Schuldnerstellung bzgl. der Hauptleistungspflichten gleichermaßen Verpflichtete dieser Nebenpflichten sein können, denn nach dem Wortlaut ist "jeder Teil" zur Rücksicht "verpflichtet". Gemäß ihrem Inhalt und ihrer Funktion sollen sie im Folgenden als Schutzpflichten bezeichnet werden.[366]

Die Schutzpflichten sind während der gesamten Dauer des Vertrages von der jeweils verpflichteten Vertragspartei zu beachten, da während des gesamten geschäftlichen Kontaktes das Risiko der Beeinträchtigung der Integrität der Rechtsgüter der jeweils anderen Vertragspartei besteht. Dies führt aber dazu, dass der Umfang der einzelnen Schutzpflicht vom Zeitfaktor, der Dauer des Vertrages, abhängt. Sie besitzen somit Dauerschuldcharakter. Da sie auf ein Unterlassen gerichtet sind, könnte man annehmen, dass es sich bei den Schutzpflichten auch um absolute Fixschulden handelt. Denn wenn einmal während der Vertragsdauer eine Schutzpflichtverletzung stattgefunden hat, kann eine spätere Erfüllung der verletzten Schutzpflicht in einem Zeitraum nach der Verletzung nicht mehr als Erfüllung hinsichtlich des früheren Zeitraumes gelten. Problematisch ist hierbei aber, dass der Begriff der absoluten Fixschuld dem Unmöglich-

---

[364] Vgl. RG, Urt. v. 07.12.1911 - VI ZR 240/11, RGZ 78, 239 (240) - Linoleumrolle; BGH, Urt. v. 10.03.1983 - III ZR 169/81, NJW 1983, 2813 (2814); Urt. v. 11.07.1995 - X ZR 123/92, NJW-RR 1995, 1241 (1242); KG, Urt. v. 14.11.1984 - 24 U 3084/84, NJW 1985, 2137 (2137); MünchKomm-Roth (2a), § 241, Rn. 39, 90; vgl. Soergel-Teichmann, § 242, Rn. 178.

[365] Vgl. Palandt-Heinrichs, § 241, Rn. 6.

[366] Nach dem Wortlaut des § 241 Abs. 2 BGB wäre es besser von "Rücksichtnahmepflichten" zu sprechen. Hier wird jedoch der Begrifflichkeit gefolgt, wie sie sich für § 241 Abs. 2 BGB wohl bereits weitgehend durchgesetzt hat, s. Brox/Walker, AS, § 2, Rn. 5.

keitsrecht entstammt[367] und die Unmöglichkeitsvorschrift des § 275 BGB nur auf Leistungspflichten anwendbar ist. Wie aber die gesetzlichen Regelung des § 241 Abs. 1 und Abs. 2 BGB, des § 281 BGB neben dem § 282 BGB und des § 323 BGB neben dem § 324 BGB zeigen, unterscheidet der Gesetzgeber sehr genau zwischen Leistungspflichten und Schutzpflichten. Wenn auch der Gegenstand beider Pflichtenformen eine Leistung sein dürfte, sind sie dennoch aufgrund dieser gesetzlichen Abgrenzung von Leistungspflichten und Schutzpflichten als etwas anderes zu behandeln.[368] Begrifflich können somit Schutzpflichten nicht als absolute Fixschulden im Sinne der herkömmlichen Definition bezeichnet werden. Dieser Begriff ist nämlich den Leistungspflichten vorbehalten. Man könnte natürlich diesen Begriff auf die Schutzpflichten ausweiten, aber dies würde der gesetzlichen Differenzierung widersprechen. Jedenfalls ist festzustellen, dass im Falle einer Nichterfüllung im vorgesehenen Erfüllungszeitraum bei einer Schutzpflicht dieselben Folgen wie einer Leistungspflicht mit absolutem Fixschuldcharakter eintreten. Eine Erfüllung ist nicht mehr möglich. Daher soll in Anlehnung an diese Leistungspflichten im Folgenden bei den Schutzpflichten von einem "quasi"-absoluten Fixschuldcharakter gesprochen werden.

bb) Die Schutzpflichten der Vertragsparteien

Wie bei den leistungsbezogenen Nebenpflichten sind auch die Schutzpflichten der Vertragsparteien äußerst umfangreich und vielfältig. Eine detaillierte Darstellung kann deshalb an dieser Stelle ebenfalls nicht erfolgen. Es bleibt lediglich festzuhalten, dass für Portalbetreiber und Fremdfirma keine besonderen Schutzpflichten bestehen. Vielmehr treffen sie im Rahmen des AEV dieselben Verpflichtungen wie die Vertragsparteien anderer Verträge auch. So kann etwa die Tätigkeit des Portalbetreibers im Rahmen der Vertragsdurchführung, die Schaffung der Einbindung der Angebotsseite in die Portalseite mittels Hyperlink und Framing-Technik, keine dem AEV eigentümlichen Gefahren schaffen, aus denen Schadensereignisse für die Fremdfirma entstehen können. Selbst die bei der ggf. notwendigen Übermittlung von Daten hinsichtlich der Gestaltung der Angebotsseite in Stil und Ästhetik der Portalseite bestehende Schädigungsgefahr, etwa bei Mitsendung von Viren, und die sich daraus ergebende Pflicht, nur ungefährliche Daten zu übermitteln, ist nicht AEV-spezifisch. Hierbei handelt es sich um einen Teil der allgemeinen Schutzpflicht jeden Vertrages, nichts in den Rechgüterkreis der anderen Vertragspartei gelangen zu lassen, was diese schädi-

---

[367] Vgl. Palandt-Heinrichs, § 275, Rn. 15 i. V. m. § 271, Rn. 16; Erman-H. P. Westermann, § 275, Rn. 10.

[368] Zur Problematik des Gegenstandes der Schutzpflichten s. u. V.1.b).

gen kann. Entsprechendes gilt für die Fremdfirma. So muß sie zwar die über die Portalseite zustande gekommenen Geschäfte mit den Portalseitenbesuchern ordnungsgemäß abwickeln, um kein schlechtes Licht auf den Portalbetreiber fallen zu lassen. Die Nutzer könnten sich nämlich, weil er die Angebotsseite in die Portalseite eingebunden hat, aus Verärgerung von ihm ab- und anderen Portalen zuwenden. Allerdings gilt dies auch bei anderen, ähnlichen Kooperationsverhältnissen, die sich nicht im Bereich der neuen Medien abspielen. Diese Problematik kann deshalb nicht als AEV-spezifisch bzw. als spezifisch für den Bereich der neuen Medien angesehen werden.

cc) Ergebnis zu c) Die Nebenpflichten, die dem Integritätsinteresse zuzuordnen sind - Schutzpflichten

1. Bei Durchführung des jeweiligen Schuldverhältnisses haben die Vertragsparteien unabhängig von ihrer Stellung als Gläubiger oder Schuldner einer Hauptleistungspflicht das Interesse der jeweils anderen Vertragspartei an der Integrität ihrer Rechtsgüter zu beachten. Sie müssen sich so verhalten, dass diese Rechtsgüter nicht verletzt werden.

2. Diese Schutzpflichten haben eine deklaratorische Erwähnung in § 241 Abs. 2 BGB gefunden. Sie sind Dauerschulden und besitzen einen "quasi"-absoluten Fixschuldcharakter.

3. Im Rahmen des AEV ergeben sich hinsichtlich der Schutzpflichten, die den Portalbetreiber und die Fremdfirma treffen, keine Besonderheiten gegenüber anderen Verträgen.

d) Ergebnis zu 3. Die Nebenpflichten aufgrund allgemeiner Auslegung des Angebotseinbindungsvertrags

1. Neben den vertragstypenbestimmenden Hauptpflichten haben Portalbetreiber und die Fremdfirma Nebenpflichten vereinbart. Diese lassen sich unterteilen in Pflichten, die dem Leistungsinteresse dienen, die leistungsbezogenen Nebenpflichten oder Nebenleistungspflichten, und solchen Pflichten, die dem Integritätsinteresse dienen, den Schutzpflichten. Bei den Nebenleistungspflichten sind weiter Leistungstreuepflichten und Mitwirkungspflichten zu unterscheiden.

2. Die Nebenleistungspflichten sind überwiegend Dauerschulden mit absolutem Fixschuldcharakter. Die Schutzpflichten sind ebenfalls Dauerschulden und be-

sitzen einen dem absoluten Fixschuldcharakter ähnlichen "quasi"-absoluten Fixschuldcharakter.

4. Ergebnis zu II. Die sonstigen Pflichten der Vertragsparteien (sog. Nebenpflichten)

Portalbetreiber und Fremdfirma treffen neben ihren Hauptpflichten als weitere Pflichten die Nebenpflichten. Diese dienen zum einen dem Interesse der Vertragsparteien am Leistungsaustausch, dem Leistungsinteresse, und zum anderen ihrem Interesse an der Integrität ihrer sonstigen Rechtsgüter, dem Integritätsinteresse. Sie lassen sich nach den allgemeinen Regeln im Wege der Auslegung der vertraglichen Vereinbarungen ermitteln. Hierbei bestehen keine Besonderheiten gegenüber anderen Verträgen. Aus dem auf die Hauptpflichten anwendbaren Werkvertragsrecht der §§ 631 ff BGB ergeben sich keine Nebenpflichten.

III. Die Durchführung der Hauptpflichten der Vertragsparteien

Die in Ziffer A. II. des Zweiten Teils dieser Untersuchung herausgearbeiteten Hauptpflichten der Vertragsparteien des AEV haben werkvertraglichen Charakter. Daher findet auf sie grundsätzlich auch das Werkvertragsrecht der §§ 631 ff BGB Anwendung. Etwas anderes gilt nur dann, wenn die Anwendung werkvertraglicher Normen auf die einzelnen Hauptpflichten zu widersprüchlichen Ergebnissen führen würde, die mit der Einheit des Vertrages unvereinbar sind.

Im Folgenden soll nun konkret untersucht werden, ob und inwieweit das bestehende Vertragsrecht, also das Werkvertragsrecht und das allgemeine Schuldrecht einschließlich der zu Beidem entwickelten Dogmatik, bei der Abwicklung des AEV unproblematisch ist oder ob es zu Schwierigkeiten führt und ob diese Schwierigkeiten durch das bestehende Vertragsrecht angemessen gelöst werden können. Dazu soll jede Hauptpflicht einzeln betrachtet werden. Als erstes ist dabei der Frage nachzugehen, welche Anforderungen das Gesetz über die bereits festgestellte Herstellung eines Werkes hinaus an den Inhalt werkvertraglicher Hauptpflichten und damit an die Hauptpflichten der Vertragsparteien stellt (1.a.aa., 2.a.aa., 2.b. und 2.c.). Sodann ist jeweils zu erörtern, wie Störungen im Leistungsaustausch bzw. bei der Erbringung der jeweils untersuchten Leistung unter Berücksichtigung des zuvor ermittelten Pflichteninhalts unter Anwendung des gesetzlichen Werkvertragsrechts zu behandeln sind (1.a.bb., 2.a.bb., 2.b. und 2.c.). Das Ergebnis dieser Prüfung ist schließlich auf die eingangs gestellte Frage zu beziehen, ob es für Verträge im Bereich der neuen Medien eines neuen Vertragsrechts bedarf oder ob das bestehende Vertragsrecht ausreichend ist.

1. Die Hauptpflichten des Portalbetreibers

a) Die Pflicht zur Schaffung der Einbindung der Angebotsseite in die Portalseite mittels Hyperlink und Framing-Technik für die vereinbarte Zeit

aa) Die gesetzlichen Anforderungen an den Inhalt der Werkherstellungspflicht

Die Pflicht des Portalbetreibers zur Schaffung der Einbindung der Angebotsseite in die Portalseite mittels Hyperlink und Framing-Technik für die vereinbarte Zeit ist als Werkherstellungspflicht i. S. d. § 631 Abs. 1 BGB zu charakterisieren. Die inhaltlichen Anforderungen an diese werkvertragliche Hauptpflicht ergeben sich aus § 631 Abs. 1 BGB und § 633 Abs. 1 BGB. §§ 632 und 632 a BGB beschäftigen sich mit der Vergütungspflicht und ab § 634 BGB werden bereits die Fragen der Störung bei der Erfüllung der Werkherstellungspflicht behandelt.

(1) Die Pflicht zur Herstellung des Werkes nach § 631 Abs. 1 BGB

(a) Das herzustellende Werk

Die Herstellungspflicht des § 631 Abs. 1 BGB besagt nichts anderes, als dass der Portalbetreiber verpflichtet ist, das vereinbarte Werk herzustellen. Dieses ist hier die Schaffung der Einbindung der Angebotsseite in die Portalseite mittels Hyperlink und Framing-Technik für die vereinbarte Zeit dergestalt, dass die Einbindung bei Bereitstellung der Angebotsseite stattfindet.

Sobald das geschuldete Werk hergestellt ist, hat der Portalbetreiber seine Hauptpflicht erfüllt. Da dazu die Einbindung während der gesamten vereinbarten Zeit in der soeben dargestellten Weise bestanden haben muß, ist dies erst im Zeitpunkt des Ablaufes der vereinbarten Zeit der Fall. Die Einbindungspflicht ist nämlich eine Dauerschuld, deren Umfang vom Zeitfaktor abhängig ist. Das herzustellende Werk kann erst dann vollendet und die Pflicht erfüllt sein, wenn die dafür bestimmte Zeit abgelaufen ist.[369] Während des Laufes der vereinbarten Zeit liegt jedoch eine ständige quantitative Teilerfüllung vor, da das Werk mit jeder abgelaufenen Sekunde des Bestehens der Einbindung für diese Sekunde

[369] Wiese, FS für Nipperdey, 837 (848 f.).

hergestellt wird und damit bezogen auf seinen Gesamtumfang ein Teil des herzustellenden Werkes geschaffen wird. Das ist ebenfalls Folge des Dauerschuldcharakters. Eine Dauerschuld kann nämlich nicht anders erfüllt werden als durch entsprechende zeitlich begrenzte quantitative Teilleistungen, mit der Folge, dass während des Ablaufs der vereinbarten Zeit immer nur eine Teilerfüllung hinsichtlich des in der Vergangenheit erbrachten Teils der Leistung vorliegt.[370]

(b) Die Vorleistungspflichtigkeit des Werkunternehmers mit der Herstellungspflicht

Nach den §§ 641 Abs. 1 Satz 1, 646 BGB ist der Werkunternehmer mit seiner Herstellungspflicht gegenüber der Vergütungspflicht des Bestellers vorleistungspflichtig. Das bedeutet, dass die Fremdfirma nach dem Gesetz als Bestellerin ihre Hauptpflichten erst erfüllen müßte, wenn der Portalbetreiber seine bereits erfüllt hat.[371]

Allerdings besteht die Gegenleistung der Fremdfirma sowohl aus zwei werkvertraglichen Herstellungspflichten, nämlich den Pflichten zur Schaffung einer Angebotsseite in Stil und Ästhetik der Portalseite für die vereinbarte Zeit und zur Schaffung und Aufrechterhaltung eines attraktiven Angebotes während der vereinbarten Zeit, als auch aus einer Vergütungspflicht. Daraus ergibt sich die Schwierigkeit, dass die Fremdfirma hinsichtlich der beiden Werkherstellungspflichten unter Anwendung der §§ 641 Abs. 1 Satz 1, 646 BGB gegenüber der Gegenleistungspflicht des Portalbetreibers vorleistungspflichtig wäre. Für die Vergütungspflicht ergeben sich keine Besonderheiten. Dies und die Tatsache, dass die Herstellungspflichten des Portalbetreibers und der Fremdfirma aufeinander abgestimmt und gleichzeitig während der vereinbarten Zeit zu erfüllen sind, zwingen dazu, die Regelung der Vorleistungspflichtigkeit des Werkunternehmers gegenüber der Gegenleistung des Bestellers hier im Verhältnis der Herstellungspflichten beider Vertragsparteien zueinander nicht anzuwenden. Das gilt auch bzgl. der fortlaufenden Teilerfüllung des Portalbetreibers mit der Einbindungspflicht. Eine Teilvorleistungspflichtigkeit des Portalbetreibers besteht

---

[370] Vgl. Wiese, FS für Nipperdey, 837 (847); Gernhuber, Erfüllung, § 5 IV 1 a (S. 126); im Ergebnis wohl ebenso Oetker, 326, 344 f. Da die Erfüllung also nur im Wege von Teilleistungen erfolgen kann, steht § 266 BGB nicht entgegen, vgl. dazu auch Wiese, FS für Nipperdey, 837 (847 f.).

[371] Vgl. zum Begriff der Vorleistungspflichtigkeit BGH, Urt. v. 20.12.1985 - V ZR 200/84, NJW 1986, 1164 (1164); Erman-H. P. Westermann, § 320, Rn. 19; Staudinger-Otto (2004), § 320, Rn. 3; Gernhuber, FS Raiser, 58 (76 f.).

nämlich aus den vorgenannten Gründen ebenfalls nicht, da für die Herstellungspflichten der Fremdfirma wiederum dasselbe gelten müßte.

Es ergibt sich somit eine Leistungsreihenfolge der Form, dass der Portalbetreiber die Einbindung der Angebotsseite in die Portalseite mittels Hyperlink und Framing-Technik für die vereinbarte Zeit schaffen muß und gleichzeitig die Fremdfirma die Angebotsseite in Stil und Ästhetik der Portalseite für die vereinbarte Zeit schaffen und auf der Angebotsseite während dieser Zeit ein attraktives Angebot schaffen und aufrecht erhalten muß. Nach Erfüllung dieser Pflichten bzw. nur der Pflicht des Portalbetreibers, wird die Fremdfirma dann mit der Geldvergütungspflicht, soweit nichts anderes vereinbart, leistungspflichtig.

(c) Ergebnis zu (1) Die Pflicht zur Herstellung des Werkes nach § 631 Abs. 1 BGB

1. Der Portalbetreiber ist nach § 631 Abs. 1 BGB verpflichtet, das vereinbarte Werk, die Einbindung der Angebotsseite in die Portalseite mittels Hyperlink und Framing-Technik für die vereinbarte Zeit, herzustellen.

Die Herstellungspflicht ist erfüllt, wenn die Einbindung von Beginn bis Ende der vereinbarten Zeit bestanden hat. Während des Ablaufs der vereinbarten Zeit besteht eine ständige quantitative Teilerfüllung für den Zeitraum, in dem die Einbindungsmöglichkeit gegeben war.

2. Portalbetreiber und Fremdfirma müssen ihre jeweiligen Herstellungspflichten zeitgleich während der vereinbarten Zeit erfüllen. Die gesetzliche Vorleistungspflicht des Werkunternehmers gemäß §§ 641 Abs. 1 Satz 1, 646 BGB gegenüber dem Besteller findet insoweit im Rahmen des AEV, auch hinsichtlich der quantitativen Teilerfüllung, keine Anwendung.

Die Vorleistungspflicht besteht lediglich gegenüber der Geldvergütungspflicht der Fremdfirma, die mangels abweichender Vereinbarung nach Ablauf der vereinbarten Zeit zu erfüllen ist.

(2) Die Pflicht zur Verschaffung des Werkes frei von Sach- und Rechtsmängeln nach § 633 Abs. 1 BGB

§ 633 Abs. 1 BGB verpflichtet den Werkunternehmer zur Verschaffung des Werkes frei von Sach- und Rechtsmängeln. Damit präzisiert er die Pflicht zur

Herstellung des versprochenen Werkes nach § 631 Abs. 1 BGB[372] und stellt klar, dass die Herstellung mangelfrei zu erfolgen hat[373]. Um ermitteln zu können, wann Mangelfreiheit in diesem Sinne vorliegt, muß man wissen, was unter einem Sach- und einem Rechtsmangel zu verstehen ist und zu welchem Zeitpunkt sie vorliegen dürfen und wann nicht. Diesen Fragen soll im Folgenden nachgegangen werden.

(a) Der Begriff des Sachmangels

Der Sachmangelbegriff ist in § 633 Abs. 2 BGB näher beschrieben. Problematisch ist aber, dass diese Regelung aus dem Kaufvertragsrecht übernommen wurde. Der Begriff des Sachmangels ist nämlich grundsätzlich im Rahmen des Werkvertragsrecht zu eng, jedenfalls dann, wenn er auch für unkörperliche Werke, die keine Sachen i. S. d. § 90 BGB sind, gelten soll.[374] Bei diesen kann aber gerade kein *Sach*mangel auftreten. Offensichtlich handelt es sich um ein Redaktionsversehen. Denn der Gesetzgeber wollte nur eine Anpassung der Gewährleistungsvorschriften des Werkvertragsrechtes an das Kaufrecht schaffen[375], nicht aber den Ausschluß der Haftung für Mängel unkörperlicher Werke, die keine Rechtsmängel sind. Dabei hat er aber übersehen, dass es dieses Problem beim Kaufvertrag gar nicht geben kann. Denn zum einen spricht § 433 Abs. 1 Satz 1 BGB nur von der Kauf*sache* und zum anderen läßt § 453 Abs. 1 BGB, der für den Kauf von nichtsächlichen Objekten, nämlich Rechten und sonstigen Gegenständen, gilt, die Vorschriften über den Kauf von Sachen entsprechend anwenden. Das führt natürlich auch zu einer entsprechenden Anwendung des Begriffs des "Sachmangels" auf diese Objekte. Im Werkvertragsrecht wurde eine vergleichbare Regelung offensichtlich vergessen. Der Begriff "Sachmangel" in § 633 Abs. 1 und Abs. 2 BGB ist daher im Wege der Auslegung auch auf Werke zu erstrecken, die keine Sachen sind.[376]

---

[372] Palandt-Sprau, § 633, Rn. 3; Staudinger-Peters (2003), § 633, Rn. 1; Oetker/Maultzsch, § 8 E I 2 (S. 452); vgl. auch MünchKomm-Busche, § 633, Rn. 3; Esser/Weyers, BT 1, § 32 I 1 a (S. 255); Fikentscher, Rn. 889 i. V. m. Rn. 892; Medicus, BS, Rn. 364.

[373] Vgl. Palandt-Sprau, § 633, Rn. 3; AnwKom-Raab, § 633, Rn. 4; Oetker/Maultzsch, § 8 E I 2 (S. 451 f.); Medicus, BS, Rn. 364.

[374] Palandt-Sprau, § 633, Rn. 5; Ehmann/Sutschet, § 11 III (S. 255); Teichmann, JuS 2002, 417 (419).

[375] BT-Drucksache 14/6040, Seite 260.

[376] Palandt-Sprau, § 633, Rn. 5; Oetker/Maultzsch, § 8 E I 2 a (S. 453); im Ergebnis so die h. M. ohne Erkennen des Problems, siehe Schimmel/Buhlmann-Lampe/Wieberneit, E III, Rn. 3 ff; Dauner-Lieb/Heidel/Lepa/Ring-Raab, § 9, Rn. 27 ff; NSchR-Haas, 6. Kapitel, Rn. 7 ff;

Wann ein Sachmangel vorliegt, ergibt sich einerseits aus einem Umkehrschluß zu § 633 Abs. 2 Satz 1 und Satz 2 BGB, die definieren, wann ein Werk frei von Sachmängeln ist, und direkt aus § 633 Abs. 2 Satz 3 BGB. Satz 1 erfaßt dabei den subjektiven Fehlerbegriff[377], d. h. jede Abweichung von der vereinbarten Beschaffenheit stellt einen Sachmangel dar. Satz 2 enthält Bestimmungen für den Fall, dass keine Beschaffenheitsvereinbarungen vorliegen, und orientiert sich an der vertraglich vorausgesetzten oder gewöhnlichen Verwendung des Werkes. Satz 3 bestimmt schließlich positiv, dass ein Sachmangel bei Herstellung eines Aliuds oder einer zu geringen Menge vorliegt, indem er diese Fälle dem Sachmangel gleichstellt.

(b) Der Begriff des Rechtsmangels

Ein Rechtsmangel liegt nach § 633 Abs. 3 BGB vor, wenn Dritte bzgl. des Werkes Rechte gegen den Besteller, also hier die Fremdfirma, geltend machen können.[378] In der Regel handelt es sich dabei um Fragen des gewerblichen Rechtsschutzes oder des Urheberrechts.[379]

Medicus, BS, Rn. 364; a. A. ohne Auswirkungen auf das Ergebnis Ehmann/Sutschet, § 11 III (S. 255 f.).

377 BT-Drucksache 14/4060, Seite 212 i. V. m. 261; AnwKom-Raab, § 63, Rn. 4; Henssler/Graf von Westphalen-Wagner, § 633, Rn. 12; Oetker/Maultzsch, § 8 E I 2 a (S. 452); Brox/Walker, BS, § 24, Rn. 2; Meub, DB 2002, 131 (131); Schudnagis, NJW 2002, 396 (397).

378 Vgl. daher die nur klarstellenden Regelungen in § 2 Abs. 4 des Muster-Deep-Link-Vertrages, Kanzlei Härting, http://www.vertragstexte.de/index2.html (zuletzt aufgerufen am 11.04.2005): "Der Anbieter verpflichtet sich, bei der inhaltlichen und graphischen Gestaltung der Zielseite gemäß § 1 Abs. 3 dieses Vertrages geltendes Recht zu beachten und dafür Sorge zu tragen, dass keine Rechte Dritter, gleich welcher Art, verletzt werden. Entsprechendes gilt für alle weiteren Internetseiten des Anbieters, die mit der Zielseite verknüpft sind." und § 3 Abs. 4 des Muster-Plattform-Vertrages, Kanzlei Härting, http://www.vertragstexte.de/index2.html (zuletzt aufgerufen am 11.04.2005): " Der Partner verpflichtet sich, bei der inhaltlichen und graphischen Gestaltung der Zielseite gemäß § 2 Abs. 1 dieses Vertrages geltendes Recht zu beachten und dafür Sorge zu tragen, dass keine Rechte Dritter, gleich welcher Art, verletzt werden. Entsprechendes gilt für alle weiteren Internetseiten des Partners, die mit der Zielseite verknüpft sind.". Diese Regelungen passen natürlich inhaltlich nicht zur Einbindungspflicht des Portalbetreibers, sondern eher zu den Herstellungspflichten der Fremdfirma, da deren Angebotsseite Zielseite der Verlinkung des Portalbetreibers ist.

379 BT-Drucksache 14/6040, Seite 261; Palandt-Sprau, § 633, Rn. 9; Huber/Faust-Huber, 18. Kapitel, Rn. 10; NSchR-Haas, 6. Kapitel, Rn. 8.

(c) Der Zeitpunkt der Mangelfreiheit

Das Gesetz enthält keine ausdrückliche Bestimmung, wann Mangelfreiheit des Werkes vorliegen muß. Jedoch ergibt sich aus der Pflicht in den §§ 631 Abs. 1, 633 Abs. 1 BGB, das Werk frei von Sach- und Rechtsmängeln herzustellen, das im Zeitpunkt der Fertigstellung des Werkes Mangelfreiheit bestehen muß. Daher ist nach zutreffender h. M. auf den Zeitpunkt des Gefahrübergangs nach § 644 Abs. 1 Satz 1 BGB, d. h. den Zeitpunkt der diesen begründenden Abnahme nach § 640 Abs. 1 BGB bzw. Vollendung des Werkes nach § 646 BGB abzustellen.[380] Für diesen Zeitpunkt spricht nämlich der bereits ermittelte[381] Zweck der Abnahme bzw. der nach § 646 BGB an ihre Stelle tretenden Vollendung. Denn durch sie soll festgestellt werden, wann der Werkunternehmer seine Herstellungspflicht im wesentlichen erfüllt hat.

Mangels Abnahmefähigkeit des hier in Rede stehenden Werkes, der Schaffung der Einbindung der Angebotsseite in die Portalseite mittels Hyperlink und Framing-Technik für die vereinbarte Zeit, ist die Vollendung nach § 646 BGB maßgeblich.[382] Da diese erst mit Ablauf der vereinbarten Zeit eintritt, muß grundsätzlich auch die Mangelfreiheit erst in diesem Zeitpunkt vorliegen. Hierbei ist jedoch die Besonderheit zu berücksichtigen, dass die Einbindungspflicht, anders als die Werkherstellungspflichten üblicher Werkverträge, eine Dauerschuld mit absolutem Fixschuldcharakter begründet. Das bedeutet, dass ein während des Ablaufs der vereinbarten Zeit aufgetretener Mangel nachträglich nicht mehr beseitigt werden kann. Mangelfreiheit im Zeitpunkt der Vollendung kann damit nur vorliegen, wenn während jeder Sekunde der vereinbarten Zeit Mangelfreiheit besteht. Damit bedeutet aber Mangelfreiheit im Zeitpunkt der Vollendung nichts anderes als Mangelfreiheit während der gesamten vereinbarten Zeit für die in einem bestimmten Zeitpunkt jeweils zu erbringende Teilleistung. Im Ergebnis ist damit auf die Mangelfreiheit jeder Teilleistung im Zeitpunkt ihrer jeweiligen Erfüllung abzustellen. Die Mangelfreiheit des Gesamtwerkes kann aber erst mit Ablauf der vereinbarten Zeit, also mit Vollendung des Gesamtwerkes, festgestellt werden.

---

[380] Palandt-Sprau, Vorb. v. § 633, Rn. 6; AnwKom-Raab, § 633, Rn. 4; Oetker/Maultzsch, § 8 E I 2 a (S. 454), b (S. 454 f.); Sienz, BauR 2002, 181 (184).

[381] S. o. II.2.a).

[382] Vgl. o. II.2.a).

(d) Ergebnis zu (2) Die Pflicht zur Verschaffung des Werkes frei von Sach- und Rechtsmängeln nach § 633 Abs. 1 BGB

1. § 633 Abs. 1 BGB verpflichtet den Portalbetreiber in Präzisierung des § 631 Abs. 1 BGB zur Herstellung des Werkes frei von Sach- und Rechtsmängeln.

2. Unter den Begriff des Sachmangels fallen dabei nicht nur Mängel von Sachen, sondern auch Mängel an unkörperlichen Werken. Wann ein Sachmangel vorliegt, bestimmt § 633 Abs. 2 BGB. Der Rechtmangel ist in § 633 Abs. 3 BGB definiert.

3. Die Mangelfreiheit muß für das Gesamtwerk im Zeitpunkt seiner Vollendung vorliegen. Das ist hier mit Ablauf der vereinbarten Zeit der Fall. Wegen des Charakters der Einbindungspflicht als Dauerschuld und absoluter Fixschuld setzt dies aber voraus, dass jede quantitative Teilleistung im Zeitpunkt ihrer Erfüllung mangelfrei ist, die Mangelfreiheit also während der gesamten vereinbarten Zeit vorliegen muß.

bb) Die Störung der Leistungserbringung durch den Portalbetreiber und ihre Behandlung

Der Portalbetreiber muß das von ihm geschuldete Werk, die Einbindung der Angebotsseite in die Portalseite mittels Hyperlink und Framing-Technik für die vereinbarte Zeit, mangelfrei herstellen. Hierbei können vielfältige Störungen auftreten. Sei es, dass eine Einbindung überhaupt nicht stattfindet, dass sie zeitweilig ausfällt oder dass sie an anderer als der bedungenen Stelle auf der Portalseite erfolgt. Stets stellt sich die Frage, wie die Fremdfirma darauf reagieren kann und welche Rechte sie besitzt. Dazu sollen zuerst die möglichen Pflichtverletzungen unter Anwendung des Werkvertragsrecht kategorisiert werden (1.), bevor auf deren Folgen, also die Reaktionsmöglichkeiten und Rechte der Fremdfirma eingegangen wird (2., 3.). Schließlich erfolgt noch ein kurzer Blick auf den Untergang möglicher Rechte der Fremdfirma (4.).

(1) Mögliche Verletzungen der Pflicht zur mangelfreien Herstellung des Werkes

Die Hauptpflicht zur mangelfreien Herstellung kann auf vielfältige Weise verletzt werden. Das ergibt sich auch aus dem Gesetz. § 634 BGB, der die Rechtsfolgen einer mangelhaften Herstellung bestimmt, verweist nämlich insoweit auf § 281 Abs. 1 Satz 1 BGB und § 323 Abs. 1 BGB, die von Nichtleistung und

Schlechtleistung sprechen, und auf § 280 Abs. 2 BGB, der eine verzögerte Leistung erwähnt. Dabei kann die Nichtleistung auch nur teilweise auftreten, wie § 281 Abs. 1 Satz 1 und 2 BGB und § 323 Abs. 5 Satz 1 BGB zeigen,

Mögliche Pflichtverletzungen sind somit die Nichterfüllung, d. h., dass das Werk gar nicht hergestellt wird (a.), und die teilweise Nichterfüllung, wenn es quantitativ nicht im vorgesehenen Umfang, sondern nur teilweise hergestellt wird (b.). Weiter ist eine verzögerte Erfüllung möglich, wenn das Werk nicht rechtzeitig, sondern verspätet hergestellt wird (c.). Schließlich kann das Werk trotz quantitativ vollständiger und rechtzeitiger Herstellung, in qualitativ minderer als der vereinbarten Form, also nicht in der Form, die § 633 Abs. 2 Sätze 1 und 2 und Abs. 3 BGB beschreiben, hergestellt werden. Dann soll im Folgenden von einer sonst mangelhaften Erfüllung gesprochen werden (d.).

(a) Nichterfüllung

Nichterfüllung bedeutet grundsätzlich, dass der Portalbetreiber das von ihm geschuldete Werk nicht in der vereinbarten Form hergestellt hat. Darunter würde dann auch eine nur teilweise, verzögerte oder mangelhafte Erfüllung der Einbindungspflicht fallen. Jedoch ergibt sich aus dem Gesetz, dass dies nicht so ist. Es wird nämlich eine Unterscheidung getroffen, indem in § 633 Abs. 2 und 3 BGB die Sach- und Rechtsmängel definiert und ihnen mit den §§ 634 ff BGB besondere Rechtsfolgen zugewiesen werden. Auch differenzieren § 281 Abs. 1 Satz 1 BGB und § 323 Abs. 1 Satz 1 BGB zwischen Nichtleistung und nicht wie geschuldeter Erbringung der Leistung, während z. B. mit § 281 Abs. 1 Satz 2 BGB und § 286 BGB besondere Regelungen für die Fälle der teilweisen oder verzögerten Leistungserbringung geschaffen worden sind. Nichtherstellung des Werkes muß daher im Rahmen der Kategorisierung der möglichen Verletzungen der Pflicht zur mangelfreien Herstellung des Werkes als vollständige Nichtherstellung i. S. einer kompletten Nichtschaffung des Werkes verstanden werden. So ist eine Abgrenzung zu den anderen Mängeln, der nur teilweisen oder verzögerten Nichtherstellung und der sonst fehlerhaften Herstellung, geschaffen. Sofern also irgendwann während der vereinbarten Zeit, und sei es auch nur kurz und sonst mangelhaft, die Einbindung besteht, ist bereits eine teilweise Herstellung des geschuldeten Werkes gegeben und die Nichtherstellung scheidet aus.

Diese Definition erscheint problematisch, wenn die Einbindung für unbestimmte Zeit vereinbart wurde. Dann könnte nämlich nie von einer vollständigen Nichtherstellung des Werkes im vereinbarten Zeitraum gesprochen werden, da in der Zukunft eine Einbindung wohl immer noch irgendwann möglich sein wird, so dass weiterhin die Möglichkeit einer wenigstens noch teilweisen Nichtherstellung besteht. Hierbei handelt es sich allerdings nur um ein Scheinproblem. Besteht der AEV nämlich noch auf unbestimmte Zeit, liegt erst eine teilweise Nichtherstellung vor. Erst wenn der Vertrag irgendwann doch ein Ende findet, die unbestimmte Dauer also zu einer, wenn auch erst nachträglich, bestimmten Dauer wird, kann festgestellt werden, ob eine Nichterfüllung i. S. einer vollständigen Nichtschaffung vorliegt. Bis dahin aber ist von einer teilweisen Nichterfüllung bezogen auf den verstrichenen Zeitraum auszugehen.

Als Ergebnis bleibt daher festzuhalten, dass Nichterfüllung dann vorliegt, wenn die Einbindung der Angebotsseite in die Portalseite mittels Hyperlink und Framing-Technik für die Dauer der gesamten vereinbarten Zeit nicht geschaffen wurde.

(b) Teilweise Nichterfüllung

Aus dem soeben Gesagten folgt, dass eine teilweise Nichterfüllung vorliegt, wenn die Einbindung zwar quantitativ nicht in dem vereinbarten Umfang erfolgt, aber auch nicht völlig unterbleibt. Für die Einbindungspflicht als Dauerschuld bedeutet dies, dass sie nicht durchgehend während der gesamten vereinbarten Zeit erfolgt. Teilweise Nichterfüllung ist also die zeitweilig fehlende Einbindung der Angebotsseite in die Portalseite mittels Hyperlink und Framing-Technik während der vereinbarten Zeit.[383]

Hier greift nun die Bestimmung des § 633 Abs. 2 Satz 3 Var. 2 BGB ein, wonach die Herstellung des Werkes in zu geringer Menge (Zuwenigleistung) einem Sachmangel gleichsteht. Denn wegen des Dauerschuldcharakters der Einbindungspflicht ist ihre teilweise Nichterfüllung als eine nur zeitweilige Schaffung der Einbindung im Vergleich zur geschuldeten Einbindung für die gesamte vereinbarte Zeit quantitativ eine zu geringe Leistung. Sie ist daher als Herstellung des Werkes in (zeitlich) zu geringer Menge anzusehen.

Als Ergebnis folgt damit, dass die teilweise Nichterfüllung keine eigenständige Kategorie im Rahmen der Verletzung der Pflicht zur mangelfreien Herstellung des geschuldeten Werkes darstellt, sondern als Zuwenigleistung i. S. d. § 633 Abs. 2 Satz 3 Var. 2 BGB einem Sachmangel gleichsteht.

---

[383] Zur Frage der verzögerten Erfüllung siehe unten (c).

(c) Verzögerte Erfüllung

Unter einer verzögerten Erfüllung wird verstanden, dass die Leistung nicht zu dem vorgesehenen Fälligkeitszeitpunkt erbracht wird.[384] Das könnte hier der Fall sein, wenn die Einbindung der Angebotsseite in die Portalseite nicht vollständig während der vereinbarten Zeit erfolgt, sondern ganz oder teilweise zu einem späteren Zeitpunkt. Dann würde die geschuldete Leistung nämlich nicht zum vorgesehenen Fälligkeitszeitpunkt erbracht. Jedoch setzt eine verzögerte Erfüllung voraus, dass die Erfüllung nur verzögert, also zum späteren Zeitpunkt noch möglich ist. Hier ist dies wegen des absoluten Fixschuldcharakters der Einbindungspflicht allerdings nicht der Fall. Vielmehr tritt für den bereits verstrichenen Zeitraum, in dem die Erfüllung nicht erfolgte, Unmöglichkeit der Erfüllung der für diesen Zeitraum vorgesehenen Leistung nach § 275 Abs. 1 BGB ein.[385] Diese Unmöglichkeit der Leistungserbringung für den verstrichen Zeitraum hat aber zur Folge, dass für den "Verzögerungszeitraum" eine teilweise oder vollständige Nichtherstellung vorliegt.

Eine verzögerte Erfüllung kann deswegen bei der Einbindungspflicht des Portalbetreibers gar nicht auftreten, sondern es liegt stets eine wenigstens teilweise Nichterfüllung oder gar eine vollständige Nichterfüllung vor. Die teilweise Nichterfüllung steht, wie in vorgehendem lit. (b) festgestellt, als Zuwenigleistung gemäß § 633 Abs. 2 Satz 3 Var. 2 BGB einem Sachmangel gleich.

(d) Sonst mangelhafte Erfüllung

Eine sonst mangelhafte Erfüllung liegt neben der vorgenannten Nichterfüllung und teilweisen Nichterfüllung schließlich dann vor, wenn die Voraussetzungen für die Schaffung der Einbindung der Angebotsseite in die Portalseite mittels Hyperlink und Framing-Technik während der vereinbarten Zeit zwar irgendwann bestehen, aber nicht den Anforderungen entsprechen, die nach § 633 Abs. 2 Satz 1 und 2, Abs. 3 BGB für die Beschaffenheit des geschuldetem Werkes vorgeschrieben sind.

Der sonst mangelhaften Erfüllung steht gemäß § 633 Abs. 2 Satz 3 BGB die teilweise Nichterfüllung gleich.

---

[384] Vgl. AnwKom-Dauner-Lieb, § 280, Rn. 62; Schimmel/Buhlmann-Schimmel/Buhlmann, D III, Rn. 84.

[385] Vgl. BGH, Urt. v. 11.07.1953 - II ZR 126/52, BGHZ 10, 187 (189).

(e) Ergebnis zu (1) Mögliche Verletzungen der Pflicht zur mangelfreien Herstellung des Werkes

1. Es bestehen grundsätzlich vier Möglichkeiten, die Pflicht zur Herstellung einer mangelfreien Einbindung zu verletzen: die Nichterfüllung, die teilweise Nichterfüllung, die verzögerte Erfüllung und die sonst mangelhafte, also mit Sach- oder Rechtsmängeln behaftete Erfüllung.

2. Nichterfüllung ist nur dann gegeben, wenn während der gesamten vereinbarten Zeit die Einbindung der Angebotsseite in die Portalseite mittels Hyperlink und Framing-Technik nicht geschaffen wurde. Besteht irgendwann während dieses Zeitraumes, auch nur kurz oder sonst mangelhaft, eine Einbindung, so ist eine teilweise Herstellung des geschuldeten Werkes gegeben.

3. Wenn während der vereinbarten Zeit die Einbindung teilweise nicht erfolgt, liegt eine teilweise Nichterfüllung vor. Diese steht als Zuwenigleistung gemäß § 633 Abs. 2 Satz 3 Var. 2 BGB einem Sachmangel gleich.

Eine verzögerte Herstellung der Einbindung ist wegen des absoluten Fixschuldcharakters der Einbindungspflicht nicht möglich. Vielmehr handelt es sich um eine bei Fälligkeit nicht erfolgende Leistung entweder um eine Nichterfüllung oder eine teilweise Nichterfüllung.

Eine sonst mangelhafte Erfüllung liegt bei Vorliegen eines Sach- oder Rechtmangels nach § 633 Abs. 2 oder Abs. 3 BGB vor, der keine Zuwenigleistung darstellt.

(2) Die Folgen der Nichterfüllung der Pflicht zur Schaffung der Einbindung der Angebotsseite in die Portalseite mittels Hyperlink und Framing-Technik für die vereinbarte Zeit

Die Folgen der Nichterfüllung der Pflicht zur Schaffung der Einbindung der Angebotsseite in die Portalseite mittels Hyperlink und Framing-Technik für die vereinbarte Zeit durch den Portalbetreiber, also die Rechte der Fremdfirma, ergeben sich aus den allgemeinen Vorschriften. Das hat seine Ursache darin, dass das Werkvertragsrecht der §§ 631 ff BGB keine Regelungen dazu enthält. Dieses auf die Einbindungspflicht anzuwendende Recht enthält in den §§ 634 ff BGB nur Bestimmungen für die mangelhafte Erfüllung, nicht aber für die Nichterfüllung.

Die allgemeinen Vorschriften bieten der berechtigten Vertragspartei bis zu vier Möglichkeiten, im Falle der Nichterfüllung einer Hauptpflicht zu reagieren: so kann sie ihren Erfüllungsanspruch behalten und ihn weiter geltend machen (a.); sie kann, wenn sie keine Erfüllung geltend macht, die Erfüllung der von ihr zu erbringenden Gegenleistung verweigern (b.): weiter kann sie Schadensersatz fordern (c.) oder sich vom Vertrag durch Rücktritt bzw. Kündigung lösen (d.).

(a) Die weitere Geltendmachung des Erfüllungsanspruchs

Grundsätzlich kann der Erfüllungsanspruch auch bei Nichterfüllung weiter geltend gemacht werden, da er nicht automatisch erlischt. Etwas anderes gilt nur, wenn durch die Nichterfüllung Unmöglichkeit nach § 275 Abs. 1 bis 3 BGB eintritt. Dies ist hier der Fall, da die Einbindungspflicht des Portalbetreibers eine absolute Fixschuld ist. Mit Ablauf der für ihre Erfüllung vorgesehenen Zeit ist eine Erfüllung nämlich nicht mehr möglich, sondern es tritt Unmöglichkeit nach § 275 Abs. 1 BGB ein. Damit besteht für die Fremdfirma kein Erfüllungsanspruch mehr, den sie weiter geltend machen könnte.

(b) Das Recht zur Verweigerung der Gegenleistung

Ein Recht zur Verweigerung der Gegenleistung durch die Fremdfirma kann sich bei Nichterfüllung des Portalbetreibers aus verschiedenen Gründen ergeben. Zum einen kann ihr die Einrede des nichterfüllten Vertrages nach § 320 Abs. 1 Satz 1 BGB zustehen, zum anderen besteht die Möglichkeit, dass die Gegenleistungspflicht bereits nicht mehr besteht, weil sie gemäß § 326 Abs. 1 Satz 1 Halbsatz 1 BGB infolge Unmöglichkeit der Leistung untergegangen ist.

Die Gegenleistung der Fremdfirma besteht aus der Schaffung der Angebotsseite in Stil und Ästhetik der Portalseite für die vereinbarte Zeit, der Schaffung und Aufrechterhaltung eines attraktiven Angebotes auf der Angebotsseite während der vereinbarten Zeit und gegebenenfalls einer Geldvergütungszahlung.

Was die Pflichten zur Schaffung der Angebotsseite und zur Schaffung und Aufrechterhaltung eines attraktiven Angebotes auf dieser angeht, kommt bei Nichterfüllung der Einbindungspflicht eine Verweigerung der Leistung als Reaktion auf die Nichterfüllung der anderen Vertragspartei nicht in Betracht. Denn die Nichterfüllung der Einbindungspflicht kann erst nach Ablauf der vereinbarten Zeit festgestellt werden, da erst dann eine, wenn auch nur teilweise, Erfüllung nicht mehr möglich ist. Nach Ablauf der vereinbarten Zeit muß aber auch die Fremdfirma die beiden genannten Pflichten nicht mehr erfüllen, da sie nur während der vereinbarten Zeit geschuldet sind. Die Verweigerung der Erfüllung hat dann aber nichts mehr mit der Nichterfüllung des Portalbetreibers zu tun, sondern ist Folge des Ablaufs des zur Leistung bestimmten Zeitraums.

Hinsichtlich der Geldvergütungszahlung gilt etwas anderes. Diese kann nämlich noch nach Ablauf der vereinbarten Zeit erfüllt werden und ist wegen der Vorleistungspflicht des Portalbetreibers mit seiner Herstellungspflicht gemäß §§ 641 Abs. 1 Satz 1, 646 BGB auch erst dann zu erfüllen. Eine Verweigerung der Geldvergütung kann jedoch nicht durch Berufung auf die Einrede des nichterfüllten Vertrages nach § 320 Abs. 1 Satz 1 BGB erfolgen. Dazu muß die nichterfüllte Leistung nämlich noch erfüllbar sein.[386] Sie soll nämlich gerade durch die Verweigerung der Gegenleistung erzwungen werden.[387]

Die Geldvergütungszahlung kann jedoch unter Berufung auf ihr Nichtbestehen verweigert werden. Wegen der Unmöglichkeit der Leistung des Portalbetreibers nach Ablauf der vereinbarten Zeit gemäß § 275 Abs. 1 BGB geht auch die Gegenleistung in Form der Geldvergütung nach § 326 Abs. 1 Satz 1 Halbsatz 1 BGB unter. Etwas anderes gilt nur dann, wenn eine Ausnahme eingreift. Solche Ausnahmen ergeben sich zum einen aus § 326 BGB. Die Gegenleistung bleibt beispielsweise nach § 326 Abs. 2 Satz 1 Var. 2 BGB bestehen, wenn die Unmöglichkeit während eines Annahmeverzuges der Fremdfirma eintritt. Dieser kann gemäß §§ 293, 296 Satz 2 BGB dann eintreten, wenn die Fremdfirma ihren Mitwirkungspflichten, insbesondere der Pflicht zur Mitteilung der URL der Angebotsseite nicht nachkommt. Zum anderen gibt es auch im Werkvertragsrecht Ausnahmen zu § 326 Abs. 1 Satz 1 Halbsatz 1 BGB, nämlich die Gefahrtragungsregelungen der §§ 644, 645 BGB. Diese sind hier im Verhältnis der Einbindungspflicht zur Vergütungspflicht anwendbar, da sich auch beim üblichen Werkvertrag, für den sie geschaffen wurden, eine Werkherstellungspflicht und eine Vergütungspflicht in Form einer Geldvergütungspflicht gegenüberstehen. So trägt die Fremdfirma die Gefahr der Nichterfüllung der Einbindungspflicht im Fall des § 644 Abs. 1 Satz 2 BGB beim eigenen Annahmeverzug[388] und nach § 645 Abs. 1 Satz 1 BGB dann, wenn das Werk des Portalbetreibers infolge eines Mangels des von der Fremdfirma zu liefernden Stoffes vor seiner Vollendung unausführbar geworden ist. Darunter ist auch der Fall zu verstehen, dass die falsche URL der Angebotsseite mitgeteilt wird und der Portalbetreiber daher die Einbindung nicht vornehmen kann. Der Begriff des Stoffes nach § 645 Abs. 1 Satz 1 BGB ist nämlich weit auszulegen[389] und erfaßt jeden Gegenstand, aus dem, an dem oder mit dessen Hilfe das Werk herzustellen

---

386 Palandt-Heinrichs, § 320, Rn. 5; MünchKomm-Emmerich (2a), § 320, Rn. 35; Gernhuber, Schuldverhältnis, § 14 II 1 (S. 335).

387 BGH, Urt. v. 09.07.1981 - VII ZR 40/80, NJW 1981, 2801; Urt. v. 08.07.1982 - VII ZR 96/81, NJW 1982, 2494 (2494).

388 Ein Unterschied zu § 326 Abs. 2 Satz 1 Var. 2 BGB besteht insoweit jedoch nicht.

389 BGH, Urt. v. 30.11.1972 - VII ZR 239/71, BGHZ 60, 14 (20); MünchKomm-Busche, § 645, Rn. 6.

ist,[390] also nicht nur Sachen,[391] sondern auch Daten wie eben hier die URL. Das ergibt sich aus der ratio legis des § 645 Abs. 1 BGB. Diese Norm soll das Risiko zwischen Werkunternehmer und Besteller bzgl. des Untergangs des Werkes verteilen, und zwar dahingehend, dass der Besteller, der durch den von ihm zur Herstellung gelieferten Stoff die Herstellung des Werkes beeinflußt, die Verantwortung für die Auswirkungen der Tauglichkeit des Stoffes zur Werkherstellung tragen muß.[392] Dies muß aber gleichermaßen für "körperliche Stoffe" wie für "unkörperliche Stoffe" gelten. Es bestehen keine Gründe, bei unkörperlichen Werken, bei denen "unkörperliche Stoffe" üblicherweise vorkommen werden, wie dies hier der Fall ist, eine andere Gefahrenverteilung vorzunehmen. Vielmehr würde dies zu einer nicht sachgerechten Ungleichbehandlung körperlicher und unkörperlicher Werke führen und den Werkunternehmer bei der Herstellung unkörperlicher Werke ein Risiko aufbürden, das er gar nicht beherrschen kann, sondern nur der Besteller.

Als Ergebnis ist damit festzuhalten, dass die Fremdfirma bei Nichterfüllung des Portalbetreibers die Erfüllung ihrer Gegenleistungen verweigern kann. Für die Geldvergütungspflicht gilt nur dann etwas anderes, wenn die Fremdfirma Mitverantwortung an der Nichterfüllung des Portalbetreibers trägt.

(c) Anspruch der Fremdfirma auf Schadensersatz

Die Nichterfüllung der Einbindungspflicht stellt eine Pflichtverletzung des Portalbetreibers dar. Infolgedessen steht der Fremdfirma nach § 280 Abs. 1 BGB im Falle eines Verschuldens des Portalbetreibers ein Anspruch auf einfachen Schadensersatz zu. Unter den weiteren Voraussetzungen der §§ 280 Abs. 3, 281 ff BGB oder § 311 a Abs. 2 BGB kann ihr daneben auch ein Anspruch auf Schadensersatz statt der Leistung bzw. auf Ersatz vergeblicher Aufwendungen zustehen. Da die Nichterfüllung eine Unmöglichkeit der Einbindung nach § 275 Abs. 1 BGB zur Folge hat, kommt nach § 280 Abs. 1 und 3 BGB i. V. m. § 283 Satz 1 BGB besonders ein Schadensersatz statt der Leistung bzw. ein Aufwen-

---

[390] BGH, Urt. v. 30.11.1972 - VII ZR 239/71, BGHZ 60, 14 (20); Urt. v. 26.06.1980 - VII ZR 257/79, NJW 1980, 2189 (2190); Palandt-Sprau, § 645, Rn. 7; Erman-H. C. Schwenker, § 645, Rn. 2.

[391] A. A. wohl Staudinger-Peters (2003), § 645, Rn. 12.

[392] BGH, Urt. v. 30.11.1972 - VII ZR 239/71, BGHZ 60, 14 (19); Urt. v. 26.06.1980 - VII ZR 257/79, NJW 1980, 2189 (2190); Palandt-Sprau, § 645, Rn. 7; MünchKomm-Busche, § 645, Rn. 5; Brox/Walker, BS, § 23, Rn. 11.

dungsersatz gemäß § 284 BGB und bei anfänglicher Unmöglichkeit entsprechend nach § 311 a Abs. 2 Satz 1 BGB[393] in Betracht.

Was den Umfang des Schadensersatzes statt der Leistung bei Unmöglichkeit anbelangt, darf jedoch nicht übersehen werden, dass dieser grundsätzlich nur die unmöglich gewordene Leistung erfaßt, hier also nur die Hauptleistung des Portalbetreibers. Die daneben noch bestehenden Nebenleistungen, die der Portalbetreiber erbringen muß, sind grundsätzlich nicht zu ersetzen. Dies ergibt sich aus dem Wortlaut des § 283 Satz 1 BGB und des § 311 a Abs. 2 Satz 1 BGB. Beide Vorschriften bestimmen nämlich den zu leistenden Schadensersatz bei Unmöglichkeit danach, dass der Schuldner "nach § 275 Abs. 1 bis 3 BGB" nicht zu leisten braucht. § 275 Abs. 1 bis 3 BGB läßt wiederum den Anspruch auf Leistung nur "soweit" entfallen, wie diese für den Schuldner unmöglich geworden ist.[394] Dabei wird keine Unterscheidung zwischen Haupt- und Nebenleistungen getroffen, sondern schlicht von der "Leistung" gesprochen.[395] Für die Unmöglichkeit und die mit ihr einhergehenden Rechtsfolgen ist also immer von der geschuldeten Gesamtleistung auszugehen, unabhängig von ihrer Funktion als Haupt- oder Nebenleistung. "Soweit" also lediglich die Hauptleistung aufgrund Nichterfüllung unmöglich geworden ist, kann Schadensersatz statt der Leistung auch nur für die Hauptleistung verlangt werden, nicht aber für eine Nebenleistung.

Etwas anderes gilt ausnahmsweise nach der Verweisung von § 283 Satz 2 BGB und § 311 a Abs. 2 Satz 3 BGB auf § 281 Abs. 1 Satz 2 BGB. Nach § 281 Abs. 1 Satz 2 BGB kann die Fremdfirma Schadensersatz statt der Leistung auch für bereits bewirkte Teilleistungen, d. h. bei Nichterfüllung der Hauptleistung für bereits bewirkte Nebenleistungen, verlangen, wenn sie an diesen kein Interesse mehr hat. Dies erschließt sich allerdings in dieser Form nicht aus dem Wortlaut der Regelung, sondern ergibt sich erst durch Auslegung. Dem Wortlaut nach kann der Gläubiger nämlich Schadensersatz statt der ganzen Leistung nur verlangen, wenn er an der bereits bewirkten Teilleistung kein Interesse mehr hat. Damit setzt diese Formulierung aber voraus, dass Schadensersatz statt der Leistung grundsätzlich die gesamte Leistungspflicht des Schuldners erfaßt und nur ausnahmsweise solche Teilleistungen nicht erfaßt, die bereits bewirkt sind und für den Gläubiger einen eigenständigen Wert haben. Da aber Schadensersatz statt der Leistung bei Unmöglichkeit wegen seines Bezugs auf den Umfang der

---

393 Eine anfängliche Unmöglichkeit ist kaum vorstellbar, da sie voraussetzt, dass bereits bei Vertragsschluß feststeht, dass dem Portalbetreiber die Einbindung während der gesamten vereinbarten Zeit unmöglich sein wird.

394 Vgl. Hertel, in: Amann/Brambring/Hertel, A II 4 c (S. 20).

395 Vgl. Bamberger/Roth-Grüneberg, § 275, Rn. 2.

Unmöglichkeit (Wortlaut des § 275 Abs. 1 BGB "soweit") nur für den unmöglich gewordenen Teil einer Leistung geschuldet wird, erfaßt er eine bereits bewirkte Teilleistung gar nicht. § 281 Abs. 1 Satz 2 BGB dient daher auch nicht der Einschränkung des Schadensersatzanspruches, sondern seiner Erweiterung auf bereits bewirkte Teilleistungen, an denen wegen der Unmöglichkeit der übrigen Leistung kein Interesse mehr besteht. Das ergibt sich aus dem systematischen Zusammenhang dieser Norm, ihrem Zweck und dem Willen des Gesetzgebers. So stellt § 281 Abs. 1 Satz 1 BGB ausdrücklich klar, dass Schadensersatz statt der Leistung nur "soweit" gefordert werden kann, wie die geschuldete Leistung fällig ist und nicht oder nicht wie geschuldet erbracht wird. Noch nicht fällige oder bereits bewirkte Leistungsteile werden ausdrücklich nicht erfaßt. Der Schadensersatz statt der Leistung substituiert nämlich nur die fehlerhaften Leistungsteile und soll den Gläubiger lediglich in die Position bringen, die er hätte, wenn ordnungsgemäß erfüllt worden wäre. Konsequenterweise muß er deshalb nach § 281 Abs. 5 BGB bzw. § 283 Satz 2 BGB und § 311 a Abs. 2 Satz 3 BGB i. V. m. § 281 Abs. 5 BGB dem Schuldner die bereits bewirkte Teilleistung im Fall des § 281 Abs. 1 Satz 2 BGB zurückerstatten. Nach dem Willen des Gesetzgebers soll der Gläubiger aber ausnahmsweise dann eine Entschädigung für die "ganze" Leistung, also die bereits bewirkten und die fehlerhaften Teile, erhalten, wenn die fälligen und nicht erbrachten Leistungsteile von solcher Bedeutung sind, dass er ohne sie an einer bereits erbrachten Teilleistung kein Interesse mehr hat.[396]

Im vorliegenden Fall bedeutet dies, dass die Fremdfirma ausnahmsweise in den Fällen, wo Schadensersatz statt der Leistung wegen Unmöglichkeit der Hauptleistung grundsätzlich nur in deren Umfang verlangt werden könnte, aber bereits eine Nebenleistung bewirkt wurde, auch statt dieser Schadensersatz verlangen kann, wenn sie an der erbrachten Nebenleistung kein Interesse mehr hat. Das ist bei Nichterfüllung der einzigen Hauptleistung des Portalbetreibers stets anzunehmen.

(d) Rücktritt und Kündigung

Da die Nichterfüllung der Einbindungspflicht eine Pflichtverletzung ist, kann sich die Fremdfirma vom AEV lösen. Dazu bietet das Gesetz zwei Möglichkeiten an, den Rücktritt nach § 323 Abs. 1 BGB bzw. § 326 Abs. 5 BGB und die Kündigung aus wichtigem Grund nach dem im Wege der Schuldrechtsmoderni-

---

[396] Vgl. zum Ganzen BT-Drucksache 14/6040, Seite 139 f.; so auch Palandt-Heinrichs, § 281, Rn. 36 ff.; Canaris, JZ 2001,499 (513 f.).

sierung[397] neu eingeführten § 314 Abs. 1, Abs. 2 Satz 1 BGB. Da beide Rechtsinstitute zu einer Lösung vom Vertrag führen, § 314 BGB aber ausdrücklich nur für Dauerschuldverhältnisse gilt, stellt sich die Frage, ob sie nebeneinander zur Anwendung kommen oder eines, insbesondere § 314 BGB, das andere ausschließt (aa.). Erst nach Klärung dieses Problems kann die Anwendbarkeit der Rechtsinstitute im konkreten Fall der Nichterfüllung der Einbindungspflicht einer Betrachtung unterworfen werden (bb., cc.).

(aa) Das Verhältnis von Rücktritt und Kündigung bei Dauerschuldverhältnissen

1) Das Verhältnis nach dem Gesetz

Das Verhältnis von Rücktritt und Kündigung hat im Gesetz keine ausdrückliche Regelung gefunden. Klärung kann daher nur die Auslegung von § 314 BGB und den §§ 323 ff BGB bringen.

Die grammatische und die systematische Auslegung führen jedoch nicht weiter. Der Wortlaut der in Frage stehenden Vorschriften bietet keinerlei Anhaltspunkte für ihr Verhältnis. Dasselbe gilt für die Gesetzessystematik. So befindet sich § 314 BGB unter "Titel 1. Begründung, Inhalt und Beendigung Untertitel 3. Anpassung und Beendigung von Verträgen", während sich die §§ 323 ff BGB unter "Titel 2. Gegenseitiger Vertrag" befinden. Daraus könnte man nämlich sowohl schließen, dass dem Rücktritt als Spezialregelung für die Lösung von gegenseitigen Dauerschuldverhältnissen Vorrang vor § 314 BGB zukommt, als auch, dass die §§ 323 ff BGB als zusätzliche Möglichkeit bei gegenseitigen Verträge bestehen, gleich ob diese Dauerschuldverhältnisse sind oder nicht.

Eine Auslegung nach dem historischen Willen des Gesetzgebers scheint auch nur vordergründig Klarheit zu verschaffen, indem er der Kündigung den Vorrang einräumt. So besagt zwar die Gesetzesbegründung, dass trotz möglicher Konkurrenz von § 314 BGB und § 323 BGB der § 314 BGB den § 323 BGB in seinem Anwendungsbereich verdrängt,[398] woraus wiederum vielfach eine Begründung für einen Vorrang von § 314 BGB entnommen wird[399]. Aber bei ge-

---

[397] Gesetz zur Modernisierung des Schuldrechts vom 26.11.2001 (BGBl. I 3138).

[398] BT-Drucksache 14/6040, Seite 177.

[399] Schimmel/Buhlmann-Rögler, D IV, Rn. 50; Kohte/Micklitz/Rott/Tonner/Willingmann-Hirse, § 314, Rn. 21; für den Fall eines bereits in Vollzug gesetzten Dauerschuldverhältnisses Hk BGB-Schulze, § 323, Rn 2 i. V. m. § 314, Rn. 2, allerdings ohne Begründung, jedoch insoweit einschränkend, als er einen Rücktritt dann für zulässig hält, wenn die Rückabwicklung

nauerer Betrachtung ergibt sich keine derart eindeutige Aussage. Denn dunkel bleibt, wann beide Normen miteinander "konkurrieren" und wann der "Anwendungsbereich des § 314 BGB" mit der Folge des Vorrangs der Kündigung vorliegt. Reicht dafür bereits die Eröffnung des Tatbestandes aus, also das Vorliegen eines gegenseitigen Vertrages, der Dauerschuldverhältnis ist, oder müssen auch die übrigen Voraussetzungen einer Kündigung aus wichtigem Grund und des Rücktritts gegeben sein? Oder ist es gar nötig, dass dieselben Rechtsfolgen bei Anwendung von § 314 BGB und §§ 323 ff BGB eintreten? Daneben erklärt der Gesetzgeber, nur eine klarstellende Regelung zur Kündigung aus wichtigem Grund bei Dauerschuldverhältnissen schaffen zu wollen, und beruft sich insoweit auf die bisherige Rechtsprechung zu diesem Rechtsinstitut.[400] Die Rechtsprechung ging aber bisher davon aus, dass beide Rechtsinstitute wegen ihrer unterschiedlichen Rechtsfolgen nebeneinander bestünden. Es sei dem Willen der Vertragsparteien überlassen, ob sie einen Rücktritt oder eine Kündigung erklärten. Lediglich in unklaren Fällen bedürfe es der Auslegung einer Erklärung. Dann sei aber davon auszugehen, dass die Vertragsparteien grundsätzlich die Kündigung aus wichtigem Grund anstreben würden. Denn den Vertragsparteien sei im allgemeinen nicht daran gelegen, das Vertragsverhältnis auch für die vergangene Zeit aufzulösen, wenn dort Leistung und Gegenleistung schon abgewickelt wurden. Aus dem Dauerschuldverhältnis könne sich aber auch etwas anderes ergeben.[401] Damit liegt aber ein Widerspruch der gesetzgeberischen Aussage, nur eine klarstellende Regelung der bisherigen Rechtsprechung in das Gesetz aufnehmen zu wollen, mit der Aussage über den Vorrang des § 314 BGB vor.

Grundsätzlich ist der bisherigen Rechtsprechung zuzustimmen, wonach beide Rechtsinstitute nebeneinander bestehen. Denn ihre Rechtsfolgen bezwecken etwas grundlegend Anderes. So führt die Kündigung zur Auflösung des Vertrages für die Zukunft, während der Rücktritt ihn in ein Rückgewährschuldverhältnis umwandelt, wie § 346 Abs. 1 BGB zeigt. Dies wird von der Meinung, die einen gegenseitigen Ausschluß beider Rechtsinstitute vertritt und die Kündigung als

---

unschwer möglich und sachgerecht sei; ebenfalls einschränkend NSchR-Medicus, 3. Kapitel, Rn. 195, dahin, dass der Vorrang des § 314 BGB nur gelten dürfe, wenn das Interesse der Beteiligten nicht auch die Rückabwicklung für die Vergangenheit fordere.

[400] BT-Drucksache 14/6040, Seite 177.

[401] Noch unklar insoweit BGH, Urt. v. 10.07.1968 - VIII ZR 120/66, BGHZ 50, 312 (315); ungenau auch Urt. v. 06.02.1985 - VIII ZR 15/84, WM 1985, 718 (719); deutlich Urt. v. 25.03.1987 - VIII ZR 43/86, NJW 1987, 2004 (2006); Urt. v. 10.02.2002 - X ZR 166/99, NJW 2002, 1870 (1870); Larenz, AS, § 26 3 d (S. 416); Schellhammer, Rn. 1186; vgl. Huber, Leistungsstörungen II, § 46 I 2 (S. 440); a. A. allerdings ohne Begründung BGH, Urt. v. 10. 03.1976 - VIII ZR 268/74, WM 1976, 508 (509).

Spezialregelung für die Lösung von einem Dauerschuldverhältnis, jedenfalls ab Invollzugsetzung desselben, ansieht,[402] übersehen. Denn sowohl die Kündigung als auch der Rücktritt sind bei Dauerschuldverhältnissen durchführbar. Zwar mag es Schwierigkeiten der Rückabwicklung geben, wenn bereits Invollzugsetzung eingetreten ist, d. h. mit der Leistungserbringung bereits begonnen wurde, und die erbrachten Leistungen in Natura nicht mehr zurückgegeben werden können. Aber wegen § 346 Abs. 2 Satz 1 BGB, der den Rückgewährschuldner zum Wertsatz anstelle der Herausgabe in Natura verpflichtet, bestehen keine größeren Probleme als bei einem gewöhnlichen Austauschvertrag, bei dem die Rückgewähr in Natura nicht mehr möglich ist. Somit besteht auch nach Invollzugsetzung kein Grund zum Ausschluß des Rücktritts wegen Rückabwicklungsproblemen.[403] Überdies liegt eine Rückabwicklung möglicherweise gerade im Interesse der Vertragsparteien. Das ist denkbar, wenn die Leistungen in der Vergangenheit zwar weitgehend ordnungsgemäß erbracht wurden, aber eine Reihe mangelhafter Leistungen schließlich zur Aufhebung des Vertrages geführt hat und wegen dieser mangelhaften Leistungen eine Rückabwicklung stattfinden soll. Ein Ausschluß des Teilrücktritts und ein Verweis auf die Möglichkeit einer Minderung der Gegenleistung würde den Interessen der berechtigten Vertragspartei nicht gerecht.

Grundsätzlich bestehen damit beide Rechtsinstitute nebeneinander. Die berechtigte Vertragspartei kann wählen, ob sie den Vertrag kündigt, ihn also für die Zukunft beenden will, oder von ihm zurücktritt, um eine Rückabwicklung zu erreichen.

Schwierigkeiten bereitet hierbei nur die Regelung des § 323 Abs. 5 Satz 1 BGB, auf den auch § 326 Abs. 5 Halbsatz 2 BGB verweist. Danach kann nämlich der Gläubiger, wenn der Schuldner eine Teilleistung bereits bewirkt hat, vom ganzen Vertrag nur zurücktreten, wenn an der Teilleistung kein Interesse mehr besteht. Daraus ergibt sich aber, dass ein Teilrücktritt bezogen auf einen noch nicht erfüllten Teil der Leistung ohne weitere Voraussetzungen möglich ist. Für den Fall des Dauerschuldverhältnisses bedeutet dies wiederum, dass ein Teilrücktritt bezogen auf die noch nicht bewirkten, zukünftigen Teile der Lei-

---

[402] A. A. ohne Begründung Schimmel/Buhlmann-Schimmel/Buhlmann, D III, Rn. 179; Bamberger/Roth-Gehrlein, § 311, Rn. 11; Bamberger/Roth-Grothe, § 323, Rn. 2, die letzten beiden jeweils ohne Berücksichtigung der anderslautenden Rechtsprechung; zur alten Rechtslage mit §§ 325, 326 BGB a. F. Fikentscher, Rn. 36; Oetker, 365; Kaiser, 118, lediglich mit der Behauptung, dass Dauerschuldverhältnis kenne keine Rückabwicklung bereits erbrachter Leistungen und damit keinen Rücktritt, sondern nur die ex nunc-Beendigung durch eine Kündigung.

[403] Vgl. MünchKomm-Gaier (2a), § 314, Rn. 11; Gernhuber, Schuldverhältnis, § 16 II 8 a (S. 196); Brox/Walker, AS, § 18, Rn. 5.

stung bei Nichterfüllung des momentan fälligen Teils der Leistung möglich wäre. Das hätte für das Dauerschuldverhältnis dieselben Folgen wie die Kündigung aus wichtigem Grund nach § 314 Abs. 1 und 2 BGB bei Vorliegen einer Pflichtverletzung. Ein entscheidender Unterschied besteht lediglich darin, dass für diesen "Teilrücktritt für die Zukunft" die Schwelle des Vorliegens eines wichtigen Grundes nicht überschritten werden müßte. Praktisch bedeutet dies bei Pflichtverletzungen für die Kündigung aus wichtigem Grund die Bedeutungslosigkeit. Da die weitaus größte Zahl der Kündigungsgründe in Pflichtverletzungen einer Vertragspartei bestehen, würde dies grundsätzlich auch die weitgehende Bedeutungslosigkeit des § 314 BGB überhaupt bedeuten. Dem steht aber die Rechtsprechung und damit wohl auch der Wille des Gesetzgebers entgegen. Danach sollen die beiden Rechtsinstitute Kündigung und Rücktritt deswegen nebeneinander bestehen, weil sie verschiedene Rechtsfolgen haben. Hier haben sie aber gerade dieselben, nämlich die Auflösung des Vertrages für die Zukunft. Daher muß einem der beiden Institute der Vorrang eingeräumt werden. Das ist die Kündigung aus wichtigem Grund nach § 314 BGB. Denn sie stellt die strengeren Anforderungen an die Lösung vom Vertrag und verdrängt damit insoweit als speziellere Norm den Rücktritt der §§ 323 ff BGB.

Festzuhalten ist damit, dass die Kündigung aus wichtigem Grund nach § 314 BGB und der Rücktritt nach den §§ 323 ff BGB grundsätzlich nebeneinander bestehen und nur für den Fall, dass beide nur zu einer Beendigung des Dauerschuldverhältnisses für die Zukunft führen, gebührt § 314 BGB der Vorrang vor Rücktritt.

2) Das Verhältnis von Rücktritt und Kündigung nach dem Angebotseinbindungsvertrag

Aufgrund der Privatautonomie ist es den Vertragsparteien möglich, das Verhältnis von Rücktritt und Kündigung vertraglich anders zu gestalten. So können sie etwa eines der beiden Rechtsinstitute ausschließen oder ihm gegenüber dem anderen einen größeren Vorrang als nach dem Gesetz einräumen. Jedoch ist nichts ersichtlich, was für eine solche individualvertragliche Verschiebung sprechen würde. Zwar dürfte sich eine Rückabwicklung infolge eines Rücktritts angesichts der unkörperlichen Leistungen als besonders schwierig herausstellen, aber dies kann allein noch nicht als Anhaltspunkt für eine entsprechende Abrede von Portalbetreiber und Fremdfirma gesehen werden. Vielmehr handelt es sich hier um Schwierigkeiten, die nicht unlösbar sind. Es ist daher naheliegender, dass die Vertragsparteien keinen derartigen generellen Ausschluß des Rücktritts vereinbaren wollen.[404]

3) Zwischenergebnis zu (aa) Das Verhältnis von Rücktritt und Kündigung bei Dauerschuldverhältnissen

1. Das Verhältnis von § 314 BGB zu §§ 323 ff BGB ist im Gesetz nicht ausdrücklich geregelt. Auch die Gesetzessystematik und der historische Wille des Gesetzgebers lassen ein eindeutiges Verhältnis beider Institute zueinander nicht erkennen. Mit der Rechtsprechung ist daher davon auszugehen, dass Kündigung und Rücktritt wegen ihrer unterschiedlichen Rechtsfolgen nebeneinander bestehen. Der berechtigten Vertragspartei steht insoweit ein Wahlrecht zu.

2. Nur wenn die Anwendung beider Rechtsinstitute zum selben Ergebnis, der Auflösung des Dauerschuldverhältnisses für die Zukunft, führt, verdrängt die Kündigung aufgrund ihrer strengeren Voraussetzungen als speziellere Norm den Rücktritt. Der nach § 323 Abs. 5 Satz 1 BGB mögliche Teilrücktritt für die Zukunft ist bei Dauerschuldverhältnissen deshalb ausgeschlossen.

3. Im AEV haben die Vertragsparteien kein abweichendes Verhältnis von Kündigung und Rücktritt vereinbart.

(bb) Der Rücktritt

1) Die einschlägige Rücktrittsnorm

Da die Nichterfüllung der Einbindungspflicht zur Unmöglichkeit der vom Portalbetreiber geschuldeten Leistung gemäß § 275 Abs. 1 BGB führt, kommen für einen Rücktritt der Fremdfirma grundsätzlich zwei Rechtsgrundlagen in Be-

---

[404] Vielmehr wird auf den jeweiligen Einzelfall abzustellen sein. Dann ist die Erklärung einer Vertragspartei danach auszulegen, was sie wünscht. Wählt sie den Rücktritt und liegt ein vernünftiger Grund für eine schwierige Rückabwicklung vor, ist die Rücktrittserklärung als solche wirksam. Besteht allerdings kein vernünftiger Grund für eine Rückabwicklung der beiderseits ordnungsgemäß erbrachten Leistungen und wäre dies angesichts der Schwierigkeiten der Bewertung nach § 346 Abs. 2 Nr. 1 BGB und der Interessen der anderen Vertragspartei unter Berücksichtigung des Grundes für die Rücktrittserklärung als Verstoß gegen Treu und Glauben, § 242 BGB, anzusehen, so ist sie entweder als wegen Rechtsmißbrauchs unwirksam anzusehen oder, wenn die erklärende Vertragspartei dies erkennbar nicht bedacht hat, in eine Kündigungserklärung gemäß § 140 BGB umzudeuten.

tracht. Zum einen ist nämlich der Tatbestand des § 323 Abs. 1 BGB erfüllt, da der Portalbetreiber eine fällige Leistung nicht erfüllt hat. Zum anderen führt die Unmöglichkeit der Leistung auch zur Möglichkeit eines Rücktritts nach § 326 Abs. 5 BGB. Im Verhältnis beider Normen ist jedoch der letzteren wegen Spezialität der Vorrang einzuräumen.[405] Denn diese gilt für den Fall, dass die Nichterfüllung einer fälligen Leistungsforderung zur Unmöglichkeit der Leistung führt. Allerdings sind von dieser Unterscheidung der Rücktrittsnormen keine praktischen Auswirkungen in der Behandlung des Rücktritts zu erwarten. Denn nach § 326 Abs. 5 Halbsatz 2 BGB findet die Vorschrift des § 323 BGB unter Ausschluß der Notwendigkeit einer Fristsetzung, die bei Unmöglichkeit der Leistung ohnehin keinen Sinn macht, Anwendung.[406]

2) Die Anwendung des Rücktritts im Rahmen des Angebotseinbindungsvertrags

Was die Anwendung des Rücktritts im Rahmen des AEV anbetrifft, sind keine erwähnenswerten Besonderheiten gegenüber herkömmlichen Verträgen ersichtlich. Von Interesse erscheint hier lediglich die Verweisung in § 326 Abs. 5 Halbsatz 2 BGB auf § 323 BGB und dort im Speziellen auf § 323 Abs. 5 Satz 1 BGB sowie auf § 323 Abs. 6 BGB.

Nach § 323 Abs. 5 Satz 1 BGB kann ein Rücktritt vom ganzen AEV bei bereits bewirkter Teilleistung erst erfolgen, wenn die Fremdfirma an der bewirkten Teilleistung kein Interesse mehr hat. Eine Teilleistung hat der Portalbetreiber aber bereits dann bewirkt, wenn er nur eine Nebenleistung erbracht hat. § 323 BGB und § 326 Abs. 5 BGB sprechen nämlich wie § 275 BGB nur von "Leistung" und unterscheiden nicht zwischen Haupt- und Nebenleistungen.[407] Es

---

[405] Vgl. BT-Drucksache 14/6040, Seite 184. Man könnte hier auch argumentieren, dass eine unmöglich gewordene Leistung nicht mehr fällig ist und der Schuldner damit nicht eine "fällige Leistung nicht bewirkt", sondern eine wegen Unmöglichkeit "nicht mehr fällige Leistung" nicht mehr erbringt. Da diese Argumentation jedoch eine vertiefte Erörterung des Begriffes der Fälligkeit und ihres Schicksals im Falle der Unmöglichkeit voraussetzt und sie auch zu keinem anderen Ergebnis als die Spezialitätslösung gelangt, soll dies hier nicht weiter vertieft werden. Dazu ist hier weder Ort noch Platz.

[406] Daher wohl die Formulierung der Gesetzesbegründung, es könne "in der Praxis regelmäßig offen bleiben, ob sich der Rücktrittsgrund aus § 323 Abs. 1 oder § 326 Abs. 5 ergebe", BT-Drucksache 14/7052, Seite 193.

[407] Vgl. Hertel, in: Amann/Brambring/Hertel, A V 4 e (S. 99); Ablehnend Bamberger/Roth-Grothe, § 323, Rn. 4, mit der Begründung, es dürfe nicht wegen "Belanglosigkeiten" zurückgetreten werden. Dem widerspricht jedoch der Gesetzeswortlaut, der einerseits in § 323 Abs. 1 Satz 1 BGB gerade keine Unterscheidung in Haupt- und "belanglose" Nebenpflichten trifft

wird auch nicht verlangt, dass die Leistungspflichten synallagmatisch sind.[408] Hat der Portalbetreiber also eine Nebenleistung erbracht, wird diese von einem Rücktritt der Fremdfirma nur erfaßt, wenn an ihr wegen der Nichterfüllung der Hauptleistung kein Interesse mehr besteht. Angesichts der Bedeutung der Einbindung für die Fremdfirma wird davon immer auszugehen sein.

Durch die Verweisung auf § 323 Abs. 6 BGB ist der Rücktritt dann ausgeschlossen, wenn die Fremdfirma als Recktrittsberechtigter für den Rücktrittsgrund verantwortlich ist. Darunter fällt auch der Fall, dass der Rücktrittsgrund aus dem Gefahrenbereich des Rücktrittsberechtigten stammt. Dann hat er sich nämlich den Rücktrittsgrund zurechnen zu lassen. Ansonsten wären die Gefahrtragungsregelungen des Besonderen Schuldrechts nicht in der Lage, die Gefahr von Störungen im Leistungsaustausch zwischen den Sphären der Vertragsparteien zu verteilen. Deshalb hat der Gesetzgeber in § 323 Abs. 6 BGB den Begriff "Verantwortlichkeit" statt des Begriffes des "Vertretenmüssen" gewählt. Somit ist klargestellt, dass beispielsweise die oben dargestellten werkvertraglichen Gefahrtragungsregelungen[409] auch im Rahmen des Rücktrittsrechts Wirkung entfalten.

3) Zwischenergebnis zu (bb) Der Rücktritt

1. Bei Nichterfüllung der Pflicht des Portalbetreibers zur Schaffung der Einbindung der Angebotsseite in die Portalseite mittels Hyperlink und Framing-Technik liegt wegen des absoluten Fixschuldcharakters dieser Pflicht ein Fall der Unmöglichkeit nach § 275 Abs. 1 BGB vor. In diesem Fall kann die Fremdfirma grundsätzlich nach § 326 Abs. 5 BGB zurücktreten.

2. Besonderheiten ergeben sich im Rahmen des AEV für das Rücktrittsrecht nicht. Sofern der Portalbetreiber bereits Nebenleistungen bewirkt hat, gilt § 326 Abs. 5 Halbsatz 2 BGB i. V. m. § 323 Abs. 5 Satz 1 BGB. Danach erstreckt sich ein Rücktritt auf diese Nebenleistungen nur, wenn infolge der Nichterfüllung kein Interesse an der Nebenleistung mehr besteht. Wegen der Bedeutung der Einbindung für die Fremdfirma ist davon auszugehen. Ein Ausschluß des Rücktrittsrechts kann sich aus § 326 Abs. 5 Halbsatz 2 i. V. m. § 323 Abs. 6 BGB ergeben.

---

und andererseits den Ausschluß des Rücktrittsrechts wegen "Belanglosigkeit" ausdrücklich der Schlechtleistung vorbehält, § 323 Abs. 5 Satz 2 BGB: "unerhebliche Pflichtverletzung".

408 Siehe zu § 323 BGB Hertel, in: Amann/Brambring/Hertel, A V 4 a (S. 97).

409 S. o. (b).

(cc) Die Kündigung

1) Die Anwendbarkeit des § 314 BGB im Rahmen des Angebotseinbindungsvertrags

Grundsätzlich kann die Fremdfirma bei Nichterfüllung der Einbindungspflicht des Portalbetreibers jederzeit den AEV nach § 314 Abs. 1 Satz 1 BGB kündigen. Notwendig ist nur, dass die Nichterfüllung einen wichtigen Grund darstellt. Allerdings stellt sich die Frage, ob § 314 BGB möglicherweise durch speziellere Regelungen des Werkvertragsrechts nach §§ 631 ff BGB ausgeschlossen ist. Denn das auf die Einbindungspflicht des Portalbetreibers anwendbare Werkvertragsrecht enthält eigene Kündigungsgründe, nämlich die in §§ 642, 643 BGB und § 649 BGB gesetzlich normierten sowie ungeschriebene außerordentliche für Werkunternehmer und Besteller. Sollten diese abschließend zu verstehen sein, besteht für die Regelung der Kündigung aus wichtigem Grund aus dem allgemeinen Schuldrecht kein Anwendungsbereich mehr. Hinsichtlich der ungeschriebenen Regelungen ist jedoch von einem Vorrang des § 314 BGB auszugehen, da bei Bestehen einer geschriebenen Regelung ein Rückgriff auf ungeschriebene entweder nicht mehr nötig oder wegen des in der Normierung zum Ausdruck kommenden eindeutigen Willens des Gesetzgebers nicht mehr zulässig ist. Im Anwendungsbereich eines gesetzlichen Kündigungsrechtes aus wichtigem Grund muß dagegen § 314 BGB als lex generalis zurücktreten.[410] Hier ist dies allerdings nicht der Fall, § 314 BGB muß nicht hinter die speziellen Regelungen des Werkvertragsrechts zurücktreten, sondern ist weiter anwendbar. Dies ergibt sich aus einer Auslegung anhand der systematischen Zusammenhänge der in Frage stehenden Normen und ihres historischen Herkommens. So handelt es sich nämlich bei § 314 BGB um eine Spezialnorm für Dauerschuldverhältnisse, während der übliche Werkvertrag, für den der Gesetzgeber die genannten Kündigungsrechte geschaffen hat, kein Dauerschuldverhältnis ist. Deshalb mußten diese Kündigungsrechte als Ausnahmeregelungen geschaffen werden, um eine vorzeitige Lösung vom Vertrag zu ermöglichen. Nicht geklärt werden kann die Frage, ob der Gesetzgeber diese Kündigungsrechte auch geschaffen hätte, wenn er den Dauerwerkvertrag geregelt hätte, oder ob er für diesen eher eine dem § 626 BGB entsprechende Norm gewählt hätte. Entscheidend ist aber, dass die Kündigungsregelungen unterschiedlich strenge Voraussetzungen und unterschiedliche Rechtsfolgen haben. So bedarf es nach § 314 BGB eines wichtigen Grundes mit der Folge der Auflösung des Vertrages für die Zukunft. §§ 642, 643

---

[410] Vgl. BT-Drucksache 14/6040, Seite 177; von Hase, NJW 2002, 2278 (2278); Schumacher/ Mohr, DB 2002, 1606 (1607).

BGB lassen demgegenüber schon die Nichterfüllung einer Mitwirkungsobliegenheit ausreichen, um den Vertrag zu beenden, während § 649 BGB keinerlei Kündigungsgründe vorsieht, aber zu einer Geldvergütungspflicht des Bestellers führt. Eine Einschränkung des § 314 BGB durch die werkvertraglichen Kündigungsrechte besteht daher nicht. Deshalb ist beim AEV als Dauerwerkvertrag von einem Nebeneinander der verschiedenen Kündigungsrechte mit der Maßgabe auszugehen, dass die werkvertraglichen Kündigungsrechte als Sonderregelungen neben dem allgemeinen § 314 BGB anwendbar sind.[411]

2) Vorliegen eines wichtigen Grundes

Grundsätzlich kann die Nichterfüllung der Einbindungspflicht ein wichtiger Grund i. S. d. § 314 Abs. 1 Satz 1 BGB sein. Denn § 314 Abs. 2 Satz 1 BGB stellt klar, dass Pflichtverletzungen einen wichtigen Grund darstellen können. Jedoch muß es zusätzlich für die Fremdfirma wegen der Nichterfüllung unzumutbar sein, die vereinbarte Beendigung des AEV abzuwarten. Das ist aber nicht der Fall. Haben nämlich die Vertragsparteien keine Geldvergütungszahlung der Fremdfirma vereinbart, so ist der Vertrag mit Ablauf der vereinbarten Zeit beendet. Denn die Beendigung eines Vertrages tritt mit vollständigem Leistungsaustausch ein bzw. in dem Moment, in dem dieser Leistungsaustausch unmöglich i. S. d. § 275 Abs. 1 BGB wird. Damit ist aber im Moment des Ablaufes der vereinbarten Zeit und damit im Falle der Nichterfüllung der Einbindungspflicht der AEV beendet, ein Abwarten der Vertragsbeendigung nicht mehr möglich. Bei Vereinbarung einer Geldvergütungspflicht, die nicht nach § 326 Abs. 1 Satz 1 BGB entfällt, ist eine Beendigung des AEV zwar noch abwartbar. Das Abwarten ist für die Fremdfirma aber zumutbar, da die Beendigung des Vertrages mit Erbringung der Geldvergütung durch die Fremdfirma eintritt und damit in einem Zeitpunkt, den sie als Geldschuldnerin selber in der Hand hat. Ist die Geldvergütungspflicht nach § 326 Abs. 1 Satz 1 BGB entfallen, ist die Situation dieselbe, als wenn eine Geldvergütung nicht vereinbart worden wäre. Ein unzumutbares Abwarten der Vertragsbeendigung findet auch dann nicht statt.

---

[411] Vgl. für § 649 BGB Palandt-Sprau, § 649, Rn. 10; so zur alten Rechtslage Martinek, Band 3, § 22 III 6 (S. 26 f.).

3) Zwischenergebnis zu (cc) Die Kündigung

Grundsätzlich steht der Fremdfirma im Falle der Nichterfüllung des Portalbetreibers mit seiner Einbindungspflicht das Kündigungsrecht aus wichtigem Grund nach § 314 BGB zu. Es ist nicht durch besondere Kündigungsrechte des Werkvertragsrechts ausgeschlossen. Allerdings besteht kein wichtiger Grund nach § 314 Abs. 1 Satz 1 BGB.

(dd) Ergebnis zu (d) Rücktritt und Kündigung

1. Auch bei Dauerschuldverhältnissen wie dem AEV bestehen die Kündigung aus wichtigem Grund nach § 314 BGB und der Rücktritt nach den §§ 323 ff BGB nebeneinander. Die berechtigte Vertragspartei hat insofern ein Wahlrecht. Nur der Teilrücktritt für die Zukunft arg. e § 323 Abs. 5 Satz 1 BGB wird von der Kündigung wegen deren strengeren Voraussetzungen verdrängt, so dass insoweit nur eine Kündigung erfolgen kann.

2. Bei Nichterfüllung der Pflicht des Portalbetreibers zur Schaffung der Einbindung der Angebotsseite in die Portalseite mittels Hyperlink und Framing-Technik kann wegen der eingetretenen Unmöglichkeit der geschuldeten Leistung ein Rücktritt nur nach § 326 Abs. 5 BGB erfolgen.

3. Ein Kündigungsrecht der Fremdfirma aus wichtigem Grund nach § 314 BGB scheidet mangels wichtigen Grundes gemäß § 314 Abs. 1 Satz 1 BGB aus.

(e) Ergebnis zu (2) Die Folgen der Nichterfüllung der Pflicht zur Schaffung der Einbindung der Angebotsseite in die Portalseite mittels Hyperlink und Framing-Technik für die vereinbarte Zeit

Die Fremdfirma kann bei Nichterfüllung der Einbindungspflicht des Portalbetreibers infolge der nach § 275 Abs. 1 BGB eingetretenen Unmöglichkeit keine Erfüllung mehr verlangen. Sie kann jedoch gegebenenfalls die Zahlung einer vereinbarten Geldvergütung verweigern. Soweit ihr ein Schaden entstanden ist, schuldet der Portalbetreiber einfachen Schadensersatz nach § 280 Abs. 1 BGB in Höhe des negativen Interesses (sog. Vertrauensschaden) oder Schadensersatz statt der Leistung nach §§ 280 Abs. 1 und 3, 283 Satz 1 BGB oder nach § 311 a Abs. 2 Satz 1 BGB bzw. Aufwendungsersatz nach § 284 BGB i. V. m. §§ 280 Abs. 1 und 3, 283 Satz 1 BGB oder i. V. m. § 311 a Abs. 2 Satz 1 BGB. Schließlich hat sie ein Rücktrittsrecht nach § 326 Abs. 5 BGB, nicht jedoch ein Kündigungsrecht aus wichtigem Grund i. S. d. § 314 BGB.

(3) Die Folgen der mangelhaften Erfüllung der Pflicht zur Schaffung der Einbindung der Angebotsseite in die Portalseite mittels Hyperlink und Framing-Technik für die vereinbarte Zeit

(a) Allgemeines

(aa) Die mangelhafte Erfüllung

Eine mangelhafte Erfüllung der Pflicht zur Schaffung der Einbindung der Angebotsseite in die Portalseite mittels Hyperlink und Framing-Technik für die vereinbarte Zeit liegt vor, wenn zwar die Einbindung besteht, aber diese entweder zeitweilig, auch nur verspätet, nicht erfolgt oder sonst nicht in der vereinbarten Form stattfindet.[412] Rechtsmängel i. S. d. § 633 Abs. 3 BGB können bei der Einbindungspflicht jedoch nicht auftreten. Dazu müßte nämlich ein Dritter wegen der Einbindung der Angebotsseite in die Portalseite mittels Hyperlink und Framing-Technik Rechte gegen die Fremdfirma geltend machen können. Dagegen spricht aber, dass zum einen Rechtsverletzungen des Portalbetreibers auf der Portalseite erkennbar nicht durch die Fremdfirma ursächlich bedingt sind. Denn die Angebotsseite wird nur in die Portalseite eingebunden, so dass die Fremdfirma auf diese gar keinen Einfluß haben kann. Weiter liegt in der Einbindung auch keine Erklärung der Fremdfirma dahingehend, dass sie sich sämtliche sonstigen Inhalte der Portalseite zu eigen machen und damit für diese einstehen will.

(bb) Die Rechte der Fremdfirma bei mangelhafter Erfüllung im Allgemeinen

Die Rechte der Fremdfirma bei einer mangelhaften Erfüllung der Einbindungspflicht sind wegen deren werkvertraglichen Charakters dem Werkvertragsrecht zu entnehmen. Dort zählt § 634 BGB die Gewährleistungsrechte des Bestellers auf. Aber es bestehen möglicherweise im Vertragsrecht noch weitere Reaktionsmöglichkeiten, die die Fremdfirma ergreifen kann.

So könnte sie als Gewährleistungsrechte Nacherfüllung verlangen, § 634 Nr. 1 BGB, den Mangel selbst beseitigen und dafür Aufwendungsersatz verlangen, § 634 Nr. 2 BGB, vom AEV zurücktreten, die Vergütung mindern, § 634 Nr. 3 BGB, oder schließlich Schadensersatz oder Ersatz der vergeblichen Auf-

[412] S. o. (1)(d).

wendungen verlangen, § 634 Nr. 4 BGB. Daneben stellt sich aber bei mangelhafter Erfüllung wie auch bei der Nichterfüllung die Frage, ob die Fremdfirma deswegen ihre Gegenleistung nicht zu erbringen braucht, etwa indem sie sich auf § 320 Abs. 1 Satz 1 BGB in Form der "Einrede der nicht gehörigen Erfüllung"[413] beruft.

(cc) Der Zeitpunkt der Geltendmachung der Rechte wegen mangelhafter Erfüllung

Der Zeitpunkt, ab dem die Fremdfirma ihre Rechte wegen der mangelhaften Erfüllung des Portalbetreibers geltend machen kann, also der Zeitpunkt ihrer Fälligkeit, ist im Gesetz nicht ausdrücklich geregelt. Nach dem Sinn dieser Rechte ist daran anzuknüpfen, wann Mangelfreiheit vorliegen muß. Denn die Gewährleistungsrechte und auch die Einrede aus § 320 Abs. 1 Satz 1 BGB sollen dem Besteller einen Ausgleich für die mangelhafte Herstellung des Werkes durch den Werkunternehmer verschaffen bzw. ihm die Erzwingung einer mangelfreien Herstellung ermöglichen. Ab diesem Zeitpunkt kann es dem Besteller nicht mehr verwehrt werden, vom Werkunternehmer die Konsequenzen seines pflichtwidrigen Verhaltens in Form der Gewährleistungsrechte bzw. der Einrede nicht gehöriger Erfüllung einzufordern, zumal es ihm nicht weiter zugemutet werden soll, auf die mangelfreie Herstellung zu warten. Anderenfalls wäre die Bestimmung eines Zeitpunktes, in dem das Werk mangelfrei hergestellt sein muß, wirkungslos. Konkret bedeutet dies, dass die Fremdfirma ihre Rechte in jedem Moment während des Ablaufes der vereinbarten Zeit für den in diesem Moment mangelhaft erbrachten Teil des Gesamtwerkes geltend machen kann. Der Portalbetreiber schuldet nämlich bereits zu diesen Zeitpunkten Mangelfreiheit für die dann zu erbringende Teilleistung.

Problematisch ist der Fall der "verzögerten Erfüllung", also dann, wenn der Portalbetreiber seine Pflicht zur Einbindung nicht mit Beginn der vereinbarten Zeit erfüllt, sondern erst später, und diese "Verzögerung" noch nicht beendet ist. Dann ist nämlich für die Fremdfirma nicht klar, ob sie Gewährleistungsrechte wegen einer Zuwenigleistung i. S. d. § 633 Abs. 2 Satz 3 BGB sofort geltend machen kann oder ob sie abwarten muß, bis feststeht, ob nicht eine Nichterfüllung vorliegt. Der Portalbetreiber könnte sich nämlich gegenüber der Fremdfirma mit dem Argument verteidigen, es läge keine Mangelhaftigkeit vor, sondern eine Nichterfüllung und die Fremdfirma müsse daher mit der Geltendmachung

---

[413] Vgl. BGH, Urt. v. 22.02.1971 - VII ZR 243/69, BGHZ 55, 354 (356); Palandt-Heinrichs, § 320, Rn. 1, 9; MünchKomm-Emmerich (2a), § 320, Rn. 4.

ihrer Rechte bis zum Ablauf der vereinbarten Zeit warten. Dies könnte die Fremdfirma nicht widerlegen. Allerdings ergibt sich aus der Systematik von Nichterfüllung und "verzögerter Erfüllung" sowie aus der Systematik der Rechte der Fremdfirma bei Nichterfüllung und bei Zuwenigleistung, dass die Rechte wegen mangelhafter Erfüllung bereits geltend gemacht werden dürfen. Denn die "verzögerte Erfüllung" ist nur ein Minus zur Nichterfüllung, das Gewährleistungsrecht wegen einer solchen Zuwenigleistung nur ein Minus zu den Rechten bei kompletter Nichterfüllung. Dies folgt zwangsläufig daraus, dass die "verzögerte Erfüllung" zu einer teilweisen Nichterfüllung führt, die als Minus zur vollständigen Nichterfüllung anzusehen ist. Entsprechend sind die Rechte bei einer teilweisen Nichterfüllung, die das Gesetz nach § 633 Abs. 2 Satz 3 BGB einem Sachmangel gleichstellt, als Minus der Rechte wegen Nichterfüllung anzusehen. Sie stellen also zueinander nicht etwas qualitativ anderes dar, sondern nur etwas quantitativ anderes. Es spielt somit keine Rolle mehr, wenn sich später herausstellt, dass tatsächlich eine Nichterfüllung vorliegt. Im Zeitpunkt der Geltendmachung liegt nämlich erst eine teilweise Nichterfüllung und damit als Zuwenigleistung eine mangelhafte Leistung vor.

Für den Fall, dass die Fremdfirma Rechte wegen der mangelhaften Erfüllung geltend macht und sich später herausstellt, dass eine Nichterfüllung vorgelegen hat, kann sie die Ansprüche wegen Nichterfüllung geltend machen. Die bereits geltend gemachten Rechte wegen der mangelhaften Erfüllung hat sie sich dabei aber "anrechnen" zu lassen. Denn gemäß der vorgenannten Systematik sind sie als Minus zu den Rechten bei Nichterfüllung anzusehen. Insoweit hat die Fremdfirma dann schon einen Teil dieser Rechte geltend gemacht und kann nur noch den verbliebenen Teil geltend machen. Im Falle eines Schadensersatzanspruches bedeutet dies, dass die Fremdfirma als Schadensersatz wegen Nichterfüllung nur noch den Teil ihres Schadens geltend machen kann, der nicht schon durch den Schadensersatz wegen mangelhafter Erfüllung abgedeckt ist.

(dd) Ergebnis zu (a) Allgemeines

1. Eine mangelhafte Erfüllung der Pflicht zur Schaffung der Einbindung der Angebotsseite in die Portalseite mittels Hyperlink und Framing-Technik für die vereinbarte Zeit liegt vor, wenn zwar die Einbindung besteht, aber diese entweder zeitweilig, auch nur verspätet, nicht erfolgt oder sonst nicht in der vereinbarten Form stattfindet. Dabei kann es sich aber nur um Sachmängel halten, Rechtsmängel i. S. d. § 633 Abs. 3 BGB sind bzgl. der Einbindungspflicht nicht möglich.

2. Bei mangelhafter Einbindung durch den Portalbetreiber können der Fremdfirma wegen des werkvertraglichen Charakters der Einbindungspflicht die Rechte des § 634 BGB sowie die Möglichkeit der Verweigerung der Gegenleistung nach § 320 Abs. 1 Satz 1 BGB zustehen.

3. Die Fremdfirma kann die ihr zustehenden Rechte bereits dann geltend machen, wenn der Mangel auftritt. Dies gilt auch, wenn im Zeitpunkt der Geltendmachung noch nicht absehbar ist, ob bei Ablauf der vereinbarten Zeit statt einer sonst mangelhaften Erfüllung eine Nichtleistung vorliegt. Die geltend gemachten Rechte sind bei einer späteren Geltendmachung von Rechten wegen Nichterfüllung "anzurechnen".

(b) Die Rechte der Fremdfirma

(aa) Das Recht auf Nacherfüllung, §§ 634 Nr. 1, 635 BGB

Nach §§ 634 Nr. 1, 635 BGB hat der Bestellers bei mangelhafter Erfüllung grundsätzlich einen Anspruch auf Nacherfüllung. Dieser scheidet hinsichtlich der Einbindungspflicht jedoch aus. Eine Nacherfüllung ist nämlich wegen des absoluten Fixschuldcharakters dieser Pflicht hier nicht möglich. Denn sobald der für die mangelfreie Erfüllung bestimmte Zeitpunkt abgelaufen ist und nicht mangelfrei erfüllt wurde, kann die geschuldete Mangelfreiheit nicht mehr hergestellt werden.

(bb) Das Recht zur Selbstvornahme und Geltendmachung von Aufwendungsersatz, §§ 634 Nr. 2, 637 BGB

Dasselbe, was für den Anspruch des Bestellers auf Nacherfüllung gilt, gilt auch für sein Recht auf Selbstvornahme und auf Geltendmachung des Ersatzes für dadurch entstandene Aufwendungen nach §§ 634 Nr. 2, 637 BGB. Dieses Recht besteht hinsichtlich der mangelhaft erfüllten Einbindungspflicht nicht. Denn wegen des absoluten Fixschuldcharakters der Einbindungspflicht kann schon der Portalbetreiber eine Mangelbeseitigung durch Nacherfüllung nicht vornehmen. Somit kann dies auch die Fremdfirma nicht, was aber eine Voraussetzung für die Selbstvornahme der Mangelbeseitigung ist.[414] Folglich können

[414] Palandt-Sprau, § 637, Rn. 2; AnwKom-Raab, § 637, Rn. 3 f.; Dauner-Lieb/Heidel/Lepa/Ring-Raab, § 9, Rn. 53.

auch keine Aufwendungen durch eine Selbstvornahme entstehen, die im Wege eines Aufwendungsersatzes geltend gemacht werden könnten.[415]

(cc) Das Rücktrittsrecht nach §§ 634 Nr. 3, 1. Fall, 636 BGB und die Kündigung aus wichtigem Grund nach § 634 Nr. 3, 1. Fall BGB analog i. V. m. § 314 BGB

1) Allgemeines zu diesen Rechtsinstituten im Rahmen des Gewährleistungsrechtes

Nach §§ 634 Nr. 3, 1. Fall, 636 BGB hat der Besteller im Falle der mangelhaften Erfüllung durch den Werkunternehmer ein Recht zum Rücktritt vom Vertrag. Nach § 314 Abs. 1, Abs. 2 Satz 1 BGB könnte der Besteller bei einem Dauerwerkvertrag diesen wegen der in der mangelhaften Erfüllung liegenden Pflichtverletzung kündigen. Bei der Nichterfüllung der Einbindungspflicht bestanden beide Rechtsinstitute nebeneinander. Das ist bei der mangelhaften Erfüllung aber zweifelhaft. Im Unterschied zur Nichterfüllung beschreibt hier nämlich § 634 BGB die Rechte der Fremdfirma, der nur eine Regelung zum Rücktritt, nicht zur Kündigung enthält.

Im Ergebnis ist ein Kündigungsrecht der Fremdfirma nach § 314 BGB jedoch anzunehmen. Zum einen ist § 634 BGB nämlich nicht abschließend, soweit es den Dauerwerkvertrag betrifft. Der Gesetzgeber ging bei der Gestaltung der Rechtsfolgenregelungen des Werkvertragesrechts vom üblichen Werkvertrag aus, der gerade kein Dauerschuldverhältnis. Hätte er auch den Dauerwerkvertrag geregelt, so hätte er mit Sicherheit eine Verweisung auf § 314 BGB mit aufgenommen. Zum anderen spricht für ein Kündigungsrecht ein argumentum a maiore. So hat das Rücktrittsrecht mit der Rückabwicklung des ganzen Vertrages weitreichendere Folgen als die Kündigung, die lediglich zu einer Auflösung für die Zukunft führt. Wenn das Gesetz dem Besteller schon die weitreichenderen Folgen zubilligt, dann muß es ihm auch die weniger weitreichenden Folgen zubilligen. Außerdem könnte die Fremdfirma ohnehin mittels Teilrücktritts hinsichtlich noch nicht erbrachter Leistungsteile nach § 323 Abs. 5 Satz 1 BGB den AEV für die Zukunft beenden. Dazu müßte nicht einmal ein wichtiger Grund vorliegen.

Fraglich ist dann aber, ob dieser Teilrücktritt für die Zukunft wegen mangelhafter Erfüllung noch zulässig ist oder ob er wie bei der Nichterfüllung vom Kündigungsrecht verdrängt wird. Von letzterem ist hier auszugehen. Denn nur

---

[415] Vgl. Palandt-Sprau, § 637, Rn. 6.

durch den Vorrang der Kündigung wird man dem Wesen des AEV als Dauerschuldverhältnis, für das der Gesetzgeber die Möglichkeit des § 314 BGB geschaffen hat, gerecht. Zwar hat er die Kündigung nicht in den § 634 BGB aufgenommen. Aber er tat dies nur deswegen, weil er sich bei Schaffung des Werkvertragsrechts vom üblichen Werkvertrag als punktuellem Austauschverhältnis hat leiten lassen. Hätte er den Dauerwerkvertrag mitberücksichtigt, hätte er neben dem Rücktrittsrecht ein Kündigungsrecht geschaffen. Für dieses würde dann aber hinsichtlich der Lösung vom Vertrag für die Zukunft der Vorrang vor dem Rücktrittsrecht gelten.

Da also ein Kündigungsrecht der Fremdfirma bei mangelhafter Erfüllung durch den Portalbetreiber besteht, muß dieses aber denselben werkvertraglichen Einschränkungen unterliegen wie das Rücktrittsrecht nach § 323 BGB. Es ist anzunehmen, dass der Gesetzgeber dies so geregelt hätte. Damit finden auf Rücktritt und Kündigung als Rechte, die zu einer Auflösung des Austauschverhältnisses des Vertrages führen, § 634 Nr. 3, 1. Fall BGB i. V. m. § 636 BGB und § 326 Abs. 5 BGB Anwendung. Auf die Kündigung natürlich nicht direkt, sondern nur analog.

Unberührt davon bestehen die besonderen Kündigungsrechte des Werkvertragsrechts auch im Falle der mangelhaften Erfüllung neben der Kündigung nach § 314 BGB. Insofern gilt hier nichts anderes als im Falle der Nichterfüllung, da diese Regelungen Sonderregelungen des üblichen Werkvertrages sind, der kein Dauerschuldverhältnis ist, und sie andere Voraussetzungen als § 314 BGB stellen.[416]

2) Die Rücktrittsvoraussetzungen

Ein Rücktritt bei mangelhafter Erfüllung kann in der hier zu untersuchenden Konstellation nur nach §§ 634 Nr. 3, 1. Fall, 326 Abs. 5 BGB erfolgen. Das liegt daran, dass eine Nacherfüllung wegen des absoluten Fixschuldcharakters der Einbindungspflicht unmöglich ist, also eine sog. "qualitative" Unmöglichkeit[417] vorliegt. § 323 BGB ist jedoch entsprechend anwendbar, § 326 Abs. 5 Halbsatz 2 BGB.

Die Fremdfirma kann grundsätzlich vom ganzen AEV zurücktreten. Denn weder § 326 Abs. 5 Halbsatz 1 BGB noch § 323 Abs. 1 BGB beschränken den Rücktritt bei mangelhafter Erfüllung. Vielmehr sprechen beide Normen allgemein vom "Rücktritt vom Vertrag", also vom ganzen Vertrag. Anderenfalls be-

416 S. o. (2)(d)(cc)1).

417 Vgl. MünchKomm-Ernst (2a), § 326, Rn. 32 ff; Schimmel/Buhlmann-Schimmel/Buhlmann, D III, Rn. 56; Lorenz/Riehm, Rn. 302; Lorenz, NJW 2003, 1417 (1418).

dürfte es der Einschränkung des § 323 Abs. 5 Satz 1 BGB nicht, wonach der Rücktritt bereits bewirkte Teilleistungen nur ausnahmsweise erfaßt.

§ 323 Abs. 5 Satz 1 BGB ist auch im Fall einer mangelhaften Erfüllung einer Hauptleistung anwendbar. Zu beachten ist dabei aber, dass eine bereits bewirkte Teilleistung nur eine - auch nur teilweise - bereits bewirkte Nebenleistung sein kann. Wegen § 633 Abs. 2 Satz 3 BGB kann nämlich eine nur teilweise bewirkte Hauptleistung nicht vorliegen, sondern lediglich eine mangelhaft erfüllte Hauptleistung. Denn soweit Teile der Hauptleistung noch gar nicht fällig sind, sind sie nach §§ 326 Abs. 5 Halbsatz 2, 323 Abs. 1 BGB für den Rücktritt noch irrelevant, zählen also bei der Bestimmung der Teilleistung nicht mit. Sofern aber ein fälliger Teil der Hauptleistung nur teilweise erbracht wurde, handelt es sich, wie bereits gesehen, um eine Zuwenigleistung. Diese wiederum stellt § 633 Abs. 2 Satz 3 BGB dem Sachmangel und damit einer bloßen Schlechtleistung gleich. Diese Gleichstellung behält auch bei einer Verweisung in das allgemeine Leistungsstörungsrecht wie hier über § 634 Nr. 3, 1. Fall BGB Geltung.[418] Nur so kann nämlich den im besonderen Leistungsstörungsrecht des Werkvertrages geregelten Besonderheiten auch im Rahmen der Verweisungen ins Allgemeine Schuldrecht Rechnung getragen werden. Damit gehen die speziellen Regelungen den allgemeinen vor. Im Ergebnis bedeutet dies, dass sich im Falle einer teilweisen Nichtleistung der Hauptleistung wie bei anderen Mängeln der Hauptleistung der Rücktritt vom AEV nach § 323 Abs. 5 Satz 2 BGB bestimmt. Danach ist er bei Unerheblichkeit der Pflichtverletzung ausgeschlossen. Die Unerheblichkeit wird über eine umfassende Interessenabwägung ermittelt[419] und hängt damit von der jeweiligen Situation im Einzelfall ab. Sollte demnach ein Rücktritt zulässig sein, dann erfaßt er auch bereits ganz oder teilweise bewirkte Nebenleistungen, da die Fremdfirma an diesen bei Wegfall der Hauptleistung wegen ihrer fehlenden eigenständigen Bedeutung kein Interesse mehr haben wird.

---

[418] Streitig; siehe zu dem Problem ausführlich MünchKomm-Ernst (2a), § 323, Rn. 213 ff, der wie hier zur Anwendung von § 323 Abs. 5 Satz 2 BGB kommt; ebenso für die entsprechende Vorschrift des § 434 Abs. 3 BGB die Gesetzesbegründung, BT-Drucksache 14/6040, Seite 187; ebenso Palandt-Heinrichs, § 281, Rn. 38; Bamberger/Roth-Grothe, § 323, Rn. 42; anders aber für die parallele Regelung des § 281 Abs. 1 Satz 2 und 3 BGB BT-Drucksache 14/6040, Seite 139 f.; kritisch Canaris, ZRP 2001, 329 (355); AnwKom-Dauner-Lieb, § 323, Rn. 25; a. A. Kohte/Micklitz/Rott/Tonner/Willingmann-Willingmann/Hirse, § 323, Rn. 23; Lorenz/ Riehm, Rn. 221 i. V. m. Rn. 219.

[419] Palandt-Heinrichs, § 323, Rn. 27 i. V. m. § 281, Rn. 48.

3) Die Kündigungsvoraussetzungen

Bei mangelhafter Erfüllung steht der Fremdfirma grundsätzlich das Recht zur Kündigung aus wichtigem Grund nach § 634 Nr. 3, 1. Fall BGB analog i. V. m. § 314 BGB zu. Dabei muß jedoch zwischen dem Zeitraum vor Ablauf der vereinbarten Zeit und dem Zeitraum danach unterschieden werden.

Nach Ablauf der vereinbarten Zeit scheidet nämlich eine Kündigung aus, da ein wichtiger Grund nach § 314 Abs. 1 Satz 2 BGB nicht vorliegt. Denn der Fremdfirma ist es nicht unzumutbar, das vereinbarte Ende des AEV abzuwarten. Insoweit gilt nichts anderes als bei der Nichterfüllung der Einbindungspflicht durch den Portalbetreiber. Besteht keine Geldvergütungspflicht der Fremdfirma, sind mit Ablauf der vereinbarten Zeit alle vertraglichen Leistungen ausgetauscht, so dass der AEV beendet ist. Muß die Fremdfirma noch eine Geldvergütung zahlen, so hat sie selber in der Hand, wann dies der Fall ist. Denn mit der Erfüllung der letzten geschuldeten Leistung einer der Vertragsparteien endet der AEV. Dann ist es ihr aber zuzumuten, diesen selbstbestimmten Zeitpunkt abzuwarten.

Vor Ablauf der vereinbarten Zeit kommt es hingegen auf den Einzelfall an, ob ein wichtiger Grund nach § 314 Abs. 1 Satz 2 BGB gegeben ist. Dabei sind aber die Anforderungen des § 314 Abs. 2 BGB zu berücksichtigen.[420] § 314 Abs. 2 Satz 1 BGB stellt nämlich Kriterien auf, bei denen eine Zumutbarkeit, das vereinbarte Vertragsende abzuwarten, vom Gesetz als gegeben angesehen wird. Denn für den Fall, dass der wichtige Grund in einer Verletzung einer vertraglichen Pflicht besteht, wird zusätzlich für die Kündigung eine erfolglose Fristsetzung zur Abhilfe oder eine erfolglose Abmahnung verlangt. Dadurch hat der Gesetzgeber deutlich gemacht, dass bei einer Vertragspflichtverletzung das Abwarten des vereinbarten Vertragsendes grundsätzlich solange zumutbar abgewartet werden kann, wie eine solche Fristsetzung oder Abmahnung noch möglich sind. § 314 Abs. 2 BGB stellt damit sicher, dass die Kündigung weiterhin ultima ratio bleibt.[421]

Schwierigkeiten bereitet insoweit zwar der Wortlaut des Gesetzes, wonach § 314 Abs. 1 BGB den wichtigen Grund bereits als Situation, in der ein weiteres Festhalten am Vertrag nicht mehr zumutbar ist, definiert. Daraus wäre zu schließen, dass Abmahnung und Fristsetzung nach § 314 Abs. 2 BGB keine Voraussetzungen des wichtigen Grundes mehr sein können. Insofern bestünde außerdem ein Widerspruch zwischen Abs. 1 und Abs. 2, da von der kündigungsberechtigten Vertragspartei trotz wichtigen Grundes ein Festhalten am Vertrag ver-

---

[420] Vgl. MünchKomm-Gaier (2a), § 314, Rn. 13.

[421] Vgl. AnwKom-Krebs, § 314, Rn. 18; Dauner-Lieb/Heidel/Lepa/Ring-Arnold, § 2, Rn. 78.

langt würde.[422] Hier hilft aber eine teleologische Auslegung mit dem bereits dargestellten Ergebnis. Die vom Wortlaut her unsinnige, weil perplexe, Norm ergibt bei Berücksichtigung des vom Gesetzgeber verfolgten Zieles eine sinnvolle Regelung. Danach soll nämlich die Kündigung aus wichtigem Grund bei einer Pflichtverletzung entsprechend dem Rücktritt nur nach Ablauf einer zur Abhilfe bestimmten Frist oder nach Abmahnung zulässig sein.[423] Hier bedeutet dies für die Fremdfirma, dass sie vor einer Kündigung den Portalbetreiber abmahnen muß. Ein Abhilfeverlangen scheidet jedoch angesichts des absoluten Fixschuldcharakters der Einbindungspflicht aus. Dem Mangel kann nämlich nachträglich ebensowenig abgeholfen werden, wie er durch eine Nacherfüllung beseitigt werden kann. Daher muß sie vom Portalbetreiber mangelfreie Erfüllung für die Zukunft verlangen und klarstellen, dass eine erneute mangelhafte Erfüllung zur Auflösung des AEV führen wird.[424] Dem mag man entgegenhalten, dass auch die teleologische Auslegung ihre Grenze am Gesetzeswortlaut findet.[425] Jedoch ist dies bei so eindeutigen Fehlern des Gesetzes, deren Lösung auch auf der Hand liegt, nicht zwingend, wie in der Vergangenheit die Auslegung des § 275 Abs. 1 BGB a. F. gezeigt hat. Nach einhelliger Ansicht wurde entgegen dem (noch eindeutigeren) Wortlaut auch derjenige von der Leistungspflicht frei, der die Unmöglichkeit zu vertreten hatte.[426]

Die Abmahnung ist aber in den Fällen des § 634 Nr. 3, 1. Fall BGB analog i. V. m. § 314 Abs. 2 Satz 2 BGB i. V. m. § 323 Abs. 2 BGB und im Fall des § 634 Nr. 3, 1. Fall BGB i. V. m. § 326 Abs. 5 Halbsatz 2 BGB bei Unmöglichkeit einer ordnungsgemäßen Leistungserbringung für die Zukunft entbehrlich. Letzteres ergibt sich aus der analogen Anwendung der Regelungen für den Rücktritt auf das Kündigungsrecht des Dauerwerkvertrages.[427] Für den Rücktritt ordnet § 634 Nr. 3 BGB die Anwendbarkeit des § 326 Abs. 5 Halbsatz 2 BGB an, wonach beim Rücktritt eine Fristsetzung gemäß. § 323 Abs. 1 BGB im Fall der Unmöglichkeit der geschuldeten Leistung nach § 275 BGB nicht notwendig ist. Dahinter steckt das Ziel, eine Lösung vom Vertrag durch Rücktritt nicht zu

---

422 Wackerbarth, in: Dauner-Lieb/Konzen/Schmidt, 169.

423 BT-Drucksache 14/6040, Seite 178. Man könnte hier auch zum Auslegungsergebnis kommen, dass die Anforderungen des § 314 Abs. 2 BGB weitere eigenständige Voraussetzungen der Kündigung neben dem wichtigen Grund sind und nicht Voraussetzungen für das Vorliegen des wichtigen Grundes. Unterschiede in den Voraussetzungen und Rechtsfolgen der Kündigung bedingt dies jedoch nicht.

424 Vgl. MünchKomm-Gaier (2a), § 314, Rn. 14; AnwKom-Krebs, § 314, Rn. 18; von Hase, NJW 2002, 2278 (2280).

425 Wackerbarth, in: Dauner-Lieb/Konzen/Schmidt, 170.

426 Siehe dazu Staudinger-Löwisch (2001), § 275, Rn. 58; Hertel, in: Amann/Brambring/Hertel, A II 2 a (S. 18).

427 S. dazu o. 1).

schnell, sondern erst dann zu ermöglichen, wenn der Schuldner die Möglichkeit gehabt hat, die geschuldete Leistung mangelfrei zu erbringen. Da dies bei Unmöglichkeit der Leistung gerade nicht mehr der Fall ist, kann die Fristsetzung wegen Zwecklosigkeit entfallen.[428] Im Rahmen der analogen Anwendung auf Dauerschuldverhältnisse wie den AEV bedeutet dies, dass dann, wenn eine zukünftige ordnungsgemäße Erfüllung wegen Unmöglichkeit der zukünftigen Leistung nicht mehr in Frage kommt, die Abmahnung wegen Zwecklosigkeit nicht mehr erfolgen braucht. Wann dies der Fall ist, muß im Einzelfall entschieden werden.

4) Zwischenergebnis zu (cc) Das Rücktrittsrecht nach § 634 Nr. 3, 1. Fall, 636 BGB und die Kündigung aus wichtigem Grund nach § 634 Nr. 3, 1. Fall BGB analog i. V. m. § 314 BGB

1. Beim AEV ist bei mangelhafter Erfüllung durch den Portalbetreiber der Rücktritt nach § 634 Nr. 3, 1. Fall BGB i. V. m. § 326 Abs. 5 BGB statthaft. Daneben besteht das Recht zur Kündigung aus wichtigem Grund nach § 634 Nr. 3, 1. Fall BGB analog i. V. m. § 314 BGB unter entsprechender Anwendung der §§ 634 Nr. 3, 326 Abs. 5 Halbsatz 2 BGB. Daneben bestehen weiterhin die besonderen werkvertraglichen Kündigungsrechte. Die Kündigung verdrängt jedoch den Rücktritt im Fall des Teilrücktritts vom zukünftigen, noch nicht erfüllten Teil des Vertrages nach §§ 634 Nr. 3, 1. Fall, 326 Abs. 5 Halbsatz 2, 323 Abs. 5 Satz 1 BGB.

2. Ein wichtiger Grund nach § 314 Abs. 1 Satz 2 BGB liegt nur dann vor, wenn auch die Anforderungen des § 314 Abs. 2 Satz 1 BGB erfüllt sind. Nach Ablauf der vereinbarten Zeit ist die Kündigung aus wichtigem Grund nach § 634 Nr. 3, 1. Fall BGB analog i. V. m. § 314 BGB in Ermangelung des Vorliegens eines wichtigen Grundes nicht mehr möglich.

(dd) Das Minderungsrecht, §§ 634 Nr. 3, 2. Fall, 638 BGB

Nach §§ 634 Nr. 3, 2. Fall, 638 Abs. 1 Satz 1 BGB kann der Besteller statt des Rücktritts auch die Vergütung mindern. Vergütung bedeutet im Rahmen dieser Vorschrift bei einem gemischten Vertrag wie dem AEV die Gesamtheit der Gegenleistungen, denn Vergütung meint im Werkvertragsrecht der §§ 631 ff BGB schlicht jede Gegenleistung[429]. Die grundsätzlich minderungsfähigen Ge-

---

[428] Siehe BT-Drucksache 14/6040, Seite 184 und BT-Drucksache 14/7052, Seite 193.
[429] S. o. A.IV.2.a)bb)(6).

genleistungen der Fremdfirma sind hier die Schaffung der Angebotsseite in Stil und Ästhetik der Portalseite für die vereinbarte Zeit, die Schaffung und Aufrechterhaltung eines attraktiven Angebotes auf der Angebotsseite während der vereinbarten Zeit und gegebenenfalls eine Geldvergütungszahlung.

Voraussetzung für eine Minderung der Vergütung stellt die Möglichkeit eines Rücktritts wegen der mangelhaften Erfüllung durch den Portalbetreiber dar. Dafür reichen die Voraussetzungen für einen Teilrücktritt bezogen auf den mangelhaften Teil der Leistung aus. Denn der Zweck der Minderung besteht darin, das durch die Schlechterfüllung des Portalbetreibers gestörte Äquivalenzverhältnis zwischen den geschuldeten Leistungen wiederherzustellen, indem die Gegenleistung der Fremdfirma entsprechend verkürzt wird.[430] Dazu wird dann das Werk des Portalbetreibers als mangelhaft akzeptiert und die Gegenleistung der Fremdfirma durch Verkürzung entsprechend angepaßt, so dass beide Vertragsparteien nicht mehr verpflichtet sind, die ursprünglich vereinbarten Leistungen voll zu erbringen, sondern nur noch gleichmäßig reduzierte Leistungen.

Grundsätzlich könnte die Fremdfirma bei Vorliegen dieser Voraussetzungen alle drei Gegenleistungen kürzen. Dies entspricht grundsätzlich auch dem vorgenannten Zweck der Minderung. Hat der Portalbetreiber eine minderwertige Leistung erbracht, so darf die Fremdfirma in gleichem Umfang eine minderwertige Leistung erbringen. Aber dies erscheint unter dem Gesichtspunkt von Treu und Glauben, § 242 BGB, problematisch. Danach hat die Fremdfirma alles zu unterlassen, was die Herbeiführung des mit dem AEV bezweckten Erfolges behindert. Die Minderung der beiden Werkherstellungspflichten der Fremdfirma wäre aber eine Behinderung des vertraglichen Erfolges. Der angestrebte Synergieeffekt der Kooperation von Portalbetreiber und Fremdfirma würde nämlich darunter leiden, dass die Fremdfirma die Erfüllung dieser Leistungen teilweise mit Hinweis auf die Schlechtleistung des Portalbetreibers gemindert, also schlecht, erbringen würde. Nach Treu und Glauben ist das Minderungsrecht der Fremdfirma daher auf die Geldvergütungspflicht einzuschränken. Dies hat jedoch die Folge, dass sie, wenn eine solche nicht vereinbart ist, nicht mindern kann. In diesem Falle bleibt ihr nur die Möglichkeit von Schadensersatzansprüchen als Ausgleich für die erlittene Leistungseinbuße.

Als Zwischenergebnis kann damit festgehalten werden, dass die Minderung nach §§ 634 Nr. 3, 2. Fall, 638 Abs. 1 Satz 1 BGB mit der Maßgabe möglich ist, dass nur eine Geldvergütung der Fremdfirma gemindert werden kann.

---

[430] Vgl. NSchR-Haas, 6. Kapitel, Rn. 36 i. V. m. 5. Kapitel, Rn. 209.

(ee) Der Schadensersatzanspruch, §§ 634 Nr. 4, 1. Fall i. V. m. §§ 636, 280, 281, 283 und 311 a BGB, und der Anspruch auf Ersatz vergeblicher Aufwendungen, § 634 Nr. 4, 2. Fall i. V. m. §§ 636, 280, 281, 283, 284 BGB.

Desweiteren steht der Fremdfirma bei einer mangelhaften Erfüllung der Pflicht des Portalbetreibers zur Schaffung der Einbindung der Angebotsseite in die Portalseite mittels Hyperlink und Framing-Technik für die vereinbarte Zeit ein Anspruch auf Schadensersatz bzw. auf Ersatz vergeblicher Aufwendungen zu. Insoweit ergeben sich keine großen Besonderheiten gegenüber dem Fall der Nichterfüllung.[431]

Ein zu erwähnender Unterschied ist, dass sich ein Anspruch auf Schadensersatz statt der Leistung hier aus § 283 BGB bzw. § 311 a Abs. 2 BGB ergibt. Denn die vom Portalbetreiber geschuldete Leistung, die mangelfreie Einbindung, ist auch im Wege der Nacherfüllung nicht möglich.[432] Das folgt aus dem Charakter dieser Pflicht als absoluter Fixschuld. § 281 BGB hingegen kann keine Grundlage für einen Anspruch auf Schadensersatz statt der Leistung sein, da er voraussetzt, dass die geschuldete Leistung noch erfüllbar ist, wie das Erfordernis der Fristsetzung in § 281 Abs. 1 Satz 1 BGB zeigt.[433]

Daneben soll an dieser Stelle auf die parallele Problematik der § 283 Satz 2 BGB bzw. § 311 a Abs. 2 Satz 3 BGB i. V. m. § 281 Abs. 1 Satz 2 und 3 BGB zu § 323 Abs. 5 Satz 1 und 2 BGB hingewiesen werden.[434] Mit der selben Begründung wie dort scheidet hier wegen der Gleichstellung von Zuwenigleistung und Sachmangel in § 633 Abs. 2 Satz 3 BGB eine Anwendung des § 281 Abs. 1 Satz 2 BGB im Falle einer nur teilweisen Erfüllung der Einbindungspflicht aus, wenn keine Nebenleistung ganz oder teilweise bewirkt ist. Hinsichtlich der Einbindungsleistung findet nur § 281 Abs. 1 Satz 3 BGB Anwendung.[435] Ein Unterschied zum Rücktritt besteht hierbei aber, dass noch nicht fällige Leistungsteile nicht durch Schadensersatz statt der Leistung ersetzt werden können. Der Begriff "ganze" Leistung in § 281 Abs. 1 Satz 2 BGB meint nämlich, wie bereits festgestellt wurde,[436] nur "ganze bereits fällige" Leistung.

---

[431] S. o. (2)(c).

[432] Vgl. Palandt-Sprau, § 634, Rn. 6 f.; AnwKom-Raab, § 636, Rn. 34 i. V. m. 9 ff; NSchR-Haas, 6. Kapitel, Rn. 37 i. V. m. 5. Kapitel, Rn. 240; Oetker/Maultzsch, § 8 F II 3 f aa Fn. 231 (S. 484) i. V. m. § 2 E II 3 e aa (2) (d) (S. 118); Brox/Walker, BS, § 24, Rn. 37.

[433] Vgl. auch BT-Drucksache 14/6040, Seite 138.

[434] Vgl. o. (cc)2)

[435] Vgl. Palandt-Heinrichs, § 281, Rn. 38; a. A. BT-Drucksache 14/6040, Seite 139 f., wie hier jedoch die Begründung zu § 323 Abs. 5 BGB in BT-Drucksache 14/6040, Seite 187; im Übrigen siehe zum Diskussionsstand bei der parallelen Regelung des § 323 Abs. 5 BGB o. (cc)2).

[436] S. o. (2)(c).

(ff) Das Recht auf Zurückbehaltung der eigenen Leistung

Im Fall der mangelhaften Erfüllung der Einbindungspflicht durch den Portalbetreiber könnte die Fremdfirma auch ein Recht zur Verweigerung der eigenen Leistung haben. Anders als im Falle der Nichterfüllung[437] kann sich hier ein solches Recht nicht daraus ergeben, dass die eigene Gegenleistung der Fremdfirma wegen der Pflichtverletzung des Portalbetreibers nicht mehr besteht. Zum einen ist der Fremdfirma die mangelfreie Erfüllung ihrer Pflichten weiterhin bis zum Ablauf der vereinbarten Zeit tatsächlich möglich. Zum anderen ist § 326 Abs. 1 Satz 1 BGB im Fall einer Schlechtleistung ausdrücklich nach § 326 Abs. 1 Satz 2 BGB ausgeschlossen. Damit bleibt als Grundlage für eine Verweigerung der eigenen Leistungen nur die Möglichkeit der Berufung auf § 320 Abs. 1 Satz 1 BGB in Form der "Einrede des nicht gehörig erfüllten Vertrages"[438].

Der Anwendbarkeit des § 320 Abs. 1 Satz 1 BGB steht der Charakter des AEV als Dauerschuldverhältnis nach h. M. grundsätzlich nicht entgegen.[439] Allerdings wird dies nur für das Gegenüberstehen einer Dauerschuld und einer periodisch geschuldeten Gegenleistung in Form einer Geldschuld diskutiert und damit begründet, dass ansonsten ein Ungleichgewicht der Dauerschuld gegenüber der Geldschuld entstünde[440]. Demgegenüber stehen sich beim AEV - abgesehen von der Geldvergütungsschuld der Fremdfirma - nur Dauerschulden als Leistung und Gegenleistung gegenüber. Ein Übergewicht der Dauerschuld gegenüber einer Nichtdauerschuld kann damit insoweit gar nicht entstehen.

Jedoch muß im Rahmen des AEV die Anwendbarkeit des § 320 Abs. 1 Satz 1 BGB abgelehnt werden. So ist bereits die Grundlage des § 320 Abs. 1 Satz 1 BGB nicht erfüllt. Danach müssen nämlich Leistung und Gegenleistung noch erfüllbar sein, da durch die Verweigerung der Gegenleistung der Fremdfirma die nicht bzw. schlecht erfüllte Leistung des Portalbetreibers erzwungen werden soll.[441] Dazu ist es aber nötig, dass nicht nur die zu verweigernde Gegenleistung, sondern auch die nicht erfüllte Leistung noch erfüllt werden können.[442] Hier ist jedoch die Leistung des Portalbetreibers wegen ihres absoluten Fixschuldcharakters nicht mehr mangelfrei erfüllbar und damit auch nicht mehr mangelfrei er-

---

[437] S. o. (2)(b).

[438] Vgl. dazu BGH, Urt. v. 22.02.1971 - VII ZR 243/69, BGHZ 55, 354 (356); Palandt-Heinrichs, § 320, Rn. 1, 9; MünchKomm-Emmerich (2a), § 320, Rn. 4.

[439] MünchKomm-Emmerich (2a), § 320, Rn. 7; Gernhuber, Erfüllung, § 14 III 3 (S. 341).

[440] Gernhuber, Erfüllung, § 14 III 3 (S. 341).

[441] Siehe BGH, Urt. v. 09.07.1981 - VII ZR 40/80, NJW 1981, 2801; Urt. v. 08.07.1982 - VII ZR 96/81, NJW 1982, 2494 (2494).

[442] Palandt-Heinrichs, § 320, Rn. 5; MünchKomm-Emmerich (2a), § 320, Rn. 35; Gernhuber, Schuldverhältnis, § 14 II 1 (S. 335).

zwingbar. Daneben steht auch der Grundsatz von Treu und Glauben, § 242 BGB, und die sich aus ihm ergebende allgemeine Nebenpflicht der Fremdfirma, alles zu unterlassen, was den Erfolg des Vertrages vereiteln könnte, einer Geltendmachung des Zurückbehaltungsrechtes entgegen. Denn hinsichtlich ihrer Werkherstellungspflichten führt eine Zurückbehaltung der ordnungsgemäßen Leistungserbringung zu einer weiteren Beeinträchtigung des Vertragszwecks insgesamt. Insoweit gilt hier dasselbe wie bei der Minderung nach §§ 634 Nr. 3, 2. Fall, 638 Abs. 1 Satz 1 BGB.[443] Zwar erscheint es der Fremdfirma nicht zumutbar, ihre Leistung voll erbringen zu müssen, während der Portalbetreiber die seine mangelhaft erbringt. Denn so wird sie ohne eigenen Verursachungsbeitrag mit einem mangelhaften Internetauftritt in Verbindung gebracht, was ihrem Ruf und damit ihrem weiteren wirtschaftlichen Erfolg schaden könnte. Letztlich bestehen dafür aber der Rücktritt nach § 634 Nr. 3, 1. Fall BGB und die Kündigung nach § 634 Nr. 3, 1. Fall BGB analog i. V. m. § 314 BGB. Sollte daher die Gefahr der schädlichen Folgen für die Fremdfirma zu groß werden, kann sie zurücktreten, da nicht mehr von einer unerheblichen Pflichtverletzung i. S. d. § 323 Abs. 5 Satz 2 BGB ausgegangen werden kann, oder wegen Vorliegens eines wichtigen Grundes kündigen, ohne dass eine Abmahnung erforderlich wäre, § 314 Abs. 1 Satz 2, Abs. 2 Satz 2 BGB i. V. m. § 323 Abs. 2 Nr. 3 BGB. Finanzielle Schäden können über Schadensersatzansprüche ausgeglichen werden.

(gg) Zwischenergebnis zu (b) Die Rechte der Fremdfirma

1. Die Fremdfirma besitzt bei mangelhafter Erfüllung des Portalbetreibers keinen Anspruch auf Nacherfüllung nach §§ 634 Nr. 1, 635 BGB und hat kein Recht zur Selbstvornahme und Geltendmachung von Aufwendungsersatz, §§ 634 Nr. 2, 637 BGB.

2. Ihr steht jedoch das Recht zum Rücktritt nach §§ 634 Nr. 3, 1. Fall, 323, 326 Abs. 5 BGB zu, sofern es sich nicht lediglich um einen Teilrücktritt für die Zukunft, also hinsichtlich noch nicht erbrachter Leistungen, handelt. Während der vereinbarten Zeit hat sie daneben das Recht zur Kündigung aus wichtigem Grund nach § 634 Nr. 3, 1. Fall BGB analog i. V. m. § 314 Abs. 1, 2 BGB.

3. Eine Minderung nach §§ 634 Nr. 3, 2. Fall, 638 Abs. 1 Satz 1 BGB kann nur bzgl. einer Geldvergütung der Fremdfirma geltend gemacht werden.

---

[443] S. o. (dd).

4. Weiter stehen der Fremdfirma Ansprüche auf Schadensersatz nach § 634 Nr. 4, 1. Fall BGB i. V. m. §§ 636, 280, 283 und 311 a BGB oder auf Ersatz vergeblicher Aufwendungen nach § 634 Nr. 4, 2. Fall BGB i. V. m. §§ 636, 280, 283, 284 BGB zu.

5. Ihre Gegenleistung kann sie wegen der mangelhaften Erfüllung des Portalbetreibers weder ganz noch teilweise verweigern.

(c) Ergebnis zu (3) Die Folgen der mangelhaften Erfüllung der Pflicht zur Schaffung der Einbindung der Angebotsseite in die Portalseite mittels Hyperlink und Framing-Technik für die vereinbarte Zeit

1. Eine mangelhafte Erfüllung der Einbindungspflicht ist nur in Form eines Sachmangels möglich. Ein Sachmangel liegt vor, wenn die Einbindung zeitweilig gar nicht oder verspätet oder sonst nicht in der vereinbarten Form erfolgt.

2. Geltendmachen kann die Fremdfirma die ihr zustehenden Gewährleistungsrechte bereits in dem Zeitpunkt, in dem der Mangel auftritt, selbst wenn sich später herausstellen sollte, dass statt einer mangelhaften Erfüllung eine Nichterfüllung vorgelegen hat.

3. Die Rechte der Fremdfirma wegen eines solchen Sachmangels ergeben sich grundsätzlich aus § 634 BGB. Einen Anspruch auf Nacherfüllung nach §§ 634 Nr. 1, 635 BGB oder ein Recht zur Selbstvornahme und Geltendmachung von Aufwendungsersatz nach §§ 634 Nr. 2, 637 BGB hat sie jedoch nicht. Neben dem Rücktrittsrecht nach §§ 634 Nr. 3, 1. Fall, 323, 326 Abs. 5 BGB steht der Fremdfirma während der vereinbarten Zeit auch die Möglichkeit der Kündigung aus wichtigem Grund nach § 634 Nr. 3, 1. Fall BGB analog i. V. m. § 314 BGB zu. Bei der Minderung nach §§ 634 Nr. 3, 2. Fall, 638 BGB ist zu beachten, dass diese nur hinsichtlich einer Geldvergütung der Fremdfirma statthaft ist.

Ein Recht auf Zurückbehaltung ihrer Gegenleistungen hat die Fremdfirma bei mangelhafter Erfüllung der Einbindungspflicht aus keinem Rechtsgrund.

(4) Der Eintritt der Undurchsetzbarkeit der Rechte und Ansprüche der Fremdfirma

Infolge Zeitablaufs kann es geschehen, dass die Rechte und Ansprüche der Fremdfirma aus dem AEV nicht mehr durchgesetzt werden können. Dies kann durch Verjährung oder Untergang geschehen. Aus § 194 Abs. 1 BGB ergibt sich, dass nur Ansprüche wie etwa der Anspruch auf Erfüllung der Hauptpflicht verjähren können, während Rechte wie das Gestaltungsrecht des Rücktritts nur untergehen bzw. nicht mehr geltend gemacht werden können.

Im Folgenden ist zwischen dem Primäranspruch auf Erfüllung der Pflicht zur Schaffung der Einbindung der Angebotsseite in die Portalseite mittels Hyperlink und Framing-Technik für die vereinbarte Zeit und den Sekundäransprüchen und -rechten bei Nichterfüllung bzw. bei mangelhafter Erfüllung zu unterscheiden.

(a) Der Primäranspruch auf Erfüllung der Pflicht zur Schaffung der Einbindung der Angebotsseite in die Portalseite mittels Hyperlink und Framing-Technik für die vereinbarte Zeit

Der Primäranspruch auf Erfüllung der Pflicht zur Schaffung der Einbindung der Angebotsseite in die Portalseite mittels Hyperlink und Framing-Technik für die vereinbarte Zeit verjährt grundsätzlich in Ermangelung einer gesetzlichen Sonderregelung regelmäßig in drei Jahren, § 195 BGB. Ab diesem Zeitpunkt kann die Fremdfirma den Anspruch nicht mehr durchsetzen. Die Verjährungsfrist beginnt nach § 199 Abs. 1 BGB mit dem Schluß des Jahres, in dem der Anspruch entsteht (Nr. 1), und die Fremdfirma von den Anspruch begründenden Umständen erfahren hat (Nr. 2). Die Kenntnis von der Person des Schuldners, die § 199 Abs. 1 Nr. 2 BGB zusätzlich verlangt, liegt angesichts eines vertraglichen Anspruchs vor. Entstanden ist ein Anspruch, sobald er erstmals, auch durch Klage, geltend gemacht werden kann,[444] in der Regel also im Zeitpunkt seiner Fälligkeit[445]. Da es sich bei der Einbindungspflicht um eine Dauerschuld handelt, die während der vereinbarten Zeit zu erfüllen ist, gibt es keinen einheitlichen Zeitpunkt der Fälligkeit. Vielmehr tritt die Fälligkeit für jeden Teil der geschuldeten Leistung in dem Zeitmoment während des Verlaufes der vereinbarten Zeit ein, in dem dieser Teil zu erfüllen ist. Denn erst ab diesem Zeitpunkt kann der entsprechende Leistungsteil gefordert werden.[446]

---

[444] St. Rspr., BGH, Urt. v. 17.02.1971 - VII ZR 4/70, BGHZ 55, 340 (341); Urt. v. 22.02.1979 - VII ZR 256/77, BGHZ 73, 363 (365); Urt. v. 18.12.1980 - VII ZR 41/80, BGHZ 79, 176 (177 f.); Urt. v. 11.03.1987 - IVa ZR 290/85, WM 1987, 631 (632); Urt. v. 23.01.2001 - X ZR 247/98, ZIP 2001, 611 (613); Urt. v. 17.12.1999 - V ZR 448/98, NJW-RR 2000, 647 (648).

[445] BGH, Urt. v. 17.02.1971 - VII ZR 4/70, BGHZ 55, 340 (341); Urt. v. 10.03.1977 - VII ZR 154/75, WM 1977, 553 (554); Urt. v. 19.12.1990 - VIII AZR 5(90, BGHZ 113, 188 (193); Urt. v. 17.12.1999 - V ZR 448/98, NJW-RR 2000, 647 (648); Urt. v. 23.01.2001 - X ZR 247/98, ZIP 2001, 611 (613); Jauernig-Jauernig, § 199, Rn. 2.

[446] A. A. Bamberger/Roth-Henrich, § 199, Rn. 7; Palandt-Heinrichs, § 199, Rn. 21; jeweils unter Berufung auf BGH, Urt. v. 28.09.1973 - I ZR 136/71, NJW 1973, 2285 f.

Allerdings führt der Charakter der Einbindungspflicht als absoluter Fixschuld im Ergebnis dazu, dass eine Verjährung nie eintritt. Da nämlich mit Verstreichen des Zeitmomentes für die Erfüllung des jeweiligen Leistungsteiles eine Erfüllung nicht mehr möglich ist und der allgemeine Erfüllungsanspruch bezogen auf diesen Leistungsteil damit wegen Unmöglichkeit nach § 275 Abs. 1 BGB untergegangen ist, ist auch das in § 194 Abs. 1 BGB vorgesehene Objekt der Verjährung, hier der Primäranspruch, in entsprechendem Umfang weggefallen. Eine Verjährung des insoweit unmöglich gewordenen Anspruchs ist daher nicht mehr möglich. Der Primäranspruch verjährt also nicht, sondern geht infolge Unmöglichkeit nach § 275 Abs. 1 BGB mit Ablauf der vereinbarten Zeit unter. Ab diesem Zeitpunkt ist er nicht mehr durchsetzbar.

(b) Die Sekundäransprüche und -rechte bei Nichterfüllung und mangelhafter Erfüllung der Primärleistungspflicht

Bei der Frage nach dem Zeitpunkt, ab dem Sekundäransprüche bzw. -rechte nicht mehr durchgesetzt werden können, ist zwischen dem Fall der Nichterfüllung und dem Fall der mangelhaften Erfüllung zu unterscheiden. Bei letzterer besteht nämlich mit § 634 a BGB eine besondere Regelung.

(aa) Der Fall der Nichterfüllung

Die Ansprüche der Fremdfirma gegen den Portalbetreiber wegen der Nichterfüllung der Einbindungspflicht verjähren wie der Erfüllungsanspruch mangels gesetzlicher Sonderregelung regelmäßig in drei Jahren, § 195 BGB. Mit Ablauf des Verjährungszeitraums können die Ansprüche nicht mehr durchgesetzt werden. Die Verjährungsfrist beginnt nach § 199 Abs. 1 BGB mit dem Schluß des Jahres, in dem der Anspruch entsteht, und die Fremdfirma von den anspruchsbegründenden Umständen und der Person des Schuldners Kenntnis erlangt. Entstehung bedeutet dabei Fälligkeit, also Klagbarkeit der Ansprüche wegen der Nichterfüllung. Dieser Zeitpunkt tritt erst mit Ablauf der vereinbarten Zeit ein, da erst mit diesem Zeitpunkt die Nichterfüllung eintritt.

Gestaltungsrechte wegen der Nichterfüllung der Einbindungspflicht bestehen nur in Form des Rücktritts. Nach § 218 Abs. 1 Satz 1 BGB ist die Erklärung des Rücktritt wegen nicht erbrachter Leistung unwirksam, wenn der jeweilige Anspruch auf die Leistung verjährt ist. Das ist hier nie möglich. Der Anspruch auf Leistung ist hier nämlich der Anspruch auf die Primärleistung. Und dieser Anspruch der Fremdfirma kann, wie soeben dargestellt,[447] nicht verjähren, da er vor Eintritt der Verjährung bereits wegen des absoluten Fixschuldcharakters der Einbindungspflicht nach § 275 Abs. 1 BGB unmöglich geworden ist. Allerdings hat der Gesetzgeber für diesen Fall den § 218 Abs. 1 Satz 2 BGB geschaffen. Dieser stellt bzgl. der Unwirksamkeit des Rücktritts darauf ab, wann der unmöglich gewordene Leistungsanspruch verjährt "wäre". Diese "theoretische" Verjährung ergibt sich hier aus den Vorschriften der §§ 195, 199 Abs. 1 BGB. Damit kann auf die bereits ermittelten Ergebnisse zur Verjährung des allgemeinen Erfüllungsanspruchs verwiesen werden.[448] Nach Ablauf eines entsprechenden Zeitraumes ist damit ein Rücktritt unwirksam, wenn sich der Portalbetreiber als Schuldner auf die "Verjährung" beruft. Die Fremdfirma kann ihr Rücktrittsrecht dann nicht mehr durchsetzen.

(bb) Der Fall der mangelhaften Erfüllung

Bei mangelhafter Erfüllung stehen der Fremdfirma als Gewährleistungsrechte ein Schadensersatzanspruch, §§ 634 Nr. 4, 636, 280, 283 und 311 a BGB, oder ein Anspruch auf Ersatz vergeblicher Aufwendungen, §§ 634 Nr. 4, 284, 311 a BGB, sowie der Rücktritt nach §§ 634 Nr. 3, 1. Fall, 636 BGB bzw. die Kündigung nach § 634 Nr. 3, 1. Fall BGB analog i. V. m. § 314 BGB und die Minderung nach §§ 634 Nr. 3, 2. Fall, 638 BGB zu.

Für den Eintritt der Undurchsetzbarkeit der beiden Ansprüche (Schadensersatz und Ersatz vergeblicher Aufwendungen) kommt es auf den Zeitpunkt des Verjährungseintritts an. Für die Verjährung gilt die Sonderregelung des § 634 a Abs. 1 BGB. Sie verjähren somit nach § 634 a Abs. 1 Nr. 3 BGB regelmäßig, also in drei Jahren ab dem Schluß des Jahres ihrer Entstehung und der Kenntnis der Fremdfirma von den anspruchsbegründenden Umständen und der Person des Schuldners, § 195 BGB, § 199 Abs. 1 BGB. Denn die Schaffung einer mangelfreien Einbindung der Angebotsseite in die Portalseite mittels Hyperlink und Framing-Technik für die vereinbarte Zeit zählt als ein unkörperliches Werk zu den sonstigen Werke des § 634 a Abs. 1 Nr. 3 BGB. Sie ist nicht, wie die Nr. 1 voraussetzt, eine Herstellung einer Sache i. S. d. § 90 BGB und auch keine Planungs- oder Überwachungsleistung hierfür. Die Leistung des Portalbetreibers ist vielmehr die Erstellung des Werkes selbst und dient nicht, wie für eine Planungs- oder Überwachungsleistung nötig, der Planung des Werkes im weitesten Sinne bzw. der Überwachung seiner Erstellung. Weiter ist das Einbindungswerk

[447] S. o. (a).
[448] S. o. (a).

auch kein Bauwerk oder eine Planungs- oder Überwachungsleistung für ein solches, wie es die Nr. 2 voraussetzt. Die Ansprüche entstehen, wenn sie fällig und klagbar geworden sind[449]. Dies ist, wie oben festgestellt wurde,[450] während des Verlaufes der vereinbarten Zeit jeweils in dem Moment der Fall, in dem der zur Gewährleistung berechtigende Mangel auftritt.

Nicht verjähren können die Gestaltungsrechte des Rücktritts, der Kündigung und der Minderung. Für diese gelten hinsichtlich des Eintritts der Undurchsetzbarkeit andere Regelungen.

Statt zu verjähren ist etwa bei Rücktritt und Minderung über die Vorschrift des § 634 a Abs. 4 Satz 1 BGB bzw. über § 634 a Abs. 5 BGB der § 218 BGB entsprechend anwendbar. Danach sind Rücktritt bzw. Minderung unwirksam und damit nicht mehr durchsetzbar, wenn der wegen des zugrundeliegenden Mangels bestehende Nacherfüllungsanspruch verjährt und sich der Portalbetreiber darauf beruft. Da allerdings hier wegen des absoluten Fixschuldcharakters der Hauptleistung des Portalbetreibers kein Nacherfüllungsanspruch besteht,[451] kann dieser auch nicht verjähren. Daher kommt es auch hier auf § 218 Abs. 1 Satz 2 BGB an, wonach im Falle der Unmöglichkeit des Nacherfüllungsanspruches nach § 275 Abs. 1 BGB für die Unwirksamkeit von Rücktritt und Minderung der Zeitpunkt des theoretischen Verjährungseintrittes des Nacherfüllungsanspruch maßgebend ist. Dadurch soll ein Gleichlauf des Untergangs der Durchsetzbarkeit der Gewährleistungsrechte herbeigeführt werden.[452] Verjähren würde ein Nacherfüllungsanspruch zum selben Zeitpunkt, zu dem auch die anderen Gewährleistungsansprüche verjähren. Für die Unwirksamkeit von Rücktritt oder Minderung ist damit entscheidend, wann diese Ansprüche infolge Verjährung nicht mehr durchgesetzt werden können.

Für die Kündigung besteht keine entsprechende Verweisung in § 634 a BGB und § 218 BGB gilt für sie auch nicht direkt. Zu denken wäre hier an eine analoge Anwendung des § 634 a Abs. 4 Satz 1 BGB. Dafür spricht, dass auch andere Regelungen des Werkvertragsrechts für den Rücktritt auf die Kündigung analog angewendet wurden. Außerdem ist die Kündigung aus wichtigem Grund hier ein Gewährleistungsrecht und durch § 634 a Abs. 4 Satz 1 BGB wird ein Gleichlauf des Endzeitpunktes für die Durchsetzbarkeit der Gewährleistungsrechte angestrebt. Gegen diese Analogie spricht aber das Fehlen eines Bedürfnisses. Denn die Kündigung aus wichtigem Grund besitzt bereits mit § 314 Abs. 3 BGB eine

---

[449] Vgl. die Nachweise o. Fn. 435 und Fn. 436.

[450] S. o. (a).

[451] S. o. (3)(b)(aa).

[452] AnwKom-Büdenbender, § 218, Rn. 3; Lorenz/Riehm, Rn. 86; Huber/Faust, 11. Kapitel, Rn. 60.

zeitliche Beschränkung für ihre Durchsetzbarkeit. Diese Vorschrift ist auch eine Spezialregelung gegenüber § 218 BGB.[453] Danach kann die Kündigung aus wichtigem Grund nur innerhalb einer angemessenen Frist geltend gemacht werden. Bei der Feststellung der Angemessenheit muß man im Falle der Gewährleistung für Sachmängel den Gleichlaufgedanken des § 634 a Abs. 4 Satz 1, Abs. 5 BGB i. V. m. § 218 BGB berücksichtigen. Eine angemessene Frist kann daher nicht länger sein als die theoretische Verjährungsfrist eines gedachten Nacherfüllungsanspruches. In diesem Fall wird aber wohl bereits kein wichtiger Grund nach § 314 Abs. 1 Satz 2 BGB vorliegen, da sich in den vergangenen drei Jahren der regelmäßigen Verjährung nach § 195 BGB gezeigt hat, dass das weitere Festhalten am Vertrag für die Fremdfirma zumutbar ist.

Im Ergebnis sind die Gewährleistungsrechte der Fremdfirma bei mangelhafter Erfüllung ab dem gleichen Zeitpunkt nicht mehr durchsetzbar. Lediglich hinsichtlich der Kündigung wird die Durchsetzbarkeit in der Regel schon früher beendet sein.

(c) Ergebnis zu (4) Der Eintritt der Undurchsetzbarkeit der Rechte und Ansprüche der Fremdfirma

1. Der Anspruch der Fremdfirma auf Erfüllung der Primärleistungspflicht des Portalbetreibers, der Einbindungspflicht, wird mit Ablauf der vereinbarten Zeit unmöglich i. S. d. § 275 Abs. 1 BGB. Ab diesem Zeitpunkt ist er nicht mehr durchsetzbar.

2. Im Falle einer Nichterfüllung sind die Gewährleistungsansprüche der Fremdfirma mit Eintritt ihrer Verjährung nicht mehr durchsetzbar. Sie verjähren in der allgemeinen Verjährungsfrist von drei Jahren ab Anspruchsentstehung, § 195 BGB i. V. m. § 199 Abs. 1 Nr. 1 BGB. Hinsichtlich des Rücktritts als Gestaltungsrecht ist § 218 Abs. 1 Sätze 1 und 2 BGB zu beachten. Danach ist er mit Verjährung eines theoretischen Nacherfüllungsanspruches nicht mehr durchsetzbar.

3. Im Falle der mangelhaften Erfüllung kommen weitgehend die werkvertraglichen Sondervorschriften zur Anwendung. Das führt dazu, dass die Gewährleistungsansprüche mit Eintritt ihrer Verjährung, der regelmäßigen Verjährung gemäß § 634 a Abs. 1 Nr. 3 BGB, und Rücktritt und Minderung als Gestaltungsrechte mit Eintritt der Verjährung eines theoretischen Nacherfüllungsanspruches gemäß § 634 a Abs. 4 Satz 1 BGB bzw. § 634 a Abs. 5 BGB i. V. m. § 218 BGB

---

[453] MünchKomm-Grothe (1a), § 218, Rn. 3.

nicht mehr durchsetzbar sind. Für das Kündigungsrecht aus wichtigem Grund nach § 634 Nr. 3, 1. Fall BGB analog i. V. m. § 314 BGB gilt die Sonderregelung des § 314 Abs. 3 BGB.

(5) Ergebnis zu bb) Die Störung der Leistungserbringung durch den Portalbetreiber und ihre Behandlung

1. Eine Störung der Leistungserbringung durch den Portalbetreiber liegt bei Nichterfüllung, teilweiser oder verzögerter Erfüllung oder bei sonst mangelhafter Erfüllung seiner Einbindungsverpflichtung vor. Dabei ist Nichterfüllung nur gegeben, wenn während der gesamten vereinbarten Zeit die Einbindung nicht geschaffen wurde. Die verzögerte Erfüllung ist eine teilweise Nichterfüllung, die als Zuwenigleistung einem Sachmangel gemäß § 633 Abs. 2 Satz 3 Var. 2 BGB gleichsteht. Eine sonst mangelhafte Erfüllung liegt nur bei Vorliegen eines Sachmangels nach § 633 Abs. 2 BGB vor. Rechtmängel sind hinsichtlich der Einbindungspflicht nicht möglich.

2. Im Falle der Nichterfüllung bestimmen sich die Rechte der Fremdfirma nach den allgemeinen Vorschriften. Sie kann daher die Erbringung ihrer Gegenleistung weitgehend verweigern sowie Schadensersatzansprüche bzw. Aufwendungsersatzansprüche geltend machen oder vom AEV zurücktreten. Ein Kündigungsrecht hat sie jedoch nicht.

3. Im Falle der mangelhaften Erfüllung ergeben sich die Rechte der Fremdfirma grundsätzlich aus § 634 BGB. Diese Rechte kann sie in dem Zeitpunkt geltend machen, in dem der Mangel auftritt. Es besteht jedoch kein Anspruch auf Nacherfüllung und kein Recht zur Selbstvornahme und Geltendmachung von Aufwendungsersatz. Jedoch steht ihr neben dem Rücktritt eine Recht zur Kündigung aus wichtigem Grund in analoger Anwendung des § 634 Nr. 3, 1. Fall BGB während der vereinbarten Zeit zu. Die Minderung ist nur bzgl. der Geldvergütung der Fremdfirma statthaft. Unzulässig ist die Verweigerung der Gegenleistung der Fremdfirma wegen mangelhafter Erfüllung.

4. Hinsichtlich des Eintritts der Undurchsetzbarkeit der Rechte und Ansprüche der Fremdfirma bei Leistungsstörungen ergeben sich keine Besonderheiten. Der Anspruch der Fremdfirma auf Erfüllung der Einbindungspflicht ist mit Ablauf der vereinbarten Zeit infolge Unmöglichkeit nicht mehr durchsetzbar. Für die Gewährleistungsrechte der Fremdfirma bei Nichterfüllung und bei mangelhafter Erfüllung gelten die allgemeinen Verjährungsregelungen, bei mangelhafter Erfüllung über die werkvertraglichen Sondervorschriften der §§ 634, 634 a BGB.

Es gilt damit jedesmal die regelmäßige Verjährung. Lediglich für das Recht zur Kündigung aus wichtigem Grund gilt § 314 Abs. 3 BGB.

b) Ergebnis zu a) Die Pflicht zur Schaffung der Einbindung der Angebotsseite in die Portalseite mittels Hyperlink und Framing-Technik für die vereinbarte Zeit und 1. Die Hauptpflichten des Portalbetreibers

1. Der Portalbetreiber ist nach § 631 Abs. 1 BGB zur Herstellung des vereinbarten Werkes, der Schaffung der Einbindung der Angebotsseite in die Portalseite mittels Hyperlink und Framing-Technik für die vereinbarte Zeit, verpflichtet. Wegen des Dauerschuldcharakters der Einbindungspflicht erfolgt die Herstellung während des Ablaufs der vereinbarten Zeit in Form einer ständigen quantitativen Teilerfüllung. Hierbei ist der Portalbetreiber gegenüber der Fremdfirma nur bzgl. einer vereinbarten Geldvergütungspflicht vorleistungspflichtig.

2. § 633 Abs. 1 BGB verpflichtet den Portalbetreiber als Präzisierung des § 631 Abs. 1 BGB zur sach- und rechtsmängelfreien Herstellung. Rechtsmängel der Einbindungspflicht können jedoch nicht auftreten. Die Mangelfreiheit muß bereits in jedem Moment während der vereinbarten Zeit für den in diesem Moment erfüllten Teil der Einbindungspflicht vorliegen.

3. Infolge der Anwendbarkeit des § 633 Abs. 2 Satz 3 Var. 2 BGB und des absoluten Fixschuldcharakters der Einbindungspflicht sind mögliche Verletzungen der Herstellungspflicht nur die Nichterfüllung und die sachmangelhafte Erfüllung. Die Rechte der Fremdfirma ergeben sich bei Nichterfüllung aus den allgemeinen Vorschriften, bei mangelhafter Erfüllung grundsätzlich aus § 634 BGB. Zusätzlich besteht bei mangelhafter Erfüllung das Recht zur Kündigung aus wichtigem Grund in analoger Anwendung der Rücktrittsregelungen des werkvertraglichen Gewährleistungsrechts. Der Charakter der Einbindungspflicht als Dauerschuld und absoluter Fixschuld bedingt insoweit keine Besonderheiten.

4. Als Ergebnis der Untersuchung der Pflicht des Portalbetreibers zur Schaffung der Einbindung der Angebotsseite in die Portalseite mittels Hyperlink und Framing-Technik für die vereinbarte Zeit läßt sich daher feststellen, dass die Anwendung von Werkvertragsrecht und allgemeinen Grundsätzen zur Behandlung von Dauerschuldverhältnissen und absoluten Fixschulden zu Resultaten führt, wie sie auch bei herkömmlichen Verträgen entstehen würden. Deshalb ist das bestehende Vertragsrecht und seine Dogmatik insoweit ausreichend, um die Probleme von Verträgen der neuen Medien sachgerecht und angemessen zu erfassen und zu lösen. Er wird noch zu zeigen sein, dass dies auch für die Haupt-

pflichten der Fremdfirma, für die Nebenpflichten der Vertragsparteien und für die Möglichkeit der Beendigung des Vertrages durch werkvertragliche Sonderregelungen gilt.

2. Die Hauptpflichten der Fremdfirma

Innerhalb des AEV treffen die Fremdfirma als Hauptpflichten die Pflicht zur Schaffung der Angebotsseite in Stil und Ästhetik der Portalseite für die vereinbarte Zeit, die Pflicht zur Schaffung und Aufrechterhaltung eines attraktiven Angebotes auf der Angebotsseite während der vereinbarten Zeit und gegebenenfalls noch eine Pflicht zur Zahlung einer Geldvergütung. Bei den ersten beiden Pflichten handelt es sich wie bei der Pflicht des Portalbetreibers zur Schaffung der Einbindung der Angebotsseite in die Portalseite mittels Hyperlink und Framing-Technik für die vereinbarte Zeit um werkvertragliche Herstellungspflichten i. S. d. § 631 Abs. 1 BGB mit Dauerschuld- und absolutem Fixschuldcharakter. Ihre Durchführung entspricht aus diesem Grund im Wesentlichen derjenigen der Pflicht des Portalbetreibers. Im Folgenden sollen daher nur noch Besonderheiten und Abweichungen erwähnt werden.

a) Die Pflicht zur Schaffung einer Angebotsseite in Stil und Ästhetik der Portalseite für die vereinbarte Zeit

aa) Die gesetzlichen Anforderungen an den Inhalt der Werkherstellungspflicht

(1) Die Pflicht zur Herstellung des Werkes nach § 631 Abs. 1 BGB

Die Fremdfirma ist verpflichtet das geschuldete Werk herzustellen. Dieses umfaßt die Programmierung der Angebotsseite in Stil und Ästhetik der Portalseite und ihre Zurverfügungstellung im Internet für die vereinbarte Zeit, so dass es dem Portalbetreiber möglich ist, sie mittels Hyperlink und Framing-Technik in seine Portalseite einzubinden. Wie die Einbindungspflicht des Portalbetreibers ist die Herstellungspflicht der Fremdfirma erst mit Ablauf der vereinbarten Zeit vollständig erfüllt, wenn die Angebotsseite während der gesamten vereinbarten Zeit einbindungsfähig bestand. Gleichermaßen wie bei der Einbindungspflicht findet während des Verlaufs der vereinbarten Zeit eine ständige fortlaufende quantitative Teilerfüllung statt. Wie bereits bei der Untersuchung der Einbindungspflicht des Portalbetreibers festgestellt wurde, ist die

Einbindungspflicht des Portalbetreibers festgestellt wurde, ist die Fremdfirma mit ihrer Werkherstellungspflicht gegenüber der Einbindungspflicht des Portalbetreibers nicht vorleistungspflichtig. Beide Pflichten sind gleichzeitig zu erfüllen.[454]

(2) Die Pflicht zur Verschaffung des Werkes frei von Sach- und Rechtsmängeln nach § 633 Abs. 1 BGB

(a) Vorbemerkung

Nach § 633 Abs. 1 BGB ist das herzustellende Werk frei von Sach- und Rechtsmängeln zu verschaffen. Was Sach- und Rechtsmängel sind, bestimmt sich wie bei der Einbindungspflicht des Portalbetreibers nach § 633 Abs. 2 und 3 BGB.[455] Anders als dort ist aber bei der Pflicht zur Schaffung der Angebotsseite das Vorliegens von Rechtsmängeln möglich. Ein Rechtsmangel liegt nämlich nach § 633 Abs. 3 BGB vor, wenn Dritte bzgl. des Werkes Rechte gegen den Besteller, also den Portalbetreiber, geltend machen können. In der Regel geht es dabei um Urheberrechte und gewerblichen Rechtsschutz.[456] Eine solche Geltendmachung ist hier deswegen vorstellbar, weil Verletzungen von Rechten Dritter auf bzw. durch die Angebotsseite wegen der Einbindung in die Portalseite dem Portalbetreiber zugerechnet werden könnten. Daher könnten aber die Dritten wiederum wegen dieser Verletzungen Rechte gegen den Portalbetreiber geltend machen.

Hinsichtlich des Zeitpunkts der Mangelfreiheit gilt dasselbe, was für das Werk der Einbindung des Portalbetreibers festgestellt wurde. Wegen des Charakters der Pflicht der Fremdfirma als Dauerschuld und absoluter Fixschuld muß also Mangelfreiheit in jedem Moment während der gesamten vereinbarten Zeit bestehen.

---

[454] S. zum Ganzen bei der Einbindungspflicht des Portalbetreibers o. 1.a)aa)(1)(b).

[455] Vgl. o. 1.a)aa)(2).

[456] BT-Drucksache 14/6040, Seite 261; Palandt-Sprau, § 633, Rn. 9; Huber/Faust-Huber, 18. Kapitel, Rn. 10.

(b) Die Rechtsmängelfreiheit und das Problem der Haftung für Hyperlinks

Im Unterschied zur Einbindungspflicht des Portalbetreibers kann das Werk der Fremdfirma rechtsmängelhaft hergestellt werden. Deshalb muß dieser Aspekt hier genauer betrachtet werden. Nach dem Gesetz liegt Rechtsmängelfreiheit dann vor, wenn Dritte wegen des Werkes gegen den Besteller keine Rechte geltend machen können, § 633 Abs. 3 BGB. Die möglichen Rechte für Dritte ergeben sich aus den verschiedenen Haftungsnormen des Zivilrechts, etwa aus dem Deliktsrecht, dem Bereicherungsrecht, dem Urheberrecht, dem Marken- oder Wettbewerbsrecht. Eine Behandlung der einzelnen in Frage kommenden Haftungsnormen muß hier unterbleiben. Ihre große Zahl und ihr vom Einzelfall abhängiges Vorliegen würden den Rahmen dieser Untersuchung sprengen. Für alle diese Normen gilt aber, dass eine haftungsbegründende Handlung oder Unterlassung des Portalbetreibers vorliegen muß. Als solche kommt hier nur die Einbindung der Angebotsseite in die Portalseite mittels Hyperlink und Framing-Technik bzw. eine Beendigung der schon bestehenden Einbindung in Betracht. Möglicherweise scheidet aber eine Haftung des Portalbetreibers gegenüber Dritten unabhängig vom Einzelfall aus. Das wäre der Fall, wenn den Hyperlinksetzer generell keine Verantwortlichkeit für von ihm verlinkte Inhalte trifft. Eine solche Freistellung von der Verantwortlichkeit kann sich aus den Regelungen der §§ 9 ff TDG[457] ergeben, die Verantwortlichkeitsprivilegierungen für verschiedene Erscheinungsformen in den neuen Medien festsetzen.

(aa) Die Anwendbarkeit der §§ 9 ff TDG auf Hyperlinks

1) Direkte Anwendbarkeit?

Die §§ 9 bis 11 TDG können auf Hyperlinks nicht direkt angewendet werden. Denn die vom Wortlaut dieser Vorschriften erfaßten Sachverhalte treffen auf Hyperlinks nicht zu. Weder dient ein Hyperlink der Durchleitung von Informationen, wie es § 9 TDG verlangt, noch speichert er Informationen, sei es die von § 10 TDG erfaßte Zwischenspeicherung zur beschleunigten Übermittlung von Informationen (Caching) oder die von § 11 TDG erfaßte Speicherung von Informationen für einen Nutzer (Hosting). Der Hyperlink stellt nämlich lediglich einen HTML-Befehl dar, der zu einer erleichterten Aufrufung von Informatio-

---

[457] Gesetz über die Nutzung von Telediensten (Teledienstegesetz - TDG) vom 22. Juli 1997 (BGBl. I S. 1870).

nen auf dem Bildschirm des Internet-Nutzers führt, da dieser die URL der verlinkten Seite nicht selber eingeben muß.[458]

2) Analoge Anwendbarkeit?

Denkbar ist aber eine analoge Anwendbarkeit der Verantwortlichkeitsprivilegierungen der §§ 9 bis 11 TDG auf Hyperlinks. Dazu müßte aber bzgl. der Hyperlinks eine planwidrige Regelungslücke vorliegen. Das wird teilweise so vertreten.[459] Problematisch ist bei diesen Ansichten jedoch, dass sie bereits zur Vorgängerregelung des § 5 TDG a. F. bestanden und schlicht auf die §§ 9 bis 11 TDG n. F. übertragen wurden, ohne die Unterschiede hinsichtlich Entstehungsgeschichte und Inhalt der Regelungen zu erkennen.[460]

So spricht die Entstehungsgeschichte der §§ 9 bis 11 TDG n. F. gegen eine analoge Anwendung auf Hyperlinks. Sie läßt nämlich keine planwidrige Regelungslücke erkennen, da der Gesetzgeber die Verantwortlichkeit für Hyperlinks bewußt nicht regelte. Er wollte mit den §§ 9 bis 11 TDG ausweislich seiner Gesetzesbegründung lediglich die zugrundeliegenden europäischen Regelungen der E-Commerce-Richtlinie (ECRL)[461] umsetzen und hielt sich zur Schaffung weitergehender Regelungen nicht für befugt. Die Art 12 bis 14 ECRL enthalten aber keine Regelung für Hyperlinks, wie Art 21 Abs. 2 ECRL ausdrücklich klarstellt. Da nun aber der deutsche Gesetzgeber die ECRL, soweit sie Verantwortlichkeitsprivilegierungen vorsieht, als Vollharmonisierung betrachtete, ging er da-

---

[458] Vgl. zum Ganzen Spindler, MMR-Beilage 7/2000, 4 (20); ders., NJW 2002, 921 (924); ders., MMR 2002, 495 (498); Müglich, CR 2002, 583 (590 f.); Stadler, Rn. 156; ders., JurPC Web-Dok. 2/2003, Abs. 11, http://www.jurpc.de/aufsatz/20030002.htm (zuletzt aufgerufen 16.01.2003); Attendorn, MMR 6/2002, V (VII); a. A. Hütig, in: Moritz/Dreier, D, Rn. 71 ff.

[459] Auf den Einzelfall abstellend Spindler, in: Hohl/Leible/Sosnitza, 128.

[460] Vgl. Dippelhofer, JurPC Web-Dok. 304/2002, Abs. 20, http://www.jurpc.de/aufsatz/20020304.htm (zuletzt aufgerufen 02.12.2002); Vassilaki, MMR 2002, 659 (661 f.); Schwarz/Poll, JurPC Web-Dok. 73/2003, Abs. 105 ff, http://www.jurpc.de/aufsatz/20030073.htm (zuletzt aufgerufen 10.04.2003); Mand, in: Gounalakis, § 24, Rn. 58 f.; so im Ergebnis wohl auch Escher-Weingart, in: Gounalakis, § 34, Rn. 48 ff; veraltet, da noch zu § 5 TDG a. F. Schmidt/Prieß, in: Spindler/Börner, Kapitel 3, VII 2 und 3 (S. 228 ff); unklar, aber wohl eine Analogie annehmend Hoeren, 290 ff.

[461] Richtlinie 2000/31/EG des Europäischen Parlaments und des Rates über bestimmte rechtliche Aspekte der Dienste der Informationsgesellschaft, insbesondere des elektronischen Geschäftsverkehrs, im Binnenmarkt ("Richtlinie über den elektronischen Geschäftsverkehr") vom 08. Juni 2000 (ABl. EG Nr. L 178 S. 1).

von aus, dass die Mitgliedstaaten weder weitere noch engere Regelungen im nationalen Recht treffen dürften.[462]

Der gesetzgeberische Wille wird nochmals deutlich in den Äußerungen der Ministerien bei der Anhörung zum Referentenentwurf des EGG[463], durch das die §§ 9 bis 11 TDG geschaffen wurden.[464] Dabei ging es u. a. um die Frage, ob weitere Tatbestände, die von der ECRL nicht ausdrücklich geregelt seien, insb. die Frage der Haftung für Hyperlinks und Frames in das TDG aufgenommen werden sollten. Die Ministerien lehnten dies mit der Begründung ab, dass die Kommission nach längerer Erörterung dieser Frage bewußt keine Regelung getroffen habe. Es solle sich erst das Rechtsverständnis durch den Fortschritt rechtlicher und technischer Erkenntnisse in diesem Bereich weiter klären, bevor eine gesetzliche Regelung gefunden werde.[465]

Ebenso bestätigt die Gegenäußerung der Bundesregierung zur Stellungnahme des Bundesrates zum Gesetzentwurf des EGG die fehlende Planwidrigkeit dieser Regelungslücke. Der Bundesrat hielt es nämlich für dringend erforderlich, eine Regelung zur Verantwortlichkeit bei Vorgängen im Zusammenhang mit Hyperlinks zu schaffen.[466] Hingegen wies die Bundesregierung dieses Ansinnen unter Berufung auf die ECRL zurück, die eine Regelung für Hyperlinks mit Blick auf die weitere europäische Entwicklung ausdrücklich ablehne. Deshalb habe auch die Bundesregierung davon abgesehen, im Rahmen der Vollharmonisierung der Vorschriften über die Verantwortlichkeitsprivilegierung der ECRL hinaus Regelungen für Hyperlinks zu schaffen.[467]

Schließlich wurde ein Änderungsantrag zum Entwurf der Bundesregierung, der in einem § 11 b eine spezielle Regelung der Verantwortlichkeit für Hyperlinks enthielt[468], von der Mehrheit des Ausschusses für Wirtschaft und Technologie abgelehnt und nicht in die Beschlußempfehlung für den Bundestag[469] aufgenommen. Zwar erkannte man im Ausschuß einen Handlungsbedarf an, sah aber das laufende Gesetzgebungsverfahren als nicht geeignet an, entsprechende Regelungen zu schaffen. Es diene nämlich vorrangig der Umsetzung der

[462] Siehe zum Ganzen BT-Drucksache 14/6098, Seite 22.
[463] Gesetz über die rechtlichen Rahmenbedingungen für den elektronischen Geschäftsverkehr (EGG) vom 14.12.2001 (BGBl. I S. 3721).
[464] Nach von Gerlach, GRUR 2001, 490 (491).
[465] Nach von Gerlach, GRUR 2001, 490 (491).
[466] BT-Drucksache 14/6098, Seite 34.
[467] BT-Drucksache 14/6098, Seite 37.
[468] BT-Drucksache 14/7370, Seite 3.
[469] BT-Drucksache 14/7345, Seite 3 ff.

ECRL.[470] Gemäß dieser Beschlußempfehlung hat der Bundestag am 9. November 2001 den Entwurf des EGG angenommen.[471]

Dem könnte man nun aber entgegenhalten, dass die Aussagen des Gesetzgebers als Rechtsfortbildungsauftrag zu deuten seien. Und die Rechtsfortbildung erfolge unter Verwendung der allgemeinen Grundsätze der Methodenlehre. Dazu zählt aber auch der Analogieschluß. Somit müsse die plangemäße Regelungslücke als bewußte, von Rechtsprechung und Wissenschaft auszufüllende Lücke angesehen werden.[472]

Dafür sprechen einzelne Aussagen der Bundesregierung in ihrer Gegenäußerung zur Stellungnahme des Bundesrates. Darin heißt es, dass wegen der Komplexität der Fragen und Fallgestaltungen hinsichtlich der Hyperlinks, insbesondere wegen ihrer verschiedenen Erscheinungsformen[473] vor einer gesetzlichen Regelung die weitere Entwicklung in Wissenschaft und Rechtsprechung zu verfolgen sei.[474] Ohne eine spezielle Beschränkung der Verantwortlichkeit für Hyperlinks bliebe daher die Haftung nach den allgemeinen Vorschriften fortbestehen.[475] Eine Entwicklung in Wissenschaft und Rechtsprechung findet primär durch Anwendung der allgemeinen Grundsätze der Methodenlehre statt. Da diese auch den Analogieschluß enthält, könnten die vorgenannten Aussagen darauf hinweisen, dass eine Analogie der §§ 9 bis 11 TDG möglich sein soll. Für ein solchen Willen des Gesetzgebers spricht auch, dass die Bundesregierung in ihrem Evaluierungsbericht vom 18. Juni 1999[476] noch davon ausging, dass eine besondere Regelung zur Haftung für Hyperlinks nicht notwendig sei, weil die Verantwortlichkeitsregelungen des § 5 TDG a. F. ausreichen würden. So heißt es in dem Bericht ausdrücklich, dass die Bundesregierung erwarte, die Rechtsprechung werde in dieser Frage zu einer sachgerechten, einzelfallbezogenen Lösung kommen, wie sie auch überwiegend die Literatur befürworte.[477] Es ist kein Grund erkennbar, warum die Bundesregierung nach Inkrafttreten von §§ 9 bis 11 TDG n. F. keine sachgerechten und einzelfallbezogenen Lösungen von der Rechtsprechung mehr erwarten sollte.

---

470 BT-Drucksache 14/7345, Seite 18.
471 BR-Drucksache 912/01.
472 Vgl. Neumann, CR 2005, 70 (72).
473 Vgl. o. bei den Linking-Verträgen, A.III.7.
474 BT-Drucksache 14/6098, Seite 37.
475 BT-Drucksache 14/6098, Seite 37.
476 Bericht der Bundesregierung über die Erfahrungen und Entwicklungen bei den neuen Informations- und Kommunikationsdiensten im Zusammenhang mit der Umsetzung des Informations- und Kommunikationsdienste-Gesetzes (IuKDG), BT-Drucksache 14/1191.
477 BT-Drucksache 14/1191, Seite 11 (C.I.3.2.2).

Allerdings trägt diese Argumentation im Ergebnis nicht.[478] Zum einen sind die Aussagen der Bundesregierung zu unpräzise, als dass die vorgenannte Auslegung zwingend wäre. Sie können nämlich auch dahin verstanden werden, dass eine gesetzgeberische Tätigkeit erst erfolgen soll, wenn es sich zeigt, dass mit den allgemeinen Vorschriften unter Ausschluß einer Analogie zu den §§ 9 bis 11 TDG, also etwa der Kausalitätslehre oder den Verschuldensgrundsätzen, eine sachgemäße Lösung der Hyperlinkproblematik nicht möglich ist. Auch erscheint ein Meinungswechsel der Bundesregierung gegenüber dem Evaluierungsbericht nicht als ungewöhnlich. Angesichts der vielen, teilweise sehr unterschiedlichen Ansichten zur Anwendbarkeit des § 5 TDG a. F. auf Hyperlinks in Literatur und Rechtsprechung ist es nicht ausgeschlossen, dass die Bundesregierung davon ausgeht, dass die bestehenden allgemeinen Vorschriften zu ausreichend billigen Ergebnissen führen. Ohnehin steht dem Gesetzgeber weitgehend das Vorrecht zu, zu entscheiden, ob er für gewisse Sachverhalte gesetzliche Regelungen schaffen will oder nicht und ob er sich überhaupt dazu in der Lage sieht. Der Grundsatz der Einschätzungsprärogative des Parlaments besagt nämlich, dass das Parlament einen Spielraum bei der Einschätzung von der Notwendigkeit und den Auswirkungen von Gesetzen hat.[479] Damit kann aber aus der Tatsache, dass der Gesetzgeber bestimmte Bereiche ausdrücklich nicht regeln wollte, nicht gefolgert werden, dass sich die Rechtsfortbildung in diesen Bereichen uneingeschränkt entfalten darf. Vielmehr kann der Gesetzgeber Lücken wie die Verantwortlichkeit für Hyperlinks im Rahmen der §§ 9 bis 11 TDG auch bewußt als Lücken gewollt haben.

Schließlich führt aber auch die Annahme eines Rechtsfortbildungsauftrages des Gesetzgebers nicht zu einer analogen Anwendung der §§ 9 bis 11 TDG auf Hyperlinks. Denn es handelt sich bei diesen Vorschriften um analogieunfähige Ausnahmeregelungen.[480] Die Rechtsordnung kennt nämlich grundsätzlich keine Verantwortlichkeitsprivilegierungen wie die der §§ 9 bis 11 TDG.

Die Nichtregelung der Hyperlinkproblematik in den §§ 9 bis 11 TDG stellt also eine gewollte und plangemäße Regelungslücke dar, die nicht im Wege der Rechtsfortbildung durch Analogie gefüllt werden kann und darf.[481]

---

[478] A.A. Neumann, CR 2005, 70 (72).

[479] Siehe BVerfG, Urt. v. 01.03.1979 - 1 BvR 532, 533/77, 419/78 und 1 BvL 21/78, BVerfGE 50, 290 (332 f.); Urt. v. 14.07.1986 - 2 BvE 2/84, 2 BvR 442/84, BVerfGE 73, 40 (41 f.).

[480] Vgl. Stadler, Rn. 156; ders., JurPC Web-Dok. 2/2003, Abs. 12, http://www.jurpc.de/aufsatz/20030002.htm (zuletzt aufgerufen 16.01.2003).

[481] So auch Müglich, CR 2002, 583 (591); Köster/Jürgens, MMR 2002, 420 (422); Spindler, NJW 2002, 921 (924); Stadler, Rn. 156; ders., JurPC Web-Dok. 2/2003, Abs. 12, 15, http://www.jurpc.de/aufsatz/20030002.htm (zuletzt aufgerufen 16.01.2003); Nickels, CR 2002, 303

3) Ergebnis zu (aa) Anwendbarkeit der §§ 9 ff TDG auf Hyperlinks

Die §§ 9 ff TDG sind weder direkt noch analog auf Hyperlinks anwendbar. Der Gesetzgeber wollte ausdrücklich keine Regelung dieses Problembereiches bei der Neufassung des TDG schaffen.[482]

(bb) Ergebnis zu (b) Die Rechtsmängelfreiheit und das Problem der Haftung für Hyperlinks

Das herzustellende Werk der Fremdfirma, die Schaffung der Angebotsseite in Stil und Ästhetik der Portalseite für die vereinbarte Zeit, muß nach § 633 Abs. 1 BGB rechtsmängelfrei sein. Wann ein Rechtsmangel vorliegt, definiert § 633 Abs. 3 BGB. Vorliegend scheiden diese nicht schon deswegen aus, weil der Portalbetreiber auf die Angebotsseite der Fremdfirma verlinkt. Denn es besteht kein genereller Ausschluß der Haftung für verlinkte Inhalte. Die Verantwortlichkeitsprivilegierungen der §§ 9 bis 11 TDG finden nämlich keine Anwendung auf Hyperlinks.

(c) Ergebnis zu (2) Die Pflicht zur Verschaffung des Werkes frei von Sach- und Rechtsmängeln nach § 633 Abs. 1 BGB

1. Die Fremdfirma ist nach § 633 Abs. 1 BGB verpflichtet, das von ihr geschuldete Werk frei von Sach- und Rechtsmängeln herzustellen. Wann Sach- und Rechtsmängel vorliegen, ergibt sich aus § 633 Abs. 2 und 3 BGB. Anders als bei der Einbindungspflicht des Portalbetreibers sind Rechtsmängel hier nicht von vorneherein ausgeschlossen.

2. Die geschuldete Mangelfreiheit muß in jedem Zeitpunkt während des Ablaufes der vereinbarten Zeit für den zu diesem Zeitpunkt zu erfüllenden Teil der geschuldeten Leistung gegeben sein.

3. Für die Frage der Rechtsmangelhaftigkeit ergeben sich auch durch die Hyperlinkverbindung von der Portalseite zur Angebotsseite der Fremdfirma keine Besonderheiten. Insbesondere besteht kein Ausschluß der Verantwortlichkeit des Portalbetreibers Dritten gegenüber durch die §§ 9 bis 11 TDG.

---

(308); wohl auch Wiebe, in: Ernst/Vassilaki/Wiebe, Rn. 146; zum Entwurf des EGG noch anders wohl Säcker, MMR Beilage 9/2001, 2 (4); Härting, CR 2001, 271 (275).

[482] So jetzt auch BGH, Urt. v. 01.04.2004 - I ZR 317/01, JurPC Web-Dok. 275/2004, Abs. 27, http://www.jurpc.de/rechtspr/20040275.htm (zuletzt aufgerufen am 12.04.2005) - Schöner Wetten.

bb) Die Störung der Leistungserbringung durch die Fremdfirma und ihre Behandlung

(1) Mögliche Verletzungen der Pflicht zur mangelfreien Herstellung des Werkes

Die Fremdfirma muß das von ihr geschuldete Werk, die Schaffung einer Angebotsseite in Stil und Ästhetik der Portalseite für die vereinbarte Zeit, mangelfrei herstellen. Hinsichtlich der möglichen Mängel, die auftreten können, gilt dasselbe, was bereits für das vom Portalbetreiber geschuldete Werk der Schaffung der Einbindung der Angebotsseite in die Portalseite mittels Hyperlink und Framing-Technik für die vereinbarte Zeit ermittelt wurde. Wegen der werkvertraglichen Natur der Pflicht zur Schaffung der Angebotsseite sind dies also die Nichterfüllung (Nichtherstellung des Werkes) und die mangelhafte Erfüllung. Nichterfüllung bedeutet auch hier, dass während der gesamten vereinbarten Zeit nie eine Angebotsseite der Fremdfirma bestanden haben darf, die der Portalbetreiber in die Portalseite einbinden hätte können, und die mangelhafte Erfüllung setzt sich ebenfalls aus der teilweisen Nichterfüllung, der verzögerten Erfüllung und der sonst mangelhaften Erfüllung zusammen[483].

(2) Die Folgen der Nichterfüllung der Pflicht zur Schaffung einer Angebotsseite in Stil und Ästhetik der Portalseite für die vereinbarte Zeit

Hinsichtlich der Folgen der Nichterfüllung der Pflicht der Fremdfirma zur Schaffung einer Angebotsseite in Stil und Ästhetik der Portalseite für die vereinbarte Zeit bestehen weitgehend keine Besonderheiten gegenüber der Durchführung der Einbindungspflicht des Portalbetreibers. Denn beide Pflichten sind absolute Fixschulden, weshalb auch die von der Fremdfirma geschuldete Leistung mit Ablauf der vereinbarten Zeit unmöglich i. S. d. § 275 Abs. 1 BGB wird.

Damit geht der Erfüllungsanspruch des Portalbetreibers mit Ablauf der vereinbarten Zeit unter und kann von ihm nicht mehr geltend gemacht werden. Er kann auch keine Gegenleistung verweigern, da er mit Ablauf der vereinbarten Zeit, wenn die Nichterfüllung der Fremdfirma feststeht, keine Gegenleistung mehr zu erbringen hat. Seine einzige Hauptleistung, die Schaffung der Einbindung der Angebotsseite in die Portalseite mittels Hyperlink und Framing-

---

[483] Vgl. o. 1.a)bb)(1).

Technik, muß er nämlich nur während der vereinbarten Zeit erfüllen. Danach hat er dies entweder bereits getan oder sie ist als auf diesen Zeitraum bezogene absolute Fixschuld infolge Unmöglichkeit nach § 275 Abs. 1 BGB untergegangen.

Ein Anspruch auf Schadensersatz oder Ersatz vergeblicher Aufwendungen besteht für den Portalbetreiber im Falle der Nichterfüllung ebenfalls unter den selben Voraussetzungen wie für die Fremdfirma bei Nichterfüllung der Einbindungspflicht des Portalbetreibers.[484] So kann er einfachen Schadensersatz nach § 280 Abs. 1 BGB und Schadensersatz statt der Leistung nach § 280 Abs. 1 und 3 BGB i. V. m. § 283 Satz 1 BGB bzw. § 311 a Abs. 2 Satz 1 BGB oder statt dessen Ersatz der vergeblichen Aufwendungen gemäß § 284 BGB i. V. m. §§ 280 Abs. 1 und 3, 283 Satz 1 BGB bzw. § 311 a Abs. 2 Satz 1 BGB verlangen. Denn im Falle der Nichterfüllung ist die geschuldete Leistung unmöglich geworden. Wegen der Bezugnahme auf § 275 Abs. 1 BGB kann der Portalbetreiber Schadensersatz statt der Leistung aber nur verlangen, "soweit" die Leistung unmöglich geworden ist, also nur wegen der nicht erfüllten Schaffung der Angebotsseite. Sofern bereits eine Teilleistung bewirkt wurde, ist § 281 Abs. 1 Satz 2 BGB zu beachten. Danach erstreckt sich der Schadensersatzanspruch nämlich auch auf diese Teilleistung, wenn der Portalbetreiber wegen der Nichterfüllung der geschuldeten Hauptleistung kein Interesse mehr hat. Davon ist hier stets auszugehen, denn eine solche bewirkte Teilleistung kann nur eine Nebenleistung sein. Das liegt daran, dass die beiden anderen Hauptleistungen der Fremdfirma entweder ebenfalls nicht bewirkt sind oder das Interesse an ihnen bei Nichterfüllung der Pflicht zur Schaffung einer Angebotsseite nicht entfällt. So benötigt nämlich die Schaffung und Aufrechterhaltung eines attraktiven Angebotes auf der Angebotsseite während der vereinbarten Zeit eine bestehende Angebotsseite, um bewirkt werden zu können. Das ist hier aber gerade nicht der Fall. Und hinsichtlich einer bereits bewirkten Geldvergütungsleistung ist ein Interessenfortfall des Portalbetreibers nicht vorstellbar. Damit bleiben aber nur noch Nebenleistungen übrig, die bewirkt sein können. An diesen allein wird der Portalbetreiber angesichts der Bedeutung der hier geschuldeten Leistung der Fremdfirma für die Steigerung der Attraktivität seiner Portalseite kein Interesse mehr haben.

Bei Nichterfüllung der Pflicht der Fremdfirma zur Schaffung der Angebotsseite kann der Portalbetreiber auch nach § 326 Abs. 5 BGB vom Vertrag zurücktreten, da die geschuldete Leistung infolge der Nichterfüllung nach Ablauf der vereinbarten Zeit unmöglich i. S. d. § 275 Abs. 1 BGB geworden ist. Im Falle einer bereits bewirkten Teilleistung ist der Rücktritt gemäß § 326 Abs. 5 Halb-

[484] S. o. 1.a)bb)(2)(c).

satz 2 BGB i. V. m. § 323 Abs. 5 Satz 1 BGB auf den nicht bewirkten Teil der Gesamtleistung beschränkt, wenn die Teilleistung für den Portalbetreiber von eigenständigem Interesse ist. Hierzu gilt dasselbe, was zur parallelen Regelung des § 281 Abs. 1 Satz 2 BGB in den vorangehenden Ausführungen gesagt worden ist.

Ein Unterschied zu den Ergebnissen bei der Einbindungspflicht des Portalbetreibers ergibt sich bei der Kündigung aus wichtigem Grund nach § 634 Nr. 3, 1. Fall BGB analog i. V. m. § 314 BGB. Denn diese ist nicht generell ausgeschlossen, sondern möglich, wenn die Vertragsparteien eine Geldvergütungspflicht der Fremdfirma vereinbart haben. Dann kann nämlich ein wichtiger Grund nach § 314 Abs. 1 Satz 2 BGB vorliegen. Der AEV ist in diesem Fall mit Ablauf der vereinbarten Zeit noch nicht beendet, da erst noch die vereinbarte Geldvergütung gezahlt werden muß. Für den Portalbetreiber kann es dann aber im Einzelfall unzumutbar sein, die Zahlung der Geldvergütung und damit das vereinbarte Vertragsende abzuwarten. Ein solcher Fall erscheint jedoch weitgehend theoretisch, da nicht ersichtlich ist, weshalb ihm gerade dann, wenn er nur noch Vorteile von der Erbringung der letzten geschuldeten Leistung haben kann, ein Abwarten unzumutbar sein soll. Jedenfalls bedarf es keiner erfolglosen Fristsetzung mit Abhilfeverlangen oder Abmahnung nach § 314 Abs. 2 Satz 1 BGB. Denn der Zweck dieser Anforderungen an den wichtigen Grund für eine Kündigung ist hier nicht mehr erreichbar. Wegen des absoluten Fixschuldcharakters der Pflicht zur Schaffung der Angebotsseite kann nämlich der Nichterfüllung nach Ablauf der vereinbarten Zeit nicht mehr abgeholfen werden. Ebenso ist eine zukünftige ordnungsgemäße Erfüllung, auf die eine Abmahnung abzielt, nicht mehr möglich.

(3) Die Folgen der mangelhaften Erfüllung der Pflicht zur Schaffung einer Angebotsseite in Stil und Ästhetik der Portalseite für die vereinbarte Zeit

Auch die Folgen mangelhafter Schaffung der Angebotsseite entsprechen im Wesentlichen denen bei mangelhafter Erfüllung der Einbindungspflicht des Portalbetreibers.[485] So schuldet die Fremdfirma bereits in jedem Moment während des Ablaufes der vereinbarten Zeit Mangelfreiheit[486], so dass die Gewährleistungsrechte auch hier vor Ablauf der vereinbarten Zeit Anwendung finden

---

[485] S. dazu o. 1.a)bb)(3).
[486] S. o. aa)(2)(a).

und geltend gemacht werden können. Die dabei entstehenden Probleme und ihre Lösungen sind ebenfalls weitgehend dieselben.

Sowohl das Recht auf Nacherfüllung nach §§ 634 Nr. 1, 635 BGB als auch das Recht zur Selbstvornahme mit Geltendmachung von Aufwendungsersatz nach §§ 634 Nr. 2, 637 BGB scheiden hier wegen des absoluten Fixschuldcharakters der Pflicht zur Schaffung der Angebotsseite in Stil und Ästhetik der Portalseite für die vereinbarten Zeit aus. Nach Ablauf der für ihre Erfüllung vorgesehenen Zeit ist eine Erfüllung, und sei es auch nur die Nacherfüllung, nicht mehr möglich.

Wegen der Unmöglichkeit der Nacherfüllung aufgrund des absoluten Fixschuldcharakters erfolgt auch hier der Rücktritt nach den §§ 634 Nr. 3, 1. Fall, 326 Abs. 5 BGB (sog. "qualitative" Unmöglichkeit[487]). Bzgl. der Problematik von § 326 Abs. 5 Halbsatz 2 BGB i. V. m. § 323 Abs. 5 Satz 1 und 2 BGB und § 633 Abs. 2 Satz 3 BGB gilt weitgehend dasselbe wie bei der mangelhaften Erfüllung der Einbindungspflicht des Portalbetreibers. Der einzige Unterschied besteht darin, dass als bereits bewirkte Teilleistungen i. S. d. § 323 Abs. 5 Satz 1 BGB sowohl Nebenleistungen als auch die beiden anderen Hauptleistungen der Fremdfirma in Betracht kommen. Denn die mangelhafte Schaffung der Angebotsseite läßt die Möglichkeit der ordnungsgemäßen Schaffung und Aufrechterhaltung eines attraktiven Angebotes und die Zahlung der vereinbarten Geldvergütung nicht entfallen. Bzgl. des Wegfalls des Interesses an diesen Leistungen ist dann grundsätzlich auf den Einzelfall abzustellen. Allerdings wird das Interesse an der Geldvergütung wie im Fall der Nichterfüllung wohl kaum entfallen und das Interesse an der Schaffung und Aufrechterhaltung eines attraktiven Angebotes möglicherweise auch nicht. Das hängt dann davon ab, ob im Einzelfall der Zweck des AEV für den Portalbetreiber, die Steigerung der Attraktivität der Portalseite, noch erreicht werden kann.

Eine Kündigung aus wichtigem Grund ist bei mangelhafter Erfüllung auch hier nach § 634 Nr. 3, 1. Fall BGB analog i. V. m. § 314 BGB -statthaft. Hinsichtlich der Voraussetzungen während der vereinbarten Zeit ergeben sich keine Abweichungen zu den Ausführungen über die Einbindungspflicht des Portalbetreibers. Nach Ablauf der vereinbarten Zeit kann auf die Ausführungen zur Kündigung aus wichtigem Grund bei Nichterfüllung der Pflicht der Fremdfirma zur Schaffung der Angebotsseite verwiesen werden. Insoweit ist die Situation nämlich dieselbe, da das Vertragsende auch hier nur noch von der Erbringung einer vereinbarten Geldvergütung abhängen kann.

---

[487] Vgl. MünchKomm-Ernst (2a), § 326, Rn. 32 ff; Schimmel/Buhlmann-Schimmel/Buhlmann, D III, Rn. 56; Lorenz/Riehm, Rn. 302.

Ein Minderungsrecht nach §§ 634 Nr. 3, 2. Fall, 638 BGB steht dem Portalbetreiber - anders als der Fremdfirma - nicht zu. Denn auf seiner Seite ist möglicher Gegenstand der Minderung die Gegenleistung zur Werkherstellungspflicht der Fremdfirma, die Schaffung der Einbindung der Angebotsseite in die Portalseite mittels Hyperlink und Framing-Technik für die vereinbarte Zeit. Deren Minderung ist aber nach Treu und Glauben, § 242 BGB, ebenso ausgeschlossen wie die Minderung der Werkherstellungspflichten der Fremdfirma im umgekehrten Fall der mangelhaften Erfüllung der Einbindungspflicht. Denn wie die Fremdfirma hat der Portalbetreiber alles zu unterlassen, was die Herbeiführung des Erfolges des Vertrages behindert. Die Minderung der Einbindungsleistung wäre aber eine Behinderung dieses vertraglichen Erfolges. Der angestrebte Synergieeffekt der Kooperation von Portalbetreiber und Fremdfirma würde nämlich darunter leiden, dass der Portalbetreiber die Einbindung mit Hinweis auf die mangelhafte Erfüllung der Fremdfirma in geminderter Form, also ebenfalls mangelhaft, erbringen würde.[488]

Keine Abweichung gegenüber den bei der Einbindungspflicht des Portalbetreibers erzielten Ergebnissen ergibt sich wiederum bzgl. des Anspruches auf Schadensersatz nach § 634 Nr. 4, 1. Fall BGB und des Anspruches auf Ersatz vergeblicher Aufwendungen nach § 634 Nr. 4, 2. Fall BGB. Ein Anspruch auf Schadensersatz kann sich hier aus § 634 Nr. 4, 1. Fall BGB i. V. m. §§ 636, 280, 283 und 311 a BGB und ein Anspruch auf Ersatz vergeblicher Aufwendungen aus § 634 Nr. 4, 2. Fall BGB i. V. m. §§ 636, 280, 283, 284 BGB ergeben. Zu beachten ist nur, dass als bewirkte Teilleistung im Rahmen des § 281 Abs. 1 Satz 2 BGB wie beim Rücktritt nicht nur Nebenleistungen, sondern auch die übrigen Hauptleistungen der Fremdfirma in Betracht kommen.

Seine eigene Leistung kann der Portalbetreiber wegen der mangelhaften Erfüllung der Pflicht der Fremdfirma zur Schaffung einer Angebotsseite nicht verweigern. Denn entsprechend dem umgekehrten Fall der mangelhaften Erfüllung der Einbindungspflicht liegen die Voraussetzungen des § 320 Abs. 1 Satz 1 BGB hier ebenfalls nicht vor und steht der Grundsatz von Treu und Glauben, § 242 BGB einer Verweigerung der Dauerschuld des Portalbetreibers entgegen.

(4) Der Eintritt der Undurchsetzbarkeit der Rechte und Ansprüche des Portalbetreibers

Hinsichtlich des Eintritts der Undurchsetzbarkeit der Rechte und Ansprüche des Portalbetreibers kann auf die Ausführungen verwiesen werden, die zu den

---

488 Vgl. zum Ganzen o. 1.a)bb)(3)(dd).

Rechten und Ansprüchen der Fremdfirma gemacht wurden.[489] Es bestehen nämlich keine Unterschiede, da auf die Verjährung der Erfüllungsansprüche und der Ansprüche wegen mangelhafter Erfüllung bzw. auf den Eintritt der Unwirksamkeit der Rechte wegen mangelhafter Erfüllung hinsichtlich der Einbindungspflicht des Portalbetreibers dieselben Regelungen des Werkvertragsrechts und des Allgemeinen Schuldrechts zur Anwendung kommen wie hinsichtlich der Pflicht der Fremdfirma zur Schaffung einer Angebotsseite in Stil und Ästhetik der Portalseite für die vereinbarte Zeit. Außerdem besitzen beide Hauptpflichten Dauerschuld- und absoluten Fixschuldcharakter bezogen auf denselben Zeitraum, nämlich bzgl. der vereinbarten Zeit.

(5) Ergebnis zu bb) Die Störung der Leistungserbringung durch die Fremdfirma und ihre Behandlung

Die Störung der Leistungserbringung der Fremdfirma bzgl. ihrer Hauptpflicht zur Schaffung einer Angebotsseite in Stil und Ästhetik der Portalseite für die vereinbarte Zeit und ihrer Behandlung gilt weitestgehend dasselbe, was bereits zur Leistungsstörung im Rahmen der Einbindungspflicht des Portalbetreibers ermittelt wurde. Das gilt auch für den Zeitpunkt, ab dem der Portalbetreiber seine diesbezüglichen Rechte und Ansprüche nicht mehr durchsetzen kann. Der Grund für diesen Gleichlauf liegt darin, dass beide Hauptpflichten werkvertraglicher Natur sind und bezogen auf die vereinbarte Zeit Dauerschulden und absolute Fixschulden sind. Daher kommen stets dieselben Normen zur Anwendung bzw. ergeben sich dieselben Schwierigkeiten, die in gleicher Weise gelöst werden können.

cc) Ergebnis zu a) Die Pflicht zur Schaffung einer Angebotsseite in Stil und Ästhetik der Portalseite für die vereinbarte Zeit

1. Aus § 631 Abs. 1 BGB i. V. m. § 633 Abs. 1 BGB ergibt sich für die Fremdfirma die Pflicht, das geschuldete Werk, die Schaffung einer Angebotsseite in Stil und Ästhetik der Portalseite für die vereinbarte Zeit, frei von Sach- und Rechtsmängeln herzustellen. Anders als bei der Einbindungspflicht des Portalbetreibers sind hier Rechtsmängel möglich.

2. Die Rechte und Ansprüche des Portalbetreibers wegen einer Verletzung dieser Pflicht und die Fragen des Eintritts ihrer Undurchsetzbarkeit entsprechen im

[489] S. o. 1.a)bb)(4).

Wesentlichen denen der Fremdfirma, wie sie im Rahmen der Hauptpflicht des Portalbetreibers erörtert wurden.

3. Als Ergebnis läßt sich damit wie bei der Untersuchung der Einbindungspflicht des Portalbetreibers auch hier festhalten, dass das allgemeine Vertragsrecht und seine Dogmatik nicht zu Ergebnissen führen, die als unangemessen oder sachfremd zu bezeichnen sind.

b) Die Pflicht zur Schaffung und Aufrechterhaltung eines attraktiven Angebotes auf der Angebotsseite während der vereinbarten Zeit

Die Durchführung der Pflicht der Fremdfirma zur Schaffung und Aufrechterhaltung eines attraktiven Angebotes auf der Angebotsseite während der vereinbarten Zeit bedarf hier keiner gesonderten Erörterung. Sie läuft nämlich ebenso ab wie die der zuvor behandelten Pflicht zur Schaffung einer Angebotsseite in Stil und Ästhetik der Portalseite für die vereinbarte Zeit. Der Grund dafür ist, dass beide Pflichten werkvertragliche Herstellungspflichten mit Dauerschuld- und absolutem Fixschuldcharakter sind, die die Fremdfirma während der vereinbarten Zeit zu erfüllen hat. Beachtenswert ist lediglich, dass stets dann, wenn die Fremdfirma ihrer Pflicht zur Schaffung einer Angebotsseite ganz oder teilweise nicht nachkommt, auch die Pflicht zur Schaffung und Aufrechterhaltung eines attraktiven Angebotes im selben Umfang nicht erfüllt wird. Denn letztere setzt das Bestehen einer Angebotsseite voraus, auf der die attraktiven Angebote dargestellt werden können.

c) Die Pflicht zur Zahlung der vereinbarten Vergütung

Für die Durchführung der Pflicht zur Zahlung der vereinbarten Vergütung, also der Geldvergütung[490], kann ohne Weiteres auf die Regelungen des Werkvertragsrechtes nach §§ 631 ff BGB bzw. auf das Allgemeine Schuldrecht zurückgegriffen werden. Es ergeben sich nämlich beim AEV hinsichtlich der Geldvergütung keine Unterschiede gegenüber üblichen Werkverträgen. Wie bei diesen ist hier die vom Gesetz ausgestaltete Konstellation der vorausgeleisteten Werkleistung in Form der Schaffung der Einbindung der Angebotsseite in die Portalseite mittels Hyperlink und Framing-Technik für die vereinbarte Zeit gegen Zahlung einer Vergütung in Geld als Gegenleistung gegeben. Sollte also die Geldvergütungspflicht nicht ordnungsgemäß erfüllt werden, ergeben sich die Rechts-

---

[490] S. o. A.II.3.b).

folgen aus dem Gesetz. So sind sie im Falle einer nicht rechtzeitigen Zahlung den Vorschriften über die Verzögerung der Leistung nach §§ 286 ff BGB zu entnehmen.

d) Ergebnis zu 2. Die Hauptpflichten der Fremdfirma

1. Nach § 631 Abs. 1 BGB i. V. m. § 633 Abs. 1 BGB muß die Fremdfirma ihre Hauptpflichten zur Schaffung einer Angebotsseite in Stil und Ästhetik der Portalseite für die vereinbarte Zeit und zur Schaffung und Unterhaltung eines attraktiven Angebotes auf der Angebotsseite während der vereinbarten Zeit so erfüllen, dass die geschuldeten Werke frei von Sach- und Rechtsmängeln sind. Im Falle einer Verletzung dieser Pflichten gilt weitestgehend dasselbe wie im Falle einer Verletzung der Pflicht des Portalbetreibers zur Schaffung der Einbindung der Angebotsseite in die Portalseite mittels Hyperlink und Framing-Technik.

Auf eine vereinbarte Geldvergütung können die Regelungen des Werkvertragsrechts der §§ 631 ff BGB für die Vergütung und die Regelungen des Allgemeinen Schuldrechts ohne Schwierigkeiten angewendet werden.

2. Das allgemeine Vertragsrecht und seine Dogmatik reicht also auch hinsichtlich der Durchführung der Hauptpflichten der Fremdfirma aus, die bei Leistungsstörungen auftretenden Probleme angemessen und sachgerecht zu lösen.

3. Ergebnis zu III. Die Durchführung der Hauptpflichten der Vertragsparteien

Als Ergebnis der Untersuchung der Durchführung der Hauptpflichten der Vertragsparteien ist festzustellen, dass das bestehende Vertragsrecht und seine Dogmatik völlig ausreichend sind, die bei der Durchführung der Hauptpflichten entstehenden Probleme zu lösen. Es ergeben sich durch die tatsächlichen Umstände des AEV, seiner Ansiedelung im Bereich der neuen Medien, keine Schwierigkeiten bei der Anwendung gesetzlicher Regelungen, die nicht auch bei herkömmlichen Verträgen gleichermaßen auftreten können. So ist etwa die Abgrenzung von Rücktritt und Kündigung bei Dauerschuldverhältnissen keineswegs auf diese neuen Verträge beschränkt. Dasselbe gilt für die Frage der Kündigung bei mangelhafter Erfüllung von Leistungen aus Dauerwerkverträgen angesichts des § 634 BGB und seiner Aufzählung der Gewährleistungsrechte. Dauerwerkverträge können nämlich nicht nur Verträge im Beriech der neuen Medien sein.

Im Folgenden bleibt noch zu untersuchen, ob dieses Ergebnis auch auf die Nebenpflichten der Vertragsparteien und für die Möglichkeit der Beendigung des Vertrages durch werkvertragliche Sonderregelungen zutrifft.

IV. Die Nebenpflichten der Vertragsparteien und ihre Durchführung

Neben den soeben behandelten Hauptpflichten treffen die Vertragsparteien noch weitere Pflichten. Diese Nebenpflichten sollen im Folgenden Gegenstand der Untersuchung sein. Dabei ist zwischen den zwei Gruppen der Nebenpflichten, den leistungsbezogenen Nebenpflichten oder Nebenleistungspflichten und den Schutzpflichten zu unterscheiden. Hinsichtlich der beiden Gruppen ist jeweils die Frage zu beantworten, ob das bestehende Vertragsrecht für ihre Durchführung im Rahmen des AEV als Vertrag der neuen Medien ausreichend ist oder ob zusätzliche Regelungen durch den Gesetzgeber geschaffen werden müssen. Zuerst ist dazu zu untersuchen, ob die berechtigte Vertragspartei die Einhaltung bzw. Erfüllung dieser Pflichten verlangen kann (1.). Dies ist nämlich nicht allgemein und einheitlich anerkannt, sondern es besteht eine an Nuancen und Abstufungen schier unübersehbare Anzahl unterschiedlicher Ansichten dazu[491]. Vielmehr ist diese Frage allein auf der Grundlage der Vertragsrechtsdogmatik zu beantworten. Danach ist auf die Sekundäransprüche der berechtigten Vertragspartei bei Verletzung einer Nebenpflicht einzugehen (2.).

1. Der Anspruch auf Erfüllung einer Nebenpflicht

Sowohl für den Portalbetreiber als auch für die Fremdfirma stellt sich die Frage, wie sie im Falle einer Nichterfüllung einer Nebenpflicht durch die jeweils andere Vertragspartei reagieren können. Ob sie Erfüllung verlangen können, ist unklar. Die zur Frage eines Anspruches auf Erfüllung von Nebenpflichten vertretenen Ansichten sind in ihren Nuancen und Abstufungen nur schwer überschaubar.[492] Es würde auch den Rahmen dieser Arbeit sprengen, die einzelnen Meinungen zu analysieren und zu diskutieren. Meist fehlen schon klare Begriffsstrukturen hinsichtlich der Nebenpflichten. Das allein macht einen Vergleich der unterschiedlichen Ansichten auf angemessenem Raum unmöglich. Eine Beantwortung der Frage des Erfüllungsanspruches kann daher wegen der dogmatischen Uneinheitlichkeit und der fehlenden klaren Begriffsstruktur auch

[491] Siehe die Übersicht bei Staudinger-Schmidt, Einl. zu §§ 241 ff, Rn. 317 ff.
[492] Siehe die Übersicht bei Staudinger-Schmidt, Einl. zu §§ 241 ff, Rn. 317 ff.

nicht anhand der durch die Lehre geschaffenen Begriffe erfolgen.[493] Somit ist hier gemäß der aus dem Gesetz übernommenen Unterscheidung in die Gruppen der Nebenleistungspflichten und Schutzpflichten zu untersuchen, ob für diese jeweils Erfüllungsansprüche bestehen können.

a) Der Erfüllungsanspruch bei den Nebenleistungspflichten

Ob den Nebenleistungspflichten ein Erfüllungsanspruch auf Seiten der berechtigten Vertragspartei gegenübersteht, ergibt sich ebenso wie ihr Bestehen aus dem AEV selber. Es kommt also darauf an, ob die Vertragsparteien nicht nur für eine von ihnen eine Verpflichtung schaffen wollen, sondern der anderen auch die Möglichkeit geben wollen, diese Verpflichtung durchsetzen zu können. Ein Nebenleistungsanspruch besteht dann, wenn die berechtigte Vertragspartei von der anderen ein bestimmtes Tun oder Unterlassen fordern kann, § 194 Abs. 1 BGB. Im Rahmen des AEV haben Portalbetreiber und Fremdfirma hierzu keine ausdrückliche Vereinbarung getroffen. Es kommt also auf eine ergänzende Vertragsauslegung anhand ihres mutmaßlichen Regelungswillen an. Entscheidend ist demnach, was sie geregelt haben würden, wenn sie die Notwendigkeit einer Regelung und ihr Fehlen erkannt hätten. Anhaltspunkt für den hypothetischen Parteiwillen ist der Zweck der Nebenleistungspflichten. Er besteht darin, dem Leistungsinteresse des jeweiligen Hauptleistungsgläubigers bzw. Hauptleistungsschuldners zu dienen. Dieser Zweck ist nur dann erfüllbar, wenn die jeweils berechtigte Vertragspartei als Hauptleistungsgläubiger oder Hauptleistungsschuldner die Erfüllung der Nebenleistungspflichten verlangen und durchsetzen kann. Anderenfalls ist trotz erbrachter Hauptleistung eine vollständige Befriedigung des Leistungsinteresses bzw. des mit der Leistung verfolgten Interesses des Schuldners nicht möglich. Ohne entsprechenden Anspruch bringt die Nebenleistungspflicht für die berechtigte Vertragspartei wenig. Portalbetreiber und Fremdfirma würden also einen entsprechenden Anspruch ausdrücklich regeln, wenn sie sich des Regelungsbedürfnisses bewußt wären. Der AEV ist damit ergänzend dahin auszulegen, dass die Nebenleistungspflichten mit entsprechenden Nebenleistungsansprüchen korrespondieren.

b) Der Erfüllungsanspruch bei den Schutzpflichten

Wie bei den Nebenleistungspflichten kommt es bei der Frage des Anspruchs auf Erfüllung der Schutzpflichten auf den Inhalt des AEV an. Auch dieser ist in

---

[493] So auch Esser/Schmidt, AS 1, § 6 III 2 (S. 108).

Ermangelung einer ausdrücklichen Regelung ergänzend anhand des hypothetischen Parteiwillens von Portalbetreiber und Fremdfirma auszulegen. Entscheidend ist also, ob jede Vertragspartei ein Recht haben soll, ein den jeweiligen Schutzpflichten entsprechendes Tun oder Unterlassen der anderen Seite fordern zu können, § 194 Abs. 1 BGB. Anhaltspunkt ist hierbei das von den Vertragsparteien mit den Schutzpflichten verfolgte Interesse. Dieses geht darauf, ihren Vermögensbestand vor Gefährdungen durch die andere Vertragspartei, mit der sie in geschäftlichen Kontakt tritt, zu schützen. Dazu reicht aber nicht, wenn lediglich ein Schadensersatzanspruch bei Verletzung einer Schutzpflicht und damit des Integritätsinteresses der berechtigten Vertragspartei gegeben ist. Vielmehr muß sie die Schutzpflichten auch einfordern und deren Einhaltung durchsetzen können. Dafür spricht auch eine wirtschaftliche Betrachtung. So ist es effektiver, einer Vertragspartei vor einer Beeinträchtigung ihrer Integrität zu erlauben, Schutzmaßnahmen einzufordern, also eine Rechtsgüterverletzung zu verhindern, als ihr erst nachträglich im Falle einer Schädigung einen Schadensersatzanspruch zuzubilligen. Dies gilt besonders dann, wenn sich die Schädigung bereits abzeichnet. Etwa hinsichtlich des Schutzes der Möbel in dem bereits benutzten Beispiel der Malerarbeiten in der Wohnung.[494] Hier muß der Besteller entsprechende Maßnahmen vom Handwerker fordern können. Dieser entscheidet dann, ob er die Möbel lieber abdecken oder an einen anderen Ort in der Wohnung tragen will, wo gerade nicht gestrichen wird. Dasselbe gilt für den AEV, da nicht ersichtlich ist, weshalb hier eine nachträgliche Schadenswiedergutmachung gegenüber einer Schadensvermeidung für den Geschädigten ausreichen soll. Daher ist anzunehmen, dass Portalbetreiber und Fremdfirma nicht nur Schutzpflichten sondern auch Schutzansprüche vereinbart hätten. Den Schutzpflichten stehen damit auf der anderen Seite Erfüllungsansprüche, sog. Schutzansprüche, gegenüber.[495]

Dieses Ergebnis steht auch nicht in einem Widerspruch zum Wortlaut des § 241 BGB.[496] Zwar spricht § 241 Abs. 1 BGB davon, dass der Gläubiger kraft des Schuldverhältnisses vom Schuldner eine Leistung, die auch ein Unterlassen sein kann, fordern darf, während § 241 Abs. 2 BGB nur davon spricht, dass das Schuldverhältnis jeden Teil zur Rücksicht gegenüber dem anderen Teil verpflichten kann. Berücksichtigt man die Definition des Anspruchs in § 194 Abs. 1 BGB als das Recht, von jemandem ein Tun oder Unterlassen fordern zu können,

---

[494] Vgl. Esser/Schmidt, AS 1, § 6 IV (S. 110).

[495] So auch Anders, 175; Sutschet, 56; im Ergebnis auch Stürner, JZ 1976, 384 (388); mit Einschränkungen Köhler, AcP 1990 (190), 496 (509 ff); a. A. Schur, 116; Fikentscher, Rn. 31; mit Einschränkungen Krebs, 552; Canaris, Schuldrechtsmodernisierung, XVI.

[496] A. A. Brox/Walker, AS, § 2, Rn. 11.

so erweckt der Wortlaut des § 241 BGB den Anschein, nur bei den Leistungspflichten des Abs. 1 bestehe ein Anspruch. Denn Abs. 2 spricht lediglich von einer Pflicht. Dieser Anschein ist jedoch nur vordergründig. Allein aus dem Gegensatz des Wortlautes beider Absätze, folgt nicht die Notwendigkeit, dass die Rücksichtnahmeverpflichtung nicht durchgesetzt werden kann. § 241 BGB sagt nämlich nichts über die Leistungs- und Schutzpflichten im konkreten Vertrag aus. Dort können die Vertragsparteien eine abweichende Regelung im Rahmen ihrer Vertragsfreiheit treffen. Auch wollte der Gesetzgeber nur eine deklaratorische Norm schaffen, die klarstellt, dass die Schutzpflichten für die Vertragsparteien unabhängig von ihrer Gläubiger- oder Schuldnerstellung im Rahmen des von § 241 Abs. 1 BGB genannten Schuldverhältnisses bestehen.[497] Im Übrigen sollte die bislang geltende Rechtslage nicht geändert werden.[498] Diese zeichnet sich jedoch durch Unklarheit in der Frage des Bestehens von Schutzansprüchen als Gegenstück zu Schutzpflichten aus. Für § 241 Abs. 1 BGB gilt entsprechendes. So wollte der ursprüngliche Gesetzgeber des BGB mit dieser Regelung Streitigkeiten aus dem gemeinen Recht in der Frage der Begriffe Schuldverhältnis, Gläubiger und Schuldner beenden, die heute nicht mehr bestehen.[499] Eine Aussage über das Verhältnis der Durchsetzbarkeit bei Leistungspflichten und Schutzpflichten sollte auch mit ihm nicht getroffen werden.

Auch die Antwort auf die Frage, ob die Schutzpflichten Leistungspflichten sind, steht der Existenz von Schutzansprüchen im AEV nicht entgegen. Diese Antwort ist von Bedeutung, da sich aus dem Wortlaut der Anspruchsdefinition in § 194 Abs. 1 BGB und der Leistungsdefinition in § 241 Abs. 1 BGB ergibt, dass Inhalt eines Anspruches nur eine Leistung, nämlich ein Tun oder Unterlassen[500] sein kann. Wären die Schutzpflichten keine Leistungspflichten[501], dann könnte mangels einer möglichen "Schutzleistung" kein Anspruch auf Erfüllung einer Schutzpflicht bestehen. Oberflächlich betrachtet spricht die Differenzierung des Gesetzes in Leistungspflichten und Schutzpflichten in § 241 Abs. 1 BGB und § 241 Abs. 2 BGB sowie in den Schadensersatzregelungen der § 281 BGB und § 282 BGB und in den Rücktrittsregelungen der § 323 BGB und § 324 BGB dafür, dass der Gesetzgeber definieren wollte, dass Inhalt der Schutzpflichten niemals eine Leistung sein kann. Anderenfalls hätten § 241 Abs. 1 BGB, § 281 BGB und § 323 BGB ausgereicht. Diese Betrachtung ist jedoch, wie gesagt, nur oberflächlich. Denn der Zweck dieser Differenzierung ist nicht, die

---

[497] BT-Drucksache 14/6040, Seite 125.
[498] BT-Drucksache 14/6040, Seite 125.
[499] Siehe AnwKom-Krebs, § 241, Rn. 2 m. w. N.
[500] Vgl. Brox/Walker, AS, § 2, Rn. 5; AnwKom-Krebs, § 241, Rn. 2.
[501] So i. E. Hirsch, Jura 2003, 289 (294).

Frage von Pflicht und Anspruch bei den Leistungs- und Schutzpflichten zu klären.

Diese Unterscheidung, die auf der Interessenlage der Vertragsparteien beruht,[502] ist vielmehr für die Rechtsfolgen von Pflichtverletzungen von grundlegender Bedeutung. Hier macht es nämlich einen Unterschied, ob das Leistungsinteresse betroffen ist oder das Integritätsinteresse. Auf eine Beeinträchtigung des Leistungsinteresses muß anders reagiert werden, als auf eine Beeinträchtigung des Integritätsinteresses. Im ersten Fall kann es ausreichen, an Stelle einer nicht oder nicht wie geschuldet erbrachten Leistung einen Schadensersatzanspruch zu gewähren. Diesen Fall regelt § 281 BGB. Auch ist es angemessen, dass sich der Gläubiger durch den Rücktritt nach § 323 BGB vom Vertrag löst. Bei der Beeinträchtigung des Schutzinteresses ist die Situation hingegen anders. So kann ein Schadensersatz für beeinträchtigte Rechtsgüter nach § 280 Abs. 1 BGB zu kurz greifen.[503] Etwa dann, wenn die Schutzpflichtverletzungen dazu führen, dass es dem Gläubiger unzumutbar wird, die geschuldete Leistung zu erhalten.[504] Der Gesetzgeber nennt hier das Beispiel des ordnungsgemäß streichenden Malers, der in Ausführung seiner Arbeiten keine Vorsicht gegenüber den Einrichtungsgegenständen des Gläubigers walten läßt und diese fortlaufend beschädigt.[505] Dann gibt ihm § 282 BGB in Erweiterung der Regelung des § 281 BGB die Möglichkeit, Schadensersatz statt der ganzen Leistung zu fordern. Umgekehrt ist es im Fall des Rücktritts. Hier wäre eine Rücktrittsmöglichkeit bei jeder Schutzpflichtverletzung fatal. Ein auf dem Boden des Gemüsegeschäftes liegendes Salatblatt, auf dem ein Kunde potentiell ausrutschen könnte, würde zur Rückabwicklung eines Vertrages führen, selbst wenn im Übrigen kein Grund zu Beanstandungen bestünde. Zur Begrenzung bedarf es daher des § 324

[502] S. o. II.3.a).

[503] Zu keinem anderen Ergebnis würde eine Anwendung des § 281 BGB im Falle der Schutzpflichtverletzung führen. Denn der Schadensersatz statt der "Schutzleistung" umfaßt den Wert der "Schutzleistung" und damit dasjenige, was nötig ist, um den Zustand herbeizuführen, der ohne die Schutzpflichtverletzung bestünde. Canaris, Schuldrechtmodernisierung, XVI, verkennt dies, wenn er die Notwendigkeit der gesetzlichen Regelung des § 282 BGB darin sieht, dass § 281 BGB nicht auf die Schutzpflichten des § 241 Abs. 2 BGB passe. Diese könnten nämlich nicht fällig werden und seien auch nicht erfüllbar, wie es § 281 BGB voraussetze. Denn, wie im Folgenden noch zu zeigen sein wird, haben § 281 BGB und § 282 BGB hinsichtlich des Schadensersatzes statt der Leistung einen unterschiedlichen Umfang. So kann über § 281 BGB (mit Ausnahme der Regelungen des Abs. 1 Satz 2 und 3) nur Ersatz für eine fällige, nicht ordnungsgemäß erfüllten Leistung verlangt werden, während § 282 BGB im Falle der Schutzpflichtverletzung auch Ersatz für eine noch nicht fällige oder ordnungsgemäß erfüllte Leistung ermöglicht.

[504] Vgl. Reichenbach, Jura 2003, 512 (519).

[505] BT-Drucksache 14/6040, Seite 141.

BGB neben dem § 323 BGB. So wird klargestellt, dass eine Schutzpflichtverletzung nur dann ein Rücktrittsrecht gewährt, wenn für den Gläubiger ein Festhalten am Vertrag nicht mehr zumutbar ist.

Berücksichtigt man also lediglich die Leistungsdefinition des § 241 Abs. 1 BGB, wonach eine Leistung in einem Tun oder Unterlassen bestehen kann, dann ist Gegenstand der Schutzpflichten eine Leistung.[506] Der Schutz der Integrität der Rechtsgüter der jeweils anderen Vertragspartei erfolgt nämlich entweder durch positives Tun oder durch ein Unterlassen. So unterläßt derjenige, der auf fremde Rechtsgüter Rücksicht nimmt, entweder alle Handlungen, die diesen schaden können, oder er nimmt Handlungen vor, die eine Beeinträchtigung der fremden Rechtsgüter durch ein Unterlassen oder ein anderes positives Tun verhindern.. Da also der Gegenstand der Schutzpflichten eine Leistung ist, die dem Schutzinteresse einer Vertragspartei dient, sind Schutzansprüche nicht ausgeschlossen.

Schließlich ist auch das häufig vorgebrachte Argument, Schutzpflichten seien zu unbestimmt, um Ansprüche begründen zu können,[507] nicht stichhaltig. § 194 Abs. 1 BGB verlangt nämlich lediglich das Vorliegen eines Rechts, von jemandem ein Tun oder Unterlassen fordern zu können. Einen besonderen Konkretisierungsgrad verlangt er gerade nicht. Es reicht somit aus, dass von der verpflichteten Vertragspartei als Tun verlangt werden kann, auf die Rechtsgüter der anderen Vertragspartei Rücksicht zu nehmen. Überdies kann ohnehin keine Pflicht zu einem Tun oder Unterlassen bestehen, die so unkonkret wäre, dass das geschuldete Tun oder Unterlassen nicht eingefordert werden könnte. Wäre dies nämlich der Fall, so wüßte auch der Verpflichtete nicht, was er zu tun oder zu unterlassen hat, so dass seine Pflicht inhaltsleer wäre.[508] Von § 194 Abs. 1 BGB wird auch nicht vorausgesetzt, dass nur bestimmte, konkret benennbare Schutzmaßnahmen möglich sein dürfen, die der Gläubiger verlangen kann. Es ist vielmehr ausreichend, wenn der Schuldner verpflichtet ist, unter mehreren möglichen Schutzmaßnahmen eine auszuwählen. Der Gläubiger des Malers in der Wohnung kann dann hinsichtlich seiner Einrichtungsgegenstände allgemein deren Schutz, nicht aber eine bestimmte Art des Schutzes verlangen. Hingegen obliegt es dem Maler als Schuldner, zu entscheiden, ob er die Möbel abdecken

---

[506] Deshalb spricht Brox/Walker, AS, § 2, Rn. 8, sowohl bei den Nebenleistungspflicht im hier verwendeten Sinn als auch bei den Schutzpflichten von "Nebenleistungspflichten".

[507] Esser/Schmidt, AS 1, § 6 IV (S. 109), der jedoch Ausnahmen im Einzelfall zulassen will; Reischl, JuS 2003, 40 (45); ebenso wohl Palandt-Heinrichs, § 241, Rn. 7 i. V. m. § 242 Rn. 25.

[508] Zu Recht bemerkt Gernhuber, Schuldverhältnis, § 2 IV 3 (S. 25), dass die Pflicht zu einem Tun oder Unterlassen im Ergebnis nichts anderes bedeutet, als dass von jemandem ein Tun oder Unterlassen gefordert wird.

oder in ein Zimmer tragen will, in dem gerade nicht gestrichen wird. Diese Möglichkeit, den konkreten Schuldinhalt durch eine Vertragspartei bestimmen zu lassen, ist dem Schuldrecht auch nicht fremd, wie die Regelung des § 315 BGB zeigt. Im Ergebnis handelt es sich bei der Unbestimmtheit des Schutzanspruches ohnehin eher um ein Problem im Faktischen als im Rechtlichen, etwa wenn der Gläubiger einen bestehenden Erfüllungsanspruch mangels Kenntnis der Verletzungsgefahr im Einzelfall nicht geltend machen kann.[509]

c) Ergebnis zu 1. Der Anspruch auf Erfüllung einer Nebenpflicht

1. Entscheidend für die Frage, ob Portalbetreiber und Fremdfirma die Erfüllung der Nebenpflichten von dem jeweils anderen einfordern können, ist der Inhalt des AEV. In Ermangelung einer ausdrücklichen Regelung ist im Wege der ergänzenden Vertragsauslegung zu ermitteln, ob Nebenleistungsansprüche und Schutzansprüche begründet werden sollten.

2. Wegen der Bedeutung des Leistungs- und des Integritätsinteresses für beide Vertragsparteien ist davon auszugehen, dass sie entsprechende Ansprüche im AEV vereinbart haben würden, wenn ihnen die Notwendigkeit einer Regelung dieser Frage bewußt gewesen wäre.

3. Aus dem Gesetz oder aus sonstigen Rechtsgrundsätzen ergibt sich nichts, was Nebenleistungsansprüche oder Schutzansprüche ausschließen würde.

2. Die Störung der Erfüllung der Nebenpflichten

a) Mögliche Verletzungen der Nebenpflichten

Die Erfüllung der Nebenpflichten kann in derselben Weise gestört werden wie die Erfüllung der Hauptpflichten. Das bedeutet, dass bei ihnen dieselben Verletzungen auftreten können. So können sie zum einen gar nicht erfüllt werden, d. h. das geschuldete Tun oder Unterlassen wird überhaupt nicht erbracht, oder sie

---

509 Staudinger-Schmidt, Einl. zu §§ 241 ff, Rn. 334; vgl. auch Medicus, BürgR (19. Auflage), Rn. 208 a. E.; Medicus, AS, Rn. 424. Der Aussage, der Konkretheitsgrad könne möglicherweise auch nicht an die Voraussetzungen der Bestimmtheitsanforderungen des Klageantrages nach § 253 Abs. 2 Nr. 2 ZPO heranreichen, vgl. Anders, 175; Köhler, AcP 1990 (190), 496 (509 f.); Gernhuber, Schuldverhältnis, § 2 IV 3 (S. 25), muß widersprochen werden. Da nämlich das Verfahrensrecht der Durchsetzung des materiellen Rechts dient, muß ein bestehender Anspruch stets klagbar sein.

werden nur teilweise erfüllt oder nur verzögert. Weiter können sie auch einfach schlecht erfüllt werden. Aufgrund der Tatsache, dass § 633 Abs. 2 Satz 3 BGB nur auf die Hauptpflichten, nicht aber auf die Nebenpflichten Anwendung findet, müssen diese vier Verletzungsformen im Folgenden auseinandergehalten werden. Dabei sind aber die Besonderheiten der einzelnen Nebenpflichten zu berücksichtigen. Diese können dazu führen, dass nicht alle Verletzungsformen bei einer bestimmten Nebenpflicht auftreten. Beispielsweise können durch ein Unterlassen zu erfüllende Schutzpflichten nicht verzögert oder schlecht erfüllt werden, sondern nur teilweise nicht oder gar nicht. Wegen des quasi-absoluten Fixschuldcharakters[510] ist nämlich ein späteres Unterlassen nicht mehr als Erfüllung auch für den früheren Zeitraum anzusehen. Auf der anderen Seite kann die Pflicht der Fremdfirma zur Mitteilung der URL der Angebotsseite an den Portalbetreiber nur verzögert oder gar nicht erfüllt werden, nicht jedoch nur teilweise oder schlecht. Denn entweder wird die URL früher oder später mitgeteilt oder gar nicht. Eine nur bruchstückhafte Mitteilung ist wertlos, da sie eine Verlinkung nicht ermöglicht, und ist deshalb als Nichterfüllung zu werten.

Hinsichtlich der Rechtsfolgen der Nebenpflichtverletzungen ist zwischen den Nebenleistungspflichten (b.) und den Schutzpflichten (c.) zu unterscheiden. Das ergibt sich aus dem Gesetz. Dieses differenziert nämlich in dieser Frage. So werden bei den Leistungspflichten verschiedenen Arten der Pflichtverletzungen unterschiedliche Rechtsfolgen zugeordnet. § 281 Abs. 1 Satz 1 BGB und § 323 Abs. 1 BGB gelten etwa für - auch nur teilweise - Nichtleistung und Schlechtleistung, wie § 281 Abs. 1 Satz 1 und 2 BGB und § 323 Abs. 5 Satz 1 BGB zeigen. § 280 Abs. 2 BGB erwähnt die verzögerte Leistung. Für die Schutzpflichten des § 241 Abs. 2 BGB hingegen gilt ein einheitlicher Pflichtverletzungstatbestand, denn § 280 Abs. 1 Satz 1 BGB, § 282 BGB und § 324 BGB sprechen nur von der Verletzung einer Pflicht, ohne dies näher zu spezifizieren.

Im Folgenden werden für beide Gruppen der Nebenpflichten die Folgen ihrer Verletzung näher untersucht. Dabei steht wiederum die Frage im Mittelpunkt, ob die Ergebnisse der Untersuchung, wie sie sich bei Anwendung des bestehenden Vertragsrechts ergeben, für den AEV als modernen Vertrag der neuen Medien angemessen und sachgerecht ist. Dazu ist zuerst der Frage nachzugehen, ob der Anspruch auf Erfüllung der Nebenpflicht weiterhin geltend gemacht werden kann (b.aa., c.aa.) und welche Auswirkungen die Pflichtverletzung auf die von der berechtigten Vertragspartei zu erfüllenden Pflichten hat (b.bb., c.bb.). Im Anschluß daran werden die sich aus den im vorigen Absatz genannten Vorschriften ergebenden Rechte und Ansprüche der Vertragsparteien einer Betrachtung unterzogen (b.cc., c.cc.). Abschließend wird wie bei den Hauptpflichten ein

---

[510] S. o. B.II.3.c)aa).

kurzer Blick auf den Eintritt der Undurchsetzbarkeit der Rechte und Ansprüche der berechtigten Vertragspartei wegen der Pflichtverletzungen geworfen (b.dd., c.dd.).

b) Die Folgen der Verletzung einer Nebenleistungspflicht

aa) Weitere Geltendmachung des Erfüllungsanspruchs

Wird eine Nebenleistungspflicht verletzt, so kommt es für die Frage der weiteren Geltendmachung des Anspruchs auf Erfüllung dieser Nebenpflichten auf zwei Faktoren an. Zum einen auf den Charakter der Nebenpflicht und zum anderen auf die Art der Pflichtverletzung. Grundsätzlich kann der Erfüllungsanspruch nämlich solange geltend gemacht werden, bis der Nebenleistungsanspruch unmöglich nach § 275 Abs. 1 bis 3 BGB geworden ist. Das ist etwa im Falle der Nichtleistung bei denjenigen Nebenleistungspflichten der Fall, die absolute Fixschulden sind, wenn die für die Erfüllung vorgesehene Zeit abgelaufen ist. Sofern es sich um die Dauerschulden mit absolutem Fixschuldcharakter handelt, gilt dies sogar bei teilweiser Nichterfüllung hinsichtlich des nichterfüllten Teiles. Im Ergebnis gilt damit für die Nebenleistungspflichten nichts anderes als für die Hauptleistungspflichten.

bb) Die Auswirkungen der Verletzung einer Nebenleistungspflicht auf die von der berechtigten Vertragspartei zu erfüllenden Pflichten

Wenn eine Vertragspartei ihre Nebenleistungspflicht nicht erfüllt, so kann dies Auswirkungen auf die von der anderen Vertragspartei zu erfüllenden Pflichten haben. Möglich sind Auswirkungen tatsächlicher Art, wenn etwa eine Mitwirkungspflicht nicht erfüllt wird und die andere Vertragspartei deshalb ihre Hauptpflichten nicht oder nicht wie geschuldet erfüllen kann. Da sie aber nicht die Ursache für diese Hauptpflichtverletzung gesetzt hat, bestimmen die § 280 Abs. 1 Satz 2, § 323 Abs. 6 und § 326 Abs. 2 Satz 1 BGB, dass die nebenpflichtverletzende Vertragspartei wegen dieser Hauptpflichtverletzung keine Rechte geltend machen kann.

Daneben sind Auswirkungen rechtlicher Art denkbar. § 326 Abs. 1 Satz 1 BGB läßt bei Unmöglichkeit der geschuldeten Leistung die Gegenleistungspflicht entfallen und § 320 Abs. 1 Satz 1 BGB gibt der anderen Vertragspartei unter bestimmten Umständen ein Leistungsverweigerungsrecht. Voraussetzung ist in beiden Fällen aber, dass die verletzte Nebenleistungspflicht im Synallagma zu einer Pflicht der anderen Vertragspartei steht, mit dieser also ein Verhältnis von Leistung und Gegenleistung besteht. In der Literatur wird ein solches Verhältnis zum Teil angenommen.[511] Diese Ansicht ist jedoch abzulehnen. Sie widerspricht dem Inhalt des Synallagma und der Stellung der Nebenleistungen im Vertrag. Synallagma ist lediglich die Bezeichnung für die Tatsache, dass die Vertragsparteien vereinbart haben, bestimmte Leistungen auszutauschen. Die eine Vertragspartei hat sich durch den Vertrag gegenüber der anderen nur deswegen dazu verpflichtet, eine bestimmte Leistung zu erbringen, um selber die Leistung der anderen Vertragspartei zu erhalten.[512] Das trifft auf die Nebenleistungspflichten gerade nicht zu. Portalbetreiber und Fremdfirma haben den AEV wegen des Austausches der Hauptleistungen geschlossen, nicht wegen des Austausches der Nebenleistungen.[513] Diese erfolgen nicht, um eine Leistung der anderen Vertragspartei zu erhalten, sondern begleiten und unterstützen vielmehr die Erbringung der Hauptleistungen.[514] Sie sind nicht in das Austauschverhältnis eingebunden.

Als Beispiel mag der Kauf von Standardsoftware dienen. Dem Käufer geht es dabei nur um die Software als solche, für die er den Kaufpreis an den Verkäufer zu zahlen bereit ist. Diesem wiederum geht es nur um den Erhalt des Geldes. Um das Interesse des Käufers an der Leistung der Übergabe und Übereignung der Software zu befriedigen, ist allerdings in der Regel die Mitlieferung eines Handbuches erforderlich. Anderenfalls kann der Käufer den Kaufgegenstand Software nicht effizient nutzen. Es stellt sich hier die Frage, ob die Lieferung des Handbuches eine Nebenleistungspflicht oder Teil der Hauptleistungspflicht ist. In Betracht kommt eine Nebenleistungspflicht im Sinne einer Leistungstreuepflicht, weil der Leistungserfolg unterstützt wird und es dem Käufer hauptsächlich darauf ankommt, die Software zu erhalten. Hierfür spricht etwa, wenn ausreichende Handbücher auch anderswo erwerbbar sind.[515] Ein Teil der Hauptpflicht ist die Lieferungspflicht aber dann, wenn der Käufer seine Leistung, die Zahlung des Kaufpreises, nur erbringen will, wenn ihm neben der Software auch das Handbuch geliefert wird.[516] Die Antwort ist gleichbedeutend mit der Ent-

---

[511] So jeweils ohne nähere Begründung Esser/Schmidt, AS 1, § 6 III 2 (S. 108); Gernhuber, Schuldverhältnis, § 2 III 3 d (S. 19) für den Fall einer entsprechenden Parteiabrede.
[512] Vgl. Huber, Leistungsstörungen II, § 44 I 1 (S. 388).
[513] S. o. II.1.
[514] Vgl. o. II.3.a) und b); anders Huber, Leistungsstörungen II, § 41 IV 3 (S. 336).
[515] Vgl. AnwKom-Krebs, § 281, Rn. 8; Brox/Walker, BS, § 6, Rn. 1; Huber, Leistungsstörungen II, § 44 I 3 (S. 390).
[516] Vgl. BGH, Urt. v. 05.07.1989 - VIII ZR 334/88, NJW 1989, 3222 (3223); Urt. v. 04.11. 1992 - VIII ZR 165/91, WM 1993, 111 (112).

scheidung, ob synallagmatische Pflichten vorliegen oder nicht. Im ersten Fall hat der Käufer, dem nur die Software geliefert wird, alles erhalten, für das er den Kaufpreis zu zahlen bereit ist und weswegen er auch den Kaufvertrag abgeschlossen hat. Im zweiten Fall ist dies hingegen nicht so.

Im Ergebnis werden also tatsächliche Auswirkungen im Einzelfall auftreten, rechtliche Auswirkungen jedoch nie. Dieses Ergebnis entspricht der Bedeutung und Stellung der Nebenleistungspflichten im Gefüge des AEV und ist daher dem Sachverhalt angemessen.

cc) Die gesetzlichen Rechtsfolgen der Verletzung einer Nebenleistungspflicht

Das Gesetz bestimmt verschiedene Rechtsfolgen für den Fall der Verletzung einer Nebenleistungspflicht. Wie bereits gesehen kommt es dabei auf die Art der jeweiligen Pflichtverletzung und damit wiederum entscheidend auf den Charakter der einzelnen Nebenleistung an.[517] Grundsätzlich sind ein Anspruch auf Schadensersatz und die Möglichkeit, sich vom AEV durch Rücktritt oder Kündigung nach § 314 BGB zu lösen, zu unterscheiden.

(1) Schadensersatz

Ein einfacher Schadensersatzanspruch nach § 280 Abs. 1 BGB steht dem Gläubiger der Nebenleistungspflicht bei jeder verschuldeten Pflichtverletzung zu.

Unter den zusätzlichen Voraussetzungen der §§ 280 Abs. 1 und 2, 286 BGB kann er auch den Verzögerungsschaden geltend machen. Dies ist jedoch nur bei solchen Nebenleistungspflichten möglich, bei denen eine verzögerte Erfüllung überhaupt stattfinden kann.

Schließlich kann die jeweils berechtigte Vertragspartei bei Verletzung der Nebenleistungspflichten auch Schadensersatz statt der Leistung verlangen. Rechtsgrundlage ist § 280 Abs. 1 und 3 BGB i. V. m. § 281 BGB, soweit eine Nichterfüllung oder Schlechterfüllung vorliegt, und § 280 Abs. 1 und 3 BGB i. V. m. § 283 BGB bzw. § 311 a Abs. 2 Satz 1 BGB, soweit infolge der Pflichtverletzung eine Unmöglichkeit der Leistung gemäß § 275 Abs. 1 bis 3 BGB eingetreten ist. Diese Normen erfassen nämlich ohne Unterschied Haupt- und Ne-

[517] S. o. a).

benleistungen.[518] Der Schadensersatz statt der Leistung erstreckt sich hier jedoch nur auf die verletzte geschuldete Nebenleistung, nicht auf andere Leistungen.[519]

Statt des Schadensersatzes statt der Leistung kann die berechtigte Vertragspartei auch Ersatz ihrer vergeblicher Aufwendungen nach § 284 BGB i. V. m. §§ 280 Abs. 1 und 3, 281 BGB oder § 284 BGB i. V. m. §§ 280 Abs. 1 und 3, 283 Satz 1 BGB bzw. § 311 a Abs. 2 Satz 1 BGB fordern.

Damit besteht in den Rechtsfolgen der Pflichtverletzung weitgehend Übereinstimmung mit den Rechtsfolgen verletzter Hauptpflichten. Wie bei diesen ist hier nichts ersichtlich, was dafür sprechen würde, dass die gesetzlichen Folgen zu unangemessenen und sachfremden Ergebnissen gerade für den AEV als Vertrag der neuen Medien führen würden.

(2) Rücktritt und Kündigung

Wie bei den Hauptpflichten kommen bei der Verletzung von Nebenleistungspflichten für die berechtigte Vertragspartei der Rücktritt vom Vertrag oder seine Kündigung aus wichtigem Grund in Betracht. Beide Rechtsinstitute sind nämlich nicht auf die Verletzung von synallagmatischen Pflichten oder Hauptpflichten beschränkt.[520]

Als Rechtgrundlage für einen Rücktritt ist je nach Einzelfall auf § 323 Abs. 1 BGB oder auf § 326 Abs. 5 BGB abzustellen. Während § 323 Abs. 1 BGB nach seinem Wortlaut alle möglichen Pflichtverletzungen erfaßt, geht ihm im Falle einer Unmöglichkeit der geschuldeten Leistung infolge einer Pflichtverletzung § 326 Abs. 5 BGB als speziellere Norm vor. Damit entspricht die Durchführung derjenigen bei den Hauptpflichten. Lediglich bei den Wertungsfragen des § 323 Abs. 5 BGB ist die untergeordnete Bedeutung der Nebenpflichten gegenüber den Hauptpflichten zu beachten. Im Übrigen kann auf die bei den Hauptpflichten gemachten Ausführungen verwiesen werden.[521]

Für die Kündigung aus wichtigem Grund gilt § 314 BGB. Die Frage des Anwendungsbereiches neben den §§ 323 ff BGB ist wie bei den Hauptpflichten zu beantworten. Grundsätzlich bestehen beide Rechtsinstitute nebeneinander. Le-

---

[518] Siehe BT-Drucksache 14/6040, Seite 138; vgl. auch AnwKom-Dauner-Lieb, § 281, Rn. 8; Palandt-Heinrichs, § 281, Rn. 4; MünchKomm-Ernst (2a), § 281, Rn. 12; Schimmel/Buhlmann-Schimmel/Buhlmann, D III, Rn. 137; wohl auch Canaris, Schuldrechtsmodernisierung, XVI.

[519] Siehe Koller/Roth/Zimmermann-Koller, 58; vgl. auch MünchKomm-Ernst (2a), § 281, Rn. 125.

[520] Vgl. Wackerbarth, in: Dauner-Lieb/Konzen/Schmidt, 160.

[521] S. o. III.1.a)bb)(2)(d)(bb) und (3)(b)(cc)2).

diglich der Teilrücktritt von dem noch nicht erfüllten "zukünftigen" Teil des Dauerschuldverhältnisses wird von der Kündigung verdrängt, die für diesen Fall die strengeren Voraussetzungen aufstellt. Ob eine Kündigung möglich ist, hängt vom Einzelfall der Pflichtverletzung ab. Diese muß nämlich einen wichtigen Grund nach § 314 Abs. 1 Satz 2 BGB darstellen, also die Schwelle überschreiten, die das Abwarten der vereinbarten Vertragsbeendigung unzumutbar macht. Das erscheint bei einer Nebenpflicht wegen ihrer untergeordneten Bedeutung im AEV nicht so leicht möglich wie bei einer Hauptpflicht. Ansonsten kann aber auch hier auf die Erörterungen bei den Hauptpflichten verwiesen werden.[522]

Da hier also weitgehend dasselbe gilt wie bei den Hauptpflichten, ist auch hinsichtlich Rücktritt und Kündigung bzgl. der Anwendung des bestehenden Vertragsrechts auf den AEV nichts ersichtlich, was für das Entstehen unangemessener und sachfremder Ergebnisse bei dieser Anwendung auf Verträge der neuen Medien sprechen würde. Vielmehr zeigt sich wiederum, dass das BGB und die in ihm enthaltenen Regelungen und die dazu entstandene Dogmatik in jeder Hinsicht vollkommen ausreichen.

dd) Der Eintritt der Undurchsetzbarkeit der Rechte und Ansprüche der berechtigten Vertragspartei

Für die Undurchsetzbarkeit der Rechte und Ansprüche der berechtigten Vertragspartei im Falle der Verletzung einer Nebenleistungspflicht gelten die allgemeinen Regeln. § 634 a BGB ist nämlich nur bei den Hauptleistungspflichten anwendbar.

Damit verjährt der Anspruch auf Erfüllung einer Nebenleistungspflicht ebenso wie die Sekundäransprüche wegen seiner Verletzung nach den Vorschriften über die regelmäßige Verjährung der §§ 195, 199 Abs. 1 BGB. Eine Besonderheit ergibt sich insoweit bei den absoluten Fixschulden. Diese können nämlich infolge Unmöglichkeit nach § 275 Abs. 1 BGB aufgrund Ablaufs der für die Erfüllung bestimmten Zeit, d. h. spätestens mit Beendigung des AEV, bereits vor Eintritt der Verjährung untergehen. Hierzu kann auf die entsprechenden Ausführungen im Rahmen der Hauptpflichten verwiesen werden.[523]

Für die Rücktrittsrechte nach § 323 Abs. 1 BGB bzw. § 326 Abs. 5 BGB und die Kündigung aus wichtigem Grund nach § 314 BGB gilt hingegen etwas anderes, da sie mangels Anspruchsqualität nicht verjähren können, arg. e § 194 Abs. 1 BGB. So bestimmt § 218 Abs. 1 Satz 1 BGB für die Rücktrittsrechte, dass sie im Zeitpunkt der Verjährung des zugehörigen Leistungsanspruches un-

---

[522] S. o. III.1.a)bb)(2)(d)(cc) und (3)(b)(cc)3).
[523] S. o. III.1.a)bb)(4).

wirksam werden, während die Kündigung nach § 314 Abs. 3 BGB nur innerhalb einer angemessenen Frist erklärt werden kann.

Eine Anpassung an die sich für die Hauptpflichten ergebenden Fristen und Termine für die Undurchsetzbarkeit der Rechte und Ansprüche der berechtigten Vertragspartei im Falle einer Verletzung dieser Pflichten ist nicht notwendig, da für diese nach § 634 a Abs. 1 Nr. 3 BGB bzw. § 634 Nr. 3, 1. Fall BGB analog i. V. m. § 314 BGB die allgemeinen Regelungen gelten, die hier auch im Rahmen der Nebenpflichten zur Anwendung kommen. Nur bei einer Abweichung wäre eine Anpassung erforderlich und sachgerecht, um den Gleichlauf der Sekundäransprüche zu gewährleisten.

ee) Ergebnis zu b) Die Folgen der Verletzung einer Nebenleistungspflicht

1. Bei den Nebenleistungspflichten sind sämtliche Formen der Pflichtverletzung von ganzer und teilweiser Nichterfüllung über verzögerte Erfüllung bis zur schlichten Schlechterfüllung möglich.

2. Die Folgen der Verletzung einer Nebenleistungspflicht ergeben sich mangels besonderer Regelungen in dem für die Hauptpflichten geltenden Werkvertragsrecht aus dem allgemeinen Leistungsstörungsrecht. Dabei sind die unterschiedlichen Erscheinungsformen der Nebenleistungspflichten zu beachten, die teilweise als Dauerschulden oder absolute Fixschulden sowie als Handlungs- und auch Unterlassungspflichten auftreten können.

3. Im Ergebnis zeigen sich keine wesentliche Unterschiede zu den Folgen der Verletzung der Hauptleistungspflichten. Wie bei diesen zeigt sich auch hier das bestehende Vertragsrecht des BGB und die dazu entwickelte Dogmatik als völlig ausreichend zur Erfassung der Pflichtverletzungen und ihrer Folgen. Es ist nichts ersichtlich, was zu unangemessenen und sachfremden Ergebnissen für den AEV als Vertrag der neuen Medien gegenüber herkömmlichen Verträgen führen würde.

c) Die Folgen der Verletzung einer Schutzpflicht

aa) Weitere Geltendmachung des Erfüllungsanspruchs

Der bei den Schutzpflichten bestehende Erfüllungsanspruch besteht bei einer Verletzung grundsätzlich für die Zukunft fort. Er kann von der berechtigten Vertragspartei weiterhin geltend gemacht werden. Das folgt daraus, dass die Schutzpflichten während der gesamten Dauer des Vertrages zu erfüllen sind. Die Verletzung zu einem bestimmten Zeitpunkt kann daher nicht zu einem Ende der Verpflichtung für die Zukunft führen. Anders verhält es sich wegen des quasiabsoluten Fixschuldcharakters der Schutzpflichten für die in der Vergangenheit aufgetretenen Verletzungen. Insoweit ist eine Erfüllung der Schutzpflicht nicht mehr möglich. Die berechtigte Vertragspartei kann nur noch Ersatz des möglicherweise entstandenen Schadens verlangen.

bb) Die Auswirkungen der Verletzung einer Schutzpflicht auf die von der berechtigten Vertragspartei zu erfüllenden Pflichten

Anders als bei den Nebenleistungspflichten hat die Verletzung einer Schutzpflicht direkt weder tatsächlich noch rechtlich Auswirkungen auf die von der berechtigten Vertragspartei zu erfüllenden Pflichten. Der Grund dafür liegt in dem Zweck, den die Schutzpflichten haben. Sie dienen dem Schutz des Integritätsinteresses der Vertragsparteien während ihres geschäftlichen Kontaktes. Infolgedessen kann eine beliebige Schutzpflicht keine Verbindung zu anderen Pflichten haben. Bei den Leistungspflichten ergibt sich dies daraus, dass eine Verletzung des Integritätsinteresses das Leistungsinteresse grundsätzlich nicht beeinträchtigt. Außerdem zeigen § 282 BGB für den Schadensersatz und § 324 BGB für den Rücktritt, dass der Gesetzgeber nur in extremen Fällen die Beeinträchtigung des Leistungsinteresses infolge einer Schutzpflichtverletzung als beachtlich ansehen will. Die fehlende Verbindung zu anderen Schutzpflichten folgt schon aus dem Integritätsinteresse. Dieses ist von solcher Bedeutung, dass eine Vertragspartei ihren Rechtsgüterschutz gegenüber der anderen Vertragspartei nicht deswegen vernachlässigen darf, nur weil diese es getan hat. Der Schutz der Rechtsgüter gilt umfassend und muß deshalb unabhängig davon sein, ob und wie andere vertragliche Pflichten erfüllt werden. Überdies finden die Vorschriften des § 320 Abs. 1 Satz 1 BGB und des § 326 Abs. 1 Satz 1 BGB auf Schutzpflichten keine Anwendung. Ihrem Wortlaut nach gelten sie nur für Leistungspflichten im Synallagma. Die Schutzpflichten sind aber nach dem Willen des Gesetzgebers klar von den Leistungspflichten zu trennen[524] und stehen auch zu keinen Pflichten im Synallagma. Denn weder Portalbetreiber noch Fremdfirma schließen den AEV ab, um ihr Integritätsinteresse von der jeweils anderen Vertragspartei geschützt zu erhalten. Vielmehr stehen im Synallagma nur die Hauptpflichten, da die Vertragsparteien den AEV nur wegen deren Austausch geschlossen haben.

---

524 S. o. II.3.c)aa).

cc) Die gesetzlichen Rechtsfolgen der Verletzung einer Schutzpflicht

Bei der Verletzung einer Schutzpflicht bestimmt das Gesetz verschiedene Rechtsfolgen. Anders als bei den Nebenleistungspflichten kommt es hier nicht auf die Art der Pflichtverletzung und den Charakter der einzelnen Schutzpflicht an. Denn das Gesetz kennt nur den Einheitstatbestand der Verletzung einer Pflicht bzw. der Verletzung einer Pflicht nach § 241 Abs. 2 BGB. Somit kann die berechtigte Vertragspartei im Falle einer Verletzung grundsätzlich nach ihrer Wahl Schadensersatz verlangen oder sich vom AEV durch Rücktritt oder Kündigung nach § 314 BGB lösen.

(1) Schadensersatz

Bei jeder verschuldeten Pflichtverletzung entsteht für die berechtigte Vertragspartei als Gläubiger der Schutzpflicht grundsätzlich ein Anspruch auf einfachen Schadensersatz nach § 280 Abs. 1 BGB.

Daneben kann auch ein Anspruch auf Schadensersatz statt der Leistung nach § 280 Abs. 1 und 3 BGB i. V. m. § 282 BGB bestehen, wenn dem Gläubiger infolge der Schutzpflichtverletzung die Leistung nicht mehr zumutbar ist. Der Grund für diese Regelung ist, dass der Gläubiger vor einer weiteren Beeinträchtigung seines Integritätsinteresses geschützt werden soll, aber sein Leistungsinteresse dennoch befriedigt werden soll, was allein durch ein Rücktritts- oder Kündigungsrecht nicht möglich wäre.[525] Der Schadensersatz statt der Leistung nach § 282 BGB umfaßt grundsätzlich den Schadensersatz statt der "ganzen" Leistung. § 282 BGB enthält nämlich anders als § 281 Abs. 1 Satz 1 BGB und § 283 Satz 1 BGB bzw. § 311 a Abs. 2 Satz 1 BGB i. V. m. § 275 Abs. 1 BGB keine Beschränkung auf den nicht oder schlecht erfüllten oder unmöglich gewordenen Teil der Leistung. Jedoch ergibt sich bei genauer Betrachtung des § 282 BGB eine entsprechende Einschränkung hinsichtlich bereits bewirkter Teilleistungen. Schadensersatz statt der Leistung kann nämlich nur dann gefordert werden, wenn dem Gläubiger "die Leistung durch den Schuldner nicht mehr zuzumuten ist". Sofern er bereits eine Teilleistung erhalten hat, wurde ihm diese bereits zugemutet. Sie ist ihm deshalb nicht mehr zuzumuten, wie es § 282 BGB erfordert.[526] Der Gläubiger kann hinsichtlich einer bereits erbrachten Teilleistung aber auch keinen Schadensersatz verlangen, wenn er an ihr kein Interesse mehr hat. Denn es fehlt eine Verweisung auf § 281 Abs. 1 Satz 2 BGB, die eine

---

[525] Vgl. BT-Drucksache 14/6040, Seite 141.

[526] So im Ergebnis das Beispiel in BT-Drucksache 14/6040, Seite 141.

entsprechende Ausweitung des Schadensersatzumfangs erlauben würde. Die Regelung des § 281 Abs. 1 Satz 2 BGB kann auch nicht analog angewendet werden, da keine planwidrige Regelungslücke besteht. Der Gesetzgeber hat nämlich durch Verweisungen in § 283 Satz 2 BGB und § 311 a Abs. 2 Satz 3 BGB gezeigt, dass ihm die Problematik der bewirkten Teilleistung bekannt war. Er wollte sie aber offensichtlich im Rahmen des § 282 BGB nicht regeln.

Anstelle des Schadensersatzes statt der Leistung kann die berechtigte Vertragspartei Ersatz vergeblicher Aufwendungen nach § 284 BGB i. V. m. §§ 280 Abs. 1 und 3, 282 BGB verlangen.

(2) Rücktritt und Kündigung

Die Verletzung einer Schutzpflicht erlaubt der berechtigten Vertragspartei wie die Verletzung einer Nebenleistungspflicht die Lösung vom AEV durch Rücktritt oder Kündigung aus wichtigem Grund. Für den Rücktritt folgt dies aus der speziellen Norm des § 324 BGB. Danach besteht die Berechtigung zum Rücktritt, wenn der berechtigten Vertragspartei infolge der Schutzpflichtverletzung ein Festhalten am Vertrag nicht mehr zumutbar ist. Wann dies der Fall ist, bestimmt sich nach dem jeweiligen Einzelfall. Die Kündigung nach § 314 BGB ist nicht auf Leistungspflichten beschränkt.[527] Zwar wird argumentiert, der Gesetzgeber hätte stets ausdrücklich von Pflichten nach § 241 Abs. 2 BGB gesprochen, wenn er Schutzpflichten meine.[528] Aber dieses Argument ist nicht stichhaltig und spricht damit nicht gegen eine Kündigung nach § 314 BGB, auch wenn § 241 Abs. 2 BGB in dieser Norm nicht explizit erwähnt ist. Denn zum einen will der Gesetzgeber in der Grundnorm zum Schadensersatzrecht, dem § 280 Abs. 1 BGB, auch die Schutzpflichten nach § 241 Abs. 2 BGB erfassen, selbst wenn er nur von Pflichtverletzung spricht.[529] Zum anderen sprechen § 282 BGB und § 324 BGB nur deswegen von Pflichten nach § 241 Abs. 2 BGB, um eine Abgrenzung zu den Rechtsfolgen bei Leistungspflichtverletzungen in § 281 BGB und § 323 BGB zu schaffen. Bei der Kündigung nach § 314 BGB trifft das Gesetz aber keine solche Abgrenzung, sondern spricht in § 314 Abs. 2 BGB wie § 280 Abs. 1 BGB nur von Pflichtverletzung allgemein.

Hinsichtlich des Verhältnisses von Rücktritt und Kündigung ergibt sich gegenüber den bisherigen Ausführungen bei den Hauptpflichten und den Nebenleistungspflichten ein entscheidender Unterschied. Anders als dort wird das Rücktrittsrecht nicht teilweise von der Kündigung verdrängt. Der Grund dafür

[527] Siehe auch von Hase, NJW 2002, 2278 (2281).
[528] So Schimmel/Buhlmann, 43.
[529] BT-Drucksache 14/6040, Seite 136; siehe von Hase, NJW 2002, 2278 (2283, Fn. 49).

ist, dass die Regelung des § 324 BGB nicht auf § 323 Abs. 5 Satz 1 BGB verweist. Infolgedessen ist ein Teilrücktritt für die Zukunft wegen einer Schutzpflichtverletzung gerade nicht möglich. Die berechtigte Vertragspartei kann nur entweder vom ganzen Vertrag zurücktreten oder gar nicht. Hätte der Gesetzgeber etwas anderes gewollt, hätte er eine entsprechende Verweisung wie in § 326 Abs. 5 Halbsatz 2 BGB geschaffen. Somit besteht kein Bereich, in dem Rücktritt und Kündigung dieselbe Folge, nämlich die Beendigung des AEV für die Zukunft, haben. Vielmehr kann im Falle einer Schutzpflichtverletzung die Beendigung des AEV für die Zukunft nur durch die Kündigung nach § 314 BGB erfolgen, während der Rücktritt nach § 324 BGB den gesamten AEV in ein Rückabwicklungsschuldverhältnis umwandelt.

Im Übrigen ergeben sich aber hinsichtlich der Durchführung von Rücktritt und Kündigung keine Besonderheiten gegenüber den bereits gemachten Erörterungen im Rahmen der Hauptpflichten. Auf diese kann daher verwiesen werden.[530]

dd) Der Eintritt der Undurchsetzbarkeit der Rechte und Ansprüche der berechtigten Vertragspartei

Die Undurchsetzbarkeit der Rechte und Ansprüche der berechtigten Vertragspartei bei Verletzung einer Schutzpflicht bestimmt sich wie im Falle der Verletzung einer Nebenleistungspflicht nach den allgemeinen Regeln. Denn auch hier ist § 634 a BGB nicht anwendbar, da er bei werkvertraglichen Hauptpflichten gilt.

So verjährt der Anspruch auf Erfüllung der Schutzpflicht ebenso wie die Sekundäransprüche wegen seiner Verletzung nach den Vorschriften über die regelmäßige Verjährung der §§ 195, 199 Abs. 1 BGB. Zu beachten gilt aber, dass der Anspruch auf Erfüllung einer Schutzpflicht wegen deren quasi-absoluten Fixschuldcharakters in der Regel vor Eintritt seiner Verjährung bereits aufgrund Ablaufs der für die Erfüllung vorgesehenen Zeit untergegangen sein wird. Insoweit gilt das zu den Nebenleistungspflichten Gesagte entsprechend.[531]

Das Rücktrittsrecht nach § 324 BGB kann mangels Anspruchsqualität wegen § 194 Abs. 1 BGB nicht verjähren. Hierzu ist zu beachten, dass die Regelung des § 218 BGB, die die Unwirksamkeit des Rücktritts bei Verjährung des zugrundeliegenden Anspruchs bestimmt, nach seinem Wortlaut nur auf Leistungsansprüche Anwendung findet. Das bedeutet, dass ein Rücktritt nach § 324

---

[530] S. o. III.1.a)bb)(2)(d)(aa) und (cc) sowie (3)(b)(cc)2) und 3).
[531] S. o. b)dd).

BGB grundsätzlich unbegrenzt möglich ist.[532] Eine analoge Anwendung des § 218 BGB scheidet aus. Insoweit besteht nämlich keine planwidrige Regelungslücke. Die gesetzlichen Vorschriften zu den Leistungspflichten und den Schutzpflichten nach § 241 Abs. 2 BGB zeigen nämlich, dass der Gesetzgeber beide Pflichtengruppen sowohl beim Schadensersatz statt der Leistung als auch beim Rücktritt klar unterscheidet. Er hätte daher im Rahmen des § 218 BGB die Schutzpflichten neben den Leistungspflichten erwähnt, wenn er den Anwendungsbereich dieser Regelung auch auf § 324 BGB hätte erstrecken wollen. Dass er dies aber nicht getan hat und nur die Leistungspflichten Erwähnung finden, zeugt von einer bewußten Nichtregelung. Infolgedessen ist eine Einschränkung der zeitlichen Erstreckung des Rücktrittsrechts nach § 324 BGB lediglich durch das Zumutbarkeitskriterium in dieser Norm möglich. So ist das Festhalten an einem bereits abgewickelten Vertrag wohl fast immer zumutbar.

ee) Ergebnis zu c) Die Folgen der Verletzung einer Schutzpflicht

1. Eine Unterscheidung verschiedener Formen der Verletzung von Schutzpflichten ist wegen der nicht ausdifferenzierten Rechtsfolgenregelungen für Pflichtverletzungen nicht notwendig.

2. Wie bei den Nebenleistungspflichten ergeben sich die Rechtsfolgen einer Pflichtverletzung aus dem allgemeinen Leistungsstörungsrecht, da das auf die Hauptpflichten anwendbare Werkvertragsrecht der §§ 631 ff BGB keine entsprechenden Regelungen enthält. Die berechtigte Vertragspartei kann nach ihrer Wahl Schadensersatz für ihre Rechtsbeeinträchtigung und Schadensersatz statt der ganzen Leistung verlangen oder vom AEV zurücktreten bzw. sich von ihm durch Kündigung nach § 314 BGB für die Zukunft lösen. Die Durchsetzbarkeit dieser Rechte und Ansprüche richtet sich nach den allgemeinen Regeln.

---

532 Vgl. Palandt-Heinrichs, § 218, Rn. 2; AnwKom-Büdenbender, § 218, Rn. 4; Lorenz/Riehm, Rn. 86. Unzutreffend ist hierzu die Begründung von Bamberger/Roth-Henrich, § 18, Rn. 2, der unzutreffend davon ausgeht, die Nichtanwendung des § 218 BGB auf das Rücktrittsrecht aus § 324 BGB habe ihre Berechtigung darin, dass die Pflichten des § 241 Abs. 2 BGB in keinem synallagmatischen Verhältnis zur verjährten Gegenleistung stünden, während dies hinsichtlich der Leistungspflichten des § 323 BGB so sei. Dabei geht er offensichtlich davon aus, § 323 Abs. 1 BGB erlaube nur den Rücktritt wegen synallagmatischer Hauptleistungen, und übersieht dabei, dass § 323 Abs. 1 BGB, der dieselbe Formulierung wie § 218 Abs. 1 Satz 1 BGB enthält, im Gegensatz zu § 326 Abs. 1 Satz 1 BGB gerade keine synallagmatische Leistungspflicht voraussetzt; vgl. auch die Gesetzesbegründung BT-Drucksache 14/6040, Seite 183.

3. Als Ergebnis ist festzuhalten, dass die Schutzpflichten im Gesetz andere Regelungen erfahren haben als die Leistungspflichten. Dies gilt besonders für Rechte und Ansprüche wegen einer Schutzpflichtverletzung. Diesbezüglich ist aber nichts ersichtlich, was den Schluß nahe legt, dass diese Regelungen im Rahmen des AEV als Vertrag der neuen Medien im Gegensatz zu herkömmlichen Verträge zu unangemessenen und sachfremden Ergebnissen führen. Insofern ist das bestehende Vertragsrecht des BGB und die dazu entwickelte Dogmatik für den zu untersuchenden Bereich völlig ausreichend zur Erfassung der Schutzpflichtverletzungen und ihrer Folgen.

d) Ergebnis zu 2. Die Störung der Erfüllung der Nebenpflichten

Bei der Erfüllung der Nebenpflichten können wie bei der Erfüllung der Hauptpflichten Störungen auftreten. Die Folgen einer solchen Störung, d. h. einer Nebenpflichtverletzung ergeben sich aus dem allgemeinen Schuldrecht. Zu unterscheiden sind dabei nach dem Gesetz die leistungsbezogenen Nebenpflichten, auch Nebenleistungspflichten genannt, und die Schutzpflichten des § 241 Abs. 2 BGB. Die Regelungen des Gesetzes führen im Rahmen des AEV nicht zu unangemessenen Ergebnissen. Das bestehende Vertragsrecht und die dazu entwickelte Dogmatik ist also auch insoweit für den AEV als modernem Vertrag der neuen Medien ausreichend, um zu sachgerechten Ergebnissen zu führen.

3. Ergebnis zu IV. Die Nebenpflichten der Vertragsparteien und ihre Durchführung

Portalbetreiber und Fremdfirma treffen neben ihren Hauptpflichten die sog. Nebenpflichten in Gestalt der Nebenleistungspflichten und Schutzpflichten. Für beide Gruppen steht der jeweils berechtigten Vertragspartei ein Anspruch auf Erfüllung zu. In Ermangelung besonderer Regelungen richtet sich die Durchführung der Nebenpflichten nach dem Allgemeinen Schuldrecht. Dieses ist dafür auch völlig ausreichend und führt beim AEV im Vergleich zu herkömmlichen Verträgen nicht zu unangemessenen oder sachfremden Ergebnissen. Im Ergebnis zeigt sich damit für die Nebenpflichten, was schon für die Hauptpflichten festgestellt wurde: das bestehende Vertragsrecht des BGB und die dazu entwickelte Vertragsrechtsdogmatik sind in der Lage, auch die Probleme und Schwierigkeiten, die moderne Verträge der neuen Medien mit sich bringen, angemessen und sachgerecht zu lösen.

Im Folgenden bleibt nur noch die Frage offen, ob dies auch für den Abschluß und die Beendigung des AEV gilt (V.).

V. Der Abschluß und die Beendigung des Angebotseinbindungsvertrages

Im Folgenden soll abschließend noch der Frage nachgegangen werden, ob für den AEV als Vertrag aus dem Bereich der neuen Medien das bestehende Vertragsrecht und seine Dogmatik auch ausreichen, um die Problematik des Vertragsabschlusses und der Vertragsbeendigung angemessen zu lösen.

1. Der Abschluß des Angebotseinbindungsvertrages

Der AEV zwischen Portalbetreiber und Fremdfirma kann konventionell oder auch direkt über das Internet abgeschlossen werden. Für beide Varianten bestehen dabei keine Besonderheiten gegenüber herkömmlichen Verträgen, für die das bestehende Vertragsrecht und seine Dogmatik nicht mehr ausreichen. Entscheidend kommt es nämlich auf den Austausch zweier Willenserklärungen nach den §§ 145 ff BGB an.[533] Dies unterliegt aber außerhalb wie innerhalb des Internet denselben Anforderungen.[534] Beachtenswert sind in diesem Zusammenhang allerdings die Regelungen des § 147 Abs. 1 Satz 2 BGB, der nunmehr neben der Variante des fernmündlichen Antrages auch die Annahmefrist bei elektronischen Anträgen von Person zu Person regelt, sowie die Zugangsdefinition des § 312 e Abs. 1 Satz 2 BGB, die jedoch zu keinen anderen Ergebnissen führt als die klassische Zugangsdefinition[535]. Entscheidend ist letztlich auch bei elektronischen Willenserklärungen die Feststellung des Zeitpunktes des Zugangs, die aber weniger eine Frage des anwendbaren Rechts als der tatsächlichen Umstände und einer angemessenen Abgrenzung der Risikosphären zwischen den Beteiligten ist.[536] Ob daneben gewisse Regelungen zum Schutz vor übereilter

---

[533] Siehe zum Vertragsabschluß im Internet allgemein Pierson/Seiler, JurPC Web-Dok. 217/2003, Abs. 1-31, http://www.jurpc.de/aufsatz/20030217.htm (zuletzt aufgerufen am 13.12.2003); Thot/Gimmy, in: Kröger/Gimmy, Kapitel 1 (S. 3 ff); ausführlich Süßenberger; Glatt; mit Berücksichtigung des Signaturgesetzes Fritsche, NJ 2002, 169 ff; zur elektronischen Willenserklärung allgemein Wiebe; zur Frage, wann ein Angebot des Nutzers angenommen ist LG Essen, Urt. v. 13.02.2003 - 16 O 416/02, http://www.jurpc.de/rechtspr/20030287.pdf (zuletzt aufgerufen am 13.12.2003); AG Wolfenbüttel, Urt. v. 14.03.2003 - 17 C 477/02, MMR 2003, 492; AG Westernburg, Urt. v. 14.03.2003 - 21 C 26/03, CR 2003, 699 f.; LG Gießen, Urt. v. 04.06.2003 - 1 S 413/02, CR 2003, 856.

[534] Vgl. Pierson/Seiler, JurPC Web-Dok. 217/2003, Abs. 1, http://www.jurpc.de/aufsatz/20030217.htm (zuletzt aufgerufen am 13.12.2003); zu elektronisch übermittelten Willenserklärungen grundlegend Fritzsche/Malzer, DNotZ 1995, 3 ff.

[535] Siehe Pierson/Seiler, JurPC Web-Dok. 217/2003, Abs. 22, http://www.jurpc.de/aufsatz/20030217.htm (zuletzt aufgerufen am 13.12.2003).

[536] Vgl. Ultsch, NJW 1997, 3007 ff.

Abgabe von Erklärungen geschaffen werden sollten, ist eine rechtspolitische und keine vertragsrechtliche Frage. Denn die Abgabe einer Willenserklärung in mündlicher Form oder durch Zeichen kann genauso schnell erfolgen und ist nach dem herkömmlichen Vertragsrecht nur bei besonders gewichtigen Geschäften eingeschränkt, etwa bei Verträgen über Grundstücke nach § 311 b Abs. 1 BGB oder dem Abschluß eines Bürgschaftsvertrages nach § 766 BGB. Interessant ist bei einem Vertragsschluß über das Internet die Vorschrift des § 312 e BGB. Da diese aber gezielt für die Verträge der neuen Medien geschaffen wurde, fällt sie aus dem Gegenstandsbereich dieser Untersuchung heraus.

2. Die Beendigung des Angebotseinbindungsvertrages

a) Die Beendigung nach allgemeinen Regeln

Die Beendigung des AEV nach allgemeinen Regeln richtet sich nach seinem Charakter. Er ist ein Austauschvertrag und ein Dauerschuldverhältnis. Ein Austauschvertrag endet stets dann, wenn zwischen den Vertragsparteien kein weiterer Leistungsaustausch mehr stattfinden muß. In der Regel ist dies mit vollständigem Austausch der gegenseitigen Leistungen gegeben. Für Dauerschuldverhältnisse, die Austauschverträge sind, gilt dasselbe.[537] Etwas anderes ist auch nicht veranlaßt. Es sind keine Gründe ersichtlich, weshalb es hinsichtlich der Vertragsbeendigung einen Unterschied machen sollte, ob der Austausch von punktuellen Leistungen erfolgt oder von Leistungen, deren Umfang von einem Zeitfaktor abhängig ist. Beim AEV besteht nur eine weitere Eigenheit, dass die auszutauschenden Leistungen bis auf eine etwa vereinbarte Geldvergütung absolute Fixschulden sind. Das führt dazu, dass eine Leistungserbringung mit Ablauf der dafür vereinbarten Zeit wegen Unmöglichkeit der Leistungen nach § 275 Abs. 1 BGB nicht mehr erfolgen kann. Das hat zur Folge, dass der AEV, sofern keine Geldvergütung vereinbart ist, in jedem Fall mit Ablauf der vereinbarten Zeit beendet ist. Denn entweder sind die geschuldeten Leistungen ausgetauscht oder ein Austausch kann nicht mehr erfolgen. Sofern eine Geldvergütungspflicht

---

[537] Oetker, 324; a. A. Palandt-Heinrichs, § 314, Rn. 13; Larenz/Wolf, AT, § 13, Rn. 20, die davon ausgehen, dass Dauerschuldverhältnisse durch Zeitablauf enden. Dagegen spricht aber, dass kein Grund für eine abweichende Regelung beim Dauerschuldverhältnis besteht, da der Zeitablauf nur dazu führt, dass ein weiterer Leistungsaustausch nicht mehr erfolgen muß, also auch kein Anspruch mehr auf eine Leistung besteht. Besteht hingegen noch ein Anspruch, kann der Vertrag auch noch nicht beendet sein, Zeitablauf hin oder her; siehe dazu Wiese, FS für Nipperdey, 837 (840 ff).

geschuldet wird, ist der AEV mit deren Erbringung beendet.[538] Ein weiterer Leistungsaustausch muß nicht mehr stattfinden. Der Zeitablauf führt beim Dauerschuldverhältnis damit zum Ende des Leistungsaustausches entweder wegen Erfüllung oder wegen Unmöglichkeit und das Ende des Leistungsaustausches wiederum bewirkt die Beendigung des Vertrages.

Die vorgenannten Ausführungen zeigen, dass die allgemeinen Regeln für die Beendigung eines Vertrages auch für den AEV als Vertrag der neuen Medien passen. Neue Vorschriften müssen daher nicht geschaffen werden.

b) Die Beendigung nach besonderen Regeln

aa) Allgemeines zur Beendigung nach besonderen Regeln

Neben der Beendigung eines Vertrages durch Austausch der geschuldeten Leistungen bestehen besondere Beendigungsmöglichkeiten. Der Rücktritt etwa beendet das Austauschverhältnis und wandelt den Vertrag in ein Rückabwicklungsschuldverhältnis um. Die Kündigung führt zu einer Beendigung des Vertrages für die Zukunft. Zu Rücktritt und Kündigung aus wichtigem Grund nach § 314 BGB wurden bereits Ausführungen gemacht. Jedoch enthält das auf die Hauptpflichten der Vertragsparteien anwendbare Werkvertragsrecht nach den §§ 631 ff BGB weitere Kündigungsrechte. Diese Kündigungsrechte bedürfen noch einer Betrachtung.

bb) Die Kündigungsrechte nach dem Werkvertragsrecht

Im Werkvertragsrecht der §§ 631 ff BGB finden sich die geschriebenen Kündigungsrechte nach §§ 642, 643 BGB und § 649 BGB. Daneben hat die h. M. ungeschriebene außerordentliche Kündigungsgründe für Werkunternehmer und Besteller entwickelt. Zu untersuchen ist nunmehr, wie sich diese Kündigungsrechte im Rahmen des AEV auswirken und ob diese Auswirkungen wegen der Herkunft des AEV als Vertrag der neuen Medien überhaupt angemessen sind.

---

[538] Etwas anderes gilt ausnahmsweise dann, wenn die Erbringung der Geldvergütung vor Ablauf der vereinbarten Zeit erfolgen muß und auch stattfindet. Dann endet der AEV mit Ablauf der vereinbarten Zeit. Wird die Geldvergütung hingegen nicht bis zu diesem Zeitpunkt geleistet, ist der AEV erst mit vollständiger Zahlung der geschuldeten Geldvergütung beendet.

(1) Das Kündigungsrecht nach §§ 642, 643 BGB

Nach § 643 Satz 2 BGB gilt ein Vertrag als aufgehoben, wenn der Besteller eine ihm nach § 643 Satz 1 BGB mit Kündigungsandrohung gesetzte Frist zur Vornahme einer nach § 642 Abs. 1 BGB erforderlichen Mitwirkungshandlung verstreichen läßt. Zweck dieser Vorschrift ist es, den Werkunternehmer davor zu schützen, unbegrenzt am Werkvertrag festgehalten zu werden und durch Bindung von Arbeitskräften und Betriebsmitteln für eine nicht absehbare Zeit belastet zu werden.[539] Dahinter steht der Gedanke, dass die Mitwirkungshandlungen des Bestellers nach § 642 Abs. 1 BGB nur Obliegenheiten darstellen und nicht vom Werkunternehmer erzwungen werden können.[540]

Diese ratio der §§ 642, 643 BGB greift aber im Rahmen des AEV nicht, sondern widerspricht sogar dessen Besonderheiten. Hier sind nämlich die erforderlichen Mitwirkungshandlungen des § 642 Abs. 1 BGB zu echten Pflichten, den oben dargestellten Mitwirkungspflichten[541], erstarkt. Anders als Mitwirkungsobliegenheiten kann aber der jeweilige Werkunternehmer des AEV die Mitwirkungspflichten erzwingen oder, falls dies nicht möglich sein sollte, nach § 323 BGB vom Vertrag zurücktreten. Daneben ist für das Kündigungsrecht nach §§ 642, 643 BGB kein Raum. Es besteht daher infolge der besonderen vertraglichen Gestaltung beim AEV nicht.

(2) Das Kündigungsrecht des jeweiligen Bestellers, § 649 BGB

Nach § 649 Satz 1 BGB kann der jeweilige Besteller bis zur Herstellung des Werkes den Werkvertrag jederzeit ohne Begründung kündigen. In der Folge hat der Werkunternehmer nach § 649 Satz 2 BGB Anspruch auf die Vergütung abzüglich bestimmter in § 649 Satz 2 Halbsatz 2 BGB genannter Posten. Für den üblichen Werkvertrag ist diese Regelung angemessen. Sie ist nämlich auf den Fall zugeschnitten, dass sich lediglich eine Werkleistung und eine, in der Regel in Geld bestehende, Vergütung gegenüberstehen. In diesem Fall soll der Besteller eine Werkleistung, die er nicht mehr will, nicht nehmen müssen. Vielmehr ermöglicht ihm das Kündigungsrecht des § 649 Satz 1 BGB, sich ohne Vorliegen eines bestimmten Grundes vom bereits geschlossenen Vertrag zu lösen. Er muß dafür in der Regel (§ 649 Satz 2 Halbsatz 2 BGB) dem Werkunternehmer

---

[539] MünchKomm-Busche, § 643, Rn. 2; Erman-H. C. Schwenker, § 643, Rn. 1; Bamberger/Roth-Voit, § 642, Rn. 1.

[540] Vgl. MünchKomm-Busche, § 643, Rn. 2.

[541] Vgl. o. II.3.b)bb).

die vereinbarte Vergütung bezahlen. Somit erleidet auch keine Vertragspartei einen Schaden.[542]

Beim AEV ist diese Vorschrift jedoch ausgeschlossen. Denn es ist die Situation eine gänzlich andere. Hier stehen sich mehrere Werkleistungen gegenüber, die für die jeweiligen Vertragsparteien erst durch ihr Zusammenspiel Bedeutung erlangen und so den mit dem Vertrag verfolgten Zweck erfüllen können. Der jeweilige Werkunternehmer hat gerade ein Interesse daran, seine Leistung zu erbringen und dafür die Vergütung in Form der vereinbarten Gegenleistung zu erhalten. Diese besteht nämlich in der Werkleistung der anderen Vertragspartei. Erst wenn beide Werkleistungen zusammentreffen, kann der vertraglich bezweckte Synergieeffekt entstehen.[543] Daher erleidet der jeweilige Werkunternehmer im Fall der Kündigung nach § 649 BGB gegenüber der weiteren Durchführung des AEV einen Schaden. Er kann nämlich seine Gegenleistung gerade nicht mehr erhalten, so dass für ihn auch der vertragliche Zweck nicht mehr erreicht wird.

(3) Die ungeschriebenen werkvertraglichen Kündigungsrechte aus wichtigem Grund

Die h. M. hat für das Werkvertragsrecht zwei ungeschriebene Kündigungsrechte aus wichtigem Grund entwickelt. So kann sich der Besteller vom Vertrag wegen eines Fehlverhaltens des Unternehmers, durch das er das Vertrauen in die weitere Zusammenarbeit verliert, lösen.[544] Dem Werkunternehmer wurde demgegenüber zum Ausgleich für das Kündigungsrecht des Bestellers aus § 649 BGB ein paralleles Kündigungsrecht zugestanden.[545]

Für den AEV sind diese Kündigungsrechte aber abzulehnen. Zum einen besteht für das Kündigungsrecht des Bestellers kein Bedarf. Denn da der AEV ein Dauerwerkvertrag ist, gilt für ihn § 314 BGB und diese Norm erfüllt das von der h. M. angestrebte Ziel.[546] Das ungeschriebene Kündigungsrecht des Bestellers

---

[542] Vgl. BGH, Urt. v. 10.10.1996 - VII ZR 250/94, NJW 1997, 259 (260); Erman-H. C. Schwenker, § 649, Rn. 1; Fikentscher, Rn. 904; zu den Ausnahmefällen etwa bei Künstlern siehe Esser/Weyers, BT 1, § 34a 1 (S. 294); krit. auch MünchKomm-Busche, § 649, Rn. 3.

[543] Vgl. o. A.IV.3.a)aa)(2)(b).

[544] BGH, Urt. v. 20.06.1966 - VII ZR 40/64, BGHZ 45, 372 (375); Urt. v. 23.05.1996 - VII ZR 140/95, NJW-RR 1996, 1108 (1108); Larenz, BT 1, § 53 III b (S. 369).

[545] BGH, Urt. v. 29.06.1989 - VII ZR 110/87, NJW-RR 1989, 1248 (1249); Urt. v. 19.02.1998 - VII ZR 207/96, NJW-RR 1998, 1391 (1391); Staudinger-Peters (2003), § 643, Rn. 20; Erman-H. C. Schwenker, § 643, Rn. 6; Esser/Weyers, BT 1, § 34a 1 (S. 294).

[546] Es stellt sich ohnehin die Frage, ob dieses ungeschriebenen Kündigungsrecht des Bestellers noch fortbesteht. Angesichts der Tatsache, dass der Gesetzgeber viele von Rechtspre-

ist hier deshalb abzulehnen. Das Kündigungsrecht des Werkunternehmers parallel zu § 649 BGB ist aus den selben Gründen wie das Kündigungsrecht des Bestellers aus § 649 BGB beim AEV vertraglich ausgeschlossen.[547]

c) Ergebnis zu 2. Die Beendigung des Angebotseinbindungsvertrages

Der AEV endet regelmäßig wie jeder andere Austauschvertrag mit dem Zeitpunkt, ab dem ein weiterer Leistungsaustausch nicht mehr erfolgen muß. Ausnahmsweise ist eine vorzeitige Beendigung möglich durch Rücktritt oder durch Kündigung. Eine Kündigung kann bei Vorliegen eines wichtigen Grundes auf § 314 BGB gestützt werden. Daneben bestehen keine besonderen Kündigungsrechte, die aus dem auf die Hauptpflichten anwendbaren Werkvertragsrecht stammen.

3. Ergebnis zu V. Der Abschluß und die Beendigung des Angebotseinbindungsvertrages

1. Zur Erfassung der Problematik des Abschlusses des AEV reicht das bestehende Vertragsrecht aus. Gründe für die Schaffung eines neuen Rechts bestehen aus vertragsrechtlicher Sicht nicht.

2. Was die Beendigung des AEV betrifft, führen die bestehenden vertragsrechtlichen Erkenntnisse zu angemessenen Ergebnissen.

3. Damit ist zu Abschluß und Beendigung des AEV festzustellen, dass es auch insoweit aus rein vertragsrechtlicher Sicht keiner neuen Regelungen bedarf. Die Herkunft des AEV als Vertrag der neuen Medien führt nicht zu unangemessenen und sachfremden Ergebnissen bei der Anwendung des bestehenden Vertrags-

---

chung und Lehre entwickelte Rechtsinstitute gesetzlich geregelt hat, nicht aber dieses, erscheint es naheliegender, seine Existenz abzulehnen.

[547] Bei der Schuldrechtsmodernisierung hat der Gesetzgeber viele zuvor von Rechtsprechung und Lehre entwickelte Rechtsinstitute gesetzlich geregelt, etwa in § 314 BGB die außerordentliche Kündigung aus wichtigem Grund bei Dauerschuldverhältnissen. Das hier genannte Kündigungsrecht des Unternehmers fand hingegen nicht Eingang in das neue BGB, was dafür spricht, dass der Gesetzgeber es nicht regeln wollte; vgl. Bamberger/Roth-Voit, § 643, Rn. 9. A. A. Staudinger-Peters (2003), § 643, Rn. 20. Für ein Fortbestehen jedenfalls bei auf längerfristige Zusammenarbeit angelegten Werkverträgen Palandt-Sprau, § 643, Rn. 1; Bamberger/Roth-Voit, § 643, Rn. 9.

rechts und seiner Dogmatik. Sofern neue Vorschriften notwendig werden könnten, ist dies nur mit rechtspolitischen Erwägungen zu begründen.

VI. Ergebnis zu B. Die Durchführung des AEV

1. Das auf den AEV als gemischtem Vertrag aus werkvertraglichen Elementen anwendbare Recht ist ausgehend von der sog. Kombinationstheorie zu ermitteln. Grundsätzlich sind damit auf jede vertragliche Hauptpflicht die gesetzlichen Vorschriften anzuwenden, die der Rechtsnatur dieser Pflicht entsprechen. Das sind die werkvertraglichen Vorschriften der §§ 631 ff BGB. Dabei sind die Einheit des Vertrages, der Wille und die Interessenlage von Portalbetreiber und Fremdfirma als Vertragsparteien zu berücksichtigen. Unter Umständen muß auf die Regelungen des Allgemeinen Schuldrechts zurückgegriffen werden.

2. Neben ihren Hauptpflichten treffen Portalbetreiber und Fremdfirma Nebenpflichten. Diese dienen zum einen ihrem Leistungsinteresse und zum anderen ihrem Integritätsinteresse. Sie können im Einzelnen im Wege der Auslegung aus den vertraglichen Vereinbarungen ermittelt werden.

3. Die Durchführung der Hauptpflichten des AEV ist unter Rückgriff auf die werkvertraglichen Regelungen der §§ 631 ff BGB ohne Schwierigkeiten, die spezifisch aus dem Bereich der neuen Medien kommen, möglich.

4. In Ermangelung werkvertraglicher Sonderregelungen für die Nebenpflichten von Portalbetreiber und Fremdfirma richtet sich deren Durchführung nach den Vorschriften des allgemeinen Schuldrechts. Bei dieser zeigen sich auch keine Probleme, die besonders für Verträge der neuen Medien sind und nicht auch bei herkömmlichen Verträgen auftreten.

5. Für den Abschluß und die Beendigung des AEV sind neben dem bestehenden Vertragsrechts und der zu ihm entwickelten Grundsätze keine neuen Regelungen notwendig. Es gilt dasselbe wie für herkömmliche Austauschverträge.

6. Diese Ergebnisse zeigen, dass auch die Durchführung eines modernen Vertrages wie des AEV ohne weitere Schwierigkeiten unter Rückgriff auf die gesetzlichen Regelungen und die entwickelte Vertragsrechtsdogmatik mit angemessenen Ergebnissen erfolgen kann. Es bedarf daher keiner ausgefeilten Vertragsgestaltung. Ebenso ist der Ruf nach dem Gesetzgeber aus vertragsrechtlicher Sicht nicht veranlaßt.

C. Ergebnis zu Zweiter Teil: UNTERSUCHUNG

1. Der AEV ist ein gemischter Vertrag, dessen Hauptpflichten werkvertraglicher Natur sind. Ihr Charakter als Dauerschulden macht aus dem AEV ein Dauerschuldverhältnis. Das auf ihn anwendbare Recht ist ausgehend von der Kombinationstheorie unter Berücksichtigung der Einheit des Vertrages, des Willens und der Interessenlage der Vertragsparteien zu ermitteln. Daher ist bei der Durchführung der Hauptpflichten auf die §§ 631 ff BGB und bei der Durchführung der Nebenpflichten auf die allgemeinen Regelungen zurückzugreifen. Hierbei und bei Abschluß und Beendigung des AEV ergeben sich keine Probleme durch die Herkunft des AEV aus dem Bereich der neuen Medien.

2. Dies zeigt, dass die Anforderungen des Internet und des E-Commerce keine Schwierigkeiten in vertragsrechtlicher Hinsicht bereithalten, die nicht mit den bestehenden Möglichkeiten von Gesetz und Methodenlehre angemessen gelöst werden könnten.

Dritter Teil: Gesamtergebnis und Abschlußbetrachtung

Auf den ersten Blick scheinen die neuen Medien nach neuem Recht zu verlangen. Noch nicht dagewesene Probleme wollen einer Lösung zugeführt werden, zumal das Internet nicht mehr nur auf einen kleinen Kreis von Experten beschränkt ist, sondern sich zu einem Massenmedium entwickelt hat. Während sich die Technik und ihre Anwendungen stetig weiter verändern, neue Möglichkeiten und Geschwindigkeiten herausbilden, greift der Gesetzgeber nur punktuell ein und hinkt teilweise der Entwicklung und vor allem dem Bedürfnis nach Rechtssicherheit hinterher, wie die Frage der sog. Haftung für Hyperlinks, also für die Verbreitung der über Hyperlink zugänglich gemachten Inhalte, zeigt.

Für die vertraglichen Gestaltungen zwischen Akteuren im Internet hat es die vorliegende Untersuchung unternommen, zu zeigen, dass das vorhandene Vertragsrecht mit seinem Instrumentarium zur Erreichung angemessener und sachgerechter Lösungen auftretender Probleme ausreicht. Dies geschah am beispiel des AEV, eines vertraglichen Gestaltung im Bereich des E-Commerce zwischen dem Betreiber eines Internet-Portals und einem Unternehmer, der über eben dieses Portal Kunden für seine Waren oder Dienstleistungen sucht.

Bereits bei der Frage der Einordnung des AEV in das bestehende System der Vertragstypen zeigt sich, dass das Internet keine Besonderheiten zu bieten hat, die nicht mit den hergebrachten Regeln der Rechtsanwendung gelöst werden könnten. So lassen sich die die essentialia negotii regelnden Pflichten der Vertragsparteien, die Hauptpflichten oder vertragstypenbestimmenden Pflichten, jeweils dem Werkvertragsrecht zuordnen, was nach den hergebrachten Kategorien die Qualifikation als typengemischter Vertrag zur Folge hat.
Auch die Durchführung des Vertrages, die Ermittlung der Nebenpflichten der Vertragsparteien, die Folgen von Pflichtverletzungen sowie der Abschluß und die Beendigung des Vertrages sind mit den Regelungen des BGB, wie sie sich durch das Schuldrechtsmodernisierungsgesetz darstellen, und die hergebrachte Vertragsrechtsdogmatik ohne Schwierigkeiten zu erfassen.

Als Gesamtergebnis ist damit festzuhalten, dass das bestehende Vertragsrecht mit seinen Vertragstypen bei Anwendung der hergebrachten Instrumente der Vertragsrechtsdogmatik und der Methodenlehre zur sachgerechten Erfassung von Vorgängen im Bereich des E-Commerce ausreicht. Als großer Vorteil erweist sich hierbei die Abstraktheit des allgemeinen Schuldrechts des BGB.[548]

---

548 So auch Bleiweiß, JA 2000, 506 (511); im Ergebnis auch Spindler/Klöhn, CR 2003, 81 (86); für Sachverhalte mit Auslandsbezug und für den Abschluß von Verträgen über das Internet ebenso Godefroid, DStR 2001, 400 (407).

Literaturverzeichnis

Ahlert, Dieter; Becker, Jörg; Kenning, Peter; Schütte, Reinhard (Hrsg.)	Internet & Co. im Handel, 2. Auflage, Berlin 2001 [zit.: Ahlert/Becker/Kenning/Schütte]
Alpert, Frank	Virtuelle Marktplätze im Internet: Typische Haftungsrisiken des Anbieters von B2B-Portalen, in: CR 2001, Seiten 604 bis 611
Amor, Daniel	Die E-Business-(R)Evolution - Das umfassende Executive-Briefing, Bonn 2000
Amann, Hermann; Brambring, Günter; Hertel, Christian	Die Schuldrechtsreform in der Vertragspraxis - Handbuch für Notare und Vertragsjuristen mit Gestaltungshinweisen und Formulierungsbeispielen, 2. Auflage, München 2003 [zit.: Amann/Brambring/Hertel]
Arndt, Hans-Wolfgang; Köhler, Markus	Recht des Internet, 4. Auflage, Heidelberg 2003 [zit.: Arndt/Köhler]
Anders, Holm	Die Pflichtverletzung im System des Leistungsstörungsrechts als Modell de lege ferenda - Eine systematische Darstellung, untersetzt durch alternative Vorschläge unter besonderer Berücksichtigung kaufrechtlicher Bestimmungen, Berlin 2001
Attendorn, Thorsten	Wegfall der Haftungsprivilegierung für Links nach der TDG-Novelle, in: MMR 6/2002, Seiten V bis VII
Ballerstedt, Kurt	Der gemeinsame Zweck als Grundbegriff des Rechts der Personengesellschaften, in: JuS 1963, Seiten 253 bis 263
Bamberger, Heinz Georg; Roth, Herbert (Hrsg.)	Kommentar zum Bürgerlichen Gesetzbuch Band 1, Gesamtverzeichnis, §§ 1-610, München 2003 [zit.: Bamberger/Roth-Bearbeiter]

	Band 2, §§ 611-1296 ErbbauVO WEG, München 2003 [zit.: Bamberger/Roth-Bearbeiter]
Bartl, Harald	Hardware, Software und Allgemeine Geschäftsbedingungen, in: CuR 1985, Seiten 13 bis 22
Baumbach/Hopt	Handelsgesetzbuch mit GmbH & Co., Handelsklauseln, Bank- und Börsenrecht, Transportrecht (ohne Seerecht) bearbeitet von Klaus J. Hopt und Hanno Merkt, 31. Auflage, München 2003 [zit.: BH-Bearbeiter]
Baur, Fritz; Baur, Jürgen F.; Stürner, Rolf	Lehrbuch des Sachenrechts, 16. Auflage, München 1992 [zit.: Baur/Stürner]
Baur, Jürgen F.; Baur, Fritz; Stürner, Rolf	Lehrbuch des Sachenrechts, 16. Auflage, München 1992 [zit.: Baur/Stürner]
Becker, Jörg; Ahlert, Dieter; Kenning, Peter; Schütte, Reinhard (Hrsg.)	Internet & Co. im Handel, 2. Auflage, Berlin 2001 [zit.: Ahlert/Becker/Kenning/Schütte]
Bettinger, Torsten; Leistner, Matthias	Creating Cyberspace - Immaterialgüterrechtlicher und wettbewerbsrechtlicher Schutz des Web-Designers, in: Beilage CR 12/1999 [zit.: Leistner/Bettinger]
Bleiweiß, Christian	Rechtliche Aspekte des "Electronic Commerce", in: JA 2000, Seiten 506 bis 511
Böggering, Peter	Die Abnahme beim Werkvertrag, in: JuS 1978, Seiten 512 bis 519
Böhmer, Martin	Die Vereinbarung eines gemeinsamen Zwecks bei der Gesellschaft bürgerlichen Rechts, in: JZ 1994, Seiten 982 bis 990

Börner, Fritjof; Rath, Michael; Sengpiel, Markus; Strunk, Günther; Zöllkau, York	Der Internet Rechtsberater - Rechtsfragen und steuerliche Gestaltungsmöglichkeiten, 2. Auflage, Köln 2002 [zit.: Börner/Rath/Sengpiel/Strunk/Zöllkau]
Börner, Fritjof; Spindler, Gerald (Hrsg.)	E-Commerce-Recht in Europa und den USA, Berlin Heidelberg 2003 [zit.: Spindler/Börner]
Börsch, Michael	Die Planwidrigkeit der Lücke, in: JA 2000, Seiten 117 bis 119
Brambring, Günter; Amann, Hermann; Hertel, Christian	Die Schuldrechtsreform in der Vertragspraxis - Handbuch für Notare und Vertragsjuristen mit Gestaltungshinweisen und Formulierungsbeispielen, 2. Auflage, München 2003 [zit.: Amann/Brambring/Hertel]
Brox, Hans; Walker, Wolf-Dietrich	Allgemeines Schuldrecht, 30. Auflage, München 2004 [zit.: Brox/Walker, AS]
	Besonderes Schuldrecht, 30. Auflage, München 2005 [zit.: Brox/Walker, BS]
Brox, Hans	Handelsrecht und Wertpapierrecht, 17. Auflage, München 2004 [zit.: Brox, HR]
Brumme, Sabine; Weis, Michael (Hrsg.)	Praxishandbuch Internetrecht, Stuttgart 2001 [zit.: Brumme/Weis]
Bub, Wolf-Rüdiger; Treier, Gerhard (Hrsg.)	Handbuch der Geschäfts- und Wohnraummiete, 3. Auflage, München 1999 [zit.: Bub/Treier-Bearbeiter]
Buhlmann, Dirk; Schimmel, Roland	Fehlerquellen im Umgang mit dem Neuen Schuldrecht - Rechtsgeschäfte Verjährung Leistungsstörungen Kaufrecht AGB, Neuwied Kriftel 2002 [zit.: Schimmel/Buhlmann]

Buhlmann, Dirk; Schimmel, Roland (Hrsg.)	Frankfurter Handbuch zum neuen Schuldrecht, Neuwied Krieftel 2002 [zit.: Schimmel/Buhlmann-Bearbeiter]
Burmeister, Kai	Urheberrechtsschutz gegen Framing im Internet, Köln 2000
Canaris, Claus-Wilhelm	Das allgemeine Leistungsstörungsrecht im Schuldrechtsmodernisierungsgesetz, in: ZRP 2001, Seiten 329 bis 336
	Die Reform des Rechts der Leistungsstörungen, in: JZ 2001, Seiten 499 bis 524
	Handelsrecht, 23. Auflage, München 2000 [zit.: Canaris, Handelsrecht]
	Schuldrechtsmodernisierung 2002, München 2002 [zit.: Canaris, Schuldrechtsmodernisierung]
Canaris, Claus-Wilhelm; Larenz, Karl	Lehrbuch des Schuldrechts, Zweiter Band, Besonderer Teil 2. Halbband, 13. Auflage, München 1994 [zit.: Larenz/Canaris, BT 2]
Canaris, Claus-Wilhelm; Schilling, Wolfgang; Ulmer, Peter	Handelsgesetzbuch, Großkommentar, Begründet von Hermann Staub, Erster Band, Einleitung, §§ 1-104, 4. Auflage, Berlin New York 1995 [zit.: GK HGB-Bearbeiter]
Cebulla, Mario	Die Pacht nichtsächlicher Gegenstände - Rechtspacht und Pacht besonderer Gegenstände im Wirtschaftsleben, Berlin New York 1999
Christmann, Hans Werner	Die Neubewertung der Abnahme im Werkvertragsrecht - Ein Gebot der Rechtssicherheit, Diss. Würzburg 1999
Cichon, Caroline	Internetverträge, Verträge über Internet-Leistungen und E-Commerce, 2. Auflage, Köln 2003

Dauner-Lieb, Barbara; Heidel, Thomas; Lepa, Manfred; Ring, Gerhard	Anwaltkommentar Schuldrecht - Erläuterungen der Neuregelungen zum Verjährungsrecht, Schuldrecht, Schadensersatzrecht und Mietrecht, Bonn 2002 [zit.: AnwKom-Bearbeiter]
	Das neue Schuldrecht in der anwaltlichen Praxis - Verjährungsrecht, Leistungsstörungsrecht, Kaufrecht, Werkvertragsrecht, Schadensersatzrecht, Mietrecht, Bonn 2002 [zit.: Dauner-Lieb/Heidel/Lepa/Ring-Bearbeiter]
Dauner-Lieb, Barbara; Konzen, Horst; Schmidt, Karsten	Das neue Schuldrecht in der Praxis, Akzente - Brennpunkte - Ausblick, Köln Berlin Bonn München 2003 [zit.: Dauner-Lieb/Konzen/Schmidt]
Deckers, Stefan	Allgemeine Geschäftsbedingungen im Web-Design-Vertrag - Zulässigkeit üblicher Klauseln und vertragliche Gestaltungsmöglichkeiten für Besteller einer Web-Site, in: CR 2002, Seiten 900 bis 907
Dippelhofer, Mischa	Verkehrssicherungspflicht für Hyperlinks? Anmerkung zum Urteil des OLG München vom 15. März 2002, 21 U 1914/02, JurPC Web-Dok. 304/2002, Abs. 1-22, http://www.jurpc.de/aufsatz/20020304.htm (zuletzt aufgerufen am 02.12.2002)
Dellios, Georgios	Zur Präzisierung der Rechtsfindungsmethode bei "gemischten" Verträgen, Diss. Regensburg 1981
Dethloff, Nina	Verträge zur Prozeßfinanzierung gegen Erfolgsbeteiligung, in: NJW 2000, Seiten 2225 bis 2230
Dilcher, Hermann	Typenfreiheit und inhaltliche Gestaltungsfreiheit bei Verträgen, in: NJW 1960, 1040 bis 1043

Dittrich, Jörg	Zur Frage der urheber- und wettbewerbsrechtlichen Zulässigkeit von Hyperlinks, JurPC Web-Dok. 72/2002, Abs. 1-28, http://www.jurpc.de/aufsatz/20020072.htm (zuletzt aufgerufen am 02.12.2002)
Dreier, Thomas; Moritz, Hans-Werner (Hrsg.)	Rechts-Handbuch zum E-Commerce, Köln 2002 [zit.: Moritz/Dreier]
Drewes, Stefan; Schuster, Fabian; Müller, Ulf	Entwicklung des Internet- und Multimediarechtes von April bis Dezember 2001, in: MMR Beilage 3/2002 [zit.: Schuster/Müller/Drewes]
Dustmann, Andreas	Die privilegierten Provider-Haftungsbeschränkungen im Internet aus urheberrechtlicher Sicht, Baden-Baden 2001
Ehmann, Horst; Sutschet, Holger	Modernisiertes Schuldrecht - Lehrbuch der Grundsätze des neuen Rechts und seiner Besonderheiten, München 2002 [zit.: Ehmann/Sutschet]
Eick, Wolfgang	Das Problem der gemischten Verträge, Diss. Würzburg 1984
Ende, Lothar; Klein, Alexander	Grundzüge des Vertriebsrechts im Internet - Fernabsatz und Vertrieb von Waren und Dienstleistungen, München 2001 [zit.: Ende/Klein]
Enders, Theodor; Heße, Manfred	Gesellschaftsrecht - Eine Einführung in die rechtlichen Grundlagen und in die Vertragsgestaltung, Stuttgart 2001 [zit.: Heße/Enders]
Erman	siehe unter Westermann, Harm Peter (Hrsg.)
Ernst, Stefan	Vertragsgestaltung im Internet, München 2003

	Rechtliche Fragen bei der Verwendung von Hyperlinks im Internet, in: NJW-CoR 1997, Seiten 224 bis 228
	Vereinbarungen über die Zulässigkeit von Hyperlinks, in: ITRB 2002, Seiten 68 bis 70
Ernst, Stefan; Vassilaki, Irini; Wiebe, Andreas	Hyperlinks: Rechtsschutz, Haftung, Gestaltung, Köln 2002 [zit.: Ernst/Vassilaki/Wiebe]
Ernst, Stefan; Wiebe, Andreas	Immaterialgüterrechtliche Haftung für das Setzen von Links und vertragliche Gestaltungsmöglichkeiten, in: MMR Beilage 8/2001, Seiten 20 bis 25 [zit.: Ernst/Wiebe]
Esser, Josef; Schmidt, Eike	Schuldrecht, Band I Allgemeiner Teil Teilband 1, Entstehung, Inhalt und Beendigung von Schuldverhältnissen, 8. Auflage, Heidelberg 1995 [zit.: Esser/Schmidt, AT 1]
Esser, Josef; Weyers, Hans-Leo	Schuldrecht, Band II Besonderer Teil Teilband 1, Verträge, 8. Auflage, Heidelberg 1998 [zit.: Esser/Weyers, BT 1]
Faust, Florian; Huber, Peter	Schuldrechtsmodernisierung - Einführung in das neue Recht, München 2002 [zit.: Huber/Faust-Bearbeiter]
Fikentscher, Wolfgang	Schuldrecht, 9. Auflage, Berlin New York 1997
	Zu Begriff und Funktion des "Gemeinsamen Zwecks" im Gesellschafts- und Kartellrecht, in: Festschrift für Harry Westermann, Karlsruhe 1974, Seite 87 bis 117

Fischer, Andreas — Wartungsverträge - Inspektion, Wartung und Instandsetzung technischer Einrichtungen,
2. Auflage, Berlin 2003
[zit.: Fischer, Wartungsverträge]

Fischer, Michael — Die Unentgeltlichkeit im Zivilrecht,
Köln Berlin Bonn München 2002
[zit.: Fischer, Unentgeltlichkeit]

Flume, Werner — Allgemeiner Teil des Bürgerlichen Rechts, Erster Band Erster Teil, Die Personengesellschaft,
Berlin Heidelberg New York 1977

Friedrich, Klaus — Der Vertragsbruch,
in: AcP 178 (1978), Seiten 468 bis 493)

Fritsche, Ingo — Die Einführung des elektronischen Rechtsverkehrs im Privatrecht - Eine Übersicht,
in: NJ 2002, Seiten 169 bis 177

Fritzsche, Jörg; Malzer, Hans Michael — Ausgewählte zivilrechtliche Probleme elektronisch signierter Willenserklärungen,
in: DNotZ 1995, Seiten 3 bis 25
[zit.: Fritzsche/Malzer]

Gercke, Marco — Rechtswidrige Inhalte im Internet - Eine Diskussion ausgewählter Problemfelder des Internet-Strafrechts unter Berücksichtigung strafprozessualer Aspekte,
Diss. Köln 2000
[zit.: Gercke, Diss. 2000]

Gernhuber, Joachim — Das Schuldverhältnis - Begründung und Änderung, Pflichten und Strukturen, Drittwirkungen,
Tübingen 1989
[zit.: Gernhuber, Schuldverhältnis]

Die Erfüllung und ihre Surrogate sowie das Erlöschen der Schuldverhältnisse aus anderen Gründen,
2. Auflage, Tübingen 1994
[zit.: Gernhuber, Erfüllung]

	Synallagma und Zession, in: Funktionswandel der Privatrechtsinstitutionen - Festschrift für Ludwig Raiser zum 70. Geburtstag, hrsg. von Fritz Baur, Josef Esser, Friedrich Kübler, Ernst Steindorff, Tübingen 1974, Seiten 57 bis 98 [zit.: Gernhuber, FS Raiser]
Gimmy, Marc André; Kröger, Detlef (Hrsg.)	Handbuch zum Internetrecht, Electronic Commerce - Informations-, Kommunikations- und Mediendienste, 2. Auflage, Berlin Heidelberg 2002 [zit.: Kröger/Gimmy]
Glatt, Christoph	Vertragsschluß im Internet - Unter besonderer Berücksichtigung der Rechtsentwicklung in der Europäischen Union und des internationalen Verbrauchervertrages, Berlin Baden 2002
Godefroid, Christoph	E-Commerce aus der Sicht des deutschen Vertragsrechts, in: DStR 2001, Seiten 400 bis 408
Gounalakis, Georgios (Hrsg.)	Rechtshandbuch Electronic Business, München 2003
Graf von Westphalen, Friedrich (Hrsg.)	Vertragsrecht und AGB-Klauselwerke, 11. Ergänzung, München Januar 2002
Graf von Westphalen, Friedrich; Henssler, Martin (Hrsg.)	Praxis der Schuldrechtsreform, 2. Auflage, Recklinghausen 2003 [zit.: Henssler/Graf von Westphalen-Bearbeiter]
Grunewald, Barbara	Prozeßfinanzierungsvertrag mit gewerbsmäßigem Prozeßfinanzierer - ein Gesellschaftsvertrag, in: BB 2000, Seiten 729 bis 733
	Gesellschaftsrecht, 6. Auflage, Tübingen 2005

Gummert, Hans; Riegger, Bodo; Weipert, Lutz (Hrsg.)	Münchener Handbuch des Gesellschaftsrechts, Band 1, BGB-Gesellschaft, Offene Handelsgesellschaft, PartG, EWIV, 2. Auflage, München 2004 [zit.: MünchHdb. GesR I-Bearbeiter]
Haarmann, Wilhelm	Wegfall der Geschäftsgrundlage bei Dauerrechtsverhältnissen, Berlin 1979
Haas, Lothar; Medicus, Dieter; Rolland, Walter; Schäfer, Carsten; Wendtland, Holger (Hrsg.)	Das neue Schuldrecht, München 2002 [zit.: NSchR-Bearbeiter]
Hamann, Christian; Weidert, Stefan (Hrsg.)	E-Commerce und Recht: ein Leitfaden für Unternehmen, Berlin 2002 [zit.: Hamann/Weidert]
Härting, Niko	Die Gewährleistungspflichten von Internet-Diensteanbietern, in: CR 2001, Seiten 37 bis 43
	Gesetzentwurf zur Umsetzung der E-Commerce-Richtlinie, in: CR 2001, Seiten 271 bis 277
Hartmann, Matthias; Thier, Andreas	Typologie der Softwarepflegeverträge, in: CR 1998, Seiten 581 bis 589 [zit.: Hartmann/Thier]
Heidel, Thomas; Dauner-Lieb, Barbara; Lepa, Manfred; Ring, Gerhard	Anwaltkommentar Schuldrecht - Erläuterungen der Neuregelungen zum Verjährungsrecht, Schuldrecht, Schadensersatzrecht und Mietrecht, Bonn 2002 [zit.: AnwKom-Bearbeiter]
	Das neue Schuldrecht in der anwaltlichen Praxis - Verjährungsrecht, Leistungsstörungsrecht, Kaufrecht, Werkvertragsrecht, Schadensersatzrecht, Mietrecht, Bonn 2002 [zit.: Dauner-Lieb/Heidel/Lepa/Ring-Bearbeiter]

Heinold, Erhard F.; Koop, Hans Jochen; Jäckel, K. Konrad	Business E-volution, Das E-Business-Handbuch, Organisation - Marketing - Finanzen - Projekte - Management, Braunschweig Wiesbaden 2000 [zit.: Koop/Jäckel/Heinold]
Henß, Olaf	Obliegenheit und Pflicht im Bürgerlichen Recht, Frankfurt am Main Bern New York Paris 1988
Henssler, Martin; Graf von Westphalen, Friedrich (Hrsg.)	Praxis der Schuldrechtsreform, 2. Auflage, Recklinghausen 2003 [zit.: Henssler/Graf von Westphalen-Bearbeiter]
Hertel, Christian; Amann, Hermann; Brambring, Günter	Die Schuldrechtsreform in der Vertragspraxis - Handbuch für Notare und Vertragsjuristen mit Gestaltungshinweisen und Formulierungsbeispielen, 2. Auflage, München 2003 [zit.: Amann/Brambring/Hertel]
Heße, Manfred; Enders, Theodor	Gesellschaftsrecht - Eine Einführung in die rechtlichen Grundlagen und in die Vertragsgestaltung, Stuttgart 2001 [zit.: Heße/Enders]
Henßler, Thomas; Kaminski, Bert; Kolaschnik, Helge; Papathoma-Baetge, Anastasia (Hrsg.)	Rechtshandbuch E-Business - Rechtliche Rahmenbedingungen für Geschäfte im Internet, Neuwied Krieftel 2002 [zit.: Kaminski/Henßler/Kolaschnik/Papathoma-Baetge]
Heymann, Thomas	Gesetzliches Leitbild des Wartungsvertrages, in: CR 1991, Seiten 525 bis 529
Heyms, Sybille; Prieß, Christiane	Werbung online - Eine Betrachtung aus rechtlicher Sicht, Berlin 2002 [zit.: Heyms/Prieß]
Hirsch, Christoph	Schadensersatz statt der Leistung, in: Jura 2003, Seiten 289 bis 298
Hoeren, Thomas	Cybermanners und Wettbewerbsrecht - Einige Überlegungen zum Lauterkeitsrecht im Internet, in: WRP 1997, Seite 993 bis 998

	E-Business und die Rezession: Was wird vom elektronischen Handel bleiben?, in: NJW 2002, Seite 37
	Kurzkommentar zu AG Ulm, Urt. v. 29.10.1999 - 2 C 1038, 99, in: EWiR 2000, Seiten 273 bis 274 (§ 611 BGB, 2/2000)
	Internetrecht, Stand März 2005, www.uni-muenster.de/Jura.itm/ hoeren/material/Skript/skript_maerz2005.pdf(zuletzt aufgerufen am 11.04.2005)
Hoffmann, Helmut	Die Entwicklung des Internet-Rechts, in: NJW 2001, Beilage zu Heft 14
Hohl, Michael; Leible, Stefan; Sosnitza, Olaf (Hrsg.)	Vernetztes Recht - Das Internet als Herausforderung an eine moderne Rechtsordnung, Stuttgart München Hannover Berlin Weimar Dresden 2002 [zit.: Hohl/Leible/Sosnitza]
Hopt/Baumbach	Handelsgesetzbuch mit GmbH & Co., Handelsklauseln, Bank- und Börsenrecht, Transportrecht (ohne Seerecht), bearbeitet von Klaus J. Hopt und Hanno Merkt, 31. Auflage, München 2003 [zit.: BH-Bearbeiter]
Huber, Peter; Faust, Florian	Schuldrechtsmodernisierung - Einführung in das neue Recht, München 2002 [zit.: Huber/Faust-Bearbeiter]
Huber, Ulrich	Leistungsstörungen Band I - Die allgemeinen Grundlagen - Der Tatbestand des Schuldnerverzugs - Die vom Schuldner zu vertretenden Umstände, Tübingen 1999 [zit.: Huber, Leistungsstörungen I]

	Leistungsstörungen Band II - Die Folgen des Schuldnerverzugs - Die Erfüllungsverweigerung und die vom Schuldner zu vertretende Unmöglichkeit, Tübingen 1999 [zit.: Huber, Leistungsstörungen II]
Hueck, Götz; Windbichler, Christine	Gesellschaftsrecht - Ein Studienbuch, 20. Auflage, München 2003 [zit.: Hueck/Windbichler]
Hüffer, Uwe	Leistungsstörungen durch Gläubigerhandeln - Eine rechtsvergleichende Untersuchung der Mitwirkung der Gläubigers bei der Vertragserfüllung unter besonderer Berücksichtigung gegenseitiger Verträge, Berlin 1976
Huffer, Henning	Das partiarische Geschäft als Rechtstypus, zugleich eine Studie über die Grundlagen der Typuslehre, Dissertation München 1970
	Typenprobleme beim Automatenaufstellvertrag, in: NJW 1971, Seiten 1433 bis 1436
Jäckel, K. Konrad; Koop, Hans Jochen; Heinold, Erhard F.	Business E-volution, Das E-Business-Handbuch, Organisation - Marketing - Finanzen - Projekte - Management, Braunschweig Wiesbaden 2000 [zit.: Koop/Jäckel/Heinold]
Jakobs, Horst Heinrich	Die Abnahme beim Werkvertrag, in: AcP 183 (1983), Seiten 145 bis 188
Jauernig, Othmar (Hrsg.)	Bürgerliches Gesetzbuch, 10. Auflage, München 2003 [zit.: Jauernig (10. Auflage)-Bearbeiter]
	Bürgerliches Gesetzbuch, 11. Auflage, München 2004 [zit.: Jauernig-Bearbeiter]

Joppich, Brigitte — Das Internet als Informationsnetz? Zur urheber- und wettbewerbsrechtlichen Zulässigkeit von Deep Links,
in: CR 2003, Seiten 504 bis 509

Jung, Alexander — Neustart im Netz,
in: Der Spiegel 44/2002, vom 28.10.2002, Seiten 92 bis 94

Jürgens, Uwe; Köster, Oliver — Haftung professioneller Informationsvermittler im Internet - Eine Bestandsaufnahme nach der Novellierung der Haftungsregelungen,
in: MMR 2002, Seiten 420 bis 425
[zit.: Köster/Jürgens]

Kaiser, Dagmar — Die Rückabwicklung gegenseitiger Verträge wegen Nicht- und Schlechterfüllung nach BGB - Rücktritts-, Bereicherungs- und Schadensersatzrecht,
Tübingen 2000

Kaminski, Bert; Henßler, Thomas; Kolaschnik, Helge; Papathoma-Baetge, Anastasia (Hrsg.) — Rechtshandbuch E-Business - Rechtliche Rahmenbedingungen für Geschäfte im Internet,
Neuwied Krieftel 2002
[zit.: Kaminski/Henßler/Kolaschnik/Papathoma-Baetge]

Kath, Peter; Riechert, Anne — Internet-Vertragsrecht - Fachbuch Vertragsmuster Vertragssoftware,
Freiburg Berlin München Würzburg Zürich 2002
[zit.: Kath/Riechert]

Kellermann, Wilfried — Der Zweck insbesondere der Gesellschaft bürgerlichen Rechts,
Dissertation Kiel 1988

Kenning, Peter; Ahlert, Dieter; Becker, Jörg; Schütte, Reinhard (Hrsg.) — Internet & Co. im Handel,
2. Auflage, Berlin 2001
[zit.: Ahlert/Becker/Kenning/Schütte]

Klein, Alexander; Ende, Lothar — Grundzüge des Vertriebsrechts im Internet - Fernabsatz und Vertrieb von Waren und Dienstleistungen,
München 2001
[zit.: Ende/Klein]

Klöhn, Lars; Spindler, Gerald	Neue Qualifikationsprobleme im E-Commerce - Verträge über die Verschaffung digitalisierter Informationen als Kaufvertrag, Werkvertrag, Verbrauchsgüterkauf?, in: CR 2003, Seiten 81 bis 86 [zit.: Spindler/Klöhn]
Kochinke, Clemens; Tröndle, Rüdiger	Links, Frames und Meta-Tags - Urheber- und markenrechtliche Implikationen im Internet, in: CR 1999, Seiten 190 bis 197 [zit.: Kochinke/Tröndle]
Koch, Alexander	Strafrechtliche Verantwortlichkeit beim Setzen von Hyperlinks auf mißbilligte Inhalte, in: MMR 1999, Seite 704 bis 710
Koch, Frank A.	Internet-Recht - Praxishandbuch mit dem neuen Medien- und Telediensterecht, Checklisten und Musterverträgen, München 1998
Koch, Frank A.; Loewenheim, Ulrich (Hrsg.)	Praxis des Online-Rechts, München 2001 [zit.: Loewenheim/Koch]
Köhler, Helmut	Reform des Werkvertragsrechts - notwendig oder entbehrlich, in: NJW 1984, Seiten 1841 bis 1848
	Vertragliche Unterlassungspflichten, in: AcP 1990 (190), Seiten 496 bis 537
Köhler, Markus; Arndt, Hans-Wolfgang	Recht des Internet, 4. Auflage, Heidelberg 2003 [zit.: Arndt/Köhler]
Köster, Oliver; Jürgens, Uwe	Haftung professioneller Informationsvermittler im Internet - Eine Bestandsaufnahme nach der Novellierung der Haftungsregelungen, in: MMR 2002, Seiten 420 bis 425 [zit.: Köster/Jürgens]

Kohte, Wolfhard; Micklitz, Hans-W.; Rott, Peter; Tonner, Klaus; Willingmann, Armin	Das neue Schuldrecht - Kompaktkommentar, Neuwied München 2003 [zit.: Kohte/Micklitz/Rott/Tonner/Willingmann-Bearbeiter]
Kolaschnik, Helge; Henßler, Thomas; Kaminski, Bert; Papathoma-Baetge, Anastasia (Hrsg.)	Rechtshandbuch E-Business - Rechtliche Rahmenbedingungen für Geschäfte im Internet, Neuwied Krieftel 2002 [zit.: Kaminski/Henßler/Kolaschnik/Papathoma-Baetge]
Koller, Ingo; Roth, Herbert; Zimmermann, Reinhard	Schuldrechtsmodernisierungsgesetz 2002, München 2002 [zit.: Koller/Roth/Zimmermann-Bearbeiter]
Konzen, Horst; Dauner-Lieb, Barbara; Schmidt, Karsten	Das neue Schuldrecht in der Praxis, Akzente - Brennpunkte - Ausblick, Köln Berlin Bonn München 2003 [zit.: Dauner-Lieb/Konzen/Schmidt]
Koop, Hans Jochen; Jäckel, K. Konrad; Heinold, Erhard F.	Business E-volution, Das E-Business-Handbuch, Organisation - Marketing - Finanzen - Projekte - Management, Braunschweig Wiesbaden 2000 [zit.: Koop/Jäckel/Heinold]
Krebs, Peter	Sonderverbindung und außerdeliktische Schutzpflichten, München 2000
Kröger, Detlef; Gimmy, Marc André (Hrsg.)	Handbuch zum Internetrecht, Electronic Commerce - Informations-, Kommunikations- und Mediendienste, 2. Auflage, Berlin Heidelberg 2002 [zit.: Kröger/Gimmy]
Kröger, Detlef; Kuner, Christopher	Internet für Juristen - Zugang Recherche Informationsquellen, 3. Auflage, München 2001 [zit.: Kröger/Kuner]
Kuner, Christopher; Kröger, Detlef	Internet für Juristen - Zugang Recherche Informationsquellen, 3. Auflage, München 2001 [zit.: Kröger/Kuner]

Lachmann, Ulrike	Die Rechtsfolgen unterlassener Mitwirkungshandlungen des Werkbestellers, in: BauR 1990, Seiten 409 bis 412
Laga, Gerhard	Neue Techniken im WorldWideWeb - Eine Spielwiese für Juristen?, JurPC Web-Dok. 25/1998, Abs. 1 bis 50, http://www.jurpc.de/aufsatz/19980025.htm (zuletzt aufgerufen am 02.12.2002)
Larenz, Karl	Lehrbuch des Schuldrechts, Erster Band, Allgemeiner Teil, 14. Auflage, München 1987 [zit.: Larenz, AS]
	Lehrbuch des Schuldrechts, Zweiter Band, Besonderer Teil 1. Halbband, 13. Auflage, München 1986 [zit.: Larenz, BT 1]
Larenz, Karl; Canaris, Claus-Wilhelm	Lehrbuch des Schuldrechts, Zweiter Band, Besonderer Teil 2. Halbband, 13. Auflage, München 1994 [zit.: Larenz/Canaris, BT 2]
Larenz, Karl; Wolf, Manfred	Allgemeiner Teil des Bürgerlichen Rechts, 9. Auflage, München 2004 [zit.: Larenz/Wolf, AT]
Lehmann, Michael (Hrsg.)	Electronic Business in Europa - Internationales, europäisches und deutsches Online-Recht, München 2002
	Rechtsgeschäfte im Netz - Electronic Commerce, Stuttgart 1999 [zit.: Lehmann, Rechtsgeschäfte]
Leible, Stefan; Hohl, Michael; Sosnitza, Olaf (Hrsg.)	Vernetztes Recht - Das Internet als Herausforderung an eine moderne Rechtsordnung, Stuttgart München Hannover Berlin Weimar Dresden 2002 [zit.: Hohl/Leible/Sosnitza]

Leistner, Matthias; Bettinger, Torsten	Creating Cyberspace - Immaterialgüterrechtlicher und wettbewerbsrechtlicher Schutz des Web-Designers, in: Beilage CR 12/1999 [zit.: Leistner/Bettinger]
Leistner, Matthias	Anmerkung zu OLG Düsseldorf, Urt. v. 29.06.1999 - 20 U 85/98 - baumarkt.de, in: CR 2000, Seiten 187 bis 188
Lepa, Manfred; Dauner-Lieb, Barbara; Heidel, Thomas; Ring, Gerhard	Anwaltkommentar Schuldrecht - Erläuterungen der Neuregelungen zum Verjährungsrecht, Schuldrecht, Schadensersatzrecht und Mietrecht, Bonn 2002 [zit.: AnwKom-Bearbeiter]
	Das neue Schuldrecht in der anwaltlichen Praxis - Verjährungsrecht, Leistungsstörungsrecht, Kaufrecht, Werkvertragsrecht, Schadensersatzrecht, Mietrecht, Bonn 2002 [zit.: Dauner-Lieb/Heidel/Lepa/Ring-Bearbeiter]
Löwe, Hans Peter	Gedanken zur rechtlichen Einordnung von Wartungsverträgen, in: CR 1987, Seiten 219 bis 222
Loewenheim, Ulrich; Koch, Frank A. (Hrsg.)	Praxis des Online-Rechts, München 2001 [zit.: Loewenheim/Koch]
Lorenz, Stephan	Selbstvornahme der Mängelbeseitigung im Kaufrecht, in: NJW 2003, Seiten 1417 bis 1426
Lorenz, Stephan; Riehm, Thomas	Lehrbuch zum neuen Schuldrecht, München 2002 [zit.: Lorenz/Riehm]
Lührig, Nicolas; Völker, Stefan	Abwehr unerwünschter Inline-Links, in: K&R 2000, Seiten 20 bis 29 [zit.: Völker/Lührig]

Malzer, Hans Michael; Fritzsche, Jörg	Ausgewählte zivilrechtliche Probleme elektronisch signierter Willenserklärungen, in: DNotZ 1995, Seiten 3 bis 25 [zit.: Fritzsche/Malzer]
Martinek, Martin	Moderne Vertragstypen, Band I - Leasing und Factoring, München 1991 [zit.: Martinek, Band 1]
	Moderne Vertragstypen, Band II - Franchising, Know-How-Verträge, Management- und Consultingverträge, München 1992 [zit.: Martinek, Band 2]
	Moderne Vertragstypen, Band III - Computerverträge, Kreditkartenverträge sowie sonstige moderne Vertragstypen, München 1993 [zit.: Martinek, Band 3]
Maubach, Norbert	Gewerbliche Prozeßfinanzierung gegen Erfolgsbeteiligung, Bonn 2002
Maultzsch, Felix; Oetker, Hartmut	Vertragliche Schuldverhältnisse, 2. Auflage, Berlin Heidelberg 2004 [zit.: Oetker/Maultzsch]
Medicus, Dieter	Bürgerliches Recht - Eine nach Anspruchsgrundlagen geordnete Darstellung zur Examensvorbereitung, 19. Auflage, Köln Berlin Bonn München 2002 [zit.: Medicus, BürgR (19. Auflage)]
	Bürgerliches Recht - Eine nach Anspruchsgrundlagen geordnete Darstellung zur Examensvorbereitung, 20. Auflage, Köln Berlin München 2004 [zit.: Medicus, BürgR]
	Grundwissen zum Bürgerlichen Recht, 6. Auflage, Köln Berlin München 2004 [zit.: Medicus, Grundwissen BürgR]

	Schuldrecht I Allgemeiner Teil - Ein Studienbuch, 15. Auflage, München 2004 [zit.: Medicus, AS]
	Schuldrecht II Besonderer Teil - Ein Studienbuch, 12. Auflage, München 2004 [zit.: Medicus, BS]
Medicus, Dieter; Haas, Lothar; Rolland, Walter; Schäfer, Carsten; Wendtland, Holger (Hrsg.)	Das neue Schuldrecht, München 2002 [zit.: NSchR-Bearbeiter]
Mehrings, Josef	Vertragsrechtliche Aspekte der Nutzung von Online- und CD-ROM-Datenbanken, in: NJW 1993, Seiten 3102 bis 3109
Mercer, David	Das E-Marketing Praxisbuch, Weinheim 2002
Meub, Michael H.	Schuldrechtsreform: Das neue Werkvertragsrecht, in: DB 2002, Seiten 131 bis 134
Michalski, Lutz	Zur Rechtsnatur des Dauerschuldverhältnisses, in: JA 1979, Seiten 401 bis 409
Micklitz, Hans-W.; Kohte, Wolfhard; Rott, Peter; Tonner, Klaus; Willingmann, Armin	Das neue Schuldrecht - Kompaktkommentar, Neuwied München 2003 [zit.: Kohte/Micklitz/Rott/Tonner/Willingmann-Bearbeiter]
Moritz, Hans-Werner; Dreier, Thomas (Hrsg.)	Rechts-Handbuch zum E-Commerce, Köln 2002 [zit.: Moritz/Dreier]
Müglich, Andreas	Auswirkungen des EGG auf die haftungsrechtliche Behandlung von Hyperlinks, in: CR 2002, Seiten 583 bis 592
Müller-Foell, Christoph	Die Mitwirkung des Bestellers beim Werkvertrag, Berlin 1982

Müller, Ulf; Schuster, Fabian; Drewes, Stefan	Entwicklung des Internet- und Multimediarechtes von April bis Dezember 2001, in: MMR Beilage 3/2002 [zit.: Schuster/Müller/Drewes]
Münchener Kommentar zum Bürgerlichen Gesetzbuch	Band 1 a, Allgemeiner Teil (Auszug), §§ 80, 81, 105 a, 126-127, 194-218, ProstG, 4. Auflage, München 2003 [zit.: MünchKomm-Bearbeiter (1a)]
	Band 2, Schuldrecht. Allgemeiner Teil, §§ 241-432, FernAbsG, 4. Auflage, München 2001 [zit.: MünchKomm-Bearbeiter]
	Band 2 a, Schuldrecht Allgemeiner Teil §§ 241-432, 4. Auflage, München 2003 [zit.: MünchKomm-Bearbeiter (2a)]
	Band 3, Schuldrecht. Besonderer Teil I (§§ 433-610), Finanzierungsleasing, HeizkostenV, BetriebskostenV, CISG, 4. Auflage, München 2004 [zit.: MünchKomm-Bearbeiter]
	Band 4, Schuldrecht. Besonderer Teil II (§§ 611-704), EFZG, TzBfG, KSchG, 4. Auflage, München 2005 [zit.: MünchKomm-Bearbeiter]
	Band 5, Schuldrecht. Besonderer Teil III (§§ 705-853), Partnerschaftsgesellschaftsgesetz, Produkthaftungsgesetz, 4. Auflage, München 2004 [zit.: MünchKomm-Bearbeiter]
Münchener Kommentar zum Handelsgesetzbuch	Band 1, Erstes Buch. Handelsstand §§ 1-104, München 1996 [zit.: MünchKomm HGB-Bearbeiter]
Neumann, Andreas	Anmerkung zu AG Stuttgart, Urt. v. 07.10.2004 - 2 Ds 22 Js 21471/02, in: CR 2005, Seiten 70 bis 72

Nickels, Sven	Neues Bundesrecht für den E-Commerce, in: CR 2002, Seiten 302 bis 309
Nicklisch, Fritz	Mitwirkungspflichten des Bestellers beim Werkvertrag, insbesondere beim Bau- und Industrieanlagenvertrag, in: BB 1979, Seiten 533 bis 544
Niemann, Fabian	Anmerkung zu LG München I, Urt. v. 14.11.2002 - 7 O 4002/02, in: CR 2003, Seiten 528 bis 530
Oechsler, Jürgen	Schuldrecht - Besonderer Teil Vertragsrecht, München 2003
Oetker, Hartmut	Das Dauerschuldverhältnis und seine Beendigung - Bestandsaufnahme und kritische Würdigung einer tradierten Figur der Schuldrechtsdogmatik, Tübingen 1994
Oetker, Hartmut; Maultzsch, Felix	Vertragliche Schuldverhältnisse, 2. Auflage, Berlin Heidelberg 2004 [zit.: Oetker/Maultzsch]
Ott, Stephan	Urheber- und wettbewerbsrechtliche Probleme von Linking und Framing, Stuttgart München Hannover Berlin Weimar Dresden 2004
Palandt	Bürgerliches Gesetzbuch mit Einführungsgesetz (Auszug), BGB-Informationspflichten-Verordnung, Unterlassungsklagegesetz, Produkthaftungsgesetz, Erbbaurechtsverordnung, Wohnungseigentumsgesetz, Hausratsverordnung, Lebenspartnerschaftsgesetz, Gewaltschutzgesetz (Auszug), 64. Auflage, München 2005 [zit.: Palandt-Bearbeiter]
Plaß, Gunda	Hyperlinks im Spannungsfeld von Urheber-, Wettbewerbs- und Haftungsrecht, in: WRP 2000, Seiten 599 bis 610

Papathoma-Baetge, Anastasia; Kaminski, Bert; Henßler, Thomas; Kolaschnik, Helge (Hrsg.)	Rechtshandbuch E-Business - Rechtliche Rahmenbedingungen für Geschäfte im Internet, Neuwied Krieftel 2002 [zit.: Kaminski/Henßler/Kolaschnik/Papathoma-Baetge]
Paulus, Christoph; Zenker Wolfgang	Grenzen der Privatautonomie, in: JuS 2001, Seiten 1 bis 9 [zit.: Paulus/Zenker]
Pierson, Matthias; Seiler, David	Was ist beim Vertragsschluss im E-Commerce zu beachten?, JurPC Web-Dok. 217/2003, Abs. 1-31, http://www.jurpc.de/aufsatz/20030217.htm (zuletzt aufgerufen am 13.12.2003) [zit.: Pierson/Seiler]
Podehl, Jörg	Internetportale mit journalistisch-redaktionellen Inhalten - Anbieterpflichten und Haftungsrisiken, in: MMR 2001, Seiten 17 bis 23
Poll, Karolin; Schwarz, Mathias	Haftung nach TDG und MDStV, JurPC Web-Dok. 73/2003, Abs. 1-154, http://www.jurpc.de/aufsatz/20030073.htm (zuletzt aufgerufen am 10.04.2003) [zit.: Schwarz/Poll]
Prieß, Christiane; Heyms, Sybille	Werbung online - Eine Betrachtung aus rechtlicher Sicht, Berlin 2002 [zit.: Heyms/Prieß]
Raisch, Peter	Zur Rechtsnatur des Automatenaufstellungsvertrages, in: BB 1968, Seiten 526 bis 532
Rath, Michael; Börner, Fritjof; Sengpiel, Markus; Strunk, Günther; Zöllkau, York	Der Internet Rechtsberater - Rechtsfragen und steuerliche Gestaltungsmöglichkeiten, 2. Auflage, Köln 2002 [zit.: Börner/Rath/Sengpiel/Strunk/Zöllkau]

RGRK - Das Bürgerliche Gesetzbuch mit besonderer Berücksichtigung der Rechtsprechung des Reichsgerichts und des Bundesgerichtshofes	Band II, 1. Teil §§ 241-413, 12. Auflage, Berlin New York 1976 [zit.: RGRK-Bearbeiter]
	Band II, 4. Teil §§ 631-811, 12. Auflage, Berlin New York 1978 [zit.: RGRK-Bearbeiter]
Reichenbach, Sandy Bernd	Das Tatbestandsmerkmal der Pflichtverletzung im neuen Leistungsstörungsrecht, in: Jura 2003, Seiten 512 bis 520
Reinstadler, Armin	Browsing und Framing aus urheberrechtlicher Sicht - Einige kritische Anmerkungen zur Framing III-Entscheidung (LG München I, Urteil vom 14.11.2002 - 7 O 4002/02 = JurPC Web-Dok. 130/2003), JurPC Web-Dok. 332/2003, Abs. 1-55, http://www.jurpc.de/aufsatz/20030332.htm (zuletzt aufgerufen am 13.12.2003)
Reischl, Klaus	Grundfälle zum neuen Schuldrecht, in: JuS 2003, Seiten 40 bis 48
Riechert, Anne; Kath, Peter	Internet-Vertragsrecht - Fachbuch Vertragsmuster Vertragssoftware, Freiburg Berlin München Würzburg Zürich 2002 [zit.: Kath/Riechert]
Riegger, Bodo; Gummert, Hans; Weipert, Lutz (Hrsg.)	Münchener Handbuch des Gesellschaftsrechts, Band 1, BGB-Gesellschaft, Offene Handelsgesellschaft, PartG, EWIV, 2. Auflage, München 2004 [zit.: MünchHdb. GesR I-Bearbeiter]
Riehm, Thomas; Lorenz, Stephann	Lehrbuch zum neuen Schuldrecht, München 2002 [zit.: Lorenz/Riehm]

Ring, Gerhard; Dauner-Lieb, Barbara; Heidel, Thomas; Lepa, Manfred	Anwaltkommentar Schuldrecht - Erläuterungen der Neuregelungen zum Verjährungsrecht, Schuldrecht, Schadensersatzrecht und Mietrecht, Bonn 2002 [zit.: AnwKom-Bearbeiter]
	Das neue Schuldrecht in der anwaltlichen Praxis - Verjährungsrecht, Leistungsstörungsrecht, Kaufrecht, Werkvertragsrecht, Schadensersatzrecht, Mietrecht, Bonn 2002 [zit.: Dauner-Lieb/Heidel/Lepa/Ring-Bearbeiter]
Rolland, Walter; Haas, Lothar; Medicus, Dieter; Schäfer, Carsten; Wendtland, Holger (Hrsg.)	Das neue Schuldrecht, München 2002 [zit.: NSchR-Bearbeiter]
Roquette, Hermann	Das Mietrecht des Bürgerlichen Gesetzbuches, Systematischer Kommentar, Tübingen 1966
Roth, Herbert; Bamberger, Heinz Georg (Hrsg.)	Kommentar zum Bürgerlichen Gesetzbuch Band 1, Gesamtverzeichnis, §§ 1-610, München 2003 [zit.: Bamberger/Roth-Bearbeiter]
	Band 2, §§ 611-1296 ErbbauVO WEG, München 2003 [zit.: Bamberger/Roth-Bearbeiter]
Roth, Herbert; Koller, Ingo; Zimmermann, Reinhard	Schuldrechtsmodernisierungsgesetz 2002, München 2002 [zit.: Koller/Roth/Zimmermann-Bearbeiter]
Rott, Peter; Kohte, Wolfhard; Micklitz, Hans-W.; Tonner, Klaus; Willingmann, Armin	Das neue Schuldrecht - Kompaktkommentar, Neuwied München 2003 [zit.: Kohte/Micklitz/Rott/Tonner/Willingmann-Bearbeiter]
Säcker, Christopher	Die Haftung von Diensteanbietern nach dem Entwurf des EGG, in: MMR Beilage 9/2001, Seiten 2 bis 4

Schack, Haimo	Urheberrechtliche Gestaltung von Webseiten unter Einsatz von Links und Frames, in: MMR 2001, Seiten 9 bis 17
Schäfer, Carsten; Haas, Lothar; Medicus, Dieter; Rolland, Walter; Wendtland, Holger (Hrsg.)	Das neue Schuldrecht, München 2002 [zit.: NSchR-Bearbeiter]
Schellhammer, Kurt	Schuldrecht nach Anspruchsgrundlagen samt BGB Allgemeiner Teil, 5. Auflage, Heidelberg 2003
Schilling, Wolfgang; Canaris, Claus-Wilhelm; Ulmer, Peter	Handelsgesetzbuch, Großkommentar, Begründet von Hermann Staub, Erster Band, Einleitung, §§ 1-104, 4. Auflage, Berlin New York 1995 [zit.: GK HGB-Bearbeiter]
Schimmel, Roland; Buhlmann, Dirk	Fehlerquellen im Umgang mit dem Neuen Schuldrecht - Rechtsgeschäfte Verjährung Leistungsstörungen Kaufrecht AGB, Neuwied Kriftel 2002 [zit.: Schimmel/Buhlmann]
Schimmel, Roland; Buhlmann, Dirk (Hrsg.)	Frankfurter Handbuch zum neuen Schuldrecht, Neuwied Kriftel 2002 [zit.: Schimmel/Buhlmann-Bearbeiter]
Schlegelberger	Handelsgesetzbuch, 2. Band, §§ 48-104, 5. Auflage, München 1973 [zit.: Schlegelberger-Bearbeiter]
Schmidt, Eike; Esser, Josef	Schuldrecht, Band I Allgemeiner Teil Teilband 1, Entstehung, Inhalt und Beendigung von Schuldverhältnissen, 8. Auflage, Heidelberg 1995 [zit.: Esser/Schmidt, AT 1]
Schmid, Gregor	Unberechtigte Verbreitung einer Datenbank durch Framing - Kurzkommentar zu LG Köln, Urt. v. 11.04.2001 - 28 O 141/01, in: ITRB 2002, Seiten 154 bis 155

Schmidt, Karsten	Gesellschaftsrecht, 4. Auflage, Köln Berlin Bonn München 2002 [zit.: Schmidt, GR]
	Handelsrecht, 5. Auflage, Köln Berlin Bonn München 1999 [zit.: Schmidt, HR]
Schmidt, Karsten; Dauner-Lieb, Barbara; Konzen, Horst	Das neue Schuldrecht in der Praxis, Akzente - Brennpunkte - Ausblick, Köln Berlin Bonn München 2003 [zit.: Dauner-Lieb/Konzen/Schmidt]
Schmidt, Karsten; von Olshausen, Eberhard	Automatenrecht, Berlin 1972 [zit.: von Olshausen/Schmidt]
Schudnagies, Jörg	Das Werkvertragsrecht nach der Schuldrechtsreform, in: NJW 2002, Seiten 396 bis 400
Schütte, Reinhard; Ahlert, Dieter; Becker, Jörg; Kenning, Peter (Hrsg.)	Internet & Co. im Handel, 2. Auflage, Berlin 2001 [zit.: Ahlert/Becker/Kenning/Schütte]
Schulze, Reiner (Schriftleitung)	Bürgerliches Gesetzbuch - Handkommentar, 4. Auflage, Baden-Baden 2005 [zit.: Hk BGB-Bearbeiter]
Schulze-Osterloh, Joachim	Der gemeinsame Zweck der Personengesellschaften, Berlin New York 1973
Schumacher-Mohr, Marion	Das Abmahnungserfordernis im Fall der außerordentlichen Kündigung von Organmitgliedern - Was gilt nach der Schuldrechtsreform, in: DB 2002, Seiten 1606 bis 1608
Schur, Wolfgang	Leistung und Sorgfalt - Zugleich ein Beitrag zur Lehre von der Pflicht im Bürgerlichen Recht, Tübingen 2001
Schuster, Fabian (Hrsg.)	Vertragshandbuch Telemedia - Vertragspraxis im Telekommunikations-, Mutimedia- und Internetrecht, München 2001

Schuster, Fabian; Müller, Ulf; Drewes, Stefan	Entwicklung des Internet- und Multimediarechtes von April bis Dezember 2001, in: MMR Beilage 3/2002 [zit.: Schuster/Müller/Drewes]
Schwarz, Arno	Die Abnahme des Werkes - Geltendes Recht, Handhabungsmöglichkeiten in der zivilrichterlichen Praxis, Frankfurt am Main 1998
Schwarz, Mathias; Poll, Karolin	Haftung nach TDG und MDStV, JurPC Web-Dok. 73/2003, Abs. 1-154, http://www.jurpc.de/aufsatz/20030073.htm (zuletzt aufgerufen am 10.04.2003) [zit.: Schwarz/Poll]
Seiler, David; Pierson, Mathias	Was ist beim Vertragsschluss im E-Commerce zu beachten?, JurPC Web-Dok. 217/2003, Abs. 1-31, http://www.jurpc.de/aufsatz/20030217.htm (zuletzt aufgerufen am 13.12.2003) [zit.: Pierson/Seiler]
Sengpiel, Markus; Börner, Fritjof; Rath, Michael; Strunk, Günther; Zöllkau, York	Der Internet Rechtsberater - Rechtsfragen und steuerliche Gestaltungsmöglichkeiten, 2. Auflage, Köln 2002 [zit.: Börner/Rath/Sengpiel/Strunk/Zöllkau]
Sienz, Christian	Die Neuregelungen im Werkvertragsrecht nach dem Schuldrechtsmodernisierungsgesetz, in: BauR 2002, Seiten 181 bis 196
Soergel	Bürgerliches Gesetzbuch mit Einführungsgesetz und Nebengesetzen [zit.: Soergel-Bearbeiter]
	Band 2 Schuldrecht I (§§ 241-432), 12. Auflage, Stuttgart Berlin New York 1990
	Band 4/1 Schuldrecht III/1 (§§ 516-651), Gesetz zur Regelung der Miethöhe, Verbraucherkreditgesetz, 12. Auflage, Stuttgart Berlin Köln 1998

Sosnitza, Olaf	Das Internet im Gravitationsfeld des Rechts: Zur rechtlichen Beurteilung sogenannter Deep Links, in: CR 2001, Seiten 693 bis 704
Sosnitza, Olaf; Hohl, Michael; Leible, Stefan (Hrsg.)	Vernetztes Recht - Das Internet als Herausforderung an eine moderne Rechtsordnung, Stuttgart München Hannover Berlin Weimar Dresden 2002 [zit.: Hohl/Leible/Sosnitza]
Spindler, Gerald	Das Gesetz zum elektronischen Geschäftsverkehr - Verantwortlichkeit der Diensteanbieter und Herkunftslandprinzip, in: NJW 2002, Seiten 921 bis 927
	E-Commerce in Europa - Die E-Commerce-Richtlinie in ihrer endgültigen Fassung, in: MMR-Beilage 7/2000, Seiten 4 bis 21
	Verantwortlichkeit und Haftung für Hyperlinks im neuen Recht, in: MMR 2002, Seiten 495 bis 503
Spindler, Gerald (Hrsg.)	Vertragsrecht der Internet-Provider, 2. Auflage, Köln 2004 [zit.: Spindler, Providerverträge]
Spindler, Gerald; Klöhn, Lars	Neue Qualifikationsprobleme im E-Commerce - Verträge über die Verschaffung digitalisierter Informationen als Kaufvertrag, Werkvertrag, Verbrauchsgüterkauf?, in: CR 2003, Seiten 81 bis 86 [zit.: Spindler/Klöhn]
Spindler, Gerald; Börner, Fritjof (Hrsg.)	E-Commerce-Recht in Europa und den USA, Berlin Heidelberg 2003 [zit.: Spindler/Börner]
Springer, Paul	Der Abnahmebegriff beim Werkvertrag, Frankfurt am Main 1988
Stadler, Thomas	Haftung für Informationen Im Internet, Berlin 2002

Verantwortlichkeit für Hyperlinks nach der Neufassung des TDG,
JurPC Web-Dok. 2/2003, Abs. 1-95,
http://www.jurpc.de/aufsatz/20030002.htm (zuletzt aufgerufen am 16.01.2003)

Die Zulässigkeit sog. Deep-Links - Eine Anmerkung zur Paperboy-Entscheidung des BGH =
JurPC Web-Dok. 274/2003,
JurPC Web-Dok. 283/2003, Abs. 1-30,
http://www.jurpc.de/aufsatz/20030283.htm (zuletzt aufgerufen am 13.12.2003)

Staudinger — J. von Staudingers Kommentar zum Bürgerlichen Gesetzbuch mit Einführungsgesetz und Nebengesetzen

Zweites Buch, Recht der Schuldverhältnisse Einleitung zu §§ 241 ff; §§ 241-243,
13. Auflage, Berlin 1995
[zit.: Staudinger-Bearbeiter]

Buch 2, Recht der Schuldverhältnisse §§ 255-314,
Neubearbeitung 2001, Berlin 2001
[zit.: Staudinger-Bearbeiter (2001)]

Buch 2, Recht der Schuldverhältnisse §§ 315-326 (Leistungsstörungsrecht II),
Neubearbeitung 2004, Berlin 2004
[zit.: Staudinger-Bearbeiter (2004)]

Zweites Buch, Recht der Schuldverhältnisse §§ 581-606,
13. Auflage, Berlin 1996
[zit.: Staudinger-Bearbeiter]

Buch 2, Recht der Schuldverhältnisse §§ 631-651 (Werkvertragsrecht),
Neubearbeitung 2003, Berlin 2003
[zit.: Staudinger-Bearbeiter (2003)]

	Buch 2, Recht der Schuldverhältnisse §§ 705 - 740 (Gesellschaftsrecht), 13. Auflage, Berlin 2003 [zit.: Staudinger-Bearbeiter]
Stoffels, Markus	Gesetzlich nicht geregelte Schuldverträge - Rechtsfindung und Inhaltskontrolle, Tübingen 2001
Strömer, Tobias H.	Online-Recht - Rechtsfragen im Internet, 3. Auflage, Heidelberg 2002
Strunk, Günther; Börner, Fritjof; Rath, Michael; Sengpiel, Markus; Zöllkau, York	Der Internet Rechtsberater - Rechtsfragen und steuerliche Gestaltungsmöglichkeiten, 2. Auflage, Köln 2002 [zit.: Börner/Rath/Sengpiel/Strunk/Zöllkau]
Stürner, Rolf	Der Anspruch auf Erfüllung von Treue- und Sorgfaltspflichten, in: JZ 1976, Seiten 384 bis 392
Stürner, Rolf ; Baur, Fritz; Baur, Jürgen F.	Lehrbuch des Sachenrechts, 16. Auflage, München 1992 [zit.: Baur/Stürner]
Süßenberger, Christoph	Das Rechtsgeschäft im Internet, Frankfurt am Main, 2000
Sutschet, Holger	Der Schutzanspruch zugunsten Dritter - Unter Berücksichtigung der Pflichtenlehre des Kommissionsentwurfs, Berlin 1999
Sutschet, Holger; Ehmann, Horst	Modernisiertes Schuldrecht - Lehrbuch der Grundsätze des neuen Rechts und seiner Besonderheiten, München 2002 [zit.: Ehmann/Sutschet]
Teichmann, Christoph	Schuldrechtsmodernisierung 2001/2002 - Das neue Werkvertragsrecht, in: JuS 2002, Seiten 417 bis 424

Thier, Andreas; Hartmann, Matthias — Typologie der Softwarepflegeverträge, in: CR 1998, Seiten 581 bis 589 [zit.: Hartmann/Thier]

Tonner, Klaus; Kohte, Wolfhard; Micklitz, Hans-W.; Rott, Peter; Willingmann, Armin — Das neue Schuldrecht - Kompaktkommentar, Neuwied München 2003 [zit.: Kohte/Micklitz/Rott/Tonner/Willingmann-Bearbeiter]

Treier, Gerhard; Bub, Wolf-Rüdiger (Hrsg.) — Handbuch der Geschäfts- und Wohnraummiete, 3. Auflage, München 1999 [zit.: Bub/Treier-Bearbeiter]

Tröndle, Rüdiger; Kochinke, Clemens — Links, Frames und Meta-Tags - Urheber- und markenrechtliche Implikationen im Internet, in: CR 1999, Seiten 190 bis 197 [zit.: Kochinke/Tröndle]

Ulmer, Peter; Canaris, Claus-Wilhelm; Schilling, Wolfgang — Handelsgesetzbuch, Großkommentar, Begründet von Hermann Staub, Erster Band, Einleitung, §§ 1-104, 4. Auflage, Berlin New York 1995 [zit.: GK HGB-Bearbeiter]

Ulmer, Peter — Der Vertragshändler - Tatsachen und Rechtsfragen kaufmännischer Geschäftsbesorgung bei Absatz von Markenwaren, München 1969

Ultsch, Michael L. — Zugangsprobleme bei elektronischen Willenerklärungen - Dargestellt am Beispiel der Electronic Mail, in: NJW 1997, Seiten 3007 bis 3009

Unbenannt — Online-Shops legen zu, in: Der Spiegel 17/2003 vom 19.04.2003, Seite 119

Vassilaki, Irini — Strafrechtliche Haftung nach §§ 8 ff TDG, in: MMR 2002, Seiten 659 bis 662

Vassilaki, Irini; Ernst, Stefan; Wiebe, Andreas	Hyperlinks: Rechtsschutz, Haftung, Gestaltung, Köln 2002 [zit.: Ernst/Vassilaki/Wiebe]
Völker, Stefan; Lühria, Nicolas	Abwehr unerwünschter Inline-Links, in: K&R 2000, Seiten 20 bis 29 [zit.: Völker/Lührig]
von Gerlach, Leopold	Anhörung zum Referentenentwurf des Gesetzes für den elektronischen Geschäftsverkehr, in: GRUR 2001, Seiten 490 bis 491
von Hase, Karl	Fristlose Kündigung und Abmahnung nach neuem Recht, in: NJW 2002, Seiten 278 bis 283
von Olshausen, Eberhard; Schmidt, Karsten	Automatenrecht, Berlin 1972 [zit.: von Olshausen/Schmidt]
Walker, Wolf-Dietrich; Brox, Hans	Allgemeines Schuldrecht, 30. Auflage, München 2004 [zit.: Brox/Walker, AS]
	Besonderes Schuldrecht, 30. Auflage 2005, München 2005 [zit.: Brox/Walker, BS]
Weidert, Stefan; Hamann, Christian (Hrsg.)	E-Commerce und Recht: ein Leitfaden für Unternehmen, Berlin 2002 [zit.: Hamann/Weidert]
Weipert, Lutz; Gummert, Hans; Riegger, Bodo (Hrsg.)	Münchener Handbuch des Gesellschaftsrechts, Band 1, BGB-Gesellschaft, Offene Handelsgesellschaft, PartG, EWIV, 2. Auflage, München 2004 [zit.: MünchHdb. GesR I-Bearbeiter]
Weis, Michael; Brumme, Sabine (Hrsg.)	Praxishandbuch Internetrecht, Stuttgart 2001 [zit.: Brumme/Weis]

Weitnauer, Wolfgang (Hrsg.)	Beck'sches Formularbuch E-Commerce, München 2003 [zit.: Weitnauer-Bearbeiter]
Wendtland, Holger; Haas, Lothar; Medicus, Dieter; Rolland, Walter; Schäfer, Carsten (Hrsg.)	Das neue Schuldrecht, München 2002 [zit.: NSchR-Bearbeiter]
Westermann, Harm Peter (Hrsg.)	Erman, Bürgerliches Gesetzbuch, Band I, 10. Auflage, Köln 2000 [zit.: Erman (10. Auflage)-Bearbeiter]
	Erman, Bürgerliches Gesetzbuch, Band I, 11. Auflage, Köln 2004 [zit.: Erman-Bearbeiter]
Weyers, Hans-Leo; Esser, Josef	Schuldrecht, Band II Besonderer Teil Teilband 1, Verträge, 8. Auflage, Heidelberg 1998 [zit.: Esser/Weyers, BT 1]
Weyers, Hans-Leo	Typendifferenzierung im Werkvertragsrecht, in: AcP 182 (1982), Seiten 59 bis 79
Weyland, Dag	Automatenaufstellung - Vertrag, Besitz, Zwangsvollstreckung, Frankfurt 1989
Wiebe, Andreas	"Deep Links" - Neue Kommunikationsformen im Wettbewerb aus lauterkeitsrechtlicher Sicht, zugleich eine Besprechung der Entscheidung des OLG Celle vom 12.5.1999, Az. 13 U 38/99, in: WRP 1999, Seiten 734 bis 740
	Die elektronische Willenserklärung - kommunikationstheoretische und rechtsdogmatische Grundlagen des elektronischen Geschäftsverkehrs, Tübingen 2002

Wiebe, Andreas; Ernst, Stefan — Immaterialgüterrechtliche Haftung für das Setzen von Links und vertragliche Gestaltungsmöglichkeiten,
in: MMR Beilage 8/2001, Seiten 20 bis 25
[zit.: Ernst/Wiebe]

Wiebe, Andreas; Ernst, Stefan; Vassilaki, Irini — Hyperlinks: Rechtsschutz, Haftung, Gestaltung, Köln 2002
[zit.: Ernst/Vassilaki/Wiebe]

Wiedemann, Herbert — Gesellschaftsrecht, Ein Lehrbuch des Unternehmens- und Verbandsrecht Band I Grundlagen, München 1980

Wieling, Hans Josef — Venire contra factum proprium und Verschulden gegen sich selbst,
in: AcP 176 (1976), Seiten 334 bis 355

Wiese, Günther — Beendigung und Erfüllung von Dauerschuldverhältnissen, in: Festsschrift für Carl Hans Nipperdey, hrsg. von Rolf Dietz, Heinz Hübner, München Berlin 1965, Seiten 837 bis 951
[zit.: Wiese, FS für Nipperdey]

Willingmann, Armin; Kohte, Wolfhard; Micklitz, Hans-W.; Rott, Peter; Tonner, Klaus — Das neue Schuldrecht - Kompaktkommentar, Neuwied München 2003
[zit.: Kohte/Micklitz/Rott/Tonner/Willingmann-Bearbeiter]

Windbichler, Christine; Hueck, Götz — Gesellschaftsrecht - Ein Studienbuch, 20. Auflage, München 2003
[zit.: Hueck/Windbichler]

Wirtz, Bernd W. — Electronic Business, Wiesbaden 2000

Wohlgemuth, Michael — Computerwartung - Ausgewählte Rechtsprobleme der Wartung von EDV-Systemen, München 1999

Wolf, Manfred; Larenz, Karl — Allgemeiner Teil des Bürgerlichen Rechts, 9. Auflage, München 2004
[zit.: Larenz/Wolf, AT]

Worm, Ulrich	Die Verletzung von Urheberrechten und gewerblichen Schutzrechten durch das Setzen von Hyperlinks, Inline-Frames und Meta-Tags, Frankfurt am Main 2002
Zenker Wolfgang; Paulus, Christoph	Grenzen der Privatautonomie, in: JuS 2001, Seiten 1 bis 9 [zit.: Paulus/Zenker]
Ziebe, Jürgen	Der Automatenaufstellvertrag, Frankfurt am Main 1988
Zimmermann, Reinhard; Koller, Ingo; Roth, Herbert	Schuldrechtsmodernisierungsgesetz 2002, München 2002 [zit.: Koller/Roth/Zimmermann-Bearbeiter]
Zöllkau, York; Börner, Fritjof; Rath, Michael; Sengpiel, Markus; Strunk, Günther	Der Internet Rechtsberater - Rechtsfragen und steuerliche Gestaltungsmöglichkeiten, 2. Auflage, Köln 2002 [zit.: Börner/Rath/Sengpiel/Strunk/Zöllkau]

Peter Lang · Europäischer Verlag der Wissenschaften

Ping Shi

Die Prinzipien des chinesischen Vertragsrechts

Eine rechtsvergleichende Untersuchung aus deutscher Sicht

Frankfurt am Main, Berlin, Bern, Bruxelles, New York, Oxford, Wien, 2005. 159 S.
Europäische Hochschulschriften: Reihe 2, Rechtswissenschaft. Bd. 4110
ISBN 3-631-53496-5 · br. € 34.–*

Das Buch ist eine chinesisch-deutsche rechtsvergleichende Monografie, die vor allem auf das neue Vertragsrecht der Volksrepublik China, insbesondere das Vertragsgesetz von 1999, eingeht. Dieses wird zunächst in seinen historischen Zusammenhang gestellt und anschließend mit dem deutschen Recht verglichen. Die vergleichenden Untersuchungen zeigen, dass sich das chinesische Vertragsgesetz von 1999 sowohl in den allgemeinen Grundlagen und Prinzipien als auch in der Dogmatik deutlich am deutschen Recht orientiert. Im Besonderen werden zahlreiche deutsche Einzelregelungen rezipiert. Allerdings geht das chinesische Gesetz bei der inhaltlichen Gestaltung vielfach eigene Wege.

Aus dem Inhalt: Begriffsdefinition Vertrag · Entwicklung des chinesischen Vertragsrechts seit den 1950ern · Allgemeine Grundsätze der chinesischen Kodifikation · Konkrete Regelungen des Vertragsgesetzes · Grundstrukturen des Vertragsrechts · Rechtsvergleich des chinesischen mit dem deutschen Vertragsrecht

Frankfurt am Main · Berlin · Bern · Bruxelles · New York · Oxford · Wien
Auslieferung: Verlag Peter Lang AG
Moosstr. 1, CH-2542 Pieterlen
Telefax 00 41 (0) 32 / 376 17 27

*inklusive der in Deutschland gültigen Mehrwertsteuer
Preisänderungen vorbehalten

Homepage http://www.peterlang.de

Kolibri 360 GmbH
Ferdinand-Jühlke-Straße 7
99095 Erfurt, Deutschland
produktsicherheit@kolibri360.de

Druck:
CPI Druckdienstleistungen GmbH
im Auftrag der
Kolibri 360 GmbH
Ferdinand-Jühlke-Str. 7
99095 Erfurt